重启

隐藏在交易背后的决策

DONE
The Secret Deals That Are Changing Our World

［英］雅克·佩雷蒂◎著
钟鹰翔◎译

SPM
南方出版传媒
广东经济出版社
·广 州·

图书在版编目（CIP）数据

重启：隐藏在交易背后的决策/（英）雅克·佩雷蒂著；钟鹰翔译. —广州：广东经济出版社，2019. 2
ISBN 978 - 7 - 5454 - 6589 - 1

Ⅰ. ①重… Ⅱ. ①雅…②钟… Ⅲ. ①交易 - 研究 Ⅳ. ①F014. 3

中国版本图书馆 CIP 数据核字（2018）第 289253 号

出 版 人：李　鹏
策划编辑：王成刚
责任编辑：林袆珊　林跃藩
责任技编：许伟斌

版权登记号：19 - 2018 - 009
CHONGQI：YINCANG ZAI JIAOYI BEIHOU DE JUECE

出版发行	广东经济出版社（广州市环市东路水荫路 11 号 11 ~ 12 楼）
经销	全国新华书店
印刷	广州市岭美彩印有限公司 （广州市荔湾区花地大道南海南工商贸易区 A 幢）
开本	787 毫米 × 1092 毫米　1/16
印张	21. 5
字数	300 000 字
版次	2019 年 2 月第 1 版
印次	2019 年 2 月第 1 次
印数	1 ~ 5 000 册
书号	ISBN 978 - 7 - 5454 - 6589 - 1
定价	68. 00 元

如发现印装质量问题，影响阅读，请与承印厂联系调换。
发行部地址：广州市环市东路水荫路 11 号 11 楼
电话：（020）38306055　邮政编码：510075
邮购地址：广州市环市东路水荫路 11 号 11 楼
电话：（020）37601950　营销网址：**http://www. gebook. com**
广东经济出版社新浪官方微博：**http://e. weibo. com/gebook**
广东经济出版社常年法律顾问：何剑桥律师

写在前面的话

也许，我们对世界的认知并不正确。也许，政治家并不足以改变我们的日常生活，那些世界大事也没有这样的能力。真正具备如此威力的东西，是一出出的交易。这些交易都在私下发生——可能在谈判桌上说好，也可能在高尔夫球场上达成。有些时候，在酒吧里小酌一番，交易就能被敲定。

这些交易改变了一切事情，事关我们花钱的方式，工作的方法，看待财富、风险、税收和财富不均的态度，甚至于我们的体形都因此产生了变化。大众的思维更是变了样。社会仿佛遭遇了关机重启，大家现在的想法都和从前大不相同。

下面这些交易的出现，全都源自一种同样的理念，即购买产品的时候，消费者总在遭遇“设计缺陷”。如此一来，他们自然还得为了升级换代持续花钱。“肥胖”只是保险业界为求销售业绩编造出的一种概念。现代生活中吃不完的各类药物，机器人即将取代人力的技术浪潮，其实也是类似交易的一部分。

交易能够成功，可不是单单依靠运气。相反，每一宗交易背后都凝结了奇思妙算。操纵交易的人改变了我们的生活状态，他们拥有的想法聪明而简单。简单来说，就是先制造问题，然后再贩卖问题的解决方案。

本书作者雅克·佩雷蒂主演的 BBC 纪录片

《巨富与我们》

“多一个视角，懂一种生活”

社会顶层 1% 的人的财富如何直接影响我们的生活？

而中产阶级的财富之路又在何处？

DONE

目　录

01 现金之死：凶手是谁？原因何在？

02 冒险：华尔街沦陷

03 税款：开曼群岛为何成了各国的榜样？

04 财富：不均带来的商机

05 食物：肥与瘦

06 药物：现代生活的药方

07 工作：从饭碗到人性

08 升级：设计缺憾

09 权势：知晓一切的机构

10 商战：企业并购之因

11 新闻：真相因何湮灭？

12 机器：人类的替代者

13 技术：统御众生的五家公司

14 全球化：亚洲重写秩序

01

现金之死：
凶手是谁？原因何在？

2014年，人类迈入了一个新纪元。新时代的来临并未引发任何追捧，也不曾有电视广告加以提醒，华尔街对此也毫无反应，甚至在推特上面都是毫无波动。不管怎样，现金支付即将退出历史舞台，让位于各类卡券以及形形色色的电子支付。如此现象是前所未见的。

照这个趋势发展下去，到了2025年，恐怕就连毒贩子也不会收受现金了。根据计划，韩国政府准备在2020年之前实现全面无现金化。在欧洲，瑞典率先达成了无现金的目标，而当地的街头艺人都备好了电子支付工具以供收钱。伦敦市民可以通过一款名为“卖艺”（BuSK）的新兴手机运用程序进行打赏。荷兰的一家公司为无家可归的人专门设计了一种外套，人们想要给他们钱，只需要在他们衣袖上刷卡便能转账过去。

您手中钞票和硬币的历史，可以追溯到公元前600多年。到了今天，实体货币这种支付手段即将走到终点。苹果公司首席执行官蒂姆·库克甚至认为，下一代的新新人类的头脑中根本不会有“钞票”这个概念。

公元前六世纪左右，硬币开始在亚欧非三个大陆的多个地区流通起来。当时，这也算一项技术创新。论及影响的深远与细微，完全可以和如今的苹果手机相提并论。交易之中，交易双方拿出小小的金属物件互相交换，这些金属物件就此成了信用的实体象征。它们的外形简单，蕴含的原理却是高度精密，唯有货币，才可以保证两个陌生人之间达成等价交换。有了它们，维京海盗和南印度的织工才能谈好一笔丝绸交易。就这样，人类实现了全球化，那可是在两千年前，全球化这个词可还没像今天这般在各类抗议示威之中遭到大肆批判。

1860 年之前，仅仅美国就流通着八千多种货币。不同的银行、铁路公司和销售商都在自行发钞，其中有债券，也有企业内部的交易系统，还包括各式各样的信用单据。1863 年出台的《全国银行法案》旨在终结这种乱局，并把整个美国统一为使用同一种货币——美元。

随着现金的逐渐消失，八千多种货币在市场上流通的场面又会重现人间。如手机货币、比特币、电子优惠券、苹果支付、iTunes，以及可交换使用的商店信用券。无论是海外货币兑换，还是价值数十亿美元的数据区块链，如上林林总总的支付形式，都是金钱的一种分支。

无现金支付更加快捷，消费者因此受益，一切看上去就是支付方式的自然进化。然而，现金之死的原因并非那么简单。其实，这是一场计划完备的谋杀，唯有如此，金钱才会从银行甚至政府的手中流出，滑进新玩家，也就是各大科技公司的口袋。

交易与实验

每一次用现金支付，我们的神经通路都会像圣诞树一般闪亮起来。这其实是由于手与钱即将分离，而让大脑产生了犹疑。在那一刻，大脑同时向指尖发送命令，要求后者把钞票死死攥紧。那一刻，我们既有获取某种新鲜玩意的欲望，却又承受着钱不再有的痛楚。纠结之下，才会犹犹豫豫。

我们常常以为：只要手中握着大把钞票，人类大有可能挥霍无度。事实却并非如此。现金不但不能促进消费，反倒可以起到遏制效果。假如我们能够制造一种支付体系，能把现金完完全全排除在外，那么失去现金带来的痛苦感觉，也就是上面提到的那种犹疑，也将烟消云散。无忧无疑的大脑，自会开启无拘无束的花销。如上的猜想早在 1998 年的一个实验当中得到了证实。

实验的两位主角——麦克斯·拉夫琴（Max Levchin）和彼得·蒂尔（Peter Thiel）此前并不相识。他们初次见面的地点是斯坦福大学的一个礼堂。礼堂里空无一人，那次见面却并非临时起意。“我到那里去就是为了会一会这个彼得·蒂尔。当时，他开办了一场关于货币市场的免费讲座。”拉夫琴讲起了事情的缘由，“去之前，我还以为会场一定会座无虚席，结果只发现了六名听众。因此，会后的交流倒是顺畅了些，我找到他说：‘你好，我就是你知道的那个麦克斯，已经在硅谷待了五天，马上准备开办一家新公司。对了，你要入伙吗?’”

拉夫琴性格奔放，像一个活力满满却又不知方向的孩子。此前，他曾几度创业，不过全都“输得一塌糊涂”。拉夫琴的经营之道“好似去拉斯维加斯走上一遭，然后和老虎机旁遇见的第一个人随随便便地就结了婚”。如此一来，“当然有可能飞黄腾达，不过更大的概率是一败涂地”。

蒂尔和他可不一样。如今的彼得·蒂尔已经是硅谷的大佬之一，而且还充任着特朗普总统的亲信高参。有报道称，他一直在接受输血以葆容颜，而且血液都是来源于十八岁的妙龄少女（当然，他实际上并没有这么做过）。1998 年，蒂尔已经在硅谷享有了极高的声誉，个中原因还有些出奇。那个时候，蒂尔自认为代表了科技行业的未来——虽然他并不知道如何开创。拉夫琴之所以找上蒂尔，原因之一就是两人的野心几乎一样，同样远大。以拉夫琴当时的能力范围，也只能觅得如此一位伙伴进行磋商。

蒂尔在南非出生长大。小时候，他被送往寄宿学校接受严格管教。在那个地方，哪怕最为细微的违规逾矩，也能招来一顿体罚。十来岁的蒂尔，已然坚定了自由主义的倾向。对于那些代表所谓“无意识的一致性”的事物，他总是怀着极大的恶感。

1998 年的这次会面让蒂尔明确了自己的志向：他想要改变世界。法国哲学家勒内·吉拉尔（René Girard）的“模仿理论”，一直深得蒂尔之心。吉拉尔认为，模仿只能摧毁创意。一个人唯有踏出模仿的牢笼，不在他人的身后亦步亦趋，才有可能真正成功。成功者必须我行我素，无论在他人眼中看来有多怪异也必须坚持。

2007 年次贷危机初露端倪的时候，蒂尔曾对《华盛顿邮报》表示：现代社会对于科学技术过度信任，所以才会招来如此祸患。按照“模仿理论”那一套话语，我们的信心被置放到了错误的地方。技术精英总在给大众洗脑。在他们的吹嘘之中，财富总会一直增长，惠及所有的人。事实上，只有硅谷里的少数分子能够把控未来。灾难发生之前，大众本该明察一切，可惜却没能做到。如此说来，次贷之祸只能算是咎由自取。

1998 年，拉夫琴和蒂尔在空荡荡的礼堂之中相会了。那个时候，蒂尔还想跟随前人的脚步，创立一番轰动世界的事业。可是，他缺乏称手的工具。此前，蒂尔经历过几次风险投资，全部都以失败告终。对于未来，他暂时没有打算。光明前景，一点没有露出形迹。

1998 年，互联网还是个新鲜玩意，没人知道如何才能从中大笔套现。假如某人能够设立一套可靠的网上支付系统，那他可是挖到了一尊金娃娃。可以说，拥有如此技术的人就像拥有了一整个世纪的商机。这一点，正是蒂尔和拉夫琴两人心心念念的东西。

在密码编程方面，拉夫琴天赋异禀。论及金融，蒂尔才是行家里手。诚然，拉夫琴可以打造一套完满的在线支付系统。可是，相较于其他的投资项目，他的这点成果似乎很不起眼。正因如此，拉夫琴才需要蒂尔的帮助。无人礼堂的会面，正是出于这种需要。那一次，两人交谈的时间不超过十分钟。但是，这就够了。他们达成协议决定开办一家公司，名字就叫“Confinity”。

“麦克斯和我花了不少时间寻觅灵感，在不同的市场之间推敲来去。”蒂尔解释道，“最终，我们决定利用奔迈（Palm Pilots）电脑做加密货币。那个时候，我俩都觉得加密货币就是未来发展的方向。”

理想很远大，现实却是另外一番景象：蒂尔和拉夫琴这样依靠技术创业的人数以万计。这样的人实在太多，已经把加州各地的咖啡馆塞得满满当当。互联网掀起的这股淘金热并不稳定，时不时就有不少创业者败下阵来。横向比较之下，蒂尔和拉夫琴实在没有守得云开见月明的本钱，不过，他们到底拥有一点优势。为奔迈工作期间，蒂尔和拉夫琴在这款小小电子仪器的身上看到了未来 iPhone 的雏形。他们觉得，人们大可利用这种工具作为买卖物品的媒介。这一点，其他创业者可统统未曾发现。

四千多公里之外，麻省理工学院的一位塞尔维亚裔神经学家正在开展一场实验。神经学家想要知道：不同的支付手段，会给我们的大脑带来怎样不同的影响？人类面对金钱总会做出很多不太理性的行为，这一点深深吸引了实验的组织者——德拉赞·普勒莱奇（Drazen Prelec）。他很好奇：为什么有些人会既买保险，又赌彩票？普勒莱奇指出：其实，我们人类并没有什么一以贯之的花钱之道。相反，每个人在生命的不同阶段，都会拥有种种自相矛盾的消费习惯。习惯虽然大相径庭，却又能在大脑当中达成古怪的共存。比如，我们在逛超市的时候总会挑选那些最廉价的牌子，回程路上却坚持要打的，只是因为公交不招人喜欢而已。又或者，既然你的化妆品都是便宜货，为什么每月一次的昂贵水疗却又从不愿意舍弃呢？

我们花费现金的行为确实有失理性，而普勒莱奇也想知道非理性背后的原因。而且，他还想了解：对于使用现金和刷信用卡这两种支付方式，大脑又会给出怎样不同的反应。

在普勒莱奇的组织下，麻省理工学院的五百名学生参与了这次实验。实验以无声拍卖的形式举行，学生们则要进行一次匿名投标，为了一场票已售罄的篮球比赛展开争夺。根据规则，一半的学生会使用现金，另一半则以刷卡的方式提供标酬。后一组人甩出的价码肯定高过前一组人，这个现象，普勒莱奇在实验之前就有所预料。可是，刷卡一族的领先程度还是让教授大吃了一惊。较之那些使用现金的同学，他们的平均出价高出了整整两倍。有些学生甚至愿意出六倍的价格以求达成目标！总之，现金组的学生们总是显得抠抠搜搜，而刷卡组的学生们却好像觉得手中的筹码可以挥霍不尽。

如此结果让普勒莱奇深感震撼。他表示："这个事实有点吓人，对吗？刷卡刷掉一美元的心理感觉就和付出五十美分差不多。"原因很简单，信用卡带来了血拼的乐趣，同时还让我们忘记了其中的痛苦。"比起支付现金，刷卡这种行为的道德负担很模糊。消费的时候，我们一点不会担心价格；花钱的时候，却又忘记了到底买的是什么。"

信用卡，就是一顿不用花钱的午餐——这个观念当然属于自欺欺人，却又那么根深蒂固。普勒莱奇认为，正是由于这个原因，绝大多数借记卡都会付印一个信用卡的标志。"单单一个标志，就能引诱大家大撒金钱。一见到信用卡的标志，消费者就已经不能自已了，像饿汉扑向汉堡包一般。"

信用卡的魅力得到了证实。那么，现金又为什么能够扫去我们的购物兴致呢？这种现象会不会是一种生理本能？带着疑问，普勒莱奇对参与实验的现金组学生进行了脑成像扫描。扫描的结果，彻底改变了金钱的未来面貌。

原来，当我们掏出现金准备付账的时候，头脑中的一片神经通路会闪亮开来。这条通路，正是普勒莱奇发现的"犹疑时刻"。那一刻就发生在钱与手分离的一瞬间。虽然只有一纳秒，却反映了割舍现金给人类神经系统带来的苦痛。那个时候，每个人都真真切切地感到了失落。

至于刷卡组的学生们却没有这样的伤痛体验。他们的头脑中只留下购物的美好和愉悦。普勒莱奇的这个发现有着深远的内涵。神经学家认为：现金不能促进支付，反而会起到阻碍作用。如果一种支付系统能够彻底抛开现金，让付钱的过程短暂到难以察觉，我们的大脑自然来不及给出痛苦的反应。没了这种反应，我们也就没了花钱的戒心。毕竟，支付现金的苦痛瞬息而逝，大脑根本无从察觉。

在彼得·蒂尔和麦克斯·拉夫琴的眼里，谁能创造一套加密的网上支付系统，谁就能掌握那座硅谷之中人人渴求的圣杯。殊不知，真正的圣物已经握在了普勒莱奇手里——谁能让消费者实现“无痛购物”，谁就能够掌握互联网的未来。

埃隆·马斯克来了，请挪步

2000 年，“Confinity”迎来了开张的周年庆，拉夫琴和蒂尔又遇到了一位企业伙伴。对于普勒莱奇那一番支付现金导致神经创痛的重要理论，此人已经深谙于心。他叫埃隆·马斯克（Elon Musk），和蒂尔一样，他也是个空想家。而且，他总不吝于向他人展示自己的想法。近二十年后的今天，此人的理想已经众所周知：他要不惜一切代价殖民火星，以求将人类从温室效应这个全球灾难中解救出来。对此，马斯克可不是在说笑。很多人觉得，他就是《钢铁侠》中托尼·施塔克的原型。

马斯克和蒂尔都在南非长大，而且同样雄心勃勃。出于相似的童年经历，两人还都一致地反抗权威。蒂尔深受寄宿学校的桎梏，而校园霸凌则让马斯克深受戕害。有那么一次，马斯克甚至被殴打到昏死过去而进了医院。

2000 年的埃隆·马斯克其实已经赚了一笔钱。他拿出自己第一次风险投资——一个名为 Zip2 的项目——所带来的收益，与蒂尔和拉夫琴组建的 Confinity 完成了并购。同时，马斯克的到来还开拓了合作伙伴的眼界。他告诉蒂尔和拉夫琴：一旦他们的企业破解了安全加密支付，就算是拿到了通往“无限支付”那个境界的钥匙。但是，要把这种技术运用到消费者的头脑之中可不是那么容易。换言之，这种技术虽然富于巧思，却不过是硅谷里的一次小小创新，其他富于巧思的硅谷小公司大可以依样画葫芦。要让这样一项小小的创新化身成为闻名全球、征服世界的知名品牌，蒂尔等人还有一件事情必须要做，那就是，他们必须告诉消费者：花钱的过程十分短暂，就在“鼠标一点”之间。

蒂尔从华尔街挖来了一名高参。此人叫作杰克·塞尔比（Jack Selby），他对金钱的运作之道十分精熟。笔者和他在旧金山见了面。谈话地点位于蒂尔等人办公所用的大宅，和《星球大战》的导演乔治·卢卡斯（George Lucas）正好比邻而对。屋内的家私都是二十世纪中叶的北欧风格，书架上的典册大多属于哲学类，作者包括基尔凯廓尔、安·兰德和马克思。特朗普总统的文著选集同样有所典藏。塞尔比亮相的那一刻，我还以为见到了《了不起的盖茨比》（*The Great Gatsby*）当中的主人公。看那一头湿漉漉的乱发，还有脚上的划船鞋，我还以为他刚刚找对地方把他那艘游艇停泊稳当了呢（虽然塞尔比刚刚泊好的不是游艇而是私人飞机）。

“听您刚才的描述，我们所做的事情似乎难度不大——一切都是水到渠成。”杰克向我表示，“其实呢，那些传言并不真实。事实是：我们当时只求成为幸存者。整件事情实在风险巨大。不过，彼得实在才智过人。他意识到了一点：我们要赶在互联网泡沫吹起来之前趁早入局。待到潮汐退却，朽木遭到清除，剩下的人自然而然就会发展壮大。我们要保证，自己就是壮大群落的一部分。”

合并之后的新公司的名字叫 PayPal。“消费只需鼠标一点”就是新公司对消费者的承诺。就这样，马斯克、塞尔比、蒂尔和拉夫琴拿到了解锁互联网的那把钥匙。仅在一年之后的 2002 年，PayPal 就和易趣网达成了一宗价值十五亿美元的交易。交易达成之后，互联网上多出了一处市场，而 PayPal 则是买卖的媒介。如今，易趣网上超过七成的拍卖活动可以通过马斯克等人的产品而进行，而 PayPal 的几位创始人成了硅谷中的传奇。大家都叫他们“PayPal 黑手党”——这个称号，笔者曾对塞尔比提及，而他随之露出了盖茨比一般的微笑——“没错，我们就是 Paypal 黑手党”。

让我们回到麻省理工学院。普勒莱奇的研究似乎本该是一出警告：人类，即将进入一个深不可测而又金光闪闪的崭新世界。无节制的网络消费有可能带来无尽的危险。可是，我们并未听从警告。神经学家的研究成果倒是宣判了现金的死刑。按照普勒莱奇的看法，现金这种东西可以牢牢地控制我们的行为，让我们的消费始终在可承受的范围之内进行。笔者曾和普勒莱奇见过一面，当时，他告诉我：“您知道现在我们的消费行为已经毫无节制到何种地步了吗？不妨做个试验，答案自会分明——一周之内只用现金，凡事都用现金付账，就连按揭也以现金支抵。要知道，哪怕一千美元看起来也像一座小山。可是，那种金钱观已经成为历史了。”

无限信用之于大众，等于糖果之于糖尿病人

为求便利而废除现金并转向信用消费——这等行为蕴涵了极大的风险。相关的警告，并非由普勒莱奇首先提出。早在二十世纪五十年代，信用卡第一次迈出商业世界而成为寻常人家手中工具的时候，就有人发现了其中的问题。信用卡得以大行其道，似乎是得益于它为消费者带来了更为快捷、更为灵便的支付方式。其实，它真正的魅力乃是提供了一种坐拥财富的虚幻感觉。在虚幻之中，您梦想的种种物品（新沙发，皮外套，汽车）都可以轻松得来。无须精灵相助，也无须一阵魔烟卷过。只需要您签上自己的大名，所有东西自会送上门。

早年间，美国快递公司曾经推出过一则电视广告。广告中，一位外形倜傥的交易人从兜里掏出一张卡片，递给了一位女性空乘人员。交易人动作潇洒，仿佛手中的东西是高级贵宾的身份证明。那位空姐则是诚惶诚恐，吃惊得大气也不敢多喘。就这样，倜傥的中年男性商人俨然成了詹姆斯·邦德（James Bond），而变身的秘诀只在于几张信用卡，这种幻想当然诱人，却也实在不够现实。

政府高层之中，很快便产生了忧患之思。贝蒂·福内斯（Betty Furness）是约翰逊总统的消费者行为特殊顾问。在她看来，信用卡给予人们的良好感觉不过是一场幻想。1967 年，福内斯表示，美国大众本来“天生就是欠债的料”。向他们提供信用卡这种东西，无异于给糖尿病人喂糖吃。

那么，人民大众是不是“天然就爱欠债”呢？其实，我们对大众，尤其是那些收入较低的人总怀有一种偏见：他们不善理财，也没有把控成本的能力。因此，应当推动新兴技术帮助他们“养成节制生活的良好习惯”。

事实和偏见正好相反：穷人从来最是节省。从二十世纪五十年代的信用卡，

到如今大行其道的电子和手机支付，那些创新的支付手段反而起到了异于预想的反效果。它们不但没能教会大众“理财”，反倒让他们把债台垒得愈来愈高。

2016 年，美国家庭平均欠下的信用卡债务达到 16061 美元。美国人之中，七成拥有至少一张信用卡，一半以上手头的卡类达到两张，十分之一的人已经攒了三张以上的信用工具。若论债务，美国家庭的平均欠款已经高达 4 万美元。英国人的欠债已经追上了美国水平，而且还在步步高升。到了 2016 年的最后一个季度，每个英国家庭在过去三个年度平均欠下的款项就超过了历史上任何一个时期。

二十世纪五十年代，经济勃兴。那个时候，欠债倒还值得鼓励。不过，大家填补亏空的时候也都算比较积极。八十年代中期，信用卡彻底取代了电话购物。到了九十年代，任何能够书写自己姓名的人都可以得到一张信用卡（甚至，养狗的人可以用自家宠物的名号换来信用卡。毕竟没人在乎这些卡片的流向）。欠债必须如数清还的概念也被人们抛到了九霄云外。相反，举债过活倒成了一种生活方式。

每当信用货币变得愈发快捷便利，我们社会的债务水平也就越来越高。每一次经济陷入衰退和危机（比如二十世纪八十年代初期，九十年代初期和 2007 年至今的先后三个时期），信用卡都会担负起新的角色。有了它，很多人才能存活下去。

今天的信用卡已是一种生活工具，大家用信用卡结付供热账单，用信用卡购买食物和支付按揭款项。对于某些国家而言，债务还是一种掩人耳目的造假工具。只要大众通过信用卡达成的消费行为计入 GDP，经济自然能够增长。如此一来，债务可以为政治涂脂抹粉，通过虚幻的收支平衡而让本已陷入膨胀的经济体透出几分光彩。

易趣网：把网络当作销售工具

2000 年，PayPal 和易趣网达成协议的时候，马斯克等人的目的十分明确简单——他们想要定义互联网的功能。那个时候，1.0 版本的互联网还只是一种静态的网页工具，只供学术界、政府间和军队内部传递消息。2.0 版本的互联网则有了生命，地球上的每个人都在为它提供养料，改变它的面貌。同时也因它而互相连接起来。

对于这个“有生命”的互联网，大家有着种种期许：希望它带来更多的“能力”，带来“去中心化”的局面；希望它能促进人与人的“联系”。甚至，有人觉得互联网有助于创建一种“全新的民主政治”。不过，事实似乎却让大家感觉就像碰了壁——在 PayPal 的作用下，2.0 版本的互联网成了一种销售利器。

易趣网收购协议达成的那一刻，象征着 2.0 版互联网的正式成型。正是在那一刻，一个“国际互联网”现形天下。时光倒转，1998 年的奥米德亚只有三十一岁。正在那时，他创办了易趣网。当时，不少流言蜚语都传奥米德亚是个投机的骗子，而他那家公司也只是个网络版的购物机。不过，奥米德亚本人很清楚手中这份事业的意义。

奥米德亚知道，自己的易趣网是一个再造的喧嚣市场。两千多年之前，正是在这样的市场里，硬币开始流通。市场之中，每件东西都可以被交易，而其价值则在市场的驱使下时时发生变化。

如今，每个技术平台都是一处市场：在谷歌这个市场里，大家可以获取信息；优步这个市场则提供出租汽车服务；爱彼迎（Airbnb）负责交易住宿空间；外卖客（deliveroo）与外卖有关。在林林总总的网络市场中，易趣网才是开山鼻祖。它原本空空荡荡，后来却几乎包罗了地球上的一切事物：从鞋子到家具，从演唱会的入场票到真空吸尘器。人们甚至能在易趣网上交易假期、买到旧录像机，甚至获取一段意外的姻缘。

易趣网代表着最纯粹的资本主义。在易趣网上，人们可以达成点对点的交易。市场由买家而非卖家操控，价格全由买家的意愿决定。一块神似教皇冠冕的多力多滋玉米片竟然标价 1209 美元（买家除了这块藏品，还拍下了一个和圣母玛利亚容颜十分相似的烤奶酪三明治）。库尔特·科本的头发、布兰妮·斯皮尔斯嚼过的口香糖之类的东西同样卖出了很高的价钱。一罐自称封锁恶魔的瓶子以 5.5 万美元的价格成交。有人愿意让出自己的前额作为广告牌，倒也获得了响应。当然，有一件标价 3.26 美元的商品最为发人深省，那就是人生的意义。

易趣网提供的东西，现金交易无法企及。唯有网络拍卖，可以让买卖双方产生欲罢不能的依赖性。置身其中，可以体验赌博一般的快感。相比易趣网上的买卖活动，现金交易显得不太过瘾。二十一世纪的头十年，网络购物开始勃兴。同一时间，网络赌博也发出了芽。无论是购物还是赌博，都能给人以无拘无束的快感。事到如今，即便独身一人守在电脑旁边，也可以从中得到快慰。

在社会人类学家本杰明·巴贝尔（Benjamin Babel）看来，在线购物就像“刚刚开张的糖果店”，可以“给人即时的满足感”。它威力巨大，让各位已成年的消费者仿佛回到了童年。“小孩子常常毫不避讳地叫嚷：‘我要这个！’‘我现在就要！’至于大人则会站在一旁泼冷水。如果大人自己萌发了同样的欲望，那可是无人可挡。”现金交易带来的神经疼痛了无踪影，而且我们的行为毫无约束可言。毕竟，父母可没法操控成年人的生活。

您就是新的发钞机

试想一下这样一笔交易：笔者拿出一张十英镑的支票（或者十美元的账单），然后塞到你的手中。金钱易手，却没有第三方从中获取任何利益。如果这笔交易发生在虚拟世界，情况自然大不相同，毕竟，虚拟世界之中需要一种媒介发挥“启动”作用，您与我的交易才能够达成。我俩之间的距离和空间，就是某些人的财源所在。

如此一段生财的空间，自有许多大型的科技公司想要占领，比如脸书、苹果、谷歌、亚马逊和微软。拥有空间，就等于拥有铸币权。甚至，空间的拥有者可以重新定义“钱”这个字。由此一来，也许您将成为新时代的发钞机。

如今的网络购物都是免交易手续费的。服务提供方的财源并非收取费用。相比之下，他们更加在乎关于您的种种数据。数据隐藏在一切交易的背后。我们乐得供出自己的数据，毕竟，交出数据又不是交出真金白银。我们提供的东西只是生活的点点滴滴，比如您平日里的歌单——您选择的音乐类型可以反映即时的心情变化。此外，您是喜欢中国菜还是印度餐？您喜欢冲浪还是潜水？您有没有注意力不集中的问题？您上一次度假是去了加勒比地区还是南太平洋？统统都能通过数据找到答案。

2016 年的英国脱欧公投和美国总统大选中，有关方面已在利用大数据锁定摇摆选民的潜在倾向。事后证明，数据分析在大选中起到了决定性作用。2017年，英国的几家研究机构展开调查，研究了个人数据对于政治选举的影响。作为脱欧运动的重要参与者，剑桥分析（Cambridge Analytica）公司同样瞄准了选民的态度和倾向。而且，他们的视角更加犀利。没了数据的帮助，任何人都无法在选举活动之中，特别是选情胶着的时候获得满意的结果。

很多人都对数据分析提出了批评。在他们看来，个人数据应当属于隐私领域。不过，人民大众可没有这般警觉。2015 年，《哈佛商业评论》曾经刊文指出："研究显示，消费者其实意识到了自己正处于监视之下……（可是）消费者也觉得个人数据可以为自己在生活、娱乐休闲、教育和节约金钱方面提供便利。"没错，大家并不在乎泄露个人信息。但是，如果个人健康信息被泄露，我们即会变得警觉起来。要知道，健康领域一直是各大科技公司的兴趣所在。

2007 年，局势变得清晰起来。这一年象征着新纪元的开端，苹果推出了智能手机，而银行系统渐渐趋于瓦解。系统之下，深埋已久的次贷炸弹被引爆了。因此，整个系统也像即将倒下的大厦一般开始倾斜。由之控制了几百年的金钱流向，自然也要随之改变。

一个世纪以来，金融机构在涨与缩之间几经反转，形成了史诗一般的轮回：华尔街股灾之后，管制紧接而来；里根的上台又放松了政府的约束；1990 年，股市再次进入衰退；历史上历时最长的牛市过去之后，次贷危机终于轰然爆响。总有那么一些历史时期，金融机构会变得虚弱。而后来者，也就是各大科技公司，将要介入主宰金钱的这场局。

新来的势力以拥有技术而自居。不过，科技只是踏脚石，它们是想踏级而上，变身成为新时代的银行。旧体制的危机无疑给了新来者迈开上位历程第一步的机会。

2008 年，苹果手机开启了一项新功能。从此以后，网上购物不仅是手提电脑的专利，也可以在手机上顺利进行。与此同时，金钱也从旧有的金融机构之中流出，流向各大科技公司。把控购物市场，这只是科技公司的第一步。而后，它们会接管财政管理和金融服务，并在最后变为新时代的银行。为了最终的目标，它们必须从购物干起，而且，它们还拥有一个实现目标的利器——APP（手机应用程序）。

其实，这件利器一开始并不掌握在史蒂夫·乔布斯的手里。投资银行家约翰·多尔（John Dooer）的资助给了苹果方面获取利器所需的金钱。此外，一组“破狱而入”的黑客对苹果手机的侵袭也刺激了乔布斯。最后，苹果首席执行官开始关注一些第三方提供的手机应用程序。这些程序可能给苹果手机带来的收益也是乔布斯关心的焦点。最初，乔布斯并非十分热心。但是，苹果手机特殊路线图发布会举行之后不到一年，他的态度就来了一个大转变。如此一来，应用程序的开发者就可以自行开发适用于苹果手机的各类软件，并通过软件商店进行售卖。

乔布斯曾经表示：技术进步，将会“改变世间万物的面貌”。第三方软件的频频出现，给他的宣言提供了扎实论据。事实证明，苹果手机能从一个单纯的商业奇迹晋升成为定义时代的伟大发明，手机中的这些第三方软件起到了关键作用。

苹果公司先于天下，在一个新的“月球”之上升起了一面旗帜。这个“月球”就是在线支付中人与人的距离。如今，这个距离已能容纳一切的东西。打开这片空间，就等于走上了一片无边无际的平原——某一出特定交易所涉及的信息的背后，还链接着上百万条其他交易带来的信息。信息不但关乎执行交易的您，还牵涉您的家庭，甚至关乎您认识的每一个人。过去的每一笔交易，又和将来可能发生的种种交易息息相关。按照算法的推测，无论是您，还是您的家人和每位相识所知道的一切，还有那些您们并不清楚却应该知道的东西，都会在三十秒之内达成交易。

大家都在争分夺秒，想要抢先占据这片价值巨大的空间。2014 年，苹果公司推出“苹果支付”（Apple Pay），这可以为竞争的激烈程度提供一种佐证。

交易伊始，整个计划都处于极度机密之中。一位知情人表示，计划仿佛“狂怒行动”一般诡秘难测。牵涉其中的信用卡公司并非直接提及苹果的名称，而是以化名相称。至于苹果，也为谈判伙伴起了形形色色的代号。比如，维萨卡（Visa）就用另一家消费电子公司的名号为苹果打了个幌子。未曾参与谈判的公司成员也因此遭到了误导。

2013 年夏天，苹果公司一共接触了五家主要银行，这些银行都是金钱的旧守卫。除却它们，其他参与交易的银行并未得到披露。作为美国最大的信用卡发布商——摩根大通（JP Morgan），甚至为了这出交易设立了专门的作战室。这间作战室位于旧金山，房间密不透风，甚至没有装配窗户。参与其中的员工虽然多达三百人，但也只有不到三分之一的人清楚交易对象的身份——苹果。

9 月9 日，摩根方面的金融主管玛丽安·雷克（Marianne Lake）现身纽约。她的这次行程只是为了等到一个信号。三千多公里之外，苹果首席执行官蒂姆·库克（Tim Cook）也在加利福尼亚向助手们下了命令。无论是苹果还是摩根，都觉得时机最为重要——他们需要一个恰当的时机迷惑对手和创造市场，同时也造出足够的戏剧效应。

当天上午 11 点 35 分，蒂姆·库克投下了那枚“重磅炸弹”：苹果公司即将推出一种网上支付系统。用户无须为此掏钱，世界上的每间商铺，每个在线商家都可以在其中注册。一种名为“Apple Pay”的全新支付系统因此诞生。到了纽约，雷克的一位高级助理也从自己的包中掏出一个绿色的苹果放在桌上，对于玛丽安·雷克来说，这是时机已到的信号，她向自己的助手点了点头。

“好吧，”雷克表示，“我们都十分兴奋。”

笔者在伦敦见到了那次交易的一位关键人物。笔者问到了交易开启的方式，对方回答：“要保证所有的船只在同一时刻渡过重洋，当然十分艰难。”雷克桌上的那个苹果，笔者也向对方提及。对此，他只是付以微笑：“哈哈，这一点我可不知道。”显然，没人把这个故事的细节告知他。

苹果公司的作为不单单是一种震撼，若论效应，它简直堪比地震，一个世纪以来金钱运作的核心机密因此遭到动摇。万事达卡的副总裁詹姆斯·安德森（James Anderson）干脆表示：苹果的这次行动“对于支付系统简直缺乏尊重和崇敬”。

安德森的言下之意很是清楚：苹果有欠尊重的对象，乃是大银行和信用卡公司所仰仗的财产流。苹果和蔡司仿佛驾着坦克，闯进了美国最为古老的金融机构的地头之中。

更为重要的一点“侮辱”在于——苹果的这点服务并不收取任何费用。交易之中的空间本该是盈利点的所在，由于苹果单方面的举动，这些盈利将不复存在。苹果抛出的火种，把竞争对手的这点收益烧毁得一干二净。个中原因何在？因为空间的价值并非为了服务收取运营费用，而是蕴藏在另外的事物之中：您的个人信息，才是新时代金钱的潮流所在。

别去硅谷，非洲才是制胜关键

2016年12月，脸书公司首席执行官马克·扎克伯格（Mark Zuckerberg）加入了挖掘金钱数据新世界的队伍。为此，他乘私人飞机，专程去了一趟肯尼亚。苹果公司认为：为服务收取费用并非取财之道，而信息才代表了未来。对此，扎克伯格也有同感，而且他还觉得：未来不在硅谷也不在华尔街，反而在位于非洲中部的广袤草原。

2007年，一款名为姆佩萨（M－Pesa）的手机支付系统为肯尼亚人提供了一种服务：为此，他们可以把金钱在两部手机之间自由流转。服务面向肯尼亚全国。其中的技术关键无关手机应用程序，也和复杂的密码支付系统毫不相干，只需发送短信，人们就能达到目的。

姆佩萨将一个国家当成了实验室。在金钱的民主化进程之中，这样的尝试有着革命性的意义。姆佩萨不但砍掉了金钱交易中必要的运行费，同时也让银行甚至现金濒临消失。要想投入其中，您无须一部苹果手机，也不用开办任何银行账户，只需一部老款诺基亚手机，一切便可完成。

发布一年之后，姆佩萨已在肯尼亚拥有了一千七百万用户。这个数字相当于这个国家总人口数的一半。截至2010年，姆佩萨的使用者在人数上已经超过了银行账户的开办人数。事实证明：肯尼亚人无须什么银行账户。

内罗毕郊外的特维嘉食品（Twiga Food）主营香蕉贸易。几个月前，扎克伯格造访过这里。如今，笔者踏上了他曾经的足迹。由于“姆佩萨”的帮助，特维嘉食品成了全肯尼亚发展最快的公司之一。其中的原因，扎克伯格很想得知。为此，他特地和公司的人力资源主管艾德纳·库温加（Edna Kwinga）和首席组织官基孔德·姆瓦特维拉（Kikonde Mwatwela）进行了谈话。

“扎克伯格来访之前不到十分钟，我俩才知道他即将到来的消息。”艾德纳告诉笔者，“此前，我们还以为来访者只是脸书的区域主管。谁知道，扎克伯格就那样走了进来。”那么，脸书的老总到底想要知晓一点什么事情呢？“我们利用姆佩萨促进公司发展的秘密，让扎克伯格很感兴趣，他的态度十分亲切。要知道，来访前一天他还身处西非，而当晚即将赶往非洲南部。”

扎克伯格的来访，并未让姆瓦特维拉产生幻觉。他很清楚：脸书这种大型科技公司对姆佩萨的创新之处很感兴趣。由此而来的巨大商机自然不可忽视。“为了寻求商机，硅谷人士通常都会看向金字塔的顶端。可是，扎克伯格的聪明才智自然很不一般。他反其道而行，朝着经济这个金字塔的底部张望。在那些地方可能有着更多的商业机会。”借此机会，他还可以笼络世界各地的贫困阶层，并把他们牢牢捆绑在脸书之上。

面对任何人，特维嘉方面都坚持用姆佩萨付账。到了肯尼亚峰附近的一处香蕉园地，农场主人付给各位雇工的东西也不是现金，劳资双方的交易完全通过手机完成。不会使用手机的雇工，还会得到雇主的指导。那么，未来的某一天，姆瓦特维拉会不会彻底抛弃现金这种东西呢？面对如此问题，对方表示：“哦？如今，我们就已经抛弃了现金。没人用现金了。现金这种东西沉甸甸的，又难以携带。况且，现金在身上总给人不安全的感觉，可能招来劫匪甚至让人死于非命。现金的时代已经过去了。仅仅需要买一杯茶的时候，我倒还可能用现金。”

在姆佩萨的帮助之下，肯尼亚完成了一次巨大的跳跃。二十世纪的种种必需品，比如基础设施和银行系统，都被抛在了身后。过去，银行账户是开办交易的必须。不过，这样的必须已经成为过去。姆佩萨可以提供贷款服务，银行也由此丧失了功能。史上第一次，姆佩萨彻底消灭了实体金钱。完成这点成就，只需一点最为基础的科技而已。

姆佩萨的发明者沃达丰公司（Vodafone）乃是全球最大的电信运营商之一，不过，到了扎克伯格的手中，这个发明可以继续升级。因此，地球上最为贫困的那一半人口可以迎来一次金钱的革命。如果革命在肯尼亚获得了成功，自然就可以席卷世界上的其他地区。

姆佩萨这样的发明，仿佛开辟了一条通向电子消费的通路。借此，我们能够通过电子支付完成金钱交易，结清贷款和信用卡，获取食物、汽车和假期。

不过，短信之中的记录就像指纹，它们可以记录下使用者涉及的每一笔交易。2016 年，一批肯尼亚警察就因为使用姆佩萨进行大宗金钱交易而遭到逮捕。为了洗钱，毒枭们已经用上了比特币。有人则通过银行达成洗钱的目的。这些警察同样有着洗钱的需求，只不过，他们的工具是短信。姆佩萨可以对交易进行微数据监控，对此，扎克伯格有所察觉。毕竟，脸书也有类似的功能。

可是，姆佩萨涉及的目标人群多达数十亿，这一点脸书是难以企及的。

2000 年，电子货币登上了历史舞台。那个时候，大家都觉得这种发明只会导致全球范围内的不平等——电子和移动货币将是富人的专利，穷人则会和现金继续互相依存。可是，姆佩萨证明了事实并非如此，它不但给了穷人力量，同样也掏空了他们的口袋。它的威力，和债务一模一样。

现金当真应该消失了吗？

现金为何将“死”？其中的潜台词——有些时候，大家干脆把台词念出了声——在于消灭地下经济。国际货币基金组织的前任首席经济学家肯尼斯·罗格夫（Kenneth Rogoff）表示：现金之死不但不可避免，而且还是一件好事。

笔者和罗格夫在他位于哈佛大学的办公室见了面。罗格夫拿出了小山一般起伏不定的图表。线条高低起落，反映了近两百年来西方资本主义起伏涨落的周期。随着周期的演进，税款也在越积越多，地下经济倒是随之走进了死胡同，要知道，地下经济十分依赖现金。自打固定汇率作古以来，世界的无现金化将会成为金融管制中最为坚定的前跃的一步。按照罗格夫的说法，电子支付有助于监管非法移民，相关的效果可比筑起一道城墙或者利用控制护照实施入境禁令要好得多。

但是，更为复杂的情况随之出现了。罗格夫一边说，双手一边在空中挥舞：“各国政府都在限制现金，流通领域之中似乎不该再有现金的身影。可是，人们并未予以放弃。至少，现在大家彻底遗弃现金的趋势还不明显。”

地下经济及其背后的现金和影子经济乃是穷人安身立命的必要依据。《魔鬼经济学》的两位经济学家埃尔金（Ceyhun Elgin）和奥兹图纳利（Oguz Oztunali）利用数据分析，对 1950—2009 年期间 161 个国家和地区的地下经济做了仔细研究。结果显示，地下经济在全球生产总值中占据的比例竟然超过了 21%。

没错，地球上约四分之一的财富都以我们手上的现金而得以体现。世界各地数十亿的人，都要依靠现金存活下去。地下经济不仅是罪犯的专利，办公大楼里的清洁阿姨，建筑工地上劳作的工人，还有忙忙碌碌的跑船商贩，他们也要依赖现金维持生计。对于那些面临避税关口的小型商家而言，现金也有着极大的重要性，要么生存下去，要么就可能因此沉沦。毕竟，一旦全额缴纳税款，他们就可能要付出破产的代价。

我不禁向罗格夫发问：因为您无法从富裕阶层那里收到钱，所以必须要向穷人伸手，难道现金支付只是起到了特洛伊木马的作用吗？对此，罗格夫只是付之一笑："现金消失的速度肯定要比大家预测的要慢。在我看来，现金也许根本不会消失。总有那么一些人需要现金的服务。"

2016 年，印度政府下了一道命令。事出紧急不说，而且让人震惊，根据法令，政府将会废除 500 元与 1000 元面值的卢比（分别折合 7 美元和 15 美元）。如此作为，直指印度国内规模巨大的地下经济。印度政府本来想要借此斩去地下经济的手脚，没想到却造成了灾难性的后果。

废钞令过后的几周之内，现金短缺的现象一直十分严重：为了换取现金，大批民众汇集到银行门口排起了长龙。漫长的等待过程中，二十五人不幸去世。正常的经济活动，也因为股灾而深受戕害。农业和路政也因此遭遇危机。至于这次行动想要打击的那个对象——地下经济——反而是纹丝未伤。

毒品资金拯救银行

现金在印度经济中处于很重要的地位。其实，西方国家也对现金有着很高的依赖性。危机当头，这种重要性显得尤为迫切。2007 年 8 月，世界最大的跨国金融机构之一、来自法国的巴黎银行（BNP Paribas）开创了自身历史上的先例。银行方面以彻底消除资金流动为名，停止了三家对冲基金撤回资金的权利。随后，美国、欧洲、亚洲和南美多国的主要银行纷纷效仿。短短几个小时之内，整个系统因此停止运行。毕竟，有了所谓的流动性，一家银行才能从其他银行那里借贷现金。当银行再也无法发放贷款时，整个资本主义体系便陷入停滞。影片《落水狗》（*Reservoir Dogs*）里有过类似的一幕，所有人端着枪闯进了同一家银行，结果全都愣在了那里，大家都面面相觑，等待有人打破僵局。

不过，仍有那么一处地方能够提供贷款服务。除却银行，这个世界上还存在另外一套广布全球、进行现金交易的金融系统，那就是各大毒枭组织。安东尼奥·玛丽亚·科斯塔（Antonio Maria Costa）是联合国毒品与犯罪办公室的主管。在巴黎银行掀起的那场现金禁令的一年之后，科斯塔曾经指出了一个现象：合法的银行系统虽然不再有流动资金，但不少银行也找到了现金的来源。种种迹象显示：他们转向毒品经济获取现金，以求西方银行体系运行无碍。

“在那个濒临崩溃的关头，有组织犯罪业已成为某些银行获取流动资本的唯一源泉。”科斯塔如是说。官方虽然在明面上禁止了现金流动，但毒品交易中的金钱却足以救命。没错，它们和海洛因或者可卡因有着密切关系，涉及的毒品交易从洛杉矶一直延续到雷克雅未克的街头。但是，没有它们的帮助，银行可能无法继续生存下去。

换言之，西方国家的不少银行都在做着洗钱的交易。如此一来，现金流通方能得到保证。一般而言，银行灾难发生之后不久，政府都会出面兜底。现金流通将会随之恢复。所有的正常服务因此得以继续下去。可是，如果整个资本主义体系都已经陷入危机，您可能无法继续从银行当中提取现金。至于银行系统，也只能从毒品大亨那里获取支持。

根据国际货币基金组织的推测：2007 年 1 月至 2009 年 9 月期间，欧美各国的大银行因为毒品资金和不良借贷而招致的损失已然超过了一万亿美元。其间，被迫关门的按揭借贷商也有两百多家。同一时期，毒枭们获取的利润则达到了 3520 亿美元。联合国方面认为：通常情况下，这些利润都以现金的形式存在。有时候，毒枭们甚至会把钱直接存到离岸地区。如此一来，政府当然无从得知这笔金钱的存在。毒贩要把这些资金投入银行系统，自然了无障碍。

科斯塔认为：毒资侵蚀银行的证据，就掌握在英国、瑞士、意大利和美国等多国的银行官员手中。他还认为，在毒资侵入之前，“整个银行体系已完全瘫痪”。各位读者也许会觉得，利用毒资重启银行的行为有违道德。可是，和我一样，大家一定也是银行的客户。有了毒枭的注资，您才可以继续偿还按揭。

在科斯塔看来，毒资的影响还远不止于此。“考虑到银行系统的持续流通性，以及某些银行系统对于类似行为的容忍程度，非法资金带来的影响其实并没有那么严重。”

区块链——核按钮

2014 年 4 月，SSL 加密协议遭到了黑客的破坏。全球各地数以百万计的网络支付交易都得依靠 SSL 加密协议进行保障。协议的用户自然也属海量。许多网络安全专家认为，SSL 安全协议就是世界上最为牢靠的支付系统。

既然系统如此安全，黑客又是如何破网而入的呢？SSL 属于新一代的区块链支付系统。区块链的诞生，就是为了保障大型企业那些数以亿万美元计的资金流通安全无碍。事到如今，你和我一样的普通人每天都在利用区块链技术完成网上支付。这种技术的原理，和核按钮的原理息息相关。

核潜艇上，搭载着足以摧毁整块大陆的导弹。开启导弹的任务并非操于一人之手，而是由好几个成员共同掌握。每个成员都有一把独立的钥匙。只有在适当的时机把钥匙按照一定的顺序插进操控盘中，导弹才能发射而出。钥匙具体掌握在哪些成员的手中？潜艇上没人清楚。如此一来，自然没人能够操控整个发射系统。

到了区块链操控下的金融系统里，电脑取代了潜艇成员的位置。每种算法所承担的角色，就是把相应的密码在适当的时机输入系统。自然，没有任何一方拥有操控全局的能力。在这样一个互锁系统之中，安全层次起到了叠加效应。看上去，这样的系统似乎坚不可摧。区块链是如此牢不可破，以至于五角大楼也在采用这种方法对核武器进行管理。

这种安全神话，却在 2014 年横遭破灭。区块链系统遭遇黑客侵袭，世界各地的上千万用户被迫更改了自己的密码。这些密码，就相当于核潜艇上的第一把核按钮。大量密码虽然得到了更改，相关的破坏却未曾停止——沃尔玛超市和著名的中餐连锁店老张华馆都表示自家账户遭遇了进一步的黑客侵袭。密码的更改并未提高安全的门槛，反倒是进一步给黑客开了方便之门。

一年之后的 2015 年，整个 Talk Talk 电话系统陷入了瘫痪。罪魁祸首是北爱尔兰的一位十几岁的少年，他窝在自家卧室之中，就破译了电信公司的相关密码。他的所作所为严重损害了电信公司的声誉，数万名消费者选择放弃服务，公司的股价也因此大跌。不过，二十多年以来，人们已经承认这种安全系统内在的脆弱性。

两千多年之前，硬币刚刚流通的时候，其价值乃是建立在交易双方，也就是买家和卖家的相互信任之上。如今随着现金的“死去”，信任也就变成了单向的事情。像我们这样的消费者无可选择，只能对科技公司寄予无条件的信任，我们的手中毫无可以讲价钱的条件。不过，我们对科技公司的信任已在渐渐流失。40% 的银行弊案都变得无从查证。毕竟，只需稍做操作，银行方面就可以让相关证据匿迹无踪。

银行将空？

根据规划，瑞典将在五年之内慢慢停用现金。在这样的一个社会里，却引起了争议：有人觉得，不假思索就废除现金可能带来一些恶果——如此的忧思，在其他国家尚未得到公开讨论。

2016 年，现金只在瑞典全国的支付交易当中占据两个百分点。各类金融卡成了瑞典人民的首要选择，每个瑞典人平均每年的刷卡次数达到 207 次。相较于其他欧洲国家，这个数字高出了整整三倍。与此同时，支付软件也在慢慢吞噬信用卡的阵地。其中，由该国第四大银行开发的 Swish 软件表现得尤其突出。相比之下，现金几乎已算是躺进了棺材里。

瑞典全国共有一千六百家银行，其中近九百家已无现金押底。银行劫匪破门而入，往往会发现其中已无钞票可劫。2013 年 4 月，一位劫匪就因此付出了惨重的代价。

那是一个星期天。根据监控视频记录可以看到，一名男性案犯单枪匹马地在早上 10 点 32 分闯进了斯德哥尔摩中部奥斯特马尔默斯托格的一家银行。当时，他的手中还拿着类似枪械的玩意儿。

劫匪要求银行柜员打开保险柜。可是，一名坐在电脑屏幕后的女职员却告诉他：本银行并未收纳现金，整个银行空空如也。劫匪只好悻悻离去。他没能抢到哪怕一个硬币，整个劫案持续了不到两分钟。

2012 年，全瑞典的银行劫案只有 21 起。相比 2011 年差不多降低了一半，同时也达到了历史最低水平。不过，现实生活中的银行劫案虽然极少发生，网络金融诈骗的发生率却越来越高。

“现金起义”（Cash Uprising）是国际刑警组织前任主席比约恩·埃里克松（Bjorn Eriksson）管理的一个游说组织。埃里克松等人四处活动，就是为了给现金争取流通空间。在他看来，现金流通有助于遏制金融诈骗。相反，“现金之死”不但会让穷人的处境愈加艰难，还会把经济的主动权交到新兴的技术公司手中。面对金融诈骗，这些公司无力也无从遏制。

埃里克松认为：诚然，银行系统应对金融欺诈的种种行动很不得力。相比科技公司，银行系统还是更加值得信赖。请注意，这位埃里克松可不是什么仇视资本主义的积极分子，他只不过是当过警察，曾在欧洲最大的反诈骗警务部门中担任主管而已。

不同时代的人，对于现金的态度大有差异。老一辈人士依赖现金，新新人类则觉得电子货币更为可信。开展“无现金”交易的企业家自然也属于年轻一代。比如，瑞典各地的咖啡店纷纷把收账的业务交给了一个名为 iZettle 的手机应用程序。

2008 年的金融危机就是这种时代差异出现的分水岭。危机当前，年长的一代瑞典人忆起了过去的年代，那个时候，银行系统尚还值得信任。至于年轻人，却觉得银行危机已经彻底摧毁了银行的信用。因此，他们更愿意对新兴的科技公司托付信任，刚好这些公司也一直想要取代银行的地位。

2007 年，苹果手机应运而生。有了这项发明，信任也从银行转到了科技公司的身上。可是，作为新一代的钱庄，科技公司难道真就比银行更加安全吗？在比约恩·埃里克松这样的批评家看来，电子金融灾难根本无法避免，相关的结果将会更加不可收拾。

2007 年的银行危机遗祸深远。不过，电子货币诱发的金融灾难更加可怕——只需轻轻一点键盘，某个突破了区块链的黑客就可以轻松卷走世界上所有的钱款。没了雷曼兄弟，人类还可以存活下去。没了谷歌和脸书一样的科技公司，整个世界都会面临末日，毕竟，在电子金融时代，这些科技公司就等于基础设施。

传染性

全由电子货币支撑而起的新型资本主义已然不可避免。置身其中，我们仿佛即将走上高悬而起的钢索。在系统中，早就埋下了可能招致崩溃的定时炸弹，一个小小的疏失就可能导致一场灾难。表面上看，新经济是为了给消费者提供速度和效率方面的便利，其实，电子支付如日中天的真正因素在于消灭了地下经济。五家最为重要的科技公司，也能因此把金钱攥到自己的手里。

十年之前，所谓的数字革命刚刚兴起。人们把一座高山开掘一空，只为实现互联网的加速。唯有如此，网络连接才能更快。在此基础上，华尔街中的金融交易才能在千分之一秒之间快速完成，有了这千分之一秒级的效率，华尔街方面每小时就能多出十亿美元的收益。在这个新经济的时代，速度就是金钱。由此而来的风险也是非同小可，如果某个流氓程序改变指令而颠倒买与卖的秩序，整个经济都将彻底崩溃。由于速度过快，人类根本无法加以阻止。

笔者曾经有过这样的经历：某天，笔者去经理食店（Pret A Manger）想买个三明治。那天，店中的刷卡机出现了故障，于是只能收取现金。店员礼貌地向顾客提醒，隔壁就有自动取款机，可是，没人愿意挪动一步。毕竟，取钱要花掉整整一分钟，这点时间，他们可浪费不起。

故障当前，大家都愿意继续排队等待刷卡机复原。店员们表示，修好机器可能需要半个小时。但是，大家仍愿意继续等待。原因倒也简单，他们早已习惯了新型的支付方式。

我的这点个人经历，和德拉赞·普勒莱奇在麻省理工学院的发现完全一致。相关的例子并不鲜见，十几天前在阿斯达连锁超市，顾客等了一个小时，刷卡机方才恢复功能。六十分钟的耽搁，给超市带来了一千万英镑的损失。

电子支付一旦崩溃，现钞就成了迅捷而合理的选择。可是，许多人觉得现金似乎特别肮脏。维萨卡公司曾经组织过一次科学研究，旨在发现一张钞票上携带的具体细菌数量。无线支付运营商就是通过这样的手法，把“钞票很脏”这种已有的观念更加深刻地埋进我们的心里。

现金的身上附有我们的心理恐惧——这种恐惧关于贫困。电子货币革命正是在消灭这种恐惧。我们渐渐认为，使用现金乃是社会低下阶层的一种专利。哪怕摸上一摸，就有可能招来失败和厄运。瑞典的年轻人之所以更中意电子货币，也和一种心理脱不开关系——就像维萨卡方面暗示的那样，现金的卫生状况十分可怕。相比之下，电子货币可要清洁许多。也许，清洁就意味着成功的可能。

现金已经穷途末路。不过，我们仍需思考几个问题——现金因何而死？谁又会从这桩“谋杀”当中收益？

1989 年，英国喜剧演员肯·多德（Ken Dodd）因为逃税而遭到起诉。此前，检方发现多德的银行账户已经清理一空，家中倒是藏着 33.6 万英镑。这些钱被装进箱子，置身于多德的卧榻之下。法官曾经问多德：“十万张钞票装进箱子是什么感觉？”而他只是表示：“提起来很轻，法官大人。”

那一次，多德未被定罪。他惹上官司，显然是出于“在床下藏匿大笔金钱必然等于心中有鬼”的逻辑。现金，天然就和犯罪活动脱不了干系，大量现金的背后总是藏匿着不可告人的交易。为此，法庭方面当然可以提起怀疑。

现金消失之后，“现金是否应该消失”还会在学术界成为被人持续讨论的话题。

02

冒险：华尔街沦陷

卖空与“阿拉伯之春”

2010年12月16日，26岁的突尼斯街头小贩穆罕默德·布瓦吉吉（Mohamed Bouazizi）决定冒一次险，虽然他自己也知道危机重重，不过仍然选择投身其中。为此，他借了一笔钱。接下来的一天，布瓦吉吉还得赶到市场售卖蔬菜瓜果。几千公里之外某位高官的一句话，害得食品价格连连飙升。不过，布瓦吉吉没得选择。就像北非地区成千上万的商贩一样，他对于时局只能默默忍受。

第二天，布瓦吉吉早早起了身。当时，他正准备购置一台五十铃牌的皮卡车。有了汽车，运送货物自会方便一些。钱，他是筹了一些，不过还远远不够。八点不到，布瓦吉吉就已经来到希迪·卜兹德（Sidi Buzid）市集，在自己常常驻守的那处摊点旁边摆开了生意。但是，当天十点半之前，麻烦就找上了布瓦吉吉。根据目击者的证词，几个警察揪住了布瓦吉吉，原因大概是他没有经商许可证吧。

双方关于金钱争执了好一会儿。此前，不少官吏曾向布瓦吉吉索贿并得偿所愿，偏偏那一次，他表示了拒绝。布瓦吉吉不依不饶，四十二岁的市局警官法伊达·哈姆迪（Faida Hamdi）干脆给了他一记耳光。然后，警官继续对着他喝骂不止，同时还收走了他的电子秤。与哈姆迪同行的两名警员（姓名不详）则拉过布瓦吉吉的小车，并将其掀翻在了小巷中。

在事发几个月之后的法庭上，面对重重指控，哈姆迪一概否认。但是，如下事实却是无可辩驳：布瓦吉吉想要扶起自己的那辆车，其间，他一直忍受着警察们的拳打脚踢，他的货物也被没收。总之，那一天小贩布瓦吉吉彻底失去了自己养家糊口的工具。

这是一个不善言辞的小贩。平日里，他总会帮着同行记账查数。那一天的遭遇罕见地点燃了他的怒气。于是，布瓦吉吉和叔叔一起来到市政厅，想要讨回那辆车。他甚至提出，自己想见哈姆迪的顶头上司（也就是省长）一面，但是没人搭理他。

布瓦吉吉只得离开了，不过，他很快折返回来。这一次他的手中还多出了一个大罐子，罐中装满油漆。他就站在西迪·卜兹德省长办公室的外面，用罐中的油漆把自己浇了个透。身边围观者越聚越多，一个个还都打开了手机摄像头。据说，那一刻布瓦吉吉喊出了声："你们这么做，叫我怎么活得下去?"话毕，他点燃了油漆。一场革命，随着火势拉开了帷幕。

四十二年前，布拉格的温策斯拉斯广场上面，一名叫扬·帕拉赫（Jan Palach）的捷克学生也曾选择自焚。他这样做，是为了抗议苏联侵略捷克斯洛伐克的行为。帕拉赫死去一个月后，另一名学生扬·扎吉奇（Jan Zajic）再次点火焚身，而且，他选择了同样的地点。其后，还有七人追随帕拉赫和扎吉奇，他们自焚走上死路，却让抗议活动一直鲜活炽烈。

布瓦吉吉死后几天，一千多人原本打算走上街头，前往他死去的地方进行祭奠，但他们的行动遭到了突尼斯当局的禁止。当局担心，游行示威可能会蜂拥而起。可是他们到底晚了一步，"阿拉伯之春"已然爆发。群众高喊口号："穆罕默德·布瓦吉吉安息吧！我们要为你报仇!"这被传到了社交媒体上，网民们更是集体发动了起来。

"阿拉伯之春"常常被人称作推特革命。其实，布瓦吉吉死于非命的那个时候，突尼斯境内比较活跃的推特账号不过两百多个。同一时刻，倒有两百万个脸书用户出现在突尼斯网民之中。少数几个推特用户，外加数目众多的脸书账号，双方终于在北非大地掀起了一场风暴。风暴中，有一张图片显得格外惹眼——那并非布瓦吉吉死前的存照。照片中，一位身着罩袍的女性高举黑莓手机，为汹汹的示威人群留下了存证。布瓦吉吉之死很是重要，不过，大众围绕着他的死所进行的讨论也有着同样的重要性。

整个北非，都被卷入了这场"阿拉伯之春"。多国政府政权因此倒台，引发了多米诺骨牌一般的效应——突尼斯的本·阿里（Ben Ali）政权倒台，而后埃及的穆巴拉克与利比亚的卡扎菲也相继下野。也门总统萨利赫随之失去权位。在叙利亚，阿萨德总统也遭遇了亲民主反叛势力的挑战。由此一场内战拉开帷幕，而俄罗斯等欧洲国家与美国等多方势力相继入局。

穆罕默德·布瓦吉吉的死，戏剧性地重组了中东的地缘格局。自打1916年《赛克斯－皮科特协议》（Sykes－Picotte Agreement）订立以来，如此天翻地覆的变迁还是首次出现。1916年的那个协议，划定了北非的势力范围，英、法、俄三国各自得到了自己的“影响区域”。为了换取当地势力对于协约国的支持，《赛克斯－皮科特协议》向所在地区的犹太教信徒和阿拉伯人做出了同样的承诺——他们所在的地方，将会成为自己的家园。这样一来，反而使得当地的宗教冲突有所加剧。

中东地区因为一个小贩的身亡而在骤然之间产生剧变。小贩的死，又和食品价格的暴涨有着直接联系。

在西方，“阿拉伯之春”被媒体粉饰为一场追求民主自由的突然性运动。可是，事情的起因并非出于民主自由——一切，都和四家跨国公司的集体决策有关。他们打算在国际市场兴风作浪，发动一次关于小麦价格的赌博。这场赌博，成了“阿拉伯之春”的直接导火索。

ABCD 四大公司

ABCD是全球最大的四家食品公司ADM、邦吉（Bunge）、卡希尔（Carhill）和路易·德雷福斯（Louis Dreyfus）的首字母缩写。四家公司联起手来，几乎控制了全球90%的小麦生产。同时，他们还可以决定世界因此付出的代价。早在二十世纪七十年代，在冷战中一心求胜的尼克松总统就曾给四大公司下过命令：不妨拉高销往苏联的玉米价格，从而迫使东方阵营屈膝投降。可是，四大公司并未听从命令，倒是尼克松本人最终灰溜溜地下了台。四大公司的权势，由此可见一斑。

谈到四大公司对食品价格的影响，伦敦大学亚非学院（SOAS）的简·哈利根（Jane Harrigan）教授有着深入的研究。此外，哈利根还仔细分析了四大公司和“阿拉伯之春”的关系。研究的结果极为惊人。哈利根发现：撒哈拉以南的非洲乃是世界上“食品安全”最为匮乏的地区——也就是说，较之世界其他区域，撒哈拉以南的非洲所需的食品总量和由此付出的价格之间的差距最为巨大，50%的食品要依靠进口解决，当地35%的口粮则是小麦。简而言之，撒哈拉以南的非洲以面包为主食，假如食品价格稍有波动，当地人就有可能身陷挨饿的境地。

2005年，四大公司自身也遇上了麻烦。粮食收成这种事情很难预测，为粮食估定价格自然也很不容易。2005年，四大公司的利润都出现了大幅下跌。正因如此，四大公司做出了一个重要决定：为了自身的粮食产品而在国际市场中赌上一把——假如收成欠佳，公司就会大赚一笔；如果估算出错，公司也可以通过提升粮价的方式为自己兜底。此等交易自然属于“双赢”。就这样，四大公司主动促成了小麦短缺的情形。小麦短缺给撒哈拉以南的非洲造成了严重后果。在埃及，馕饼（面包的一种）又被称为生命（aish）。也门地区的面包有二十多种，其重要意义自不待言。贝鲁特美国大学的拉米·祖莱克（Rami Zurayk）教授指出：“从埃及的尼罗河三角洲到两河流域，这一片名为‘富饶新月’（Fertility Crescent）的区域是人类农业的发源地之一。小麦、扁豆和鹰嘴豆均出自此地，而山羊、绵羊和橄榄也是在这里首先得到养殖和种植。”

理论上，“富饶新月”足够丰饶多产。然而，这里却是全球最为贫困的区域之一。40%的埃及人生活在贫困之中，40%的也门居民也有着同样的窘境。那么，事情因何出现如此的反差呢？一片肥沃的土地之上，不是应该存在着一个先进强大、足以持续发展的文明社会吗？二十世纪八十年代，国际货币基金组织和世界银行采取了一系列措施。由此，西方国家被迫降低了农业补贴，“富饶新月”地区出口到欧美的各类果品因此大为增加。与此同时，同一地区小麦生产得到的直接投资有所减少。由于如上的政策，该地区对四大公司的依赖也变得愈发强烈。随着小麦价格的剧烈波动，“富饶新月”地区几百万人民的生活变得愈发艰难。

2006—2007年，“富饶新月”迎来了一场丰收。按理说，小麦价格应该有所回落。可是，四大公司却制造出了相反的效果——全球麦价大幅飙升。到了中东与非洲，小小的涨价足以造成严重的后果。一场食品危机开始席卷非洲。

所谓的“面包暴乱”其实并不少见。只不过，这一次的暴乱显得有些不大一般。“阿拉伯之春”刚刚开始的时候，人们只把其中的骚乱当作普普通通的“面包暴乱”。因此，各国政府只是调整了食品价格，同时提供了更多的补贴。祖莱克表示：“食品补贴起到的缓解作用十分有限，反倒增大了进口商和制造商的利润。这一次，车载斗量的面包也没能扑灭大众的怒火。”

2010 年，布阿齐兹自焚之前的几个星期，美国总统奥巴马曾和四大公司有过一次交锋。在世界卫生组织（WHO）、联合国儿童基金会（UNICEF）、英国首相戈登·布朗（Gordon Brown）和法国总统萨科奇（Nicoals Sarkozy）的施压之下，奥巴马决定推行法令，以限制四大公司在世界上最贫困地区滥行操纵粮价的能力。在奥巴马看来，四大公司的行为“很不道德”，而且在政治上也会造成恶劣后果。可是，总统的努力没能成功。

四大公司开启的这场小麦竞赛十分危险。其中的输家，甚至不知道自己成了游戏的一部分。他们就是北非的人民。如今的北非已从西方的殖民统治中“解放”了出来。至少，他们不用再承受高高在上的食品价格。

北非各国先后陷入混乱状态，大批难民船只能选择渡过地中海。欧洲由此迎来了一场难民之灾。欧洲各国群众对于难民入侵表现得忧心忡忡，许多打着反移民旗帜的政党也开始纷纷得势。所有这些灾难，都是因为几间公司利用粮价在华尔街牟利的一点私心。

炸弹是我造的，但不是我扔的

请跟笔者来到纽约某座不知名的公寓。站在这里，您可以把中央公园一览无遗。在公寓的十五楼，一位护士正推着罗伯特·达尔（Robert Dall）从寝室到客房大厅。走动的时候，达尔总是离不开氧气面罩，可是当他看到笔者到来时，还是在笔者的背上重重地拍上了两下以示欢迎。时光回到二十世纪八十年代，达尔也算是一个改变世界的人物。那个时候，正是此人让“拥抱危机”的哲学深入商界的人心。短缺经济的机制，也是因为这种理论而得以形成。《撒谎者的扑克》中，迈克尔·刘易斯曾经指出：达尔塑造了未来世界，因为“他的眼光波及即将到来的数年”。

在达尔的手中，资本主义恰如一个巨大的赌场，交易就是赌博游戏。为了骰子的走向，大家都会压上数千亿的金钱。有意无意之间，达尔铺就了一条道路。在道路的终点，次贷危机、小麦歉收和“阿拉伯之春”正等待着我们。

在所罗门兄弟公司供职期间，达尔一直掌管着公司的交易部门。他总是穿着一身条纹西装，并且保持着“工作尽力、玩乐尽兴和万事尽心”的立身原则（这也是达尔的自我评价）。达尔自命是个“不顾一切的打手”，他在“华尔街游荡多年”，只是为了“寻求事情改变的那一刻”。某天，他得到了两位哈佛高材生的点化，其中一位叫菲舍尔·布莱克（Fischer Black），另一个则是迈伦·肖尔斯（Myron Scholes），两人的手中握有一个公式，并因此获得了无中生有、点石成金的能力。

可以说，布莱克和肖尔斯就是股票期货界的哥白尼。早在二十世纪七十年代初期，他们就把经济学的智慧运用到了实践之中。两人觉得：人类关于股市的一切认知都是错误的。比如，冒险投资并非错误，而是一种上好的选择。商场中人不该拒绝风险，反倒应该对风险张开怀抱。他们还把自己的这点危机观写进了一个简简单单的方程式当中。这就是所谓的“布莱克 – 肖尔斯公式”。

这样一个公式，即是各类金融产品和衍生品的立身之基。放到今天，公式的价值已经达到一千万亿美元，这个数字等于全球所有商品价格总和的十倍。2010 年，四大公司在北非开展了一场关于小麦价格的冒险。冒险的源头在二十世纪的七十年代末。正是那时，罗伯特·达尔拜读了布莱克和肖尔斯的著作，而后，他把自己的所学所得灌输给了华尔街的同行们。到了八十年代，大家纷纷投身到“利用危机”的实践当中。

布莱克和肖尔斯对华尔街的巨大影响，还和一件实事有着强烈的联系。正是此事，证实了布莱克 – 肖尔斯公式的重要意义。那个时候，作为“赌场资本主义”的老手，一些石油商人在北非的沙漠中展开了一次冒险。

1973 年 10 月 3 日，以埃及、叙利亚和伊拉克三国为首的阿拉伯国家联军在犹太教“赎罪日”的当日对以色列发动了突然袭击。与此同时，石油输出国组织（OPEC）也骤然间将油价推向了最高点。阿拉伯国家的行动无异于一场赌博。

那一次，石油输出国组织可谓棋行险招。全世界的目光都聚焦到了沙漠中的联军坦克身上。另一边，石油价格已经冲破纪录，向着更高点飙升而去。

在石油输出国组织看来，“赎罪日”战争乃是一次商业良机。他们很好地把握了国际政治陷入混乱的机会，由此掀起了一场罢工。石油输出国方面并未选择慢慢涨价的一般策略，反而把油价推向了极端。1973 年，伊朗国王曾向《纽约时报》表示："显然，国际油价肯定会涨……这一点毫无疑问！至于力度？不如先涨个十倍再说吧。"

石油输出国组织的行为，无疑是布莱克 – 肖尔斯公式在现实中的体现。他们把赌博发挥到了极致，并因此大有收获。根据过往的智慧和经验，大家一向觉得：商场中人应当把危机降低到最小，而不是刻意放大危机的程度。可是，石油输出国方面却选择反其道而行之。他们赌上了全部身家，赌注相当巨大，可是收益也同样可观。

对于西方各国和华尔街而言，石油输出国组织的行为仿佛就是一声起床号。一切就如布莱克 – 肖尔斯公式所预言的那般：未来世界并不可控，而是充满了各种风险。商场中人应当适应这种风险，就像老道的水手应付暴风雨那般。而且，如果不肯付出巨大赌注，风险就不会带来任何收益。在那你死我活的未来商战中，不愿搏命的人只会死于非命。不想冒险的公司，则是不能游泳的鲨鱼，等待它的命运，只可能是溺死在水中。

布莱克 – 肖尔斯公式像野火燎原一般吞噬了整个华尔街。两位经济学家，由此得到了预言家一般的地位，俨然可以和亚当 · 斯密与大卫 · 李嘉图相比。众多的追随者中，却只有那么一位将布莱克 – 肖尔斯公式融进了银行系统，此人正是罗伯特 · 达尔。

达尔的目标十分清晰，那就是按揭。首先，他会接下一桩风险较小的资产，比如一起按揭，而后利用花样繁多的"金融工具"把固定资产转化成为有着高度风险的"流动资金"。如此一来，一座房子也可以作为证券投入交易市场。证券（security，英语中有"安全"之意）这个名字本身就具有讽刺意义。毕竟，这种证券交易根本毫无安全可言。

打那以后，华尔街再也不拘泥于实物交易。真人拥有的资产只要经过证券化和包销，就可以投入交易市场。这种交易出自达尔的创意。不过，布莱克和肖尔斯的发现，才是如此交易存在的根基。

在二十世纪八十年代早期，达尔仍是广受欢迎的。他常常出现在纽约市中心的高级饭店，接受各位交易商的热情款待。他们握着他的手摇了又摇，还奉上一瓶瓶的上等香槟作为礼品。对此，达尔表示受之无愧："我理应得到如此礼遇！毕竟，我会把这些人都变成百万富翁！”

有如炸弹一般，证券化在金融市场当中造成了非同一般的效应。如果您能将房屋抵押作为证券，为什么银行不能抵押自己？连锁超市和跨国公司也能成为证券化的对象。一个国家为什么就不能进行证券化的操作呢？2000 年，欧盟批准希腊加入欧元区。如此举动，等于把整个国家的资产负债表当作了赌注——要知道，希腊的财政状况实在欠佳，将其证券化有着极大的风险。欧洲央行的这个举动，有可能赔上整个地区的繁荣稳定。

面对达尔，笔者提出了一个问题：2007 年 10 月 9 日那天早上，他在醒来之后到底有何感想？那天，整个西方世界的金融体系陷入了瘫痪。这个体系，正是建立在达尔倡导的那种“风险”之上。

耳边传来了护士埋怨的声音。身处公寓的达尔立即调整了一下情绪。他的脸埋在氧气面罩当中，深深地吸了一口气，“我一直清楚，金融界做得有点过火了。他们推行的那些政策确实有些过分。”那么，达尔本人难道不该承受指责吗？毕竟，一切灾难都源自他的创意。没错，达尔就是那个燃起火把、差点害得整个银行系统万劫不复的人。如此情况，事主本人自然心知肚明。“我顶多就算罗伯特·奥本海默吧。”他辩白道，“原子弹是我发明的，但可不是我扔出去的！”

2010 年，这枚“原子弹”降落到了北非大地。无缘无故，当地的食品价格仿佛坐上了火箭。四大公司抬升小麦价格的决定，造成的后果就像投下一枚原子弹一般。其后的七年之内，因为“阿拉伯之春”流离失所的北非人可比“二战”期间还要多出了不少。由此而来的地缘政治恶果，包括叙利亚的内战和数以百万计难民涌入欧洲的局面，至今仍在发酵。不过，对于食品巨头而言，一切不过是调低粮价而已，他们完全愿意去冒这个风险。

艾滋病诱发的次贷危机

2007 年，在布莱克－肖尔斯公式驱使下冒险搭起的次贷金字塔已是层层叠叠、恶果尽现。其实，早在这场灾难的许多年之前，华尔街就已经见识过高危借贷导致的可怕后果。那一次，问题并非出在房贷市场，而是和艾滋病患者有关。

1982 年，罗伯特·达尔的证券化革命刚在华尔街发端。与此同时，佛罗里达州的一位医疗保险经纪人正坐在家中的门廊上读着报纸。那段时间，他的运气一直不佳，一天，报纸上的某则新闻引起了他的注意，新闻显示：旧金山的一些男同性恋者身染怪病，死于非命。

经纪人名叫彼得·隆巴尔迪（Peter Lombardi），他在佛罗里达经营着一家小小的健康保险公司，名叫 MBC。1982 年，公司的周转出了问题，但是，报纸上关于怪病的那则消息，让隆巴尔迪看到了一丝转机。

隆巴尔迪发现：身染艾滋病的同性恋人士很难申请到人寿保险，虽然这种保险对于他们极为重要。去世之前，保险金可以给病人带来更好的医疗服务。有了这笔钱，患者还能为伴侣偿还贷款或是因此享受一个最后的假期。总之，保险金能够大大提升艾滋病患者的生活质量。可是，他们却拿不到这笔钱。

既然一般的保险公司不愿出手相助，隆巴尔迪决定补上这个空缺。没错，他要给这些患者一笔钱，说得清楚点，这笔钱是他借给各位艾滋病人的。作为回报，待到患者们去世之后，剩余的钱款即由隆巴尔迪全数收结。换言之，艾滋病人的现在有了保障，隆巴尔迪在未来也可以发那么一笔财。对于这种新型贷款，隆巴尔迪还取了一个特别的名字——保单贴现（viatical）。贷款成立之后，隆巴尔迪也变身为“死亡借贷”的开山鼻祖。

随着保单贴现将上千份保险积累于一处，隆巴尔迪一下子就到手了好几千万美元。这些金钱，完全可以用作风险投资的启动资金——隆巴尔迪也正是这样做的。稀里糊涂之中，世界上第一批遭受艾滋病折磨的病人和隆巴尔迪达成了协议。正是由于他们的帮助，后者才登上了华尔街的舞台中心。

当然，保单贴现的成功之处有赖于一个现象——签约的患者必须速速死去。他们去世越早，隆巴尔迪就可以在越短的时间内收回款项。如此一来，他才能向下一批患者发放贷款。同时，隆巴尔迪之所以能筹起一笔启动资金，都是因为他选择了拥有极高利率的借贷机构。也就是说，他只是在拆东墙补西墙，其中的原理，就和次贷差不多。

既然如此，患者一旦很快死去，隆巴尔迪就能迅速得到收益，并在第一时间偿还借债填上空缺。患者们去世得越早，隆巴尔迪赚得越多。由此垒起的借贷金字塔自然有着高度的风险。不过，隆巴尔迪却能操控自如。绝症当头，患者根本无法抵御。所以，他又有什么好担心的呢？

可是，坏消息还是到来了。1985 年，一种治疗艾滋病的药物横空出世。在布罗斯大学病毒学家马蒂·圣克莱尔（Marty St Clair）的主持下，杜克大学医学部开始对一种名为 AZT 的艾滋病毒抑制剂进行临床实验。实验结果显示，圣克莱尔等人大获成功。

从撒哈拉南部非洲到旧金山，艾滋病毒携带者的人数已逾百万。对于他们而言，圣克莱尔等人的工作无异于创造生命的奇迹。可是，隆巴尔迪还有他那些交易伙伴，也就是 MBC 的两位合伙人乔尔·施泰因格和斯蒂文·施泰因格兄弟却觉得有如五雷轰顶。此前，MBC 公司已经借出了好几亿美元。可是，收款方这一次却要违约了，因为他们不会很快死去。

收回款项的过程慢了下来，隆巴尔迪也几乎发了疯。由于收款的减速，他的公司自然无法很快还清欠款。当时，购买保单贴现的艾滋病毒携带者已经超过 2.8 万人，而隆巴尔迪等人则付出了一亿多美元。购买者本来死定了，可是，AZT 的出现延缓了他们的死期。没办法，隆巴尔迪和他的公司只能采取一种新的战略——他们需要另外一些病人，且这些病人必须很快去世。

于是，隆巴尔迪和伙伴们扩大了客户网络。但凡患有绝症的人，都成了他的笼络对象。任何需要一笔快钱的人，都在隆巴尔迪的算计之中。

时光流转，到了二十世纪九十年代初期，艾滋病这个“宝矿”已近枯竭。可是，MBC 也找到了新的可靠财源。1994 年到 2004 年期间，全球各地共有三万多名“投资者”为隆巴尔迪等人奉上了整整十二亿英镑。

公司的交易再次走上了正轨。可是，灾难再次找上了隆巴尔迪。这一次，美国国税局盯上了他和他的保险事业。2003 年，证券交易委员会突然出手，将隆巴尔迪等人作为“美国历史上最大医疗保险诈骗案”的涉案人员告上了法庭。

法庭上，隆巴尔迪显得底气十足。他的所作所为，可以理解为一种公共慈善——没错，他曾经给那些身陷绝境的人们送去了巨大的帮助。《达拉斯买家俱乐部》（*Dallas Seller Club*）中的主人公不也是那么做的吗？只不过，隆巴尔迪奉上的东西并非药品，而是真金白银。可是，法庭并不这么看待他的行为。最终，“MBC 三子”个个获刑二十年。

这就是隆巴尔迪，还有那些陷入他布下庞氏骗局的病人所经历的故事。如果故事不继续发展，也许只会成为历史的又一个有趣的注脚而已。

在一般的保险业者看来，隆巴尔迪找上的那些同性恋人士属于高风险人群，没有人愿意把他们当作放贷的对象。可是，隆巴尔迪的事例表明：如果能将高风险人群的力量聚集在一处，就能换来巨大的财富。

2004 年，隆巴尔迪锒铛入狱。可是，他的保单贴现却令人意外地得以延续——雷曼兄弟、ACC 资本、美林证券、富国银行、全国金融、贷款之星、摩根大通等二十五家主要的美国金融机构都从隆巴尔迪的事业中找到了灵感。于是，他们决定开启一种全新模式的风险贷款。

当年，石油输出国组织以石油为赌注而大获全胜。这一次，银行界赔上全球经济却输了个底朝天。华尔街的赌局失败了。可是，他们并未吸取教训。2007 年的惨痛经历过去后，次贷市场又在 2016 年再次复兴。曾经导致当年危机的罪魁祸首，比如富国银行和美国银行，又推出了新的按揭计划。其中，参与计划的人只需要付出 3% 作为定金。此外，你只需要保证自己收入稳定就可以入局，而且，你仅仅需要口头保证一声就行。

对于消费者，富国银行方面提供了新的方案：即便毫无存款，你也可以获取利率稍低的按揭贷款。你只需要参与一项政府资助的“个人金融课程”即可，课程内容关乎债务，由此，你的债台肯定会步步高筑起来。至于美国银行，也开出了特别优惠的贷款利率。只要证明自己的收入水平低于全国平均水平，你就可以获取贷款。

2016 年，全球最大的经济体之一——中国，也面临了债务方面的困境。中国的多家银行采取了多重金融工具，以求将风险贷款粉饰为“投资”。中国国内的借贷方也像其他国家的同行一样——赌上一切只为提供借款。为了加以掩饰，他们采取了“影子银行”的手段。通过与信贷公司和证券交易商等非银行机构进行合作，中国各大银行想逃过资产负债表的审计而大量发放贷款。

2016 年，中国人民银行行长周小川（Xiaochuan Zhou）发出警告：切勿低估中国境内不良借贷的规模。在他看来，其中的利害非同小可。毕竟，中国乃是全世界债务的包销方。2008 年，美国曾向中方兜售了 7000 亿美元的债券。如今，中方的金融市场也走到了疲惫的边缘。

凯尔·巴斯（Kyle Bass）曾在总部位于达拉斯的“海曼资本”（Hayman Capital Holdings）从事过卖空活动。他在 2016 年做过一番保守估计：中国国内的债务总额高达10万亿美元，相比之下，西方各国的债务水平可就显得规模太小了。若这些债务演化成为危机，谁又能出面兜底呢？也许，只有一家名为“以后”的“银行”可以通过“透支未来”达成如此目的。那样一来，无疑意味着更多的债务将在以后纷纷而来。

中国国内的债务难以估算，同样也难以破解。《金融时报》的杨远（Yuan Yang）与加布里埃尔·威尔道（Gabriel Wildau）就此问题进行过深入探讨。在他们看来：“借贷方常常把贷款当作资产，这些贷款经由第三方之手而被掩饰成了投资产品所得的股份。如此一来，银行才可能逃避那些旨在降低风险贷款的监管条例。”

2016年6月，有人曾经提出批评：现今施行的种种银行监管条例表面上旨在降低风险，实际上却在鼓励银行冒险。借贷方认为：巴塞尔银行监管委员会（The Basel Committee on Banking Supervision）开出的安全条例似乎想要打击银行舞弊行为。实际上，条例之下的各大银行更有可能放开贷款而不是紧缩钱袋。那些没有偿还能力的借贷方也会因此得到更多的钱。

这一切就像《魔法师的学徒》（*Sorcerer's Apprentice*）中主人公做过的蠢事一般，他操起斧子把巫婆的扫帚砍成了好几百段，却只能眼睁睁看着每一段木头自行生长愈合，变成几百把新的魔帚。监管委员会想要严禁借贷，不也起到了放纵和鼓励的反效果吗？

对于普通人而言，兢兢业业、勤俭储蓄似乎是赚钱的最好方法。可是，他们的金融顾问却提出了冒险的投资计划。代价当然就是客户赌上努力攒下的辛苦钱。对此，各位顾问自有一套说辞，世上万事总有一点风险，女士们、先生们，只有冒险才能赚钱！如果储户需要定心丸，他们大可以看看自己的存款余额。毕竟，银行储蓄的利率实在太低，他们实在无法依靠存钱而获取太多利益。

没错，在当今社会，金融风险已经深入到了个人储蓄这个层面。甚至，金融系统本身都成了风险的代名词。不过，风险之中最大的风险在于，西方世界的每个家庭，都在为如此庞大的债务买单。债务，仿佛是没入了大海的冰山。虽然在生活当中难以窥见，但冰山却随着时间在逐渐变大。

《唐人街》困局

在您心中，冒险应该是那些精明商人才能从事的高危活动。可是，因此遭到波及的受害者，只可能是普普通通的老百姓，他们供着房、辛辛苦苦地工作。一旦市场赌博出现不稳定，他们将会因此赔上整个生活。

如果我们认为风险就是机遇，那么，我们可能因此招致一场最大的危难，危难一旦到来，我们将会失去地球这个家园。联合国食品与农业署的玛利亚·海伦娜·塞梅多（Maria Helena Semedo）已然发出警告：按照地球的现今环境，人类顶多迎来六十次丰收的机会。

过度耕作，严重损耗了土壤可持续发展的可能性。不用多久，地球将会变为一片荒芜的土地。不到2080年，人类将迎来末日。那一天，我们的农田将再也无法产出任何作物。

根据联合国方面的估算：若想满足人类对粮食的需求，全球每年应当新增600万公顷的耕地。可是，由于水土流失，我们每一年丧失的耕地就达到1200万公顷。2014年，科学家曾对法国某处湖底的沉淀物进行了调查摸排，自进入十一世纪以来，湖底的水土就未曾遭受过外界影响。可是，当科学家们调查了湖底土壤中硝酸盐的储量时，得出了一个惊人的结论：二十世纪频繁的耕作活动，导致土壤溶解的速度增加了整整六十倍。

换句话说，人类灭亡的命运似乎已经不可扭转（除非我们能够找到某种物体作为土壤的代替品）。不过，事情总有光明的那一面。人类末日，可能就是赚取金钱的大好商机，历史上的许多灾难，不也成为许多人的发财之源吗?

按照埃隆·马斯克的“X空间”计划：截至2019年，两位亿万富豪将会搭乘太空飞船而深入宇宙一游。马斯克的长远构想当然不止于此。他想要带领人类走出地球，到一个全新的家园展开新的生活——没错，就是《机器人瓦力》（*Wall-E*）里面那种超大飞船的现实版。那将是一个巨大的购物中心，它悬在太空之中，唯有那占据人口0.01%的富裕群体才能前往定居。

我们还剩下六十次丰收的机会，机会愈发减少，商业上的争夺因此拉开了帷幕。在新一轮的“淘金热”之中，大家争相抢夺的物品其实并非食物和口粮，而是一种更为基本的生存之需——水。

水源正趋于枯竭。随着这一趋势的加剧，水的重要性自然愈发得到凸显。丹麦奥胡斯大学的研究人员表示：到了 2030 年，全球用水的差量将会达到 30%。

全球变暖是水资源匮乏的一大诱因。能源生产，同样导致了水资源的短缺。如上两种原因，也把水变成了一种政治武器。在中东，幼发拉底河的水流可是土耳其和叙利亚之间资源冲突的一大焦点。2014 年，土耳其单方面的截流举动，影响到了叙利亚和伊拉克上百万民众的生计。

如今的这种困局，让人想起了电影《唐人街》（*Chinatown*）中的场景。1975 年，罗伯特·唐恩（Robert Towne）为罗曼·波兰斯基（Roman Polanski）写好了一个剧本。故事发生在干旱袭城的拉斯维加斯，各方势力为了水资源而争来夺去。其间，官商之间由于水的供应而产生了勾结。这部名为《唐人街》的电影获得了奥斯卡奖。事到如今，全球的许多地区都在上演同样的剧情，供应一旦逐步缩小，水资源匮乏就有可能造成价格高涨。

2015 年的洛杉矶，就尝到了《唐人街》所表述的苦涩滋味。《圣贝尔纳迪诺沙漠太阳报》的记者调查发现：依云（Evian）矿泉水的母公司雀巢正在加州某处最为干燥的沙漠中开采水源。然而，雀巢方面持有的许可证早在三十多年前就已过期。他们的如此举动只是为了生产“箭牌”和“水晶喷泉”这样畅销全球的高端矿泉水。

2015 年 3 月，一场诉讼在萨克拉门托拉开帷幕。作为被告，雀巢北美工厂出庭应诉。庭审为期一天，并未公开。场外聚集了大批抗议者，他们把“依云”水瓶当作棍子挥舞来去，以示不满。有些人甚至以塑料瓶子为原材料，打造出了一副副更为显眼的“钢叉”。美国是一个瓶装水消费大国，在这方面仅仅居于中国之后名列世界第二。和可口可乐及百事可乐公司一样，雀巢也和不少乡村社区各自拟定好了相关协议。借此，他们可以按照百分比而从当地供水之中获得一杯羹。当然，他们抽取的分量自然要比当地居民享用的那部分高出一些。唯有如此，交易方能达成。

二十世纪初期，许多大型石油公司都在利用金钱优势并购油田。即使水资源越来越少的今天，雀巢这样的国际巨头也有大撒财源、买到水源的能力。数年之前，笔者曾和某位律师有过一面之缘。当时，此人的工作就是坐着飞机穿梭于世界各地，劝说不同的土著居民在土地转让书上签字画押。她这么做，自然是为了幕后那些石油公司的利益。

同样的工作，如今又被雀巢这样的跨国公司捡起。他们的谈判对象遍及全球各地，从北非到澳洲、从南美到中国以及印度，无所不在。如此一来，很多地区的人民在某一天可能会惊讶地发现：自己竟然无从接触村中的水源。

2006 年，可口可乐公司就曾遭到“想要吸干印度”的指控。那个时候，公司刚刚在拉贾斯坦邦建起了一座可乐工厂。由此一来，当地的农户反而面临灌溉无门的境地。

澳大利亚也面临着历史性的缺水危机。可是，这里的人们却有了一个解决问题的主意。墨累－达令河谷盆地是新南威尔士州的命脉所在，两条长河盘亘于此，它们流经几千公里滋润了两岸的生灵。因此得益的不只是堪培拉（Canberra）和墨累布里奇（Murray Bridge）的几百万城市居民。河畔的万亩田地，也要依赖河水的灌溉。

截至二十世纪九十年代中期，墨累河 77% 的水量都被人类消耗。由此而来的一大后果便是水量降低，再加上河床淤积和过分耕种所带来的土地盐碱化问题，整条墨累河逐渐变得死气沉沉。于是，到了 1995 年，联邦和州立两级政府决定对用水征收费用，也就是说，想要引水灌溉，必须另行交钱。作为相关项目的主管，隆达·迪克森（Rhondda Dickson）有过一番解释：“澳大利亚在水资源管理方面的一大创新之处在于，将用水权和土地所有权剥离开来，同时为水源使用设立上限。如此一来，水源也成了市场上的一种商品。”

就这样，澳大利亚政府完成了一项看似不可能的任务：需求与价格的循环得到了放大。用水的人能够以一年为单位而出让自己的用水权。这种交易可谓供销平衡，而且十分简单透明。可是，它也无法解决那个更大的问题——全球水源仍在枯竭之中，可我们对水源的需求还在步步上升。1992 年，各国政府聚到爱尔兰商议对策并达成了《都柏林协议》。自那以后，水资源成为一种经济商品。可是，面对用水危机，我们并没能拿出更多的战略方案。

《圣贝尔纳迪诺沙漠太阳报》的那次调查，揭露了用水交易中的一些阴暗细节：许多政府部门，比如林务局，缺乏监管所需的各项资源，由此对水利事务疏于管理。雀巢公司的那处取水地位于圣贝尔纳迪诺国家森林公园（San Bernardino National Forest）中的斯特劳伯里河谷（Strawberry Creek）。1987 年以来，有关部门都对此地疏于管理，雀巢在此取水，正是钻了其中的空子。

水源一旦到手，相关的利润可是一个天文数字。在美国，输入各家各户的自来水以每千升计，其平均价格竟然达到 1.5 美元。至于每一罐瓶装水，更是可以卖出 3～4 美元的价钱。依照这种趋势，各种的利润涨幅足有 28%。而且，您即便没有饮用瓶装水的习惯，也能感受到水资源短缺带来的水价飙升趋势。按照调查机构“芬奇”（Finch）的估算，2015 年，加利福尼亚州的四十六处水务设施当中，近 78% 的自来水供应商选择提价。相关的涨幅竟然达到了 31%。

水和石油一样，体积庞大而又难于运输。约翰·雷利（John Reilly）教授供职于麻省理工学院能源与环境政策研究所，负责着一个关于全球资源变迁的合作研究项目。在他看来：“从全球范围内用水贸易的角度上看，有关瓶装水的交易已经十分兴盛。我觉得，在进行大规模的用水贸易之前，我们应当首先关注水质的脱盐化以及其他一些重要问题，比如水资源的回收利用、清洁和循环。”

全球范围内相对干旱的地区，正好也是贫困肆虐的地带。当地水资源的短缺，必然导致食品生产朝着更为湿润、更为富裕的地带转移。相比水资源的转移，单纯的缺水状况更有可能诱发全球各地的发展不平衡。首先，干旱地区的人们必然要为用水付出更为高昂的代价。此外，他们还得忍受由此而来，同样居高不下的食品价格。毕竟，因为缺乏水源，这些地区无法自行生产粮食，所以食料全都需要进口。

为世界末日赌上一把

我们所处的时代，正是所谓“人类世”（Anthropocene）的黎明期。在这个纪元里，我们人类决定了整个地球的命运。“人类世”发端于二十世纪五十年代，当时，穆鲁罗阿小岛等地的核试验所散发的放射物质刚刚倾泻出来。所谓的“更新世”（Holocene），也就是冰河世纪之后长达一万两千年的气候稳定期由此画上了一个句点。

全球变暖，乃是“人类世”的一大表征。此外，森林减少、持续污染、土地毒化、物种灭绝以及有意识地选种养育都是其表征。要知道，畜鸡已经成为地球上分布最广、数量最多的禽类，即便从进化的角度而言，这也并非一种良好现象。这种种的特征，也表明了“人类世”的降临。

伦敦大学的气候学家克里斯·拉普雷（Chris Rapley）教授认为，人类应该放下对经济危机的恐惧。毕竟，经济危机可能成为地球的解药。“‘人类世’代表了一个新的时期。在此期间，我们的集体活动主宰了地球机制的发展。既然地球是我们赖以生存的系统，我们不妨把自己想象成一艘巨大太空飞船的船员，我们对于地球的影响更是十分重要，需要好好拿捏分寸。假设这艘飞船没有那么大，我们自然可以随意改动其中的系统并从中获得空气、水源、食物。可是，‘人类世’的到来，却在警示大家：切勿玩火自焚”。

我们必须谨慎前行。地球经历了重重的建设，却又正有迈向毁灭的趋势。基于冒险的经济模式，为我们招来了可能的恶果。现在，为了自救，人类也该再冒一次险而不要继续摧毁我们所在的家园。也许，我们有一天会迎来一个拐点，只要拯救地球带来的收益超越了破坏造成的损失，同时又把透支未来的利润比下去，大家就会复归正道。

2015 年，日本丰田公司推出了一款氢气动力汽车。这款汽车启动所造成的副产品不过是水而已。其实，早在六十多年前的 1946 年，文森特·沙费尔（Vincent Schaefer）就发现了云种散播效应，利用最为基础的化学物质，就可以形成人工的云。自那以后，再没有人打过云彩的主意。天上的云朵，迄今还未印上“依云”或者“可口可乐”的标记。不过，如果哪天有人灵光闪现，也许大家就会投入争夺云层的商战当中。到那时，布莱克－肖尔斯公式可能不会再有效力。另一个简简单单的公式——$2H_2 + O_2 = H_2O$ ＋ 能量——更有可能取而代之。毕竟，这个公式可以创造水。

03

税款：开曼群岛为何成了各国的榜样？

2012年1月2日，英国曼彻斯特，法洛菲尔德（Fallowfield）购物中心的“大片音像店”遭遇劫案。劫匪抢掠了店中的提款机。此前，他们花了六个月的时间，掘出了一条长达近百尺（约320米）的通道。通道正好位于提款机的下面，几乎贯穿了整个停车场。劫匪甚至没有忘记给自己的作品添上照明和通气设施。通道完工之后，涉事案犯只需要再挖进15英尺（1英尺=0.3048米）就可以凿穿混凝土而直抵提款机。按照常理，机器当中至少应有两万英镑的现款，这个数字，等于音像店一个工作日里的收入的数字。可是，案发的时间正是新年之后的第二天，而非普普通通的工作日。盗贼们辛辛苦苦，最终到手的收获仅有区区6000英镑。

为了这次劫案，四名犯罪分子准备了足足六个月。其间，他们几乎没有休息，就这样一直挖着隧道。目标直指一个无人使用的提款机。按照笔者的推算，他们那一次劳动换来的日收入应有8.33英镑。

其实，要想赚钱无须如此费力。这个世界上有许多容易来钱的方式。比如，他们大可开办一家公司，而后把赚来的钱投入离岸的避税天堂即可。当然，按照最近两任美国总统——奥巴马和特朗普——的一致看法：通过离岸方式规避税务，堪称“纳税人所承受的最为严重的持续犯罪活动之一”。

可是，避税这种“犯罪活动”却得到了很多国家的大力支持。二十世纪的经济竞争围绕着提高制造业效率而展开。到了二十一世纪，竞争的内容有所改变。世界各国竞相努力都想成为那个逃避税款的最优选。

2017年，特蕾莎·梅（Theresa May）为脱欧之后的英国找到了一种相当可观的前途——建造一个避税天堂。到了美国，唐纳德·特朗普则把“吸引美国企业回归本土”当成了重要目标。其中，优惠的税务环境起到了关键作用。发展，似乎已经不再是各国政府的首要目标。如果您想证明这一点，不妨直接看一看世界各国为了降低税率而展开的斗争。

当然，到了口头上，政治家们还是一直叫嚷着要彻底消灭逃税现象。不知道您记不记得《卡萨布兰卡》（*Casablanca*）这部影片中的那场景？雷诺上校（Captain Renault）对于自己酒店中赌博现象的看法就和各位政治家的税务观十分相似。表面上，上校相当气恼。“我简直惊呆了！居然有人敢在酒吧里赌钱！”不过，当荷官把赢来的钱送到他手里的时候，上校仍然表示感激，“太谢谢了！”说罢这话，他转向其他赌客，“你们现在立即给我出去！”

没错，这就是政府对于避税的真实态度。税款从一种人人必缴的义务，变身成为大家避之不及的东西，其间的过程自然十分有趣。其实，如今这种人人逃税的局面完全是由政府一手造成的。甚至，政府还在其中扮演了热情引荐者的角色。

没人知道到底有多少公司隐藏在离岸的避税地当中。2012 年的一份报告援引国际货币基金组织的相关数据表示：躲在离岸的有关资金应在 21 万亿到 31 万亿美元之间——请注意其中的数字不是百万也不是十亿，而是以“万亿”这个级别计算。

仅在 2010 年这一年，全球十大私立银行（包括瑞士银行、瑞士信贷银行、高盛等）就将价值 6.2 万亿美元的资金转移到了避税天堂。2011 年到 2015 年期间，这个数字足足翻了四倍。正是在这四年之内，各大银行的避税行为方才得到了世人的关注。

避税，不只是谷歌、脸书和亚马逊的选择。从汉堡王到塞恩斯伯里，再到曼彻斯特联队这种足球俱乐部，几乎每家公司都在想方设法逃税。即便是巴士公司，也加入了逃税的行列。透过迷宫一般的补贴系统，大大小小的企业都把金钱放到了合适的避税地点，比如开曼群岛、百慕大、卢森堡、伦敦或者德拉威尔（这些地方已经有了“小天堂”的美称。至今，逾五千家跨国公司在这里“注册兴业”，规模已然超越了开曼群岛。要知道，变身避税地之前，德拉威尔的主要经济来源不过是禽类养殖和大豆种植）。

避税可以带来什么好处？又会怎样损害我们的利益？

避税，已经成为当世商道不可分割的组成部分。它合理合法，却又会带来严重的后果。二十世纪九十年代以来，近7000亿美元的资金从俄罗斯流出。从沙特阿拉伯流出的金钱也有3000.05亿美元之多，尼日利亚的相关资金则是3000亿美元。如此巨额的金钱，本可以用于偿还这些国家的外债。在英国，存在着一个相当骇人的现象——三分之一的“利润报表”都属伪造。每年由此带来的金钱损失高达13亿英镑。可是，避税行为造成的税务亏空，可要比利润造假带来的损失还要高出35倍。

逃避税款的整个制度运行得四平八稳，律师与审计人员也身居其中，参与人员足以组成一支大军。当今世界的经济活动已经超脱国界，变得愈发无迹可寻。如此环境，不但避税系统被加以利用，有关人士还试图改写规则，将避税活动彻彻底底转化为合法行为。

如果避税活动不对普通纳税人造成影响，我们大可不必担心。可惜，相关的影响实在无法避免。英美两国的每个成年人但凡搭乘过出租车，都会蒙受公司避税带来的恶果，大公司不愿意纳税，那么普通人就得填上他们留下的税空。逃税行为，本身就为资本主义体系所不容：成长中的中小企业会因此遭遇灭顶之灾。西方国家政府既然无力管束那些大型公司，就只好通过压榨中小企业来填补税空。

当然，那些逃税大户也是满脸委屈，他们自认为对世界经济贡献良多，却没有获得足够的认可。他们甚至理直气壮地认为：这等逃脱税负的行径并无不妥之意。就连避税天堂，也在他们的口中变成了所谓的“金融中心”。

2016年，笔者收到了一宗邀请，对方在日内瓦组织了一次关于避税的研讨活动。与会的各位嘉宾，主要是对冲基金经理和企业代表，无不显得愤愤不平。毕竟，在世人的眼中，他们就是逃避责任的恶人坏蛋。对此，他们自然有话可说：没有规避税款的种种行为，消费者何以在亚马逊网站上买到更为便宜的商品？超市里的番茄价格何以如此低廉？你们享有的这些便利，不都来自我们避税的努力吗？

没错，他们说得有点道理。无意之间，消费者成了避税行为的受益方。不过，由此而来的那点收益实在少得可怜。诚然，企业避税可以让我在亚马逊上淘到一本低价书。可是，公共卫生系统和教育机构也因为企业的逃税行为损失了必要的运行资金。受到影响的领域不仅限于公共服务，基础设施的更新也会遭遇迟滞。比起这些损失，本人还是宁愿多花两英镑去买书。

避税的合法化：纳税何以成为“小人物”的专利？

那么，避税行为为何能成为这个世界为商之道的重要机制呢？又是何方神圣加以利用，让避税成为商场之中的一种竞争优势呢？纳税，又是怎样从一种必要的公民义务，化作亿万富翁莱奥纳·赫尔姆斯利（Leona Helmsley）口中“小人物”才会老老实实缴纳的东西呢？

过去，逃税这种事情可是真的行不通。1975 年，曾在保守党内阁担任邮政大臣的马尔普斯男爵（Alfred Ernest Marples）做了一个重要抉择。马尔普斯资历很老，见证了英国历史上好几次关键变迁，从保费债券的问世到邮政系统的改革，他都是事件的亲历者。1975 年的那次决定，显得尤其古怪。

那天，马尔普斯登上一艘夜间渡轮离开了故土。再过几个小时，一个纳税年度就将完结。根据《每日镜报》的记录，马尔普斯“只带上了一点行李，而且全都乱糟糟地扔在茶柜里。贝尔格拉维亚的豪宅地板上面，各种衣裤和财物扔了一地。男爵还表示：他已经超额付税了近三十载”。接下来的十年之内，马尔普斯在英国的资产遭到了冻结。不过，“他的大部分身家完好无损，在摩纳哥和列支敦士登得到了良好的保管”。

在那个年代，大家都把马尔普斯这种人看作出身上流的混混儿。此人不愿承担税负，甚至因此背弃祖国。没错，马尔普斯有欺国之罪，但是，他的那次夜奔也被看成针对体制的一次成功挑战。如此行为很是狡黠，十分具有“英国风味”。而且，他登上船艇的那个时候，伦敦的两位会计已经做好了改变时局的准备。因为他俩的作为，英国民众对避税行为的看法将会发生变化，从不可饶恕的罪行变成会计操纵下的智慧之举。

零号病人约翰·列侬

他们的故事发端于伦敦。那是1969年，约翰·列侬（John Lennon）参加梅尔菲尔（Mayfair）的一场聚会。大家都在喝酒，而列侬则被介绍给了两位西装笔挺的客人——罗伊·塔克（Roy Tucker）和伊安·普拉默（Ian Plummer）。众多的客人当中，这两位穿西装的客人显得特别扎眼，毕竟，除了他俩，聚会上的其他客人不是摇滚明星，就是极度狂热的追星族。唯有塔克和普拉默，对于列侬别有一番特殊的意义。

两人都是会计师事务所阿瑟·安德森（Arthur Anderson）的员工。他俩来到这个聚会，只是为了寻找商机。因此，塔克和普拉默才把列侬单独拉到了一边。他们打算灵活处理会计事务，并把税单清除为零。哈罗德·威尔逊的工党政府准备向富裕阶层开征90%的高税，而塔克和普拉默也因此看到了商机。

他俩找上列侬，也并非只是出于偶然。税负高企，触发了披头士的怒气。乔治·哈里森特别写下一首《收税人》的歌，其中的用意十分明显：哈罗德·威尔逊要从勤奋努力、享誉国际的摇滚明星的口袋里抢夺钱财。歌中唱道：

> Let me tell you how it will be
> There's one for you, nineteen for me
> Cause I'm the taxman, yeah, I'm the taxman.
> Should five per cent appear too small
> Be thankful I don't take it all
> Cause I'm the taxman, yeah, I'm the taxman.
> （钱要怎么分，我来告诉你。
> 我拿十九，你拿一。
> 因为我是收税员，对，我就是收税员。
> 你只能赚零点五成，会不会嫌太少？
> 我没把全部都拿走，你就该感激了。
> 因为我是收税员，对，我就是收税员。

那一晚，塔克和普拉默如愿见到了列侬。列侬的脸，在两人看来就是钞票的符号。而后，两位会计在梅尔菲尔开办了一家名为罗斯敏斯特（Rossminster）的“银行”。请注意，这种“银行”和“小人物”所熟知的那种可是大不一样。“银行”的门口十分隐秘，往往由一块金色的名牌作为标示。他们接纳的客户非富即贵，假如约翰·列侬愿意入局，那么，其他的名流，比如罗杰·摩尔（著名演员，曾经扮演詹姆斯·邦德）、齐柏林飞艇（著名摇滚乐队），甚至米克·贾格尔（滚石乐队主唱）和布莱恩·费里（摇滚明星）都有可能纷至沓来。列侬得到的回报自然不菲。塔克和普拉默已经作出承诺：他们会让披头士主唱实现零缴税。实际上，税务局反倒还会因此倒贴一笔资金。

他们打动了列侬，而罗斯敏斯特也有了第一位大客户。塔克和普拉默注定将会改变英国大众的税负观。不过，他们首先得迈出第一步，建立一套适应二十世纪七十年代情况的避税方案。为了帮助客户安放巨额的金钱，两人几乎用遍了一切可能的手法：利用慈善捐款、建立“皮包公司”（这种公司自然没有任何明确的业务，也没有主管科研）。另一位“披头士”乔治·哈里森也成了罗斯敏斯特的客户。在塔克两人的安排下，哈里森把日趋衰败的英国电影行业当成了避税工具。电影，可是一个值得保证的钱坑。哈里森的投资，还帮助影人们产出了《恶棍》（*Scum*）和《惠斯内尔和我》（*Withnail & I*）这样的佳片。

接下来，塔克和普拉默却犯下了一个错误——他们骄傲了。随着名声在巨富圈子中传得越来越响，他们对抗税务机关的骑士行为也渐渐演变为对法律的挑衅。税务局终于开始行动。1974 年的一个早晨，二十名警官同七十八名税务检察官一起，突击检查了塔克和普拉默的办公室。

就这样，塔克和普拉默的事业化为了泡影。可是，一切早已铸成。一种新型的税务工作，也就是所谓的“创意会计业”已然成形。“创意会计”无须通过偷逃税款而违法逾矩，而只是游走在犯罪的边缘而已。他们巧妙地利用规则，其实一只脚已经迈入了监狱。可是，他们又能成功地逃脱法律。找上“创意会计”的人，其实都在冒险。

塔克和普拉默遭到起诉，并非由于他们违法，而是他们的所作所为钻了法律的空子。某种角度上说，他们就是二十世纪八十年代伦敦金融城里内幕交易的先辈。如果马尔普斯男爵选择留守国内而不是逃去摩纳哥，相信塔克和普拉默也能为他洗清税单。

战后的英国社会，一向建立在“做好本分”的基础之上。塔克和普拉默的行为无疑颠覆了社会的根基。在他们的蛊惑之下，财富的创造者不再愿意回报社会，反而在不顾一切地逃避税责。塔克和普拉默的行为实际上是在暗示：规则不是用来遵守，而是用来打破的。锒铛入狱的两人自是无法继续会计生涯，却实实在在地改变了英国社会对税负的看法。

从蚊虫滋扰的沙砾地到吸金过万亿的财富岛

所有的避税手段都得依从法律。在这方面，英国政府其实一早就给避税行为打好了基础。二十世纪六十年代末期，英国的殖民体系正处于瓦解的过程当中。所有的殖民地都处在选择的关头：要么效仿牙买加从而获得完全独立，要么就遵从另外一套自立之道。对此，白厅（英国伦敦市内的一条街，英国行政部门的代称）也是早有准备。

1969 年，一名叫作约翰·昆博（John Cumber）的英国官员应召来到外交部。在那里，他看到了一张地图。地图上画着一个小圈，一个名为“开曼”的小岛在此凸显了出来，那里不过是蚊虫滋扰的沙砾之地。按照上级指示，昆博要立即收拾行李，前往那串小岛担任总督。

在这个世界，早就存在一些所谓的“财富岛”，比如瑞士、摩纳哥。他们敞开大门，为富人提供避税服务。这一次，英国政府也打算有样学样。英方开辟的避税天堂就在一个实实在在存在的海岛之上。开曼群岛这样的前殖民地，为什么就不能像瑞士一样为人提供避税服务呢？那个时候，开曼群岛仍然属于英国领土的一部分，当地的政治形势十分稳定，政治事务却又完全独立。由此，当地政府自然可以自立规矩。

开曼群岛能够改写规律的原因，可以简单地归纳为三个字——习惯法（common law）。2016 年，荷兰阿姆斯特丹大学出具的一份报告之中，经济学家简·费赫特纳（Jan Fichtner）曾经做过一番仔细分析。费赫特纳认为，习惯法对当地的避税事业功莫大焉。他指出：

> 习惯法和成文法有着一点根本差异：前者仅仅指出“法律禁止之处”，而日本、德国和法国等国家的成文法则主要强调“法律允许之处”。由此一来，对冲基金和抵押债务一类的金融创新可以在习惯法地区轻易地铺展开来。毕竟，法律虽然严格，却也只会惩戒那些过于明显的不当行为，或者因为强大的国外势力——也就是政府——而起到作用。

简而言之，在习惯法之下，只要没有强大的外界阻力，避税人士完全可以为所欲为。而且，也没什么人愿意给他们下绊子。至少英国政府没有这个心思。在开曼群岛崛起之前，世界上还有瑞士和摩纳哥一类游走于全球金融体系之外的地点。当然，开曼群岛政府一开始并未直接效仿瑞士，只是殖民地的一位官员察觉到了变身避税天堂的一大好处：没了税负，任何生意都可以在此兴旺起来。

乔治·博尔顿（George Bolton）在英格兰银行担任经理。1958 年 2 月 28 日，他察觉到了一件蹊跷的事情，米德兰银行准备开启一宗价值 80 万美元的交易。交易并未事先标明，而涉及的金钱也并非美元——它们应该被叫作“欧洲美元”（eurodollars）。美国政府将它们存储在世界各地的银行之中。这些银行自然深得美方信任，如此一来，美国的海外资产也能得到安全保证。

一般而言，涉及欧洲美元的金钱交易大都有迹可循，交易的规模也相对有限。可是，博尔顿发现的那次交易却有些不大一样，涉及的金额实在太大，大到仿佛是在洗钱。只不过，这次洗钱活动就在青天白日之下，通过英国最大的银行之一而得以稳步推进。面对米德兰的这次蹊跷事件，乔治·博尔顿也有两个选择，要么举报，要么睁一只眼闭一只眼。最终，博尔顿选择了后者。

与此同时，博尔顿还悟到了欧洲美元的另一种功用，它们大可不必仅仅作为保值资产，而是能够被投入交易市场当中。由此一来，不但可以促进企业之间的交易，还能因此规避政府监管和货币控制。而且，如上行为完全合乎法律。既然可以合法为之，又何必因此违法逾矩呢？当然，为了避免触法，如上的交易必须“离岸”进行。就这样，早在“离岸银行体系”成立之前，欧洲美元的存在就已为这个世界创立了一个离岸金融市场。

要把“离岸交易”从理念变为现实，英方必须创立一个体系。伦敦，就是体系的中心。所有合法范围内的手续都要在伦敦办成。至于那些灰色活动，则要搬到几千公里之外的“离岸”进行。到了离岸，不干不净的金钱才能得到清洗。这些离岸交易，自是没人关心。伦敦方面也只会当作没有发现。

1969 年，约翰·昆博来到开曼群岛并成为当地的首任总督。那个时候，他的治理地人烟稀少。除了渔民及其家眷，昆博只能和鳄鱼（它们正是“开曼群岛”这个名字的由来），以及蚊虫滋生的沼泽地为伴。没办法，昆博特地安排人手用杀虫剂把境内的所有水体狠狠扫荡了一番。毕竟，他要为这片岛屿安排一个上档次的身份——避税天堂。

英国政府希望开曼群岛能够引来一批大客户。可是，最初来客的身份却有点让人失望，这些人都以贩卖毒品为生。至于那些大型企业，却一时间无法脱身。当时，工党把持着英国政权，而美国则由民主党执政。“离岸”的创意冒头之时，也是两国政府突然开征企业税的时候。自然，它们都不允许各大企业在资本流通相关法律还很严格的情况之下自由转移利润。如此一来，开曼群岛自然门可罗雀。

不过，昆博的生意还是上门了。客人有的来自美国迈阿密，也有的自古巴、哥伦比亚和萨尔瓦多而来。他们搭着塞斯纳小型飞机降临到了这处沙滩小岛，并留下了一箱箱的现金。这些现金的主人，都是中美洲的毒枭。他们看上开曼群岛，自然是为了洗钱。这些因为可卡因贸易而来的金钱，在其他地方都无法得到安然储存。这样的情况持续了许多年。在那期间，昆博等人的最大客户之一就是巴勃罗·埃斯科巴（Pablo Escobar，哥伦比亚毒枭）。

除却严厉的政府监控，开曼群岛还面临另外一层挑战，邻近的巴哈马也盯上了离岸交易这个饭碗。他们自然成了昆博等人的主要竞争对手。就在此时，开曼群岛却交上了好运。几乎就在顷刻之间，1973 年取得独立的巴哈马陷入了政治危机。当地的会计纷纷逃离，而开曼群岛就是他们的避难地点。自然而然，巨大的商机因此而来。

1971 年，布雷顿森林体系分崩瓦解，巴哈马因此大为受益。作为世界各大经济体共同议定的金融系统，布雷顿森林体系延续了近四十年的历史。世界各国的汇率和资本活动都在体系的严格监控之下。随着布雷顿森林体系成为过去，货币也开始在世界各地自由流通。二十世纪五十年代，乔治·博尔顿就曾预料到这样一番局面。巴哈马的会计搬家之后，开曼群岛也取代了巴哈马成为后布雷顿森林体系时代的最大受益方。

开曼群岛张开怀抱，向世界各地的企业表示欢迎。不过，虽然塔克和普拉默已经打开了“创意会计”的大门，但逃避税负的所作所为仍然未得到世人的广泛接纳，政府方面更是对此无法容忍。开曼群岛的避税天堂之路，还需要打破更多的桎梏。

1979 年的一场革命性事件，粉碎了避税之路上的层层封锁。革命领袖正是西方国家中最具权势的两个人——撒切尔和里根。对于他俩来说，政府可不是一个信得过的钱库，更别提用政府来保存全民的财富了。同时，两人还都想为枷锁中的商界找到一条出路。他们觉得：市场，而非政府，才是经济发展的指路明灯。要想让市场发挥作用，降低税率绝对是核心的一步。

四十余年的管制，大家已把征税当成了理所当然的事。公民和企业似乎只有付出代价，才能换来种种公共服务。整修公路、建立医院、打造战舰，这些事情人人有份。可是，如果企业不需要为此掏太多的钱，情况又将如何呢？有人觉得：降低税负是从长计议，人类将在未来因此受益。较低的税率可以提升生产率和利润率。经济由此得以发展，从而“大大地惠及”我们一般民众。

就这样，资本主义经济体系进入了变迁时代。四十年的重税期接近尾声。大家一改观念，都觉得税负是大型企业身上不堪承受的重物。就此现象，某位经济学家只需动一动笔就能提供例证。

餐巾上的涂鸦

阿瑟·拉弗（Arthur Laffer）是一位经济学家。自从肯尼迪执政以来，他就长期徘徊在主流圈子之外而不被重视。此人一贯觉得：低税（甚至免税）可以“产生水涨船高的繁荣局面”。到了二十世纪八十年代，拉弗得到了一次与两位参议员共进午餐的机会。那两人当时还很年轻，同时也都十分聪明。其中一个叫唐纳德·拉姆斯菲尔德，另一个叫迪克·切尼，两人和里根总统的关系十分密切。

饭吃了一半，拉弗掏出了一杆钢笔。他以餐巾为纸，在那上面画出了一条曲线。后来，经济学家们把那条线称为“拉弗曲线”（Laffer Curve）。拉弗“作画”的那一刻，西方世界的面貌随之发生了天翻地覆的改变。“拉弗曲线”由此点燃了一场降低税率的革命。对于新自由主义学派的信徒而言，那张餐巾的意义就像都灵寿衣。

拉弗的“画作”，自然是要为拉姆斯菲尔德和切尼上一堂课：政府征税越少，就长期而言经济发展得就越快。拉弗觉得税负只会让商业陷入恶性循环。减少税负，自然起到了相反的作用：减税是一种良性循环，经济增长将和税率降低相伴出现。政府因此受益，而商界和公众也会皆大欢喜。减低税负，人人都将成为赢家。

那一次，拉姆斯菲尔德和切尼都深受触动。在两人的引荐下，拉弗成了里根身边的重要经济顾问。他的低税哲学也被政府所采纳。如此一来，离岸避税地再也不是什么见不得人的窝点，反倒摇身一变成了一种富于智慧、人人称羡的理财方式。避税，再也不用遮遮掩掩，大家反而都把逃避税负看作一种必然。

三十多年过去了，笔者和拉弗见了一面。我们的碰头地点是一间酒吧，距离当年他和切尼等人共进午餐的那家饭店只有一个街区。那个时候，拉弗显得精神奕奕。他语速极快，浑身充溢着发狂一般的活力。我想：这人如果不当经济学家，大可以投身脱口秀界。也难怪拉姆斯菲尔德和切尼会着了他的道儿。

拉弗的身边，还围着不少跟班。那次碰面也是热闹非凡。我们都喝了不少酒。想当年，他面对两位参议员一定也是如此豪饮。面对那些针对他的理论的批评，拉弗也显得很是激动。辩护之间，他的双臂热切地挥舞了起来。突然，他拿出了一面餐巾，又开始画出了那条曲线。我赶紧打断了他的兴致：“你的理论简直棒极了，阿瑟。不过呢，我其实只想知道，你这个理论是怎么自圆其说的？”

“你是什么意思？我为什么需要自圆其说？我说的就是真理！”

“恐怕不是真理吧。税率降低，不是导致大量产业流失至海外吗？美国的制造业因此陷入萎靡，近一半的美国人因此深受其害。”

“不对！不对！你说的不是实情！和现实背离太远了！现实已经证明了我的理论是正确的！富人，和一般人完全不一样。只要你降低税负，他们就能创造出更多的财富。对他们加税只能让整个社会更加贫穷。给富人征税然后补贴穷人，结果只能是制造越来越多的穷人，同时消灭整个富裕阶层。我们的梦想应该是帮助穷人致富，而不是把富人变穷。”

对于自己的曲线，拉弗有着坚定的信念。在他的努力之下，政府中上上下下的官员对此也是深信不疑。没错，他那一套理论确实有益于大型企业。可是，社会当中其他成员的处境可和他的预测大不相同。避税港确实有效，但这种有效性只能施惠于那些交得起入场费的大公司。至于那些刚刚起步的企业和个体商贩，则很难从离岸避税活动中获取什么收益。许多人觉得：由此可见，降低税率只会搅乱市场。可是，拉弗却有完全不一样的意见。

无论在英国还是美国，避税行为都成了企业的一种经营策略。就此，政府似乎给了商界一种暗示：平民百姓需要遵守的规矩，它们大可以视而不见。二十世纪八十年代，保守党大臣奈杰尔·罗森（Nigel Lawson）曾被问及：为什么要把企业税率降到几乎等同于零？罗森表示：唯有如此，企业才没了逃税的借口。既然大家都无税可缴，那他们又有什么抱怨的理由呢？当然，罗森可没想到政府为了体现慷慨真的能实施零税政策。

直至二十世纪八十年代，低税政策仍在英美两国占主导地位。如此情形之下，提高税率几乎等同于极左狂热。这种看法自然没有道理，那时的德国和瑞典都由中右派执政，两国政府却一直保持高税以督促企业履行责任。对于一些本土企业，比如宝马和西门子，德国与瑞典政府坚持收取较低的税率。由此，两国国内的制造业得以保存（与此同时，政府也在向他们提供补贴）。英美两国的制造业企业已经因离岸税率而流失殆尽。

美国的汽车工业崩溃了。曾把这个国家推上超级大国宝座的五大湖沿岸区域，如今变成了所谓的“铁锈区”（rust belt）。英国的故事也大同小异。传统产业的工人们被认为“缺乏竞争力”。其实，他们脚下的立身根基已被完全卷起而送到了海外。当日产公司在英国东北部开设新工厂的时候，当地的工人又在瞬间重新焕发了“竞争力”。毕竟，他们的工资水平很低。

在英国，金融服务已经取代制造业成为未来的产业方向。伦敦城中，“创意会计业”有如雨后春笋一般异常兴盛。它们的存在，当然是为了满足那巨大无边的避税产业。与此同时，会计师事务所和英国海关税务总署之间的“人才流通”也变得频繁起来。作为税务局的资深检察官，理查德·布鲁克斯（Richard Brooks）发现了自己这份职业和各大公司之间的怪异关系。正因如此，他变得有些愤怒。布鲁克斯表示：“收税是我们的职责。但是，许多同事却因为履职而遭到无视乃至贬斥。相反，如果你和企业因为避税勾结在一处，甚至向他们提供逃脱税负的方案，反而会平步青云。”

布鲁克斯觉得：税务局已然发展出了一种“双层结构”。“底层”的检察官们还算尽职尽责，为了缉拿偷逃税款的人，他们都不遗余力。兢兢业业的税务战士们的头上，有着一个截然不同的世界。在那个世界里，资深官员和城中的著名会计师事务所保持着紧密关系。双方经常共进美餐，还时不时举行联谊。事务所的背后，就是谷歌和脸书一类的大型企业。

在布鲁克斯看来，这种双层结构已然影响到了海关税务总署的工作运行。由此，税务人员对大型企业已经有了一种畏惧感。可是，这些企业本该是他们调查的对象。面对调查对象，税务人员却在竭力讨好。毕竟，各位税官都指望自己能在辞职之后依托大型企业的照顾而获得一份高薪差事。即便某位税务官员一心想要揪出某个逃税大户，他所处的环境也会阻止这种行为发生。

对于大型企业的宽纵，意味着税款的巨大亏空。为了填补亏空，相关部门只能指望从中小企业那里找回损失。毕竟，中小企业可要容易对付得多。那张小小的灰色信封一旦递上，他们就会乖乖送上税款。

越来越多的税务官员辞去公职，前往四大会计师事务所接受新差。也就是说，六个月前的裁判，六个月后可能就会投身运动场。他们大可以给新东家提供最为详尽的避税指南。要知道，税务规则就是由他们负责编写的。

1997 年，开曼群岛货币委员会（Cayman Islands Monetary Authority）正式成立。委员会旨在稽查不当行为，同时对会计和律师行当的犯罪活动进行侦测。委员会的权限，并非由英格兰银行或者殖民地部敲定。相反，岛上最大的律师事务所“梅普尔斯和卡德尔”（Maples and Calder）在其中起到了决定性作用。没错，他们写下的法条，可以管束他们自己的行为。

好吧，如此一来，谷歌、脸书、星巴克和亚马逊公司将会自行决定自己所需要缴纳的税种和税率。可以想象，他们肯定不愿缴纳任何税金。约翰·昆博上任二十年后，开曼群岛终于成了各大企业的聚集之地。企业一旦聚集此地，就会变得难舍难分。

水下的阴影

笔者踏上大开曼群岛的那一刻，此地和半个世纪前约翰·昆博造访的时候已经大不一样。今天的开曼群岛更像佛罗里达州的某处郊区，主要道路两旁都是个头不高的楼房，道路经过的地方还是岛屿的核心所在——白色的沙滩、浩瀚的海洋分居两旁。每天都有大型邮轮载着游客自迈阿密赶来。游客的数量成千上万。上岸之后，他们第一时间奔向贩卖贝壳和T恤衫的摊点，那上面的“我爱开曼”是如此显眼。过完购物瘾，游客们又走回船上开怀畅饮。

看看这个地方吧。您一定不会想到，此地竟成了国际金融的中心。看看吧，这里没有那种闪闪发光的玻璃塔楼，那种东西，伦敦和华尔街可是到处可见。不过，没有塔楼正是好事一件。财富这种东西，本就该遮遮掩掩。如今的开曼群岛拥有一万亿美元以上的资金。这个数字，几乎是当地全民生产总值的1500倍。这个海中的沙砾小岛只有五平方英里（1平方英里≈2.59平方公里），但所有的对外资金却比日本、加拿大或意大利的还要多。在对冲基金这个行业当中，开曼群岛就是业界中人的第一选择（要知道，全世界60%的对冲基金经理都在开曼群岛执业）。对于资产证券和抵押债务的行当，开曼群岛同样也是开展业务的首选地点。

换言之，开曼群岛不但拥有大量的利益，同时也聚集了大量的债务。岛上密密麻麻的矮楼当中，分布着大量的金融机构。那些穿着百慕大短裤、趿拉着人字拖的过客，也有可能就是重要的会计和基金经理。相比拉风的法拉利跑车，他们更愿意选择低调的丰田混合动力汽车。至于那些在开曼群岛注册公司的著名企业——从宜家到汇丰、从星巴克到沃达丰、从百事可乐到迪士尼，在海岛上却不见踪影。

其实，笔者知道这些公司的据点所在。毕竟，我已经做好了功课。海滩的尽头藏着一座小楼，有两万多家公司都在其中注册。早在2008年，奥巴马就为这所名为“阿格兰”（Ugland）的小楼下了一个定义——“世界上容量最大的楼宇和最大的避税窟”。

这里的楼门并不宏伟，也没有任何保安巡逻防卫，它就那样立在平平无奇的景致当中。笔者走进玻璃门，向楼内投去了观望的目光。等了半天，才有一位优哉游哉的看门人踱步而出查看我的身份。我问道：“请问一下，我可以入内参观吗?”

对方礼貌地表示了回绝，还要求我马上离开。不过，由于逗留的时间足够长久，我已经透过漆黑的窗户看到了好些内景，桌子不少，却没有一个人坐在旁边。在此注册的两万多家公司似乎并未派驻任何代表。开曼群岛方面总以“金融中心”自居，如此称当然有些过分。实际上，此地就是一个棕榈树下的存钱箱而已。人们把难以计数的巨量金钱隐匿在此，只为躲过那一双双窥探的眼睛。

其实，如果保安请我入内一游，我倒会感觉大惊失色。几十年来，当地的保密措施严格如一。按照规矩，记者甚至不能向他们发问，更别提展开调查了。突然之间，他们却敞开大门，显示自己并无任何隐秘，这又是为什么呢？原因很简单，一切不过是生意所需。

事到如今，开曼方面要应对的竞争形势可谓相当严峻。西方各国政府争相开出税务优惠，就是要把对手打压下去。每个国家都在政策方面推陈出新，力图提供更为复杂的“金融产品”。各大跨国公司总在寻求更为优惠的税率，而有关方面给出的条件也是愈发惊人。激烈的斗争当中，开曼群岛必须保证自己身居前列。同时，他们还得证明境内的避税活动合乎法纪。总之，开曼方面需要洗白自己。

在金融保密指数方面，开曼群岛位居“最不透明避税地”的全球第五名。正是这种不透明的状况，带来了安然（Enron）和帕尔玛拉特（Parmalat）那样的惊人诈欺。

不过，开曼群岛仅仅只是第五名而已。相较于瑞士（瑞士是这方面的世界冠军）或者新加坡（仅仅位列瑞士之后而居于第二名），开曼方面显得没有那么神秘。他们希望通过公开内情而击败竞争对手，从而迎来更多的生意。2009年，国际货币基金组织曾经指出：开曼作为避税地的前途并不光明，个中原因并非来自政府干预或者外界调查。相反，“声誉危机”才是开曼方面的首要问题。客户一旦选择在此进行避税活动，就有可能惹上一顿非议。

当然，如果您就开曼群岛的“坏名声”向当地居民询问态度，他们可不会提及避税问题，或者巴勃罗·埃斯科瓦尔在此地的种种往事。倒是汤姆·克鲁斯在 1993 年主演的一部电影，成为大家谈论的焦点，笔者也以为他们是在开玩笑，直到这部电影实在被不同的人重复上演了太多次。

影片的主人公是一位眼光犀利的律师。工作中他渐渐发现，自己所在单位的领导们正在从事洗钱交易。洗钱的地点自然无须特地点出，肯定就是开曼群岛。于是，开曼群岛被安上了一个不大好听的标签，当地人都在为此大叫委屈。

如今，他们都希望摘掉“洗钱圣地”这顶帽子。可是，笔者的到来并未达成预想中的公关效果。据报道，谷歌将80%的利润投进了避税天堂。美国国税局（IRS）声称：亚马逊方面拖欠的税款高达十五亿美元税款；苹果公司则承认曾将740亿美元送到离岸地点，由此把税点降到了2%。如此种种的震撼头条，笔者决定闭口不提。

例行公事一般，笔者见到了当地的总督。这是一位很有礼貌的女士，当天，她戴着一顶粉色帽子。我俩在她住的殖民时期遗留的宅子里有过一次茶叙。开曼群岛的总理刚刚当选，同时也和笔者见了一面，总理同样彬彬有礼，不过某些发言却也有唐突之意。他直截了当地表示自己宁愿不和笔者谈话。除了两位政要，还有不少商界强人接见了笔者。约翰·昆博的孙子正是其中之一。此人举手投足间都透出一股魅力。通过如上的种种活动，当地人传递出的信息十分清晰，开曼群岛的一切都透明合法，而且他们很有信心，觉得笔者没有那种窥破其中奥秘的能力。

二十世纪五十年代，这处群岛就是去英国本土与加勒比地区的必经要道。当地政府给了笔者充分的自由，允许笔者向任何采访对象提出各种各样的问题。当然，一旦问题涉及开曼群岛容纳下的那些公司，笔者自然无法得到他们的任何回答。一位警官告诉笔者：在开曼群岛，任何人只要敢从邻居的院子里偷出一个椰子，都肯定会遭到定罪。可是，街头那些会计可都涉嫌帮国际足联的官员做着几亿美元的洗钱生意，为什么警察会放过他们？当然，这个问题一出口似乎就有些冒犯之意了。

每年一度的女王诞辰之日，岛民们都会盛装打扮、组织游行。铜管乐队必然出席，而颁奖活动也是典礼的一部分。一切都和萨姆赛特（Somsert）的义卖集会别无二致。各位会计则会前往总督的花园参加派对，顶着约38℃的高温大嚼黄瓜三明治。

笔者也是那年派对的宾客之一。笔者向一位出席的会计问到了他对国际足联偷税案的看法。对方只是一笑：“这也太老派了吧，对不对？”他说得没错。如今，开曼群岛的所作所为不过是商界的一种必需。为了隐匿金钱而走上犯罪道路实在没有必要，毕竟，这里有大把合法途径可供达成同样的目的。可是，仍有那么一些人因此触法，而整个世界也不得不因此耸了耸肩。

二十世纪头十年，美国、荷兰和英国的公司是开曼群岛的主要客户。在三国政府的默许之下，这些公司都把加勒比小岛当成了合法的投资管道。如今，来自巴西和中国的企业也在做着同样的事情。2000 年，普华永道国际会计事务所开始了一项“合法创新”，以帮助中国企业在海外上市。如此一来，这些企业才能绕过中国政府对外资的限制而获取外来资金。这种“创新”又被称为“变量利益实体”（VIE）。这种针对持股方的金融手法，可以帮助他们将资金投入美国市场。

2014 年，中国电商巨头阿里巴巴在美国创下了一项纪录，他们在美国投下的首次公开募股（IPO）达到了 250 亿美元。其中，普华永道的持股创新自然功莫大焉。

对于世界其他地方而言，开曼群岛就是避税的代名词。其实，在“创意会计”的层层外衣之下，这个岛屿另有许多秘密功能。其中，有些秘密相当巨大。通过开曼群岛的操作，外国公司可以买下美国公司和工业基础设施，并将这种收购的国际色彩抹得一干二净，这才是此地最大的秘密。对此行径，大家贯以“证券组合投资”（portfolio investment）的名头加以掩饰。

2015 年，开曼群岛向国际货币基金组织报告：当地的“证券组合投资”资金达到了 610 亿美元。根据荷兰阿姆斯特丹大学扬·费赫特纳教授的计算，实际的数字竟然有 2.574 万亿美元——几乎是报告数字的 42 倍。巨大的落差显示：开曼群岛对于对冲基金隐而不报。同时，相关的债务数字也不准确。对冲资金才是开曼群岛不为外界所察觉的真正秘密（对于世界上 60% 的对冲基金为何选择此地，也因此有了答案）。

买下美国，就是这些基金的最大目标。同时，他们的购买活动隐秘无踪，让美方几乎毫无知觉。交易之中，任何“证券组合投资”的真正“国籍”都无从得知。毕竟，它们穿过了无数国家的法律限制，常常同时带有几十个国家的背景。要想了解他们真正的运行模式，只有关注两个数据：流进来的钱和流出去的钱。

对于这两个数据，我们又称之为“内向”和“外向”投资。其中最大的流出地乃是日本。在 2015 年，共有 510 亿美元流入日本，同时有 5580 亿美元从日本流出。神秘的一点在于：只有不到十分之一的资金流回了日本国内。要知道，流出的资金可是高达 5000 亿美元。

原因何在？因为这些资金都神不知鬼不觉地流进了美国。来自中国香港和日本的投资者把开曼群岛当作管道，并由此爬进了广阔的美国抵押市场。开曼群岛就是一个巨大的对冲。在它的庇护之下，日本投资者才能在美国大买特买而不被发现。

与此同时，这些组合投资还可以作为一种获取机会的工具。这种工具，在某些新兴市场——也就是中国——特别有用。总之，开曼群岛就是全球买卖市场的一大中心。在费赫特纳看来，此地“就是美国时代、英国时代和中国时代的交叉结点”。海量的组合投资基金中，有五个国家和地区占据了90%，他们分别是：美国（12060亿美元）、日本（5580亿美元）、中国香港（3430亿美元）、英国（910亿美元）和卢森堡（830亿美元）。当然，您可不要被数字蒙蔽了双眼，数字背后的公司很可能并不是来自这些地区。和开曼群岛一样，这些国家和地区不过是资本的临时过境地点，它们随时在寻觅更为优惠的监管区域，并由此改变方向。

随着英国脱欧和特朗普当选美国总统，英国方面似乎已经放弃了重振经济的努力。前财政大臣乔治·奥斯本（George Osborne）曾在2015年2月表示：经济事务已非“政府的首要工作”。他口出此言不过是为了表示“降低税率成了脱欧时代唯一可以促进经济复苏的方法”。曾经，制造业是英国经济的重中之重。后来，服务业接下了这个重担。事到如今，英国只能以避税换取经济增长。

在美国，特朗普面临着双重选择。税率创下历史新低，给了美国一次千载难逢的机会，罗斯福新政之后，该国的基础建设可以借此得以振兴。可是，低税也让不少企业有了投资美国的大好良机，当然，要通过开曼群岛这个管道。其中的诱惑实在太大，美方也不得不有所限制。如此一来，美国的基础设施可以得到翻修，而翻修的主力则是中国公司。

2016年，福耀玻璃在俄亥俄州莫雷因（Moraine）的投资带来了2000个工作机会。就在八年之前，通用汽车设在同一地点的生产线刚刚宣布停产。福耀玻璃的到来，让同一处生产线重焕生机。当年的停产就发生在圣诞节的两天之前，那一刻，莫雷因似乎就在末日边缘。通用工厂的倒闭表明了美国制造业的终结。所谓“铁锈地带”不单单代指美国中部的衰亡，甚至预示着作为超级大国的美国将衰败。

不过，八年之后，工作机会又回来了。莫雷因的当地居民大都是特朗普的支持者。可是，他们也在向中国的玻璃巨头大唱赞歌，毕竟，是后者带回了工作机会。在各位居民的头脑中，追随特朗普和拜服中国公司这两件事情似乎并无抵触之意。

开曼群岛，就是中日等国投资者得以“偷偷”买下美国资产的一大关键。可是，它同样也让大把的工作机会流进了美国。接下来，开曼群岛作为避税地点这个角色的道德位置与美国人一心想要重振国内就业形势的那种“爱国主义情怀”似乎不可避免地将会发生冲突。

抵挡离岸投资就如同抵挡大海的波涛一样。无论如何，大海就在眼前，不管做出何种举动，海洋还是纹丝不动。在海洋蓝色的外表之下，黑色的潮流一直在涌动，仍有许多企业在等待入局。原本是一处用作避税的沙砾小岛，如今却演化为复杂金融系统操控下的金融中心，开曼群岛的生意自然有着莫大的道德风险。

离岸投资是世界运行的一大规律。如此巨大的全球系统，任何政府都无法管束。

“那么，开曼群岛又能给英国公众带来什么收益呢？”临行的那天，笔者向总督发问。“不好意思，我不知道……”对方一时失语，“这个问题我还得考虑考虑……”还是在请教了媒体公关部门的官员后，她才勉勉强强给出了如上的标准答案。显然，总督从未想到竟有人会提出如此幼稚的疑问。

开曼群岛如何造福不列颠？这个问题确实很难回答。毕竟，这个小岛是从政府的口袋里掏出了数十亿英镑的税收，并将它们直接投进了基本服务当中。

总督也许一时语塞，可笔者能给出一个答案，也许，开曼群岛昭示了未来的发展方向。降低收入税，意味着其他税率也必须提高。这样一来，区区一包鱼干就能卖出五英镑，一家陋室小屋的租金也会超过如今伦敦市中心三层小楼的价格。您在税务方面节俭得越多，其他方面的代价就会愈高。那些能够承受如此代价的人，只会来自最富有的阶层。对他们而言，日常生活的开销根本不算一回事。至于其他人，生活只会因为避税而愈发艰难。社会不平等，将是低税带来的最大代价。

那一次，笔者还问了另外一个问题：“开曼群岛的生意会不会做不下去？”对此，总督大感震惊：“您说什么？”笔者再次表达了自己的意思：也许，有朝一日英国政府会对这个避税天堂进行清理。“天啊！不可能的！开曼群岛享有很大程度的自主权!”总督如是说。

同样的问题也被抛给了总理。对此他表示：“我们的终极主权属于伦敦，一切听从英国政府处理安排。”

没错，没人会对这里负责。开曼群岛就是一个没人管的地带，它超然于任何势力的范围之外。它远离监管，就像世界的银行体系一样不受约束，孤悬于大洋中心，任由黑色潮流在地下暗自汹涌。

04

财富：
不均带来的商机

设想一下：您驾驶着一辆高尔夫球车，车上可以容纳八位乘客，这些人正好在全球财富榜上占据着前八位。墨西哥电信大亨卡洛斯·斯利姆（Carlos Slim）的财富总值高达500亿美元，坐在高尔夫球车的最前排。他身旁的比尔·盖茨（Bill Gates）则拥有750亿美元身家。中间一排的坐客包括ZARA服饰的创始人阿曼西奥·奥尔特加（Amancio Ortega，资产达670亿美元），沃伦·巴菲特（Warren Buffet，资产计有608亿美元）和亚马逊公司的杰夫·贝佐斯（Jeff Bezos，资产达452亿美元）。脸书（Facebook）的马克·扎克伯格（Mark Zuckerberg，身家为446亿美元）与甲骨文（Oracle）的拉里·埃里森（Larry Ellison，资产为436亿美元）并排居于再下一列。“仅仅”拥有400亿美元的迈克尔·布隆伯格（Michael Bloomberg）则只好到高尔夫球车最后的凹背折椅就座了。

如上8位人士的财产共计4262亿美元，几乎占据全球财富的半壁江山。换言之，这8人所有的金钱，就抵得上全球最贫穷的一半人口——37.5亿人的身家总和。

财富“两极化”的趋势就像全球变暖：由来震撼而又不可逆转，深度和广度都好像天塌地陷一般。我们只能眼睁睁地看着它在人群当中扩散开来。不过，这种现象值得忧心吗？毕竟，绝对贫困的现象正在减少。按照“经济事务研究所”（The Institute of Economic Affairs）的说法，整个地球都在变得愈加富有。由此而来的收入鸿沟，不过是我们为此付出的必要代价而已。当然，无论您是在意也好，不在意也罢，财富上的不平等都已成为一个不可回避的事实。在这里，笔者借用阿诺德·施瓦辛格（Arnold Schwazeneger）的一句话给大家提个醒：信不信由你，没人会在乎！

2006年3月，“财富不均”的现象还不曾被公众发现。大家也没把这种事情当成临头的大难。不过，早在那时，一些专家就觉察到了大势有变。他们的应对之策也颇为出人意料：财富不均似乎可以作为一种商机，值得大力挖掘乃至利用。

这些人的行为给我们提供启示：如何利用历史上最大的一次财富分化赚取金钱。正是由于他们的行为，财富不均这出预言有可能步步成真。如果贫富之间的鸿沟像地震一般越裂越大，那么，它显然也会提供一次天赐良机。“百分之九十九对决百分之一”的口号尚未在“占领华尔街”活动中炒得火热的时候，就被相关人士在生意场上反复提及。

滴漏

托比亚斯·列夫科维奇（Tobias Levkovitch）这个人聪明绝顶。我和他的碰头地点正是在他那坐落在花旗集团总部的办公室里，这里是四十九楼，身下哈德逊河的风光一览无余。当时，列夫科维奇是集团的全球战略主管。谈话间，列夫科维奇提到了他最爱的一本书——托马斯·霍布斯（Thomas Hobbes）的《利维坦》（*The Leviathan*），那是一本政治专著。霍布斯认为，人类会为了违背法律而不惜一切代价，除非政权足够强大让他们彻底低头。

列夫科维奇很喜欢阅读这本十七世纪的政治哲学巨著。掩卷之时，他又会对世界的现状进行一番深思。他的思考，自然和一般人不大一样。2006年，列夫科维奇对未来有了自己的看法。就此，他还和自己的客户做了分享，并由此为他们大赚了一笔。那一次，他们真是狠狠地发了一笔横财。

托比亚斯·列夫科维奇就是这个星球上最重要的银行家之一，在他的引领下，世界经济发生了有如大陆板块漂移一般的剧变。而且，他还引导花旗集团乃至整个华尔街为自己心目中的未来趋势投资，投资金额十分高昂，已经不能用百万或者十亿美元计算，而是动辄万亿美元。

2006年，列夫科维奇发现了大势所趋。他的三位同事——阿杰·卡普尔（Ajay Kapur）、奈尔·麦克罗德（Niall Mcleod）和纳兰德拉·辛格（Narandra Singh），写下了一篇内部报告，报告名为《重游理想国：富人愈来愈富》。其中主题自不待言，卡普尔等人觉得，全球财富大有极化之势。而且，这种势头非同小可，在以一种前所未见的力度扫荡全球。

“大家经常谈论关于‘百分之一’的话题。其实呢，严谨点说，那个层次的富豪只占全球人口‘百分之零点一’而已。”列夫科维奇告诉笔者，“世界上总有赢家和输家。不过，现在这个世界除了赢家和输家，其实还有买得起游艇的大赢家呢。”

列夫科维奇的预测，要比他那三位同事更加极端，他觉得：十年过后的2015年，全世界最富有的一百个人所辖财富已经和全球半数人口的身家等量齐观。事实超越了他的想象，仅仅八个人的财富，就抵得上数十亿人的身家。没错，您那台高尔夫球车上的八位乘客就是如此有钱。

2006年，就在笔者和他相会的办公室里，列夫科维奇开始了一场冒险。当时，他的面前是一堆商务人士，他们有男有女，个个套装加身，脸上的表情就像石头一般僵硬。这些人的背后立着地球上的大公司，涉及石油、钢铁、建筑、对冲基金、食品、化学、超市、飞机制造、药品、汽车、移动电话和互联网等多重领域的跨国企业。

“接下来的十年将是财富两极化与社会动荡的年代。”列夫科维奇表示，“如此情形，都是经济不平衡的结果。”他说话的时候，各位来客要不就是假装咳嗽，要不就是低着头在平板电脑上划来划去。“当然，”列夫科维奇继续说道，“很多人可能因此忧心忡忡，可我们银行界却并不担心。”

“银行界并不担心？”列夫科维奇何出此言呢？

“你不能坐在这里自说自话。毕竟，自说自话无法符合大家的社会预期。我必须直接给出结果，否则他们就把钱交给其他银行了。我不是个愤世嫉俗的人，我崇尚实际。这就是我的工作，而我的工作就是帮助客人赚钱。”

那次会议上的预测完全正确。接下来的几年之内，世界各国的发展不均现象有所缓解。毕竟，各国的内部分化都在加剧。就此现象，他曾给过那些客户一个形象的比喻——我们的社会，就是一个大型的滴漏。

列夫科维奇认为：每个国家都会进入一个类似“滴漏”的阶段。那些全球巨富居于最高点。如果您销售私人飞机或者宾利汽车，他们就是恰当的客户。到了底部，则有着大量的穷人。穷人的存在也会提供难以计量的销售机会。穷人自有穷人需要的消费品，比如发薪日借贷、临时合同和高利率信贷等。随着生活压力的增加，赌博和酒精方面的消费再次飞升。为了满足大家的省钱需求，一元店和折扣店的生意也是越做越大。

事实很是惊人。对于笔者而言，这番关于“滴漏”的比喻有着别样的吸引力。除却两头之外，“滴漏”中间的那部分人又当如何自处呢？“哦，那就是我们所说的中产阶级。时代演进，中产阶级正在消亡之中。他们的购买力同样日趋枯竭。作为一个阶层，他们已经失去了投资价值。”谈到中产阶级，列夫科维奇的语气里带有一丝嘲讽。

事实上，中产阶级正和穷人融为一体。“滴漏”流转，他们迅速沦入下层。可是，还有那么一段时间，他们还得维持中产阶级的体面。为了抓住中产的边缘，他们简直竭尽了全力（比如，他们会举债前往海外度假，又可能砸出一大笔钱以便购置新的座驾）。一切，都源自“我其实属于社会中坚”的妄念。

您可以想一想几个实际的例子。一辆兰博基尼跑车大概价值 18 万英镑，就和英国境内独栋房屋的价格差不多。如果您是花旗集团的客户，面对中产解体的浪潮，请问您会选择哪种商品？是向巨富阶层兜售的跑车（一台兰博基尼的价格在那“百分之一”看来不过是一笔小钱而已）？还是广置房产，成为贫民窟里的大地主？无论如何，您的投资决定都和中产阶级扯不上关系。

列夫科维奇认为：长远而言，“滴漏”的底层将会形成一个硕大无朋的新阶层，我们每个人都会置身其中，解体后的中产阶级自然也是新阶层的一部分。这个阶层，也就是大家所说的“百分之九十九”。我们过着手停口停的生活，被人称作“不稳定无产者”（precariat）。

如此一幅世界图景，曾被列夫科维奇介绍给花旗银行的各位客户。那一刻，他发现房间内死寂无声。“就连大头针掉在地上的声音也能听得一清二楚。”一开始，列夫科维奇还以为自己的末日故事吓住了所有人。“既然花旗银行都有如此看法，想来一定十分震撼对不对？”可是，情况并不如他一开始所想。原来，各位客户只是露出了敬畏的表情。面对如此一个大好商机，大家似乎都有些肃穆起来。

两年之后，2008 年金融危机爆发。在此期间，与会的各家公司纷纷重组了自家的业务。相关情形，和花旗集团的预测几乎完全一致，所有的业务都直指“滴漏”的两边：要么针对巨富阶层的奢侈品，要么面向穷人的廉价东西。

金融危机的爆发让花旗集团的各大客户加快了改革的步伐。列夫科维奇那番预言变成现实的时间，也由此得以提前。

真实版“饥饿游戏”

还记得您那辆高尔夫球车吗？上面的八位乘客一致认为：财富上的不平等现象非常可怕。这样的意见，他们总在不断提及。与此同时，国际货币基金组织（IMF）、世界银行、英格兰银行、美联储和世界各国的主要金融机构同样怀着一致的意见。可是，正是由于这些金融机构二十余年的操作，全世界的财富鸿沟才会越来越大。

2015 年，笔者采访了法国经济学家托马斯·皮凯蒂（Thomas Pikkety），《二十一世纪的资本》正是此人的作品。皮凯蒂觉得：各大公司把“滴漏”两端作为主要的客户群体，只不过是财富不均的一个副产品。其间，穷人口袋中的财富不断流失，而最富裕的阶层则因此源源得利。

皮凯蒂觉得如此现象对社会整体有着极大的伤害性。毕竟，如果贫富分化到达极限程度，“社会”这种东西又有什么存在的意义呢？社会成员的共同观点将会因为贫富分化遭到极大的撕裂。正因如此，社会秩序才会开始崩溃。那么，我们又当如何应对这种困境呢？皮凯蒂也只能耸肩以对。他表示：“也许，我们可以改造国际货币基金组织，让它能够逼迫跨国公司履行法律责任。”没错，皮凯蒂理想中的国际货币基金组织应该像“雷鸟”特工队一样神通广大，他们能够揪出那些涉嫌不轨行为的企业，并让他们因逃税而付出代价。换言之，贫富分化的趋势也只有超人和救世主才能逆转。

可是，财富不均的状况将会长期存在，我们与之日夜共存，并渐渐适应了愈发极端的情形。如果您身在伦敦，大可前往骑士桥（Knights Bridge）的某所美容院享受高档的面部皮肤护理，面膜由液体黄金打造而成。随后的按摩服务当中，顾客可以享受被鱼子酱覆盖全身的奇妙滋味。如此服务，自然是面向“滴漏”上部的那个阶层。整套服务的价格因此达到了三万英镑。有些客户欲罢不能，每个月都要造访三四次。至于提供服务的美容院员工却只能拿到最低工资，幸运一点，其收入也只是比最低水平稍高一点。他们自然需要贷款保持收支平衡，并因此成为“穷人产品”的消费群体。

在伦敦东部的纽汉姆（Newham），一群单身母亲曾被有关方面逐出居所而无处容身。事发于2015年，究其原因，只是为了给建设豪华公寓让路而已。单身母亲们曾经准备向市长请愿，结果只得到了如下回应："如果您无法负担居住此地所需的生活费，您最好不要在此地定居。在这方面，我又能怎样帮到各位呢?"单身母亲们仍然拒绝离开，而有关部门也出动了警察准备予以驱逐。不过，对方毕竟只是一群无辜妇孺，各位警官也觉得对付她们有些不妥。最后，各位单身妈妈只得进入一家社区中心暂时栖身。

距离社区中心不远，几面玻璃幕墙已经拔地而起。不过，幕墙后的高级公寓一直都是空荡荡的。公寓的业主大多来自海外，他们的手中攥着大把金钱，选择置业此地不过是为了投资而已。在各位业主看来，这里的公寓并非住所，而是一种安置财产的"保险箱"。至于那些单身母亲，只能眼睁睁看着空置的公寓一步步建成，并忍受着自家房舍停水停电的处境，有关部门出此损招，自然是为了下逐客令。站在栖身的矮楼，她们可以把高级公寓中的光景看个究竟。不过，公寓里的住客抬眼一望，却能把整个伦敦尽收眼底。身下那一片模模糊糊的贫民居所，只不过是城市之中混乱场景的小小组成部分。

"滴漏"两端的居民，就这样形成了共处的局面，如此局面并非新鲜事情。早在1845年，恩格斯（Frederick Engels）就在《英国工人阶级的处境》中描述了一幅类似的场景，那还是在维多利亚时代的曼彻斯特，"金钱贵族出入家门的一道捷径，正好从劳工街区之间穿过……不过，他们并不认为自己居住在污秽之中"。《贫民窟星球》的作者迈克·戴维斯（Mike Davis）则发现：驱逐穷人已经成为一种全球现象。例如，尼日利亚拉各斯曾经大规模清理贫民区。一切的牺牲，只为让城市面貌焕然一新，闪出财富的光彩。

严重的贫富分化无处不在，地球的每个角落都有类似的场景。只不过，这种场景在伦敦显得特别扎眼。如果伦敦是个独立的国家，它将在世界富国榜上占据第七的位置。不过，如此富裕的"国度"之中，仍有28%的居民生活贫困，另有三分之二的伦敦人也只能"勉强糊口"。2008年的金融危机导致银根紧缩，横遭减去的各项开支累计达到800亿英镑——说来也巧，那一年各大银行开出的奖金正好也有800亿英镑。

绝大多数的英国人面临同样的境地：工资十年未涨，基本还停留在现金尚未被电子支付冲击的那个年代。每个家庭每周的平均收入只有429英镑。这个数据和2006年的一模一样。不过，对于全英收入最高的那1000个人而言，落入腰包的金钱多出了2倍多：从当年的2000亿英镑发展到了5000亿英镑。

伦敦这个城市将会一分为二：它会继续扩张下去，遵循墨西哥城、开普敦、拉各斯、洛杉矶，还有《饥饿游戏》中施惠国的“首都区”的发展模式，城市中心乃是超级巨富的居住地。他们的生活金光闪闪：平日里出入流光溢彩的高级饭店，周末栖身于摩纳哥的豪华游艇；他们去格斯塔德滑雪；迪拜则是血拼的胜地，一个包包就能花去十万美金；无论想去哪里，他们都可以搭乘私人飞机出行。拥有如此生活方式的人，组成了一个个的“富国”（Richistan）。它们飘在空中，高于平民百姓的头顶，仿佛一朵朵香槟色的云朵。无论您身在世界何处，都可以发现这样一个群体。他们顶着一样的标签，面目也十分相似。

城市的另一半同样也在不断蔓延，只是为了给新的主人，也就是数量众多的贫民，提供生活空间。只要一天不发工资，这里的人就会陷入困顿。不稳定的生活带来了莫名的压力。此地居民的平均寿命要比富人少十年。如上的种种猜想，像不像《饥饿游戏》中的那个世界才会发生的故事？要知道，如此猜想并非杞人忧天。2014年，曾有一份报告仔细研究了全球的财富不均现象，这份报告，还得到了美国国家航空航天局的资金支持。报告的结论是：不用等到2030年，全球各地就可能出现像《饥饿游戏》里的不平等。

伦敦的每个角落，都能看到“阶级清洗”的痕迹。笔者的住所位于伦敦中部，家宅附近的那个小小超市，就是一面映出社会不平等现象的棱镜。超市的顾客之中，75%都来自欧洲大陆和美国。他们的事业正处于快速上升期，年纪介于二十五岁到三十岁出头之间，工作单位则是一些大企业，比如谷歌、各大银行和“硅谷十字路”附近的数码公司。他们的服装也很一致，连帽衫和运动长裤都一样。每一次，这样的顾客都是一路小跑匆匆而来，买好牛奶或者藜麦沙拉之后又会踏着急步匆匆离去。

超市中共有八名员工，工作时间则分为十二班次。他们都签了临时合同。若论年纪，八位员工和那些顾客应该算是同龄人。不过，两类青年的生活内容却是天差地别。八名员工之中，有三个人的单程通勤时间至少需要一个半小时。有一个人住在埃塞克斯，还有一个住在卢顿，这两个地方距离伦敦市中心竟有三十英里（约合五十公里）。超市附近房屋的租价令几位员工难以承受，同时，他们也经不起失去这份工作带来的打击。于是，他们每天都要在上班路上花掉大量时间，到手的工资却是少得可怜。

笔者看到的这个超市的现象，代表了社会的某种畸变。2015年，“新政策研究所”的汉纳·阿尔德里奇（Hannah Aldridge）和汤姆·麦克因内斯（Tom McInnes）曾对伦敦地区的人口流向做了一次调查。调查时，正好是政府大砍房屋补贴的时候。最终，阿尔德里奇和麦克因内斯有了一番意料之外的发现。

按照两人的发现，《饥饿游戏》其实低估了事态的严重性。事实上，贫富两端的人们并没有隔离开来，而是还在同一空间内相处共存。可是，他们在对方的眼里就好像不存在一般。穷人并未对富裕阶层造成不良影响，相反，前者只是在默默依从着后者。在公共场所中情况如此，在任何地方也都如此（笔者家附近的那个小超市里，双方不就是那样默然地擦肩而过吗）。慢慢地，穷人仿佛化为一片透明。富人在他们身边穿梭，一点都不会受到干扰。换到《饥饿游戏》那个世界，“十二区”的居民即便来到首都，也会像幽灵一样无人搭理。

既然穷人们发现伦敦实在难以安居，为什么他们不干脆另择一地生活呢？其实，倘若搬离伦敦，穷人们的生活将会难以为继。如果您的收入不高，工作却又充满不稳定性，亲朋好友组成的社交体系就是您生存下去的关键保证。有了这点保证，工作带来的种种伤害才不会那么直接。如此一个体系，当然不是可以随意打造而成。同时，离开伦敦，穷人的孩子也更加难以得到照顾，入学的机会更为稀少。除了伦敦这样的大都市之外，穷人很难找到足够的零工。这些零工不稳定，薪水也低，但是积少成多，却可以帮助穷人养家糊口。总而言之，各位“工薪穷人”实在没有搬离伦敦的本钱。

办公室里的高薪人群，常常面临办公桌短缺的烦恼。对于工薪穷人而言，短缺之物则是床榻。也就是说，穷人必须和其他的穷人共享住所。有时候，他们甚至得像轮班一样在同一张床铺上依次休息。笔者曾经结识了一位儿童护工，而她就拥有这样一位“床友”。护工和“床友”各自备好了床上用品，按照八小时轮转的“床序”轮流占据同一张床铺。护工的睡眠时间始于晚上十点，而在第二天早晨六点结束；上夜班的“床友”则在早上六点到下午两点之间上床睡觉。按照统筹原理，我们可以发现两人对于床铺使用权的安排有欠科学，下午两点到晚上十点之间，床铺大可以继续利用嘛！当然，护工也许还有另外一位“床友”，只是她没好意思告诉我而已。

至于那家超市的员工，则选择了一条不寻常的路。他们搬离了市中心。要知道，留驻伦敦市区的人们必须节热（也就是降低取暖费）缩食，才能省下金钱去付房租。由此一来，他们就被套牢了。房租还有可能节节蹿高，他们却又不愿搬家。毕竟，搬家可能导致情况变得更糟。在伦敦市中心这块地盘上，有着同样烦恼的人还在不断增多。其实，他们早已无法承担在此过活的费用，就像阿尔德里奇和麦克因内斯总结的那样：穷人已然融入富人的生活体系，成为其中的活动零件。双方的相处模式，有如一种共生关系。

您可能已经发现，本书当中“穷”和“富”的字眼随处可见，笔者写下这两个词的时候，心中并无侮辱之意。要知道，三十多年之前，给人贴上“穷”和“富”这样的标签几乎等于直接开骂。事到如今，没人再有这方面的顾虑。身为富豪，并不丢人。曾经，左派人士把“阔佬”当作贬损之词而常常挂在嘴边。到了现在，“阔佬”身上的贬义已被清洗一空，他们的成功反倒成了万众追逐的梦想焦点。另一方面，债务的累积加上工资一路走低，沦为“穷人”的风险也在愈发积聚。对此现象，大家自然无从回避。

其实，全球财富正在增加之中（曾经极度贫困的国度，其贫困情况也稍稍有所好转，换句话说，他们其实富裕了一些）。可是，各国内部正在扩大的阶层差异却有爆发之势。这两种现象，其实是相辅相成的。

《大穿梭》（*The Great Convergence*）的作者、哈佛大学教师理查德·鲍德温（Richard Baldwin）觉得，信息技术易于传播，而全球化的劳动力价格变得十分低廉。如此情况之下，各国的地位显得不那么悬殊了，毕竟，穷国因此得到了经济增长，而富国则在停滞不前。最终，穷国和富国都会是一个样——不太穷，也不太富。1820 年到 1990 年，富国在世界总财富中占据的份额一路走高，从 20% 增长到了近 70%。可是，过去的 25 年内，这个份额又鬼使神差地落到了 1900 年的水平。

就这样，全球各国，无论是马拉维、西班牙、美国、英国，还是乌兹别克斯坦，都会被拉到同一个水平之上。虽然大家的起跑线并不一致，却总会殊途同归。我们的社会将呈现出一致的面貌：阶层分明、分化巨大。

谁偷走了那个救命的降落伞？

2008 年的金融危机，让银行业陷入一片狼藉。与此同时，平日里可以使用的手段却没有发挥作用。遇到这等危机，政府应该大发钞票，保证按揭继续进行，也让中小企业有喘息之机。可是，那一次的量化宽松政策却没有发挥效应。那么，事情到底有什么蹊跷呢？我就此请教了托比亚斯·列夫科维奇。“原因很简单，政府为了兜底发出的钞票，有95%都落入了‘滴漏’上层的口袋里。”没错，量化宽松只是便宜了富裕阶层。这场急难因他们而起，而救急所用的金钱也被他们揣进了兜里。

量化宽松政策之下，“百分之一”大发其财，并因此有了投资穷人产品的本钱。如此一来，滴漏状的阶层分化又在变本加厉。要知道，这些穷人产品涉及广泛，涵盖了汽车、家具、旅游、房地产和针对食品及取暖费的过渡性贷款。唯有一项事物，可以把花样繁多的产品捆在一起，那当然就是举债。

“债务就是阶层分化的关键所在。”伦敦证券交易所的经济学家大卫·格莱贝尔（David Graeber）表示，“所谓金融产业，其实和债务产业是一回事。按某种程度而言，‘金融’等于‘别人的债’。金融从业者不过是让人们互相交换债务而已。”

2008年的金融危机到来之前，花旗集团已经通过产品多样化政策而对“滴漏”加以利用。量化宽松政策得以实施之后，财富不均的现象变得更为突出了。要知道，量化宽松政策本身可是作为不均现象的解药而被搬上台面的。危机之下，巨富阶层深受影响，其烈度丝毫不比其他人所承受的影响要低。只是，他们却更是富得流油了。

新经济思想研究所的安纳托利·卡莱茨基（Anatole Kaletsky）认为：量化宽松政策有如路上的分叉口。不同的选择，将会带来不同的前景。假如量化宽松的大笔资金没有用于补贴银行，而是直接折成现金派给人民大众，如此一来，英美两国的每个家庭都可以收到一张价值2.5万英镑（约3.06万美元）的支票。有了这些钱，大家可以外出度假，也能更换家中的冰箱或者汽车。消费热潮将会由此重启，经济增长也能重归凯恩斯主义的轨道。可是，当年的政府选择走上了另一条路——量化宽松政策便宜了“滴漏”的上层，并成为社会分化的一大促因。

政府大发现金有助于化解危机——从麦克罗斯基这样的新自由主义思想家，到卡莱茨基等凯恩斯的门生，立论不同的经济学人在这一点上达成了共识。可是，政府从来没有采纳过他们的意见。直接给公众发钱，确实显得很有风险。

即便其中真有道理，恐怕也没人乐于采用。相反，大家更愿意接受另一种计策——举债。大卫·格莱贝尔甚至觉得，政府从来都把放债作为解决危机的首要手段。

“正是由于我们大举借债，并因此乐此不疲，导致难以脱身，伦敦和纽约才能趁着金融危机的东风成为金融中心。两个城市就是金融业复兴路程中的心脏地带，巨大的债务则是复兴的动力。出于这种原因，大家可以发现，金融危机之后英美两国政府都出台了不少政策以便让绝大多数人身背债务。”如今，英国家庭的总体债务已经达到3500亿英镑，这可是一个历史纪录。

2005年托比亚斯·列夫科维奇关于“滴漏”的那番猜想，现在已经变成了现实。可是，全球范围的不平等现象还会节节深入，再攀新高。就连列夫科维奇本人也得承认：贫富分化带来的财源如此之多，多得连他也没能预见。比如：上海的富豪阶层就愿意为加拿大罐装纯净空气掏钱；纽卡斯尔地区的收税员能够以延迟征税期限为代价，换取邻居涉嫌利润欺诈的实际证据。

列夫科维奇的那份报告仿佛预示着：关于不平等的猜想，已经不再仅仅停留在纸面。当年，花旗集团总部49楼的那个办公室里，没有一位来客能够预见今天的这种局面。但是，他们定下的生意，却让总部门外千千万万个路人的生活经历了天翻地覆的变化。

中产阶级的重要性

列夫科维奇的报告之中，曾经引述了某篇论文的观点。那个时候，论文作者还并不出名，他正是前面曾经提到的托马斯·皮凯蒂。他曾在伦敦大学经济学院攻读研究生学位，当时，他的毕业论文就和不平等相关。十年之后，那篇论文更是成了《二十一世纪的资本》一书的基础。

时至今日，皮凯蒂已是世界上最有影响的经济学家之一。笔者也曾向他提起过“滴漏”的形状和中产阶级的消逝这样的话题。笔者想知道：中产阶级的灭亡，为何会带来如此巨大的影响呢？

“对于整体经济而言，中产阶级极为重要。有了他们，大宗消费和大宗建设投资才能得以进行。”二十世纪五六十年代，正是中产阶级大量涌现的时期。

随之而来的结果不但促进了社会平等，还让财富得到了更为公正的分配。1976年，这股潮流攀到了顶点。民意调查显示：那一年，英国人的幸福感最为高涨。

“可是，最近二十年来，中产阶级的队伍却在不断缩水。”皮凯蒂表示，“假如这种趋势在未来十年得不到扭转，民主制度将会遭遇极大的威胁。”

在皮凯蒂看来，中产阶级之死会让社会无路可走。1945年到1978年期间，社会财富的分配更为公正。论及程度，历史上任何一个时期都无法与当时相比。这是公平的三十年。可是，无论是此前的二十世纪三十年代，还是目前，都以巨大的财富不均而著称。

中产阶级可以购买私人房产，这一点对经济发展特别重要。他们的买房历程始于二十世纪三十年代，后来因为“二战”而横遭截断。到了五十年代，这种潜力得到了极大的释放。当时，工党和保守党政府都出台了房屋计划，让许多人第一次拥有了购置房屋的能力。那个年代，我的祖父也圆了自己的一个梦——作为移民的他终于脱离了贫困的肯特地区，搬进了修筑整齐、空气清新的郊区房屋。

可是，自1996年后，房屋的本质开始扭曲，相关的梦想也在慢慢破灭。财富分配愈发不均，大众收入的增长随之陷入停滞。年轻人购置房产的脚步也慢了下来。如果祖父回到今天、变成一个二十五岁的小伙子，恐怕他和祖母只能在贫民窟里度过余生。每个月能够勉强筹到租金，就已经算得上幸运。

“中产阶级不断萎缩的趋势，我们还要承受多久？”皮凯蒂有着这样的疑问，“没人知道如今的情况还会持续到什么时候。唯一清晰的事实是，近些年来，英国和其他许多国家的情况都证明了一件事情：那些占据财富榜顶端的亿万富豪还在不断致富。他们的财富增长速度不但超过了一般人，甚至比经济发展速度还要快。假如这种趋势不被转变，再过几十年，所谓的中产阶级将会彻底沦亡。”

接下来的不少年头里，租房将取代买房而成为许多人的生活准则。选择租房的家庭一生之中花费的财富，竟然比买房的人（在伦敦，因此损失的财富达到了136万英镑）还多出56.1万英镑。到了2013年，房租的增长速度更是比工资的增长速度快了整整五倍。

如此一来，我们更加无法扭转财富不均的局面。毕竟，中产阶级（以及那些为了挤进中产队伍而打破了头的人）丧失了积累财富的主要手段。整个社会也无法恢复到当年那个样子，因为“滴漏”的趋势早就无从改变。

“我们社会的不平等程度到底要发展到哪一步呢?”皮凯蒂提出了这样一个问题，“反正按照当下这个趋势，未来真是让人不寒而栗。”可是，瓦解中产队伍的人，也将遭遇极其愤怒的回应。中产阶级心满意足，天下才会太平；他们一旦觉得未来没有盼头，或是被经济潮流刺激起了贪欲，革命就会勃然兴起。

1917 年的俄国，新资产阶级急不可待地壮起胆子，用临时政府取代了沙皇统治。而后，临时政府又被布尔什维克政权推翻。1968 年的巴黎，中产阶级知识分子和团结起来的劳工协作努力，差点就让戴高乐（Charles de Gaulle）政府垮台（大家也都知道，那一次他们并未成事）。如上两起事件当中，中产阶级都对当时的社会情况感到不满，而且，他们的革命情感其实并没有那么坚定。不过，中产阶级到底还是成了动员革命的中心力量。

尼克·哈努尔（Nick Hanuer）家在西雅图，是亚马逊最早一批投资人中的一分子。如今，他的身家高达 60 亿美元。在哈努尔的眼中，中产阶层的空心化已然对资本主义制度形成了威胁。

哈努尔的办公室很是简朴。置身此地，可以眺望整个普吉特海湾，看着水面的航船穿行来去。“换到中世纪那个年代，财富不均倒是不成问题。那个时候的人们早就见惯了各种各样的不公平。佃农有佃农的命，国王也有国王的命，世道就是如此。可是，活在当下这个资本主义文化环境里，大家都有奋发求财的上进心，而且个个相信自己必将成功。别人有的东西，你却不能到手，这种情况就是怨恨的源头。资本主义已经拉了不少仇恨。毕竟，资本主义制度提倡的‘机会均等’其实并未发生。”

没人记得住一位好心的慈善家，除非他特别有钱

2007 年，英国国防部的官员正心急如焚，在他们的要求下，海军少将克里斯·帕里（Chris Parry）准备了一份九十多页的研究报告，国防部忧心的根源仍是财富不均，帕里那份报告的话题也关于此，国内一旦发生大规模民变，军队又当如何反应？国防部方面觉得，如果社会财富分配不公的情况继续下去，骚乱的烈焰迟早要点燃。2011 年，他们的担心化为了现实，当时，英国的主要

城市先后陷入乱局。如此暴烈的态势，自二十世纪八十年代以来还是首次发生。一切的情况就像国防部的预测那般，就像花旗银行一样，他们仿佛通过水晶球看到了未来。

伦敦北部的哈林盖（Haringey）是骚乱势头最为凶猛的地区。笔者和帕里少将的见面地点正是在这里。我想知道：他那份报告到底预测出了什么东西？“我只是说出了即将发生的事件而已。一旦足够多的人民觉得‘这个世界与我何干？’他们就会摆出不合作的态度。他们拒绝资本主义，同时也拒绝市场，随后选择蜂拥而起。”帕里和国防部的发现并不受英国政府的待见。军人摆出社工一般的忧民姿态，并不足以引起白厅方面的关注。唯有当暴乱成了气候，军队方面才会被政府想起。当然，他们只是奉命前去镇压而已。

2006 年，托比亚斯·列夫科维奇和花旗集团企业客户的那宗交易，可能确实对不平等现象大有煽风点火之意，由此还导致了国防部报告中预测的那番混乱场景。当然，花旗集团并非罪魁祸首。如今，财富不均已是既成事实，敲定事实的那一刻远在 1980 年 1 月 6 日的晚上 12 点整，嵌在一场 46 分钟的电视访谈之中。只需两分钟，一切就已注定。

那也是一场交易。交易的一方是玛格丽特·撒切尔，另一方则是全体英国选民。过不了多久，双方都会发现交易的后果所在。作为新晋首相，撒切尔夫人将出席自己的第一次电视访问。那一天，她的对面坐着布莱恩·瓦尔登（Brian Walden）。在那个年代，此人就是最为犀利的政治记者。历史将会证明，瓦尔登还是同辈记者中最具预测能力的那一个。

撒切尔及其阁员深信：衰退当前，唯一的解决方法在于狠降税率，给那最为富裕的“百分之一”解开束缚。如此策略想要成功，必须依靠一个前提：富人得益之后，会按照“向下滴流”（trickled - down）的原则把所得和穷人一起分享。按照阿瑟·拉弗那条曲线的预测，这种情况简直是肯定的。不过，如此作为又会付出什么代价呢？对此，瓦尔登提出了自己的疑问。

瓦尔登：请问一下，首相女士，我们为了经济复苏和繁荣付出的代价会不会就是社会阶层的进一步分化呢？

撒切尔：您将生活在一个欣欣向荣的社会里。大家都可以尽其才。社会创造的财富越多，我们都越能从“向下滴流”的过程中受益。

瓦尔登：那么，您是认为一个分化不均的社会更能造福英国吗？

撒切尔：一个更多机会的社会可以给大家更多的赚钱机会。

瓦尔登：但是，那样一来会不会意味着社会更不平等呢？

撒切尔：没错。每个人的才智不一样，机会同样也不是平均分配。人人各尽其才，自然会造成一些不平等。但是，唯有如此我们才能拉那些穷人一把。一个慈善家被人记住，永远不是因为他的善心。他要想留下一点名声，必须得有钱才行。

谈话之间，二十一世纪的那种不平等局面终于成了一种有形的概念。从首相的言语中可知，社会分化并非一种无心之为，而是政府方面有意促成的现象。英国的历代首相当中，撒切尔夫人是最有眼光的一个，她的眼光准确而犀利，放射出一种耀眼的光晕，亮得让她自己都失去了判断力。

那么，所谓“向下滴流”的理论能否成真呢？要知道，阿瑟·拉弗的这一套说辞已经得到了英美两国的一致接受。问题的答案，尼克·哈努尔一定知道。毕竟，他是个亿万富翁，撒切尔那番“慈善家”演讲中的核心理论让他受用不尽。

“所谓‘向下滴流’的经济学几乎和人类的文明史一样由来久远。过去，大家都把习惯称之为‘神授的职责’。其中的道理很简单：我很有钱，您却家境一般。因此，帮穷扶困就是我的责任，而您大可不必有所效法。如此一来，您才能跟上社会的步伐。如今，英美两国的问题在于我们的经济政策遵从里根-撒切尔主义的原则——仿佛富人更富，其他人也会受益。可是，这个原则行不通，它不符合经济发展的规律。”哈努尔如是说。

“我本人就是一个例子，我的收入，几乎是美国平均工资的一千倍。可是，我并不会因此比一般人多买一千倍的东西。我的牛仔裤只有那么三四条，鞋子也只有一双。我的房子确实又大又漂亮。可是，这种房子我只有一栋。无论我拥有多少财富，我也没有能力让整个国家的经济保持运转。唯有聪明的中产阶层，可以达成如此的目的。”

剑桥大学的经济学家张夏准（Ha - Joon Chang）对世界各国的不平等现象做过一次比较研究。笔者和他的会面地点是校内的一所图书馆。在这里，凯恩斯第一次阐述了自己的“统一理论”。威廉·菲利普斯（William Phillips）利用水泵、活塞和染了颜色的水解释金钱流通的那个实验，也是发生在同一个地点。

“理论上说，‘向下滴流’的主意还不算愚蠢。但是，它还是在实际中穿了帮。从英国到美国，一个又一个的国家遭遇了同样的命运：作为国家收入一部分的投资大为降低，经济发展也越来越慢。请问‘向下滴流’的效果何在？有人觉得只要保证富人愈加富裕，这些富人自会创造工作岗位，同时提升每个人的收入水平。结果呢？如此的愿望并未成真。”

撒切尔夫人的“慈善论”拉开了财富不均时代的帷幕。花旗银行的托比亚斯·列夫科维奇则感到了由此而来的震颤。他俯下身体、耳朵贴地，最终感受到了大地一分为二的声音。于是，他告诉自己的客户：早些置办合适的产业。

也许，起义的烽火还不至于立即燃起，尼克·哈努尔和他那些巨富同伴暂时没有生命危险，其实，他们可能等不到革命来临的那一刻。不过，新千年的起义大军必然成形，而且将由中产阶级组成。

2007 年美国国防部发布的报告，对于如此情形已有感应。“中产阶级将会成为革命阶级。马克思交付给无产阶级的任务，将由他们接力完成。”财富不均，让中产阶级可以“联合起来，利用知识、资源和技能方面的能力形成超越国界的阶级利益”。

05

食物：肥与瘦

走进一间超市，您通常会留心什么东西？没错，您会看到墙一般的各类食品。这些食品热量极高，还经过了极为复杂的加工程序，为求极致的“口感”和“反复的吸引力”（这是食品学家对“上瘾性”的别称），其中不知添加了多少化学制剂。这类食品构成了大多数人每天的口粮，完完全全属于科学制品。事实上，导致我们体重增加的罪魁祸首，正是它们。

走过这排食品架，又有什么货品会引起您的注意？可能您还会发现另一些吃的东西。只不过，这些食物的脂肪含量较低、口味也轻。它们的盐分、热量和糖分含量都相对较少，明显是更为健康的选择。对于那些因为前一类高热量食品而变得大腹便便的顾客而言，这些食品无疑可以满足他们迫切的减肥愿望。

区区一家超市，就能为您提供一个全视角，由此，导致“肥胖”的原因可以一览无遗。您就是这样吃着其中的某些食物慢慢变胖，而又期待另一些食物能够还自己一个苗条身段的。所有这些食品，都凝结着各大企业对市场角度和赚钱机会的仔细分析。正是由于食品工业的精明算计，整个社会才会变得越来越胖。其实，人类的代谢功能并未有过任何变化，与此同时，食品工业也在利用人们对于肥胖的恐惧而大发其财。

肥胖与健康饮食，本就有着深切的共生关系。1978 年，亨氏（Heinz）集团买下了“慧俪轻体”公司。到了 1999 年，亨氏又以 7.35 亿美元的价格将“慧俪轻体”转卖给了投资企业阿尔塔尔。“瘦得快”公司于 2000 年被联合利华（Unilever）收购。此前，联合利华已经成为“本和杰瑞冰淇淋”以及“华尔香肠”两家食品企业的东家。瑞士跨国企业雀巢（Nestlé）的业务涉及巧克力和冰淇淋，同一领域的珍妮·克雷格公司由此成了收购对象。2011 年，《福布斯》杂志将雀巢列为全球五百强中盈利最高的公司之一。

为了赚钱，肥与瘦被人们结合到了一起。其中的故事有些古怪却也引人入胜，它们涉及激烈的商战，又和奇异的实验、遭到曲解的数据和肮脏的销售策略有关。当然，操纵一切的除了科学家，还有一批改变了人类食品面貌的生意人。他们的所作所为，改变了我们这个种群的面貌。

肥胖症：一种为了推销保险而生的发明

过去，肥胖并非一个公众关注的问题。那个时候，体重引发的焦虑却已隐隐约约散发开来。1945 年，供职于纽约大都会保险公司总部的统计员路易斯·都柏林（Louis Dublin）外出就餐。在业务压力之下，都柏林必须给领导一个漂亮的交代。于是，他开始查看各位客户的健康报告并由此意识到了一个问题：客户的健康状况和他们的体重密切相关。由此，都柏林的心中生出一个主意。

都柏林发现：只要把象征“健康”的体重标准降低那么一些，不少客户的体重状况就从“超重”提升到了更为扎心的“肥胖”等级。如此一来，公司可以多出好几万客户。自然而然，原本“体重正常”的客户也因为标准调整而迈入“超重”的行列。

新晋的“肥胖”和“超重”人群自然将会付出更多的保险金。毕竟，健康风险会随着体重的增加而提高。不过，要想让各位客户采信，都柏林还需要一点科学依据才行。于是，他发明了所谓的“身体质量指数”（BMI）。该指数结合了人的身高体重状况，乍一看，似乎比过去的任何衡量标准都要符合科学。不过，都柏林到底耍了一点心眼——他的“指数”把肌肉密度和脂肪混为一谈。按照“身体质量指数”的标准，全球跑得最快的人，也就是尤塞因·博尔特（Usain Bolt），其实也是个肥胖症患者。

一夜之间，按照都柏林的理论，一半以上的美国人不是成了超重人群，就是被划入了更为严重的“肥胖”行列。无疑，他们的保费必须有所上升。调查记者乔尔·盖兰（Joel Guerin）曾对都柏林的那一套计量方法有过一番调查。他表示：“（身体质量指数）根本没有任何科学依据。都柏林不过是粗粗查看了一下整体数据，而后武断地把二十五岁人群应有的体重标准运用到了全体人类的身上。”

就这样，只需一顿午饭的时间，一位保险公司员工就打造出了一套测量肥胖症的标准。四十年前，肥胖可还不是一个热点话题。于是，大都会保险和全美国的药店、杂货店、超市和小诊所达成了一项交易：所有这些营业场所都要在店内布置测量体重的仪器。仪器上面，还印着大都会公司的标识。商人和家庭主妇本就关心自己的身体健康问题，并由此成为诊所的常客。到了诊所，他们会被告知：根据最新的“身体质量指数”所得的测量结果，他们的健康情况让人担忧。于是，一枚定时炸弹就埋进了千千万万美国公众的心中——解决肥胖症问题刻不容缓。报纸也加入鼓噪行列，说起了全国范围的“肥胖潮”问题。医生还会告诉“身体质量指数”测量结果偏高的有关人士：他们大有因为心脏病而一命呼呜的风险！不过还好，祛除隐患的方法就在眼前。

1960 年，《纽约时报》发现了一个横扫全美的奇怪现象：各位妈妈迷恋上了婴儿食用的配方奶。原因很简单，流食可以帮助减肥。由此，化工药品巨头美赞臣公司（Mead Johnson & Co）因势利导，推出了“密特科尔”（Metrecal），也就是世界上第一款减肥奶粉。

所谓“密特科尔”，就是“零度”（metre）和“热量”（calorie）两个单词的一次结合。如此的创意，来自美赞臣公司销售总监约瑟夫·根斯特（C. Joseph Genster）的灵光一闪。而后，著名的电视营养专家西尔维娅·舒尔（Sylvia Schur）也受根斯特的邀请，在自己的节目中为“密特科尔”站台呐喊。

和所谓的“身体质量指数”一样，“密特科尔”也是一个貌似科学的概念。当然，貌似科学之外，这种产品还需要一位深孚众望的偶像进行推销，西尔维娅·舒尔正好担起了这样的角色。当然，初生的减肥产业本就揣着一本很是“科学”的生意经，只是其中的细节恐怕不足与外人道而已。

明尼苏达饥饿实验

明尼苏达州金湾足球场（Golden Gophers Football Stadium）中心圈之下六英尺的地方，藏着一个巨大的地下通道系统。这是一个天然的实验室。1944 年，整个欧洲还笼罩在营养不良的阴影之中。美国政府由此担心：本土一旦面临同样的食品短缺，情况又将发展到何种境地？人处于饥饿境地，又会遭遇一些什么情形？一切，都要秘密实验予以证明。

安塞尔·吉斯（Ancel Keys）博士作为著名的营养学家，担任此次实验的负责人。他要和三十六位实验对象（都是所谓的“良心拒服兵役者”）一起找出长期无法规律饮食对人类的影响所在。第二次世界大战期间，吉斯曾经负责“K 型口粮”的研发工作：这种口粮呈棍棒型，卡路里含量极高，同时也是世界上第一款能量棒小吃。到了二十世纪六十年代，吉斯开始蜚声国际，“地中海式食谱”帮他闯出了名声。由此，他上了《时代周刊》的封面，并被大众尊为新一代的“营养宗师”。可是，在 1944 年，这位“营养宗师”还是美国政府的秘密员工。

那个时候，吉斯在明尼苏达的下水道里待了整整一年。一批“人形小白鼠”与他为伴。实验中，每位实验对象每天摄入的热量严格限制在 1500 卡路里的水平——这点热量，要比当时美国女性每天消耗的热量还要低 300 多卡路里。除此之外，各位实验对象还必须进行严格的身体锻炼，同时还得跳进冷水当中接受煎熬。有时候，饥饿中的他们还得死死盯着食物，以便吉斯观察人体的相关反应。

很快，各位实验对象就发疯了。日记中，他们连篇累牍地大谈各种吃食。实验结束过后的那顿美餐，更是叫他们大发畅想。有一次，实验对象获准来到体育场上接受放风，有些人立即俯下身去大啃青草。有个研究对象直接对实验人员挥拳头，另一个人干脆操起斧子砍下自己的三根手指啃食起来。

如上的现象足够惹人惊心。可是，吉斯最为震惊的发现，还是在各位研究对象重新开始放手饮食之后。随着饮食恢复正常，研究对象开始迅速发胖。几周不到，他们的体重就已恢复到了原有的水平，而后又迅速增长屡创新高。由此，吉斯悟出了一个道理——节食，是各位实验对象的增肥利器。而且，节食活动还改变了他们新陈代谢的规律。因为节食，各位实验对象染上了不曾有过的“发福习性”。

特雷西·曼（Traci Mann）博士来自明尼苏达大学，同时也是美国国家航天局的一名工作人员。他的研究领域关乎节食对于人体的生理影响。其中的内容，和吉斯当年的实验相去不远。“每一次研究吉斯当年的发现和成果，我都觉得个中内涵惊人。”曼觉得：吉斯已然给出了不容置辩的结论——节食，并没有减肥的效果。与此同时，吉斯的实验还证明：通过“溜溜球”一般时停时续的节食历程，我们都会因此增重那么几磅。随着时间的累积，大家会越来越胖。可是，人们大多不会在意多出来的那几磅体重。因此，节食仍然还是我们赖以迅速减肥的一大手段。

“节食无用”的科学结论，似乎应该把减肥食品的事业直接扼杀在襁褓之中。事实却正好相反：吉斯等人的发现为业界提供了完美的商业模式。“二战”之前，减肥食谱已成时尚。可是，商人并不以此为业，几十亿美元的生意规模自然也不存在。吉斯的出现，让减肥食品进入了产业化进程。毕竟，各位商人终于得到了科学验证，从而知晓了减肥食品的商业潜力。

曼觉得：如果消费者买下一辆汽车，却发现无法启动，他会联系经销商并要求更换货品；但是，减肥食品失效的时候，你只会自责并继续努力甩肉而已。这样一种商品，简直就是无可置疑。

由此可见，减肥食品有如印钞许可，大量金钱会因此滚滚而来。1960 年，西尔维娅·舒尔和美赞臣公司达成协议，并开始为后者推销“密特科尔（Metrecal）”。当然，这种减肥新品的背后还有吉斯的科学贡献。减肥食品无助于减去肥肉，正因如此，减肥食品才能成为一门生意。

唯有两个选择：“瘦”和“快”

“密特科尔（Metrecal）”过后，减肥这盘生意也是越做越大。来自新泽西州的药剂学家丹尼·阿布拉汉姆斯（Danny Abrahams）对此贡献良多。丹尼在父亲的药店里长大，店里防腐剂的味道是他重要的童年记忆。长大后，丹尼子承父业，投身药剂这个行当。某个早晨的灵光闪现，让他的世界发生了天翻地覆的变化。那天，丹尼从梦中醒来，头脑里冒出了两个字眼——“瘦”和“快”。正是这两个字眼，让他赚了整整 60 亿美元。他的“瘦得快”品牌，就是被联合利华以那样一个高价买下的。

丹尼·阿布拉汉姆斯的豪宅位于佛罗里达州，正是在这城堡一般的家里，笔者和丹尼见了一面。潟湖的一旁，泊着丹尼的豪华游艇。“小时候我就想有一艘船，如今也算梦想成真了。”丹尼如是说。

那么，丹尼又是怎么做成“瘦得快”这出生意的呢？“一开始，我只是想到了那么两个字，至于产品根本了无踪影。不过我很快就发现，任何东西只要冠上‘瘦得快’的名头，都可以大有销路。”于是，丹尼很快开启实验，鼓捣出了一些形似“密特科尔”的饮品。可是，这些饮品的口感实在不佳，让人想起各类药剂。于是，丹尼改弦易辙，研制出了奶昔状的“瘦得快”新品。这种东西，全美各地的人们应该都乐于服用。其中的热量自然不多。一旦入口，仿佛真有减肥塑身的功效。

如今，丹尼已经八十多岁。不过，他依然保持着良好的体型。采访期间，他一直在家中的健身房里活动。由此，笔者知道他在仰卧推举方面的不俗实力。一番运动过后，丹尼像演戏一般打开冰箱，掏出一罐“瘦得快”并一饮而尽。“嘿嘿，今天的味道跟当年刚刚上市的时候简直就是一样的好！”丹尼慨叹道。

笔者向丹尼坦承：他以及他所在的这个行业，其实是通过谎言而大肆敛财。他们那些减肥产品，不过是镜花水月，无足取信。“不对，不对，不对！”主人一边表示反对，一边摇晃双臂示意笔者闭嘴。“杰克（笔者的名字），我就问你一个问题。你的生活由谁掌管？你是你生活的主人！没人能为你做主。有人常常把减肥失败归咎于外因，他们可是找错了地方。要想减肥，就得锻炼，就要去健身房！要想减肥，要靠自己！没人帮得了你！”

离别的时候，笔者驾着汽车经过丹尼面前。他挥手致意的同时大声叫喊：“杰克，你记住，要想减肥，就要靠自己努力！”

减肥，要靠自己努力？减肥食品的奥秘是否就是如此呢？其实，减肥作为一门产业勃兴起来的时候，正是利用了美国大众为了体重忧心忡忡的情绪。其实，那时的美国人还不算太胖。如今，肥胖已经成为一种现实，减肥食品产业却对此无能为力。而且，大众并非缺乏减肥的动力：少数人成功减重，大多数却是屡减屡败、屡败屡减。难道，这后一类人只是因为意志薄弱方才难以甩掉肥肉？又或者，事情背后还别有原因呢？

凯莉·布朗内尔（Kelly Brownell）在杜克大学桑福德公共政策学院担任院长，同时也是肥胖症领域的知名专家。笔者曾向她提到了丹尼的减肥观，而她则表示：“没错，凡事都要靠自己。但是，减肥可没有那么简单。”节食减肥，有如打扑克牌。每次开牌，手中的牌色都有所差异。同样，每个人的遗传基因也是各不相同。一手烂牌，很难打出什么花样来。节食的时候体重越大，减肥的效果自然越是难言圆满。

减肥的真谛就是如此，一些人觉得轻而易举，一些人却感到犹如登天。其实，当您开始节食减肥的时候，您已经握了满手的烂牌。期待依靠节食减去体重，由此变得比登天还难。

布朗内尔还表示：减肥不易还有另一层原因——人体之中自有一种恒温环境，随着体重超过某个节点，这种环境会因此发生重塑。超过节点之后，人体想要甩去体重简直就是难上加难。毕竟，人体内的恒温环境会和食谱产生抵触效应。

节食的过程当中，我们的身体会感受到“饥饿”的味道。为此，它会迫不及待地想要恢复到“正常体重”——把我们减去的体重收回来。因此，所谓“每个胖女人体内都藏着一个想要破壳而出的苗条女人”这种说法和生物学上的真理完全相悖。实际上，每个刚刚减肥成功的女性，体内都藏着一个想要收复失地的女胖子。

整个地球的人类都在变得越来越胖，而且变胖的速度还很惊人。对此，常规的减肥食品并无遏制之力。不过，减肥人士一遍又一遍地自我暗示——就像丹尼·阿布拉汉姆斯高叫的“你做得到”那般蛊惑人心——给减肥食品这个产业开了一张免责证明。这次节食没能减肥成功，只能说明您不够努力。所以，您还是再试一次吧。

有时候我们也在问：为什么自己如此成功?

在纽约，笔者寻访了“慧俪轻体”的前财务主管理查德·桑巴（Richard Samba）。当时，桑巴六十多岁，看起来神采奕奕。他的外形和做派都让人想到特朗普，头发杂乱不说，上前与笔者握手的时候也是轻松自在、大摇大摆。1968 年，桑巴成为“慧俪轻体”的一员，并在 1983 年选择离职。其间，他把这家年收入只有八百万美元的小公司变成了年产值三亿美元的国际企业。

追溯“慧俪轻体”的发展历程，我们还得从 1963 年新泽西某地的一处厨房说起。厨房的女主人珍·奈迪奇（Jean Nieditch）正是公司的创始人。此前，她刚刚减肥成功，而成功的秘诀也特别简单，即不吃碳水化合物，稍稍参与运动，同时还要和志同道合的友人聚在一起以便互相鼓励。如此诀窍，在一张海报之上写得清清楚楚。那张海报则贴在了纽约卫生局设在当地医院的外墙，正好被路过的奈迪奇发现。

于是，奈迪奇的身边聚起了一批朋友。没过多久，她就展现出了特别的演说才能，并引起了当地企业家吉姆·钱伯斯（Jim Chambers）的关注。钱伯斯觉得：奈迪奇的演说如此鼓舞人心，人们应该买票聆听才对。就这样，他和奈迪奇达成了协议。在这出生意之中，珍·奈迪奇负责说服客户，并担任企业的门面，至于财务则由钱伯斯管理。

没过多久，钱伯斯又萌发了一个好主意：珍的才华，完全值得被全国人民所珍视。她的话语可以给全美各地千千万万有着同样才能的人以启迪。大家都能为减肥事业出一份力，而钱伯斯和珍·奈迪奇则可以为此收取费用。如此一来，钱伯斯和遍布全美的演说者和减肥人士签订了商业合同，“慧俪轻体”的品牌由此得以奠定。

理查德·桑巴入职“慧俪轻体”之前，这家公司已经在减肥行当之中位居全美第一。“慧俪轻体”不仅仅提供食谱，还要彻底改变参与者的“生活方式”。桑巴认为，“慧俪轻体”会和参与其中的减肥人士形成“一生的羁绊”。显然，他们这一辈子都会处于“节完又停、停了再节”的羁绊之中。

如今的“慧俪轻体”已经成为一家价值数十亿美元的大公司。即便在中国、印度和欧洲，它也占据着当地减肥食品行业的头把交椅。可是，安塞尔·吉斯早在几十年前就在明尼苏达发现：减肥食谱根本无助于减去体重。如此的谬误，是如何撑起“一生的羁绊”的呢？

对此问题，桑巴报以微笑，然后坚定地摇了摇头：“哎，你也知道。有时候我们自己也会产生同样的疑问。我们何德何能可以取得如此的成功呢？”同时，桑巴还谈起了自己的见闻：妈妈带着女儿加入“慧俪轻体”，女儿成为母亲之后，又把自己的女儿介绍进来。通过这种“一生的羁绊”，一代又一代的女性投身到了持续终生的减肥事业之中。如此的家族经历，仿佛就像一场遗传病一般。

在“慧俪轻体”方面看来：公司能够长盛不衰，无疑是成功的一大佐证。事实上，自然有着另一番面貌。经过五年的持续观察，牛津大学的一个研究小组得出了结论："慧俪轻体"的会员之中，仅16%达到了预期的减肥目标。也就是说，剩下那84%的减肥事业都难言成功。可是，他们却仍是锲而不舍。原因何在？桑巴表示："他们当然不会放弃。其实，这84%的失败者正是我们的生意之源。"

减肥食谱并无用处，在这一点上，安塞尔·吉斯并没有错。不过，对于减肥食品产业而言，如此事实正是数十亿美元大生意的基础。不计其数的回头客，正是他们的营商奥秘。1967年，"慧俪轻体"进入英国市场。当时，公司的英国区主管比尔尼斯·韦斯顿（Bernice Weston）对英国广播公司的记者表示："肥胖人士迷信什么减肥食品，简直就是愚不可及。"没错，就像理查德·桑巴说的那样：减肥食品产业实在幸运，幸运得让从业者都难以置信。

食物的烟草化

二十世纪四十年代，路易斯·都柏林的午间创意给半数以上的美国人贴上了"胖"的标签。那个时候，这个标签并不切合实际。五十年过去了，美国人确确实实胖了起来。这个事实，又在食品工业内部掀起了新的竞争。竞争，围绕着"否认"而展开。

到了二十世纪六七十年代，各大烟草工业曾经抛出数千万美元的"科研经费"，只为证明烟草并不足以导致肺癌。如今，食品厂家也在有样学样。他们千方百计费尽心思，也要让旗下的产品和肥胖症脱离关系。当然，食品和烟草大有区别。没有烟草，您也活得下去。食品呢，可不是一种生活方式。相反，人人都要吃饭，而食物则是我们的必需品。

要想证明某种食品不会导致肥胖，"饱足感"乃是关键所在。所谓饱足感，即腹内充实的感觉。食品厂家需要一点科学依据：他们制造那些经过高度加工而富含热量的食物不但可以改变人体的代谢系统，还能迅速制造饱足感。为了这个目标，大家又会展开一场殊死争夺。

如此一来，肥胖的"祸首"不再是那些饮食无度、管不住嘴的人。相反，某些食品厂家才应该为此负疚难安。毕竟，他们生产的食品利用了某些消费者的代谢特征（这些东西都是与生俱来的），并把消费者变成了一个个的胖子。

肥胖之罪，在于食品工业。按照凯莉·布朗内尔的看法，既然烟草工业曾经掏钱向世界各地的几千位肺癌患者“赎罪”，那么食品厂家也应该跟进仿效。而且，相比于后者的这份账单，烟草工业的付出少得可怜。要知道，全世界的肥胖症患者可是数以千万计。

联合国方面已经把肥胖症列为“二十一世纪人类健康的种种问题”之中“发展最快的一大类别”。在英国，60%的人存在超重问题。到了美国，相关数据更是高达75%。二十世纪八十年代，埃塞俄比亚曾经陷入饥荒境地。事到如今，这个国家却又遭遇了肥胖的威胁。肥胖症是一种自生疾病，到了它的面前，穷人和富人都毫无抵御能力。在阿联酋，最富有的那5%的人同样也是肥胖程度最高的群体。在巴西和中国，肥胖症以惊人的速度在中产阶级之间蔓延开来。

作为一种产业，减肥食品是以药物的面目出现的。当时，大家都认为减肥食品可以解决肥胖问题，虽然在那个时候，肥胖并未成为一种公共健康问题。可是，当问题成真之后，导致问题的罪魁祸首却又迎来了新的赚钱机遇。

第一个肥胖症患者

纽瓦克别墅博物馆位于英国的莱斯特市。博物馆的阁楼之上，悬着一幅人物挂像。挂像作于1806年，画中人名叫丹尼尔·兰伯特（Daniel Lambert），此人的体重达到了335千克。在当时的人们看来，兰伯特就是一个医学奇迹。由于体重过大，兰伯特根本找不到工作。不过，他倒有一个独一无二的赚钱好主意——展览自己。每个人只要付出一先令，就能和兰伯特见上一面。作为不列颠历史上首位有籍可查的肥胖症患者，兰伯特也是一位富翁。他环游英国各地，展示自己那硕大的身躯，并因此积淀了大量的钱财。画像完工的时候，兰伯特也走到了生命的终点。当时，莱斯特的父老乡亲都把他当成了城中的骄傲。

两百多年过去了，莱斯特城里出现了一种名为“减肥救护车”的车辆。每个星期，“减肥救护车”都会载上十几个体重堪比兰伯特的胖子赶往医院。53英石（1英石等于6.35千克）的体重，如今看来只是个小意思。按照规定，只有体重达到70英石的病人遇到麻烦，“减肥救护车”才会出动。

“减肥救护车”经过特别设计，带有许多用于肥胖症患者的特殊设施。比如，一款“抹刀”一样的物品，可以让患者不至于掉下床铺。笔者探访救护团队的时候，还曾见识到了这种抹刀的另一种用途——某位男性患者卡在了自家楼道的两堵墙之间，救护人员挥动抹刀才把他救了出来。

除了救护车，团队还有其他服务于肥胖患者的工具，比如一款叉车。它可以把患者举离床面送上担架（这些担架自然也经过加固）。在某些极端情况下，要把一名患者送到医院起码得花费 10 万英镑。在一位重达 62 英石的少女入院的过程中，救护人员甚至拆掉了她家的半边屋。

当然，病态肥胖并非肥胖问题的中心所在。其实，英国人中无论男女老幼都有一点肥胖问题，比起二十世纪六十年代中期的水平，平均每个英国人都增重了近 3 英石。如此变化，大家并未引起注意。可是，日渐宽大的汽车座位、浴室隔间和相对缩水的裤子尺码（过往的超大号放到现在只能当作大号，过去的大号只相当于现在的中号）。我们的体型愈发松垮，对于“正常体型”的定义也变得宽松了许多。

那么，英国人为什么会变得这么肥胖呢？请注意，这一代英国人并不比前辈更加贪嘴。而且，我们也并非更加懒惰而不爱锻炼。这一点，流行的看法并不公正。普利茅斯医院的特里·威尔金医生可以提供证明，他那持续十二年的研究显示，如今儿童的运动量和五十年前并无差别。当然，英国人的生活确实遭遇了一些变迁：相比以前，我们摄入的糖分多了许多。

二十世纪四十年代，科学家已经证明节食无助于减肥。七十年代，科学家又察觉到：随着糖分摄入量攀上历史高峰，肥胖问题也在迅速扩大。可是，明尼苏达饥饿实验得到了大众的瞩目，糖分促肥的事实却是无人在意。

食物 – 脂肪 = 食物 + 糖分 = 肥胖

1971 年，理查德·尼克松（Richard Nixon）再度竞选总统。越战的形势已经威胁到了他在国内的声望。持续攀升的食品价格，也是一个同等棘手的问题。人们聚到超市之外，举着标志牌大肆抗议。假如尼克松还想保住官位，他就得让食品价格步步走低。要做到这一点，他又得去安抚自己那些拥有巨大能量的铁杆支持者——各地的农民。如此任务，被总统交付给了一位来自农业大州印第安纳（Indiana）腹心地区的学者艾尔·布茨（Earl Butz）。尼克松希望布茨能够劝服农民大众达成降价协议。对此，布茨想出了一个有些极端的方案，他打算改变食物的面貌。如果他的计划得到实施，人类的面貌将变得面目全非。

在布茨的推动下，美国的农业生产进入了大规模产业化的时代。其中，尤以玉米种植最为兴旺发达。就这样，美国境内的牲畜得到了更多的口粮，由此变得肥大起来；美国人吃下的汉堡也长了个头。玉米油烹制出的薯条，脂肪含量大大增加。有了玉米这个"引擎"，美国各地的超市也被大量的廉价食品所占据。其中有麦片，也有饼干或者面粉。当然，厂商还在推陈出新，生产了大量以玉米为原料的新型食品。正是由于布茨的市场化改革，美国国内的不少农民得到脱胎换骨，从小生产者一跃成为称霸全球的千万富翁级商人。

尼克松曾有一种设想：以粮价作为冷战的武器，由此断绝对苏联人的玉米供应。可是，农业从业者和食品工业界最终成功维护了自己的出口利益——要知道，他们的产品在东方世界无往而不利。如果说粮价是一种武器，掌握它的人并非美国总统，而是食品商人和农民。

到了二十世纪七十年代中期，美国的玉米生产已经过剩。此时，布茨专门去了一趟日本，那里有一项关于玉米的全新发明：高果糖玉米糖浆（HFCS）。糖浆口味极甜、通体浓稠，原料来自玉米加工得出的废品，而且，这种糖浆价格十分低廉。早在五十年代，糖浆的制作手法便已问世。不过，直到七十年代，量产工艺才得以彻底完善。

没过多久，各种食品的原料清单中都出现了高果糖玉米糖浆的身影，比如披萨饼、卷心菜沙拉甚至各类肉食。面包和蛋糕上那层出自"烘焙"的光泽，其实也由玉米糖浆修饰而成。有了这种糖浆的存在，食物的甜度大为提升，贮藏寿命也从以天计算发展到了以年为单位。我们的体内摄入的糖分自然也变得多到惊人。这就是一场在静默中爆发的革命。

英国也遭遇了同样的"革命"。家庭餐桌上的一道道菜肴无不凝结着科学实验的成果结晶，每一毫克的食物都经过专门处理。甜度大大增加，以便最大限度地适应大众的口味。入口的食物味道大变，大众却显得有些漠然。

众多的饮料食品之中，有那么一类经受玉米糖浆的影响最是深远，那就是软饮料。

汉克·卡德罗（Hank Cardello）是一位个子高大、性格犹疑的男人。曼哈顿市中心的某次午餐会上，笔者和他有过一面之缘。当时，他握手的样子很有在商场之中例行公事的感觉。1984 年，汉克还是国际饮料巨头可口可乐的国际市场部经理。那时的他，做出了一个影响深远的决定：要在可乐中添加玉米糖浆。可口可乐公司作为饮料市场中的绝对霸主，自然会引发各家厂商的竞相效仿。没过多久，其他饮料公司也都成了玉米糖浆的用户。

汉克表示：那个时候，玉米糖浆简直就是"零缺陷"。论及价格，它只有蔗糖的三分之二。味道方面，糖浆倒是存在一些风险（第一批投入实验的玉米糖浆略带一点金属涩味）。不过，看看由此而来的巨大利润，再大的风险也值得一冒。有什么可忧心的呢？肥胖症？汉克坦承，1984 年的时候可没人注意肥胖的问题。

不过，糖浆还可能招致另一种疾病——心脏病。自二十世纪七十年代开始，医学界就对心脏病的成因一直争论不休。伦敦大学的约翰·尤德金（John Yudkin）教授觉得：糖就是导致心脏病的原因。另有一些人则认为脂肪和肥胖才是祸首，明尼苏达饥饿实验的负责人安塞尔·吉斯便持有这样的观点。

双方展开了一场辩论。从公开辩驳到私下里的攻讦，尤德金渐渐失去了主动权。毕竟，吉斯享誉国际，是营养学界的泰山北斗。至于尤德金则只是个局外人。他关于糖分不但有害甚至足以致命的观点少有人接受。

旧金山医院的内分泌科专家罗伯特·卢斯蒂格（Robert Lustig）觉得：当年的尤德金遭遇了一场抹黑运动。他的对手行事非常一致。毕竟，尤德金的看法威胁到了制糖工业的根基。至于吉斯，他的研究则和食品工业的远期规划不谋而合，妖魔化脂肪，从而让糖分逃脱心脏病这个"罪责"。

理查德·布鲁克多佛（Richard Bruckdorfer）和尤德金一样供职于伦敦大学。他还记得："当年，产业界，尤其是制糖工业界，组织了强大的公关团队。为此，尤德金严重抱怨，觉得对方歪曲了自己的观点。"对于尤德金的遭遇，卢斯蒂格的形容更为直白——"他就像被人推进了大巴的轮子底下"。

尤德金曾经出版过一本著作叫《纯净、洁白且致命》。该书销路很好，还成了二十世纪七十年代"健康食品运动"的重要论著。可是，到了学术界，却没人买他的账。尤德金的各位同业都选择对他冷漠相待。

尤德金的遭遇有如贱民：放逐和遗忘成了他最终的命运。可是，卢斯蒂格却指出：尤德金察觉到了糖分的危险性，这种危险不但关于心脏病，还与肥胖症脱不开干系。由此，他算是成功地预见了未来的走向。不过，尤德金的发现危及了太多人的利益，因此必须让其噤声。

在这场针对尤德金的战争当中，安塞尔·吉斯起到了“急先锋”的作用。三十年前，他还曾在明尼苏达体育场的下方对几十位拒服兵役人士进行了饥饿实验，由此发现了节食可能增肥的事实。这一次，他不但豁出自己的学术地位为食品公司站台，甚至直接接受了对方的赠款，他的大多数研究都是在食品公司的资助之下完成的。如此一来，糖分是否有害，和安塞尔·吉斯的利益可是休戚相关了。

对于食品厂家而言，证明糖分“清白无害”仅仅只是开始。他们还有一盘更大的生意经——巨大的商机就摆在眼前。公众的体重日益增加，大家都想得到一种全新的解药，以便对抗尤德金曾经提到过的“肥胖症浪潮”。解药，就在食品厂家的手里。它即将飞出实验室，摆上各大商场的货架。这就是所谓的“低脂食品”。

越来越肥的老鼠

“低脂食品”是食品产业炮制的一个梦。说起来，它的诞生还有赖于大家对心脏病的恐惧。如今，“低脂”又可以用来对付另一种来势汹汹的疾病——肥胖。可是，“低脂”也会带来不小的问题。“食物没有脂肪，嚼起来就像纸板。”卢斯蒂格表示，“为了改善口感，我们必须添加另外一种成分——糖。”

几乎在一夜之间，号称“低脂”的各类食品和饮料就填满了各大商铺的货架。它们是如此完美，以至于人们都怀疑其中的成分是否属实：酸奶自称“低脂”，酱料也以“低脂”为卖点。就连黑森林蛋糕，也得打上“脂肪含量较低”的标签。在低脂的浪潮之中，某家厂商顺势推出了一款“低卡路里”的饼干。不幸的是，饼干名叫“艾滋”（Ayds），却偏偏撞上了艾滋病席卷全球的那个时间段。而且，这种“低脂”饼干的口味，竟然比同一品牌的“全脂”版本还要腻甜。如此现象倒也不难解释：没错，这些“低脂”食品的脂肪含量确实很低，但是，为了让大家吃得放心满意，其中又被添加了大量的糖分。

历史学家加里·陶布斯（Gary Taubs）对食品的发展深有研究。在他看来，二十世纪八十年代，人们的营养观可以简单地归结为“低脂原则”。有此原则作为指导，各类特效食品在世界各地都是价格大涨、几近脱销。

低脂食品席卷市场的同时，肥胖症也有如融化的冰川一般在西方世界蔓延开来。到了二十世纪八十年代中期，求医问药的肥胖症患者已经创下了历史纪录。食品的脂肪含量已经如此之低，为什么人们的体重还在不断增加？个中缘由，患者自然不知道，各位医生其实也不太清楚。不过，食品厂商倒是一再宣称：肥胖症患者应当反躬自省，好好检讨一下自己摄入的卡路里。可是，一些人坚持食用低脂产品，锻炼也是从未放松，却仍然无法控制体重的增长。每个人都在变胖，而且似乎无药可救。

1966 年，身体质量指数超过 30（即是“肥胖”的标准）的男性仅有 1.2%，女性也只有 1.8%。可是，到了 1989 年，肥胖人士在男女人口中所占的比例分别升到了 10.6% 和 14%。食糖量大幅增高和肥胖症爆发之间的关系，慢慢地引发了人们的关注。

糖分引发的危机还不止于此。我们摄入的糖分越多，对糖的依恋也会进一步加深。与此同时，糖分总能刺激我们的饥饿神经。如此看来，糖俨然成了一种新的成瘾品。

糖分和新型食品造成的种种效应，让纽约大学教授安东尼·斯科拉法尼（Anthony Sclafani）大感兴趣。他尤其关注胃口与增重之间的关系。通过鼠体实验，斯科拉法尼发现了一件异事：食用“鼠粮”的鼠类，体重增长尚在正常范围之内；可是，它们一旦吃上了超市中的那些东西，比如薯条或者麦片，几天之内体重就会激增。而且，含糖较多的食物尤其让鼠类贪得无厌，它们总是吃了又吃、停不下嘴，即便身体早已饱足，它们对甜食仍是不能割舍。

就此，斯科拉法尼发现了一个关于肥胖的悖论：吃得越多，反而越饿。随着时间的推移，食谱中的糖分含量越高，身体越有可能陷入营养不良的状态，毕竟，身体并未服下足够的基本营养，而只是摄入了太多的糖。简单点说，糖分让人上瘾。

斯科拉法尼觉得：如此一种状况，有别于过去人类经历过的任何一次营养危机。糖分引发的问题来自三个方面，并且深刻地改变了我们的代谢功能。根据斯科拉法尼的记录，实验中的老鼠不但迷恋糖类，还对各种低脂食品情有独钟。有时，他会强制它们进入节食状态。节食一旦终止，鼠类的体重就将急速增加。这一点，和明尼苏达那次地下实验中各位逃役人员的经历完全一致。

由此，斯科拉法尼得出结论：一旦达到某种程度，肥胖的过程即会无法逆转。人体的内环境因此改变，并让减肥成为一种不可能的挑战。那种感觉，就和牌局当中抓了一把同花顺一般。

莫妮卡·莱温斯基的电灯泡

二十世纪八十年代早期，在旧金山医院里，第一批艾滋病患者曾在这里接受治疗。如今，供职于此的让－马克·施瓦茨（Jean-Marc Schwarz）教授正在研究肥胖给人体带来的影响。根据施瓦茨的仔细观察，糖类可以导致人体内的多种器官出现器质性病变。在他看来，相关的影响几乎等于“人体之内的一场海啸”。

糖分对人体主要器官的影响，学界还是后知后觉。直到近日，大家才真正理解其中的危害。首先，糖分会在肝区附近导致脂肪堆积，从而引发二型糖尿病。对于肥胖症患者而言，糖分还能覆盖精子表面，致成不孕不育。当然，肠道才是遭到最大危害的那个器官。施瓦茨指出：肠道的神经系统十分负责，几乎等于人体内的“第二个大脑”。正是由于这“第二个大脑”贪念糖分，“第一个大脑”才会收到错误的神经信号。由此一来，我们自然无法抵挡糖的诱惑。

种种证据还表明：果糖可能诱发肝中毒，而且还是多种慢性疾病的元凶。一位男性如果沉溺于含糖饮品，那么，他患上心脏病的可能性要比其他男子高出20%。在施瓦茨看来，糖的冲击是如此复杂多面，以致神经系统也难以逃脱由此而来的危害。

好吧，对于如上的种种病恶，食品行业看来是难辞其咎了。那么，从业者又当如何应对？要知道，肥胖已被世界卫生组织称为二十一世纪最为严重的全球健康灾难。带着这个问题，笔者来到旧金山和大卫·凯斯勒（David Kessleer）见了面。此人曾是美国食品及药物管理局（FDA）的前任主管。作为全美头号食品监察机构的掌门人，凯斯勒曾经大力推动烟草制品的“有害包装”。在他的努力下，二十世纪九十年代初，香烟的外壳上终于出现了“吸烟有害健康”的字样。

既然凯斯勒能够整顿烟草行业，为什么不对食品包装进行同样的操作呢？听闻此言，他只是抿了一口茶，慢慢表示："那个时候，吸烟和癌症之间的关系已是板上钉钉。科学界对此无法抵赖，而且，烟草公司也不打算负隅顽抗，我们不过是顺水推舟。欧美地区早已不是主要的烟草市场，中国、印度和南美才是主要的盈利市场，也是各大烟草商的主战场。因此，产业界面对我们的要求轻易地就表示了投降。"

凯斯勒坚信：科学界一旦明确揪出肥胖症的罪魁祸首，食品工业也会迎来同样的一场变迁。可是，食品工业拥有的能量，叫烟草厂家完全无法与其匹敌。至少，医药、化工、减肥制品和烟草工业都和食品行当休戚与共、利益相关。各种卫星产业都能从肥胖这个话题之上掘出大把的金子。如此一来，"食品导致肥胖"这个现象，其实是个一本万利的财源。

华盛顿的一位游说掮客曾经告诉笔者：相比于石油和武器工业，食品行当里的各位巨头更有能力将自己的意见传到白宫里。"他们只需打一通电话，五分钟之内，美国总统便会有所回应。我这种人自然不配做成他们的生意。"如此看来，食品大亨真是大权在握。

原因很简单，食品是人之必需，却又已经成为我们无法摆脱的弱点。其中的关键在于糖分，它能蛊惑肠胃、欺骗大脑，从而让我们产生依赖感，就如同香烟或者酒精一般。而且，食品的诱惑来得更加频繁。走上大街，每隔几米就能发现诱惑的符号——自动售货机、咖啡店、外餐铺子、超市和电影院，诱惑随处可见，叫人猝不及防。即便到了健身房、图书馆、超市、游泳池和火车站，我们仍然无法摆脱诱惑的纠缠。

"糖让人兴奋和快乐。"凯斯勒总结道，"吃糖可以带来良好的感觉。短暂的欢乐之间，糖分就能俘获我们的大脑。"糖分占据大脑的同时，我们的饮食环境也遭遇了一次360度的全面改变。由于盘中餐的结构变化，我们才会更加容易发胖。

苏打鲨鱼的袭击

身为医疗人员，托尼·哥德尔斯通（Tony Goldstone）的兴趣并非大脑这个整体。这位伦敦汉默史密斯医院的大夫只想知道：在糖分的刺激之下，大脑和神经回路的哪一部分会随之兴奋起来。

相关的发现来得很是容易。哥德尔斯通表示：肥胖人士的体内，一种叫作“瘦蛋白”（leptin）的荷尔蒙消失得无影无踪。通常情况下，人体分泌“瘦蛋白”等于发出一种代表饱足的信号。可是，肥胖人士的身体却失去了这样的机能。究其原因，可能要怪罪于被大量摄入的糖分。“瘦蛋白”机制一旦失灵，人体便会无法控制饮食。斯科拉法尼的那些老鼠伙伴便是如此。没了“瘦蛋白”的提醒，它们吃起甜食来简直没完没了。

“瘦蛋白”的存在，让我们不禁心生疑问：厂商能不能调配食品原料，让人上瘾的同时又将“瘦蛋白”消灭殆尽呢？对此，凯斯勒的态度相当谨慎：“他们那帮人哪懂什么神经科学啊？不过，依据经验，他们也该知道事情的原委了。”卢斯蒂格怀有同样的意见：“迄今为止，有没有什么局内人挺身而出揭露内情？没有？会不会有人这么做呢？反正我还没有遇到过。”

有朝一日，我们也许能够证明：各大食品公司真在有意消灭“瘦蛋白”。那样一来，“火星巧克力棒”和“巨无霸麦克汉堡”不能解饿的秘密也就得到了科学解释。而后，烟草工业遭遇的往事将在食品界重演一遍。我们赖以获取食物的整个工业，将会随之沉沦和覆灭。

如此前景，耶鲁大学教师凯莉·布朗内尔相信将会发生。她觉得：再等上区区几年，就会有人提出诉讼并获得胜利。按照当今世界的肥胖率，半数以上的人类都可以指控各大食品公司，正是他们消灭了“瘦蛋白”，才害得大家染上暴饮暴食的习惯。他们一方面歪曲了食物的营养成分，另一方面还扰乱了我们的身体机能。

当然，食品公司也会发起反击。他们的策略和烟草界大概一样：竭力证明以上的种种说法并无科学依据。苏珊·尼利（Susan Neely）是美国饮料协会的主席。她神情自信、满面笑意，身上的套装整洁笔挺。那天，我们的采访在协会位于纽约的办公室里进行。尼利赶到的时候，轻快得就像是来看电影。“这里很暖和，对不对？”她轻松地表示。

所谓协会，其实是个游说机构。由几大软饮料制造商共同出资，以帮助自己奔走活动，由此，尼利等人需要维护百事可乐、可口可乐和七喜等十几家协会会员的利益。当然，她必须帮助他们摆脱“致人肥胖”的指控。

“我知道，很多人都想在事物之间建立因果联系。”尼利表示，“不过，就本人看过的这些研究而言，还没有一个人能够找出我们的食品导致肥胖的证据。”那么，难道尼利完完全全坚信软饮料不会致胖吗？对此，她不禁展颜一笑：“我觉得，下海游泳不等于被鲨鱼咬。喝软饮料自然也不等于一定会变胖。”

她这个答案相当怪异，不过倒也怪得有趣。尼利知道：科学是一种可供辩驳的东西。即便有人找出了饮料催肥的证据，她和她的同事也得继续抗辩下去。此前，协会已经几次三番地打退了各地政府想要征收“糖税”的图谋。他们的对头包括纽约市长布隆伯格、奥巴马政府，以及2015年英国政府的首席医学顾问莎莉·戴维斯（Sally Davies）。

这场官司，食品厂家大有可能打赢。而且，即便落败，他们的损失也没那么大。就像烟草工业那样，欧美市场早就不是发展重点。地球上的其他区域才是生意的关键所在：有了如此巨大的市场空间，一点小小的损失自然不足挂齿。

进程

这里是亚马孙河流域，晨光初露，水上升起了几缕薄雾。某处河湾之中，一艘船驶入了大家的视线。船上那块广告牌实在惹眼——上面画着巧克力棒和奶昔。几声汽笛过去，从林中的人们纷纷探出了头，引颈眺望。

小船名叫“雀巢带您上船游”（葡萄牙语：Nestlé Até Você a Bordo）。按照雀巢官方网站的描述，它就是个“水上超级市场”，其使命就是行驶在亚马孙河，为最为僻远的原始村落带去雀巢产品。这个地区生活着近八十万部落土著居民，他们的收入十分微薄。面对各位土著居民，雀巢的工作人员会奉上免费的“初始礼包”，其中包括冰激淋、婴儿奶、奶昔和巧克力棒。要知道，这些当地人从来没有看过加工食品，更别提品尝其中的滋味了。

在巴西，亚马孙流域的土著居民已然放弃了传统饮食。他们之中，胖人的比率也在节节攀升。高热量、精加工的西方食品，正是在同一个历史阶段被搬上了土著人的餐桌。可是，城市中的中产阶级，倒是开始对“亚马孙传统饮食”钟情起来。毕竟，他们需要节食减肥、保持健康。这种二十一世纪的现象，同样也发生在印度：城市化进程先行发生，肥胖率随之升高。那么，高热量加工食品应不应被当作一种“新型的殖民主义侵略”？又或者，它们反倒代表了世界大同？毕竟，西方人吃着这些东西而越来越胖，世界其他地区的人民似乎也该有同样的增肥权。

墨西哥是世界上第四大可口可乐消费国。国中小城圣胡安查姆拉（San Juan Chamula）镇中心的教堂外壁之上，可乐瓶子密密麻麻嵌了整整一墙。二十世纪六十年代，小镇居民第一次喝到可乐。而后，这种东西俨然成了他们的神灵，大家对着可乐瓶子顶礼膜拜。不过，大家也在咒骂这种饮品带来的健康隐患。墨西哥、巴西、印度和中国都处于剧烈的经济变革之中。同时，肥胖问题也在这些国家愈发严重。以中国为例，它不但是世界上发展最快的经济体，同时还成为慧俪轻体公司的最大市场。

那么，肥胖问题会不会只是发展过程中不可避免的代价呢？放眼整个西方，法国民众的肥胖率保持在最低水平。而且，这个国家尚还保留着传统的饮食习惯，相比快餐，该国人民更喜欢自己做饭。而且，他们对本国的菜肴也别有一番自豪感。巴西的中产阶级，不是同样也在追随本国的传统菜式吗？不过，法国的工业化进程已有一百五十余年的历史。因此，法国人并不会把方便而“科学”的加工食品当作社会活力、经济发展的一大表征。毕竟，法国经济高速发展的时候，食品加工业可还未曾诞生。因此，法国人没有养成依赖加工食品的习惯，反而得以逃脱了肥胖的磨难。可是，巴西、印度、中国和墨西哥的人们就没那么幸运了。对于他们而言，现代化和催肥食品同时而来，是一对不可割裂的伙伴。

解药

经济发展与肥胖率增长之间似乎有着一层明显的联系。不过，加工食品与全民爆肥这一因一果两个现象，却让医学界丧失了公信力。究其原因，倒不能说相关专家的专业知识不够精熟。相反，他们的角色才是问题所在。毕竟，这些专家一方面在调查食品工业导致肥胖的过程，另一方面，他们的研究又得在食品厂商的资助之下才能完成。

在这个领域，几乎没人愿意为独立研究掏钱。更有甚者，剩下那一点可怜的资金还在不断流失当中。要知道，食品工业已经成为政府重要的财源。正是出于这个原因，肥胖与食品之间的因果关系迟迟难以得到科学证实。而且，那些志在消灭肥胖的科学家，反倒成了维护增肥食品的卫道士。笔者曾和许多科学家有过交流。他们大多不愿出面发表意见，因为直言可能惹祸，食品厂商大可就此砍掉他们的研究经费。

那么，科学界和食品厂商之间，何以形成如此逃不开、斩不断的关系呢？

在这里，我们不妨展开一番设想。也许，现实就是下面这个模样。二十世纪七十年代末，食品公司推出了美味的新产品，而人们也在变得越来越胖。到了二十世纪九十年代，肥胖症造成的医疗开支就像坐上了火箭。于是，政府、专家还有食品业界的人士（他们的参与可能有些意外）聚到一起共商对策。一番讨论之后，他们得出结论：问题不在自己，而在广大的消费者。民众才应该自省，应该节食，应该多多运动。可是，他们的建议并未收到效果。进入二十一世纪，人类的肥胖程度也创下了历史纪录。

当然，历史可能是另一种风貌——食品公司推出美味的新产品，人们变得越来越胖。到了九十年代，食品公司和医药业界同时注意到了严重的肥胖问题。同时，他们也发现了其中的巨大商机。于是，大量金钱涌进了低脂食品的制造领域，同时，减肥药品、家用健身仪器、健康食谱、速效减肥、减肥和健康饮食应用软件等相关产业也因为投资而蓬勃兴盛。同时，新一代的健身明星纷纷登上媒体舞台，为了推销“三个星期塑造一个苗条自我”的理念而鼓噪。

如果光看利润，所谓“临床肥胖症患者”（也就是身体质量指数超过三十的那些人）并非最大的市场所在。数以亿计的“超重”人群，才是各大商家应当追求的财源。平日里，这些人很有可能并不觉得自己的体重会带来什么健康隐患。但是，商家要想赚钱，就必须让他们“端正态度”。

在这方面，科学界需要挺身而出加以提醒——广大公众体重超标，正有健康方面的风险。而且，要想解决问题，答案只有那么一个。1997 年 6 月 3 日，世界卫生组织在日内瓦组织了一次专家会议，会议内容最终成了一份重要报告的基础。根据那份报告，肥胖不单单是一出即将到来的风险，甚至已经进入“流行阶段”。

“流行”这个字眼十分关键。有了它的震撼效应，业界才能通过肥胖大赚特赚。毕竟，某种问题一旦“流行”起来，肯定会被视为健康上的大患。既然关乎健康，一定存在某种“解药”可以救人于危难中。

菲利普·詹姆斯（Philip James）教授是全世界肥胖症研究领域的领军人物，同时，他也负责执笔了那份报告。早在二十世纪八十年代，詹姆斯等人就指出了肥胖率的上升趋势。到了1995年，詹姆斯牵头成立了“国际肥胖症研究特勤小组”（IOTF）。小组不但对世界各地的肥胖问题进行实时追踪，而且还会给各国政府提供建议，帮助他们制定对策。

菲利普·詹姆斯是世界上向公众提示肥胖问题的第一人，这一点，学界已有公论。而且，特勤小组起草的那份联合国报告也是一份完备的介绍，可以帮助大家对全球各地的肥胖问题有所了解。按照报告的描述：肥胖问题已有失控的危险。由此而来的种种后果，给人一种末日将临的感觉。

俗话说：魔鬼在细节中，而这个细节存在于“肥胖”和“正常”的边界之中。一些研究者发现：詹姆斯和他的小组降低了“肥胖”的门槛。按照詹姆斯等人的标准，只要身体质量指数达到25，即会成为“肥胖人群”，可是，原来这个标准应该是27。一夕之间，世界各地的数千万人脱离了“正常”而迈入“超重”的境界。二十世纪四十年代，路易斯·都柏林的发明也曾造成同样的效果。

美国肥胖症研究学会的副主席，茱蒂丝·斯特恩（Judith Stern）教授对詹姆斯等人的作为很是怀疑。“没错，身体肥胖可能造成健康风险。但是，相关指数如果停留在25～27这个区域，其风险其实并不太高。如果指数超过27，健康风险才会持续增加。有人故意降低风险的标准，从而夸大风险的可能性，不知道是出于何种居心。”

没错，这些专家到底有何居心？为什么数千万人过去“正常”，现在却又“超重”了？为什么有人觉得，这些人所面临的健康问题居然和真正的肥胖症患者一样大呢？

带着这些问题，笔者来到詹姆斯大夫的伦敦办公室并对他进行了采访。笔者问道：“降低超重标准的科学依据何在？”詹姆斯给出了这样的解释：“我们发现，在美国，身体质量指数一旦超过25，死亡率就会随之上升。英国的情况也是一模一样。英美两国的情况，都能证明25这个指数在实际生活中的节点意义。正因如此，我们才通过联合国文件对相关定义进行了修改。”

由此，詹姆斯重新定义了“胖”与“不胖”。他的决定波及了数十亿人，改变了他们的健康状态。全世界对于肥胖的认识以及相关的对策也因此大受影响。可是，詹姆斯在采访中向笔者坦承：他的那份报告，其实全然“基于二十世纪四十年代美国大都会保险公司提供的数据”。同样的数据，曾经给了路易斯·都柏林莫大的灵感。

好吧，到底是什么人会从这份报告当中捞到好处呢？面对詹姆斯，笔者直截了当地问起了他的资助来源。“哦，赞助确实十分重要。报告的赞助主要来自药品公司”。那么，药品公司到底为此付出了多少真金白银呢？“过去，他们曾经一次性付给我价值30万英镑的支票。总体而言，相关的金额可能达到100万英镑甚至更多。”既然如此，赞助方有没有提出一些特殊要求呢？詹姆斯对此一口否认：“完全没有。”

詹姆斯一再表明：药业巨头赞助了他的研究，却没有主宰他的心志。可是，他的报告却在一夜之间变出了数以千万计的“超重人群”。药业公司因此多出了不少潜在的客户。当时，各大医药巨头，也就是“给詹姆斯支票的那些人”，瞄上了减肥这个大市场。

时光回溯，早在二十世纪四十年代，路易斯·都柏林几乎“生造”出了一个“肥胖问题”，要知道，当时其实并不存在什么肥胖问题。五十多年之后，肥胖问题已经众人皆知。菲利普·詹姆斯又将问题的门槛降低了些。可是，他采用的数据竟然就是都柏林当年的灵感来源。

不少批评者都觉得，詹姆斯等人其实是在危言耸听。如此夸大其词，只是为了满足药品公司的业务需要。不过，詹姆斯并非毫无道理，他确实需要药品公司的鼎力支持。如此一来，他才能让千家万户认识到肥胖症的问题所在。当然，药品公司出资支持可不是为了扶助他人。有了世界卫生组织的“肥胖认证”，各大药品公司才能堂而皇之地兜售那份“解药”。因此，全世界都必须留心他们到底会扮演怎样的角色。

告诉媒体，有些可怕的事情即将发生

有件事情，我们必须注意：“解药”这种东西并不容易到手。自二十世纪五十年代以来的一段时间之内，药品公司对于减肥这个问题给出的“解药”竟然是——安非他命。数百万名家庭主妇要想甩肉，只能依赖这种药品。可是，安非他命不但有很强烈的成瘾性，还可能造成心脏问题。正因如此，七十年代的时候它才会被列入违禁品名单。

事到如今，药物又成了减肥的“解药”，相关的投资也是滚滚而来。其实，各大药品公司一早就对“解药”问题押好了宝，那是一种叫作“氟苯丙胺”（fenfluramines）的东西，它能对胃口起到抑制作用。美国的制药巨头惠氏（Wyeth）集团虽然曾在欧洲被官司缠身，却也是急不可待地投入到减肥药品的这场战争中。他们推出的“右芬氟拉明”（Redux）虽然出现了一些临床问题——某些女性服药之后出现了肺高血压——却也得到了美国食品及药物管理局的绿灯放行。

“右芬氟拉明”暴露的问题，还和一位叫弗兰克·里奇（Frank Rich）的大夫有关。正是里奇在芝加哥行医期间，发现了病人在服药之后出现了一些“危险症状”。后来，俄克拉荷马城的一位女性甚至因此死去。于是，里奇决定不再沉默。他联系了美国广播公司的《今日新闻秀》节目组，并在电视上把自己的发现公之于众。

那么，接下来故事又将如何发展呢？笔者造访了里奇位于芝加哥的家宅，而他也讲起了事情的后续。“节目是在上午录制。而后，我回到办公室不到一小时，惠氏的一位高层便打来了电话。他看了节目，因此十分不高兴。电话里，他警告了我，要求我停止评论他们的产品。如若不然，他表示，有些‘很糟糕的事情’很可能会找上我。说罢这些，对方便挂了机。”

惠氏方面的那位高层声称：如上的故事不过是里奇的一面之词。不过，随着官司的开打，惠氏的内部文件又泄露出了不少全新证据。证据显示：惠氏方面一早就知晓右芬氟拉明可能导致肺部高血压问题，而且，相关的病例要比公布出来的要多得多。这一点不但瞒过了病人，同样也把食物和药品管理局蒙在了鼓里。最后，右芬氟拉明遭遇停售，而惠氏也必须拿出211亿美元作为赔偿。可是，惠氏方面一直拒绝承认相关责任。

惠氏的出局，却好似敞开了一扇大门。由此，其他制药公司乘虚而入。“好吧，有一点大家应该知道。”里奇表示，“如果你能找出一种药物，它能够帮人减去体重，却又不至于带来其他后果，那么，这个药物可是值数十亿美元。”

食物如何变成烟草

现在，笔者来到了一个貌似氪星（传说中超人的故乡）的地方。这是一座由大理石打造而成的大厅，厅堂仿佛高耸入云，充满未来感的玻璃吊灯直直垂下，悬在了接待处的上方。负责接待的那位员工戴着耳机，不断地点着脑袋。他表示：古斯塔夫·安多已经做好了待客的准备。这位古斯塔夫·安多（Gustav Ando）是IHS健康医疗集团的一位主管，提到药物和肥胖问题，安多可是制药界数一数二的专家。他的这个办公地点位于伦敦市中心，可谓富丽堂皇。不过，安多也向笔者坦白：他所服务的公司价值数十亿美元，不过，极少收益来自他所在的肥胖症领域。

笔者想知道：制药界花费巨大，聘请专人，把肥胖症打造成了一种“流行性问题”。如此大费周章，是否物有所值？世界卫生组织的站台支持，对公司盈利又有着何等重要的意义？“还真是物有所值。世界卫生组织将肥胖定义为‘流行病’，这对改变市场观念有着重要意义。”既然肥胖是病，制药公司当然可以借机贩卖“神药”。

接下来，各家公司自然要为造出“神药”展开激烈竞争。英国制药巨头葛兰素史克（Glaxo Smith Kline）发现：自己旗下的一款抗抑郁药“安非他酮”（Wellbutrin）拥有一种副作用——帮人减去体重。作为公司的销售代表，布莱尔·哈姆里克（Blair Hamrick）带着任务来到了美国。他要说服全美的医生们将“安非他酮”写进处方，既可以用于减肥，也能帮助治疗抑郁症。如此一来，公司的市场便可以得到扩张，盈利也会大大增加。医药贸易中，这种现象常被称作“标志外用药”。

“开处方是医生的特权。我这种人去向他们兜售旨在减肥的标志外用药，确实有些不大合适。”哈姆里克表示，“其实说‘不大合适’已经有些客气了。我当时的作为已经触犯法律，是在拿许多人的生命去冒险。”

为了劝说美国医界人士将安非他酮当作减肥药写入处方，葛兰素史克公司不惜动用贿赂手段。由此付出的金额高达数百万美元。可是，正当哈姆里克和他的同事们准备为了“安非他酮”及其他两款药品鼓吹声势时，公司却在美国惹了官司。经过协商之后，葛兰素史克方面同意赔偿30亿美元。这也是美国历史上规模最大的医疗诈骗案。

价值连城的“神药”是各家厂商都梦寐以求的东西。为此，他们投入了大量的研发资金。可是，每一次的努力都落得个灰头土脸的失败结局。对此，安多觉得“神药”固然诱人，却可能根本就不存在。“反正我是没有见过。”

更有甚者，“神药”一出，顾客也会随之慢慢消散。通过一药之功彻底解决肥胖问题，显然远不如慢慢开药、管控病情来得划算。Ⅱ型糖尿病是肥胖的一大副产品。这种病症，同样也是各大药厂喜爱的那只金鹅。随着肥胖症的“流行”，它还会继续下金蛋。

这种“管控”病情的方式，不但让制药行业大赚特赚，食品厂家也因此得利。他们大可不必专注于治疗临床的肥胖症患者，只需瞄准体重稍微超标而又对此耿耿于怀的广大人群，并给他们开发出一些可以入口的减肥用品，食品厂家也算捡到了一尊金娃娃。

如此一来，肥胖带来的广袤市场其实可以一分为二，两者互不相属。其中，第一个市场主要由那些总在节食的人群构成。他们的体重随着周期降了又升、升完又降。成年之后，这类人一定离不开减肥食品、药品和相关的保健品。由此付出的金钱自然十分可观。第二个市场的主体则是肥胖症患者。他们处于漂泊无依、与社会远远隔离的处境。政府的医疗政策变来变去，也没能解决他们的问题。

凯莉·布朗内尔曾用烟草与癌症这一对关系与肥胖带来的种种问题进行对比。其中的意味，可能比各位读者想象的还要深奥。

“其实，烟草厂商已经写好了一份如何应对社会责难的‘兵书’。食品工业完全可以有样学样，也把大家耍得团团转。其中的各种诀窍都可以直接借鉴——关键在于扭曲科学研究的意义。而且，哪怕你知道自家的产品有损客户健康，也要一口咬定它们其实‘完全无害’。”

不过，烟草行业到底得到了整治，而肥胖问题也有可能完满解决。布朗内尔认为：烟草行业先后经历了高税、严法（许多国家都已立法在公共场合禁烟）和媒体宣传（包装上加印警告标识，持续长久的戒烟广告运动。当然，学校教育的作用最为关键）方面的管束。最终，吸烟成了许多人弃若敝屣的行径。

在布朗内尔看来，人们对吸烟的看法随着时代而改变。同样的震撼性变化，也会发生在肥胖领域。不过，世界各地的医疗专家也都明白一点：如果观念不加以改变，整整一代人都会因此付出代价。他们遭受肥胖折磨、无援可靠，最终可能在变化发生之前就郁郁死去。其实，政府多次公开表示要做出行动来对抗肥胖。承诺来了一遍又一遍，可是，他们自己也知道一切都是无用功。

说起来，把烟草和肥胖问题相提并论，还颇有一些讽刺意味。旧金山大学档案馆里躺着一本秘密的备忘日记。作者正是烟草巨头菲利普·莫里斯（Philip Morris）的一位经理。此人的烟草生涯处于二十世纪九十年代末期。当时，世界卫生组织已将肥胖定性为下个时代的流行病。同时，业界巨擘卡夫（Kraft）食品还因为“制造肥胖”而遭遇批评。世界卫生组织甚至建议卡夫方面采取措施消除肥胖问题。

那本小册子名为《烟草战争启思录》（*Lessons Learnt from the Tobacco Wars*），个中内容十分引人入胜。其作者表示：消费者今天把烟草企业当成肺癌的祸首，明天就可能因为肥胖问题而对食品企业口诛笔伐。为此，企业必须做好应对措施。至于这些措施，前文提到的“兵书”当中已有记载：面对科学证据，要百般抵赖；面对批评者，要努力使其身败名裂。企业一定要坚守立场、决不放弃。如果卡夫集团的领导们拜读过这本册子并予以采纳，一定可以避免不少弯路和险滩。

在《烟草战争启思录》看来，这是企业和消费者之间的一场战争，而企业必须取得战争的胜利。食品行业对于节食的痴迷，由此也找到了原因——这不是个人喜好，而是商业利益的体现。

06

药物：现代生活的药方

2008年10月14日，早上10点15分，笔者正在伦敦开会。那个时候，某些十分古怪的事情似乎就要发生，身下的地板，突然就变得摇摇晃晃。四周的墙壁也好像马上就要倾轧而来。恍惚之间，笔者觉得自己坐上了一艘暴风雨中的轮船。

笔者钻进厕所，往脸上泼了不少水。滴落手心的水珠，在笔者看来显得很是模糊。笔者抬头望向镜子，发现那里面的人影同样有些摇摇晃晃。而后，笔者的手指开始刺痛起来。痛感穿过手掌，直抵手臂和肩头。入院途中，笔者感觉自己被一个从天而降的巨人一把捏紧，而后匆匆塞进了救护车。

那天，笔者中风了。不过笔者足够走运，能够开口说话，自我意识也算清醒。入院之后，笔者发现同个病房的还有好几位病友。他们看上去精干健康，年纪都在二十五岁到四十岁之间。其中一位的工作是收集垃圾，他每天的跑步里程都相当于一趟小型马拉松；另一位则是操盘手，一周之内至少要去三次健身房；那位酒保闲暇时间经常跳萨尔萨舞；那位线人，则有两位警官带着葡萄前来探望。剩下的一个，就是笔者自己。

我们之间有个共同点——中风。而且，我们发病的年纪远比自己想象中要早得多。原因是什么呢？难不成是压力太大？压力这玩意人人都有，但中风可不是人人都会碰上。中风那一刻，笔者仿佛失去了知觉。没过多久，笔者就回过了神。笔者的眼睛没瞎，站立起来也不算吃力。可是，其他一些病人就会出现那些方面的问题。对此，隔壁床的那位病友告诉笔者："中风的感觉就像被人拿着锤子抡了一下子。看来，那一下子你是躲开了。"

笔者出院了，还带走了整整一旅行袋的各类药品。

回家之后，笔者仔细打量着这些药。眼中只有一个又一个的瓶子。它们泛着白陶的颜色，而且还带着一个统一的标签——辛伐他汀（Simvastatin）。笔者掏出一片，送进了嘴里。

灰色地带

美国人口达到了3.2亿。根据美国国家健康数据中心的统计，其中一半的成年人每天都要把手伸向浴室里的壁橱，从中找出某类药物吞入肚中。这一点，和笔者刚刚探访的那些人简直一模一样。如今，服药已成为我们生活的一部分。大家对药物的依赖也在步步升级。2000年，只有8%的成年人在同时服用五种以上的处方药。但是不到20年，这个数据已经翻了一倍。

到了2050年，美国将会成为史上服药最多的国家——前提是如今的习惯继续发展下去。到了那个时候，每个美国人可能都会拥有一款常常服用的处方药。如果您无药可吃，反倒会沦为怪胎，甚至会因此招来更大的麻烦。

药量加大，并不代表疾病缠身。比起五十多年之前的先辈，现代人并非更为多病。2000年以来，美国人作为一个整体确实胖了许多，平均年龄也增加了不少。不过，愈来愈多的处方药已经远远超过了祛病的需要。

长期以来，所谓的“3D病”，也就是抑郁症（depression）、糖尿病（diabetes）和老年痴呆症（dementia），撑起了制药行业发展的“脊梁骨”。不过，近年来，抑制素（statins）似乎也在大抢风头。这类药物的作用在于降低胆固醇。笔者出院的时候，也拿到了不少抑制素。

人类痴迷药品的秘密，可以从抑制素身上得到答案。中风之后，笔者进入了一片灰色地带，地带介于阳光普照的健康高地和幽暗恐怖的病恶谷之间。与此同时，这片地带还是广大药厂的财源所在。

对于制药厂家而言，只要那片灰色地带越变越大，他们就可以充分发掘疾病的“潜力”，由此大赚一笔。其实，药业界的目标与其说是治疗疾病，倒不如说是更像在给现代生活开出一份用药单。甚至，制药业还在“发明”疾病。焦虑情绪也好，现代生活的精神压力也罢，都能被他们贴上“病”的标签。正因如此，相对五十年前，我们似乎变得更加多病多灾了。

一场中风，把笔者吹到了那个灰色地带的边缘。从今以后对笔者而言，吃药将会成为一种“预防疾病的重要手段”。可是，世界上被开了辛伐他汀药方的人还有成千上万。其中，好多人甚至根本未曾中风。那么，他们为什么需要吃下这种药片呢？

出院几天之后，笔者带着这个问题找到了自己的医疗顾问。面对笔者的好奇，他倒是提出了一番反问：“请问你是想听官方说法，还是我的个人意见？”笔者表示都行，而他立即表示：“官方说法很简单，康复之后，你仍有0.05%的可能性再次中风。为求万全，你得服用辛伐他汀并持续终生。”

好吧，为什么那些没有中风的人也得终生服药呢？

“十多年前，各大制药公司就开始向医生推销抑制素类药品了。那一次，他们真是下了血本。按照要求，医生不但要给中风患者开这种药，其他类型的病人也应该有所尝试。所以，今天我们才会像发糖一样把抑制素开给所有年届四十，需要预防疾病的求医者。抑制素就像汽车里的除冰设备，或者水壶上的雕花一样，只是为了让消费者多掏那么一笔钱。”

“其实，我们也不知道抑制素会给那些患者带来好处。”顾问坦承，“可能，只有5%的患者因此少了疾病之忧，剩下那95%不过是白白吞下一堆药片。但是，有件事情倒很肯定，制药工业会因此大大受益。”

笔者可不是那种对医药公司百般反对的人。有些人觉得制药产业所做的一切只是为了压榨患者。他们的观点倒是让笔者非常反感。要知道，没有处方药的庇护，笔者的祖父可能已经早早离世。家父患有高血压，相关病情也在药物的控制之下稳定了四十多年。制药产业延长了人类的寿命，并为数十亿人祛除了生活中的病痛疾患，这一点毋庸置疑。

魔杖

那么，灰色地带又是因何而来呢？一切，都和某位人物的决定有关。此人在危难之时接下了某家跨国药企的首席执行官之职。出于拯救企业的目的，他修改了疾病的定义。按照他给出的定义，病人不是“得”病，而只是经历人生。换言之，他要让人相信：疾病并非一种不常出现的病态，而是时时伴随大家的人间常态。如此一番操作，目的倒也简单，他要把所有人都变成“病人”，也就是他的客人。

1980年，《福布斯》杂志采访了默克药业（Merck Pharmaceuticals）的首席执行官亨利·贾德森（Henry Gadsen）。默克药业是一家拥有一百五十年历史的老店。贾德森上任之时，这家集合了六家子药业的大企业已是危机缠身。此前的战后岁月，默克药业凭借处方药生意而得以高速发展。二十世纪六十年代，安定（valium）的出现更是把公司推上了高峰。不过好景不长，贾德森治下的默克公司如今却面临着重重威胁。默克药业能从十九世纪的街头小店发展成为二十世纪的跨国巨头，种种专利功不可没。可是，这些专利即将进入开放期。与此同时，专利药品的销量似乎也进入了瓶颈。

当然，这样一个危急时刻，也可能潜藏着大好机遇。2016年，阿特维斯（Actavis）药业公司就借了一把专利过期的东风。当时，阿特维斯的两名投资人约翰·贝顿（John Beighton）和盖伊·克拉克（Guy Clark）特意召开了一次新闻发布会，以向其他股东解释其中的利害。为此，他们在伦敦华尔道夫酒店包下一座木镶板房间。贝顿和克拉克表示：他们已将一款水皮质醇药片卖给了英国国民保健计划公司。可是，药片专利即将过期，由此将进入“未经注册”的状态，也就是说这种水皮质醇药物将会摆脱有关法律的价格限制。由于专利不在，其他药业公司也大可自行生产而不受追究。

没错，贝顿等人的商机就和价格限制有关。他们指出：很多药品，竞争者都可以轻易复制。但是，如果阿特维斯公司的制造工艺足够复杂，也能在专利开放的情况下限制竞争。同时，还可以利用价格优势获取最大的利润。也就是说，没有专利的保护，公司还可以设立另外的门槛。专利开放，并不足以限制有关公司的优势。

贝顿和克拉克的算计正在此处，随着价格的松绑，专利开放可以成为药业公司谋取巨额利益的一大机遇。于是，两人就水皮质醇的涨价问题和英国国民保健计划方面达成了协议——原本，一个10毫克容量的药包仅仅价值70英镑，贝顿等人却成功索价88英镑。

1980年的亨利·贾德森同样面临专利开放的境地。不过，他的应对之策却和贝顿等人大不相同。从概念上说，贾德森的办法更加冒险。“我们的问题在于，仅仅将病人当作药品的消费者。”贾德森告诉《财富》杂志，“其实，药物应该像箭牌口香糖一样服务于社会中的每个人……长期以来，我的梦想都是为健康人造药，而后把药卖给所有人。”

贾德森的解困方法堪称经典。按照他的设想，预防药将会变成口香糖一样的东西。每天早上，大家都可以掏出几颗送进嘴里，而且不会附加任何考虑。贾德森希望无病无痛的人也能开始吃药，而且，他们要把这种习惯持续终生，只为预防疾病的发生。这样，制药公司的客户群体将会大大扩张，从那占 15% 的疾病缠身人，变成 100% 的所有人。毕竟，所有人有朝一日都可能生病。而且，疾病无论大小，总能找到相应的药。对于那些新近出现、尚未得到完全认识的病症，药业公司也可以开出药单。总之，贾德森是想把全球人类都变成有药可吃的“病人”。

梦想要想成真，药业公司可不能舒舒服服地躺在以往的舒适区里。他们必须冒险出击，开拓“3D”之外的其他疾病。由此一来，各大制药公司的任务不再是简简单单的治病。相反，他们还要主动“创造”疾病。

现代生活让人生病

志在扩大消费群体的制药界，迎来了一位意想不到的同路人。这位旅伴叫作莱恩格（R. D. Laing），是一位精神病学研究者。1960 年，他出版了自己的著作《分类的自我：对于疯与癫的存在主义研究》（*The Divided Self*：*An Existential Study in Sanity and Madness*）。后来，该书成了“反文化潮流”的一部圣经。嬉皮士和“垮掉的一代”中各位诗人对它爱不释手。反战人士也是人手一本，投入到了欧美各地大学校园里的激荡风潮当中。莱恩格的一句名言：“疯癫，就是对于这个疯癫世界的完美回应。”各位叛逆人士几乎时时不忘地挂在嘴边。

莱恩格很快名声大噪。在所谓的“反精神病学”运动中，他就是那个冲锋陷阵的排头兵。按照他的观点，大众不应再把“精神问题”视作一种疾病。

莱恩格可不想只是空口说一说而已，他还要为自己的金句找到医学上的依据。他觉得：收押精神病人并进行强制治疗，简直就是一种迫害。

莱恩格的这一套理论被许多人奉若真理。他成了电视谈话节目的座上宾。巡游全美各地高校的时候，大家都把他当作天才一般尊崇和膜拜。莱恩格认为：

现代社会中，人们对疾病的认识都遭到了严重的扭曲。病，不在人体，而是资本主义社会害得大家得了病。由此，我们必须遵从一套可耻的制度——信奉消费主义，投身办公室工作。不愿屈从的人们，就会被盖上“精神有问题”的标签。但是，标签并不代表他们有病，反倒是控诉了这个病态的制度。

病，不在人体，而是资本主义社会害得大家得了病——正是这个观点，给了贾德森等人以提示。没错，疾病的根源可能来自工作、家庭、朋友和孩子，可能与你对环境卫生的纠结相关，也可能关乎你的性生活和饮食习惯。病源可能来自宠物，也可能来自人群，可能藏在某个购物地点、某个公共场合、某处私密空间、某个静默无声的地带或者喧嚷热闹的区域。它可能就是你的配偶和汽车，可能关乎环境的明与暗，可能就是你的某种怪癖。比如：你是不是对自家的草坪过敏？或者很不愿意在孩子的生日派对上见到小丑表演？出于这些原因，你会出现林林总总的不良反应——浑身冒汗、呕吐腹泻、胆小易怒、头晕目眩、恶心反胃或者出现强迫性行为。这些反应可能很细微，你自己都难以察觉。看电视的时候不断抖脚，其实也是其中的一种表现。如此这般的所有现象，都可以视作一种又一种的“疾病”。

谁能想到，莱恩格这样一位反资本主义斗士，竟然成了制药行业各位资本家的大救星。现代生活致人生病，莱恩格这么想，制药厂商也表示同意。只不过，各大厂商还为各种病症开出了药方。当然，药方要想投入市场，还得先行通过美国政府有关部门，也就是食品和药物管理局的批准。

于是，一道难题摆在制药业界的面前：药物要想获得销售许可，必须首先通过科学验证，相关的验证任务要由各大高校的有关院所来执行。二十世纪八十年代，里根总统曾经做出“缩减公共开支”的承诺。由此一来，不少高校陷入了生存危机。毕竟，高校和科研院所乃是“左”倾人士的云集之地。莱恩格等人就是在高校当中接受熏陶，方才形成了那样的思想倾向。自然而然，总统要把它们当作改革的首要对象。

高校和科研界不受里根待见，却被制药厂商奉若神明。要想通过食品和药物管理局的验证，药业公司需要科研人士的保驾护航。只待后者提出相关病症的确切研究方案，前者给出的解药才能获得市场空间。

历史上，科研院所一直和制药厂商保持着距离。如此的独立姿态自有深意——科研院所不接受厂商的资助，才能避免为后者站台。毕竟，药厂推出的某种产品可能毫无用处甚至损人健康，也许只是商家用于赚钱的东西。可是，药业公司迫切需要科研人士的证明与许可。由此，他们想要和科学界拉近距离。

参议员鲍勃·多尔（Bob Dole）是里根总统的密友，此人在政界人面宽广。他担任董事的位于曼哈顿的维尔纳·李普威尔特·伯恩纳德事务所，和制药巨头辉瑞（Pfizer）关系密切。正是多尔的推动，才让《巴伊－多尔法案》（*Bayh－Dole Act*）在1980年得以通过。由此，各大科研院所可以直接从制药厂商那里获取研究资金。法案一经执行，每个美国人，无论男女老幼，都将因此背上一笔账。

法律障碍没有了，各大制药厂商却还有一场恶仗要打。为了争夺有分量的科研人士为自己站台，他们必须展开激烈的争夺。约翰·阿布拉姆松（John Abramson）供职于哈佛大学，是儿科医学的世界级权威人士。有关厂商几次想要接近他，都遭到回绝。对此，阿布拉姆松表示："五十年之内，美国公众一定会记得当下的这一刻。美国政府开放资助禁令，一定会引来严重的后果。"

时至今日，过去快五十年了。阿布拉姆松已经收下了对方递出的橄榄枝，虽然他一开始表示了拒绝。毕竟，没了制药厂商的资金，即便是阿布拉姆松这样的权威人士也很难获取其他资助。1980年，《巴伊－多尔法案》顺利通过。正是从那一刻开始，全球人类开始疾病缠身，对于其中好些疾病，我们根本闻所未闻。

作为辉瑞集团的前任市场部经理，彼得·罗斯特（Peter Rost）自然了解其中的奥秘。罗斯特表示：食品和药物管理局之中，曾有不少人都坚持要对未经实验的药物严加监管。可是，随着制药公司和研究院所结成战略联盟，这些声音渐渐消散。于是，所谓的药品审查变成了一场乒乓球大战：一款新药首先交给学界进行"集体研究"。研究名为独立，却和相关的药企脱不开关系。当然，研究院所也要向食品和药物管理局提示药品可能存在的各种问题。

就这样，药品生产进入了"寻觅新病"的全新阶段。对于其中的好些病痛，美国公众根本一无所知。罗氏（Roche）公司的经理文斯·帕里（Vince Parry）认为：各大药企像摘樱桃一般仔仔细细，致力于"发掘"出更多的小病小灾。

其实，帕里的职责就在于此。他的工作在外人看来就相当玄妙——我要造出一批疾病，要把罕见的疾病弄得街知巷闻，要让已被遗忘的疾病再次兴起。

比如，学生一族贪吃披萨而又不爱出门，很有可能因为缺乏维生素 D 而患上佝偻病，至少，他们也该是季节性情绪失调症的高危人群。经过帕里时尚设计一般的巧手剪裁，不少退出公众视野的疾病得以重出江湖，还和各类药品扯上了关系。

对于各大制药公司而言，任何一点小小的不适或者微不足道的焦虑，都能在研究界的定论下变成可供用药的病症。当然，病症可不能全然造假。许多病症确实已经存在多年，也有许多人因此受苦受难。医学界加以确诊，制药公司给出药方，确实也有着很高的价值。可是，制药界的商机并不在于救死扶伤。唯有让数以千万计的人成为患者而必须规律用药，哪怕他们并不需要如此，药企的利益才能得到保证。

当然，事情总有那温情的一面。对于强迫症患者和深受肠易激折磨的人而言，各大药企无疑送上了一颗定心丸。他们不再孤单，而且可以获得大众的鼓励。有了医学界的定论，他们的生活将会光明起来。

活到一百五十岁

亨利·贾德森的口香糖论，生生造出了一门全新的生意——我们可以把它叫作养生保健业（wellness）。它的规模以万亿计，涉及很多方面：从预防疾病所用的药物到强身健体的保健品，再到各种营养补剂；从可穿戴的跟踪仪器到价格昂贵的健康食品；从替代疗程到减肥食谱。所有这些东西，都能帮助我们强身健体，避免现代生活带来的病痛烦恼。而且，如上的种种产品还只是个开头而已。随着生物科技的进步，有朝一日，我们可以享受更加完备的养生保健服务。比如，养生保健产品可以帮助我们将遗传疾病“编辑”出去。甚至，未来的人类可以借助科技获得某种遗传优势，比如迷人的锁骨或者过人的脑力。

治疗，并非养生保健产业的关注点。相反，养生保健意在预防。对于商家而言，预防类的药品简直就是一本万利、毫无风险。要知道，目前还没有任何办法可以准确测量预防类药品的效果。某类药品到底有没有用，又有谁知道呢？你在服药之后身体毫无变化，药品就算功德圆满；即便服了药还是没能祛除病痛，原因也有可能与药无关。反倒是你本人应当反躬自省，看看自已有没有什么不良习惯。问题的关键，在于养生保健这个概念。养生保健到底让谁受益？如果药品管用，这个受益方当然就是你自己。不过，养生保健还有一道不为人知的奥秘——志在养生保健的人，往往为此大费精力；应该预防疾病、注意养生的高危人群，却往往对此并不在意。因此，养生保健产品一旦找错了对象，就自然难以产生效果，这就是每个人需要遵从的健康原则。

2014年5月，兰德公司发布了一份调查报告。报告以美国境内的健康项目作为调查对象并有所发现：80%以上的公司所提供的健康项目涉及人数已经上千。可是，其中只有60%的雇员知道项目的存在。愿意亲自投身项目的人仅占全体员工的40%，至于积极参与者更是只有24%。放眼全国，健康项目曾向每个人提出善意提醒——每周至少应当锻炼一次。可是，其中的80%却是对此充耳不闻。

没错，美国政府和各大公司都在要求雇员参与健康项目（毕竟，这些健康项目都有最低参与人数的要求。鼓动员工加入其中，至少可以达到灌水的目的）。但是，我们当中的大多人却并没有参与项目、锻炼身体的意愿。哪怕相关的健康项目被当作福利送到手边，我们也懒得伸手去拿。

有关部门和企业曾经认为：借助覆盖全民的健康项目，锻炼养生的习惯会在美国各地迅速传播开来。事实证明，这样的想法实在是属于一厢情愿。人们一旦发现其中的命令意味，自然就会心生抵触。

经常参与养生保健活动的人约占总人口的20%，相比于剩下的80%，两种人的差距正在变得愈发明显。有的时候，这种区别可能表现得相当极端。最近，英美两国都兴起了名为“量化自修”（Quantified Self）或“生命记录”的健康锻炼计划。参与计划的人不但要勤于锻炼，还要对锻炼成果进行量化。如此计划显然不单单为了养生保健，甚至还有达到个人最佳状态的意味。

量化的过程中，消耗的每一点热量都会得到详细记录。同时，参与量化的人还有可能会记录如下数据：体内咖啡因含量、食物中毒素的含量、睡眠与工作的时间长度、身边环境中的空气质量、性生活的频率与时长甚至尿液与粪便的化学成分。如此苦心孤诣，只为把身体打造成一台完美的机器，或者说一个最好的自我。唯有成为一个最好的自我，才可以随时随地达成最高的效率。

现在，笔者来到旧金山，站在一处房顶之上俯瞰整个城市。身旁，有位男士正在冥想。他头上的那个紧箍，正把脑中的电波情况传送上网。“阿莱莎！”

他突然大喊了一声，“快放音乐，就要‘放松的雨’！”就这样，他的机器人助手阿莱莎（其实就是个小小的黑黑的管状物体）开动了起来。如果埃里克·马茨内尔（Eric Matzner）的冥想能够生效，阿莱莎就会响起一阵鸟儿的鸣啼。这项任务完成之后，埃里克还有其他的工作需要完成。

马茨内尔的家就在楼下。室内的装饰充满蒸汽朋克的味道，让人想起维多利亚时代。回家之后，马茨内尔立即跑进健身房。这里的设施极其先进，金属器具和皮质物品的光泽交相辉映。三分钟的锻炼过后，马茨内尔跳起身来，他冲到一整排的屏幕面前，对着一面键盘疯狂敲击，足下还踩着一个橡胶制成的扁状物体。马茨内尔的所作所为，叫笔者很是好奇。“我在玩游戏，看自己能在一分钟之内敲出多少字。”他一边解释，一边继续努力。敲着敲着，他的手指快得几乎没影了。他的打字速度真让人叹为观止。相比于正常人的速度，马茨内尔的敲击速度足足快了八倍。在笔者眼里，他的动作迅速得仿佛被人按下了快进键一般。马茨内尔一向倡导益智剂的使用。其中，有两款药剂尤其让他十分欣赏：一款是甘氨酸乙酯（noopept），发端于二十世纪六十年代的苏联，可以用于提高记忆力；另一款叫卡非多（phenylpiracetum），则是宇航员用来提高体力的补剂。

每天早上，马茨内尔服下的各类补剂有七八十种。他就那样抓过一把药，和着水吞落肚腹（水对人体很有益处）。这些药品被他放进一个个的玻璃瓶，然后排得整整齐齐。他的收藏无所不有，原料从贝壳形的蚕蛹到深海里的藻类。它们都被磨成粉末，泛着粉亮的绿色。马茨内尔掏出一个银色小袋，从中抖落些许东西，而后又把笔者唤到跟前要笔者仔细嗅闻一番。那一次，笔者的鼻边泛起一阵从未体验过的恶臭，如此腥臊难忍的东西，他竟然调成羹汤，一饮而尽。罗马尼亚科学家科尔内留·乔尔吉亚（Corneliu Giurgia）堪称益智剂之父。在马茨内尔心中，此人的地位堪比造物主。乔尔吉亚有个梦想——活到一百三十岁。埃里克·马茨内尔觉得，如此梦想非常具有可行性，而且，他还有益智剂这个达成梦想的上好工具。甚至，马茨内尔有个打算：自己要把几位“科学天才”的遗体冷冻起来。待到不久的将来，“暂时死去”的他们完全可以被科技唤醒，从而成为马茨内尔的引路人。

请注意，马茨内尔可不是在开玩笑。“如果有人发明了一味药，能把全世界一千万个科学家的脑力提高一个百分点，由此而来的效果，就仿佛多出了一千万个科学家一般。”不得不说，马茨内尔是个很有趣的伙伴。遗憾的是，那些益智剂还是有副作用的，为此，埃里克·马茨内尔的语速要比笔者见过的其他人都要快得多。有那么一段时间，他嘴皮翻飞、喋喋不休，以致笔者根本没听清楚其中的任何内容。

马茨内尔经销的益智剂名为益智丸（Nootro）——银金两色相间，就和《黑客帝国》（*The Matrix*）里的那种小药片一模一样。当然，马茨内尔也有一个竞争对手——致聪盒（Nootrobox）。对手有着硅谷作为坚强后盾。笔者和他们的创办人也有过接触。笔者记得，他们曾经表示：“电子业已是过去，生物才是新的发展平台。”没错，二十年前，技术就是前沿。事到如今，“提升自我能力”变成了巨大无边的蓝海：有了技术，又有了数据，人类的机械化似乎指日可待。

量化自身也好，益智剂也罢，商界中的这些风潮不过是把我们的幻想推到了极端而已。其实，大家已经在利用运动跟踪者之类的可穿戴设备对自己的身体进行监控和维护。对于身体健康的人而言，这些数据反映的现状其实属于已知领域。他们早已知晓：自己很健康，锻炼强度也十分充足。

当然，如果你的身体不够强健，可穿戴设备搜集的种种数据另有一番用处。据此，有关方面可以拒绝提供服务。不但保险公司能把你的身体数据当作拒付保金的依凭，英国国民保健计划等医药企业也能借势将你剔出健康计划。也就是说，你的数据可能成为不利于你的有力证据。

想一想吧，当手机显示你“今天攀登的台阶级数不够”，或者智能手表指出“你今天在健身房里有偷懒之嫌”，药企和保险公司就可抓住你的小辫子了。2013 年，一个“布茨医药”（Boot the Chemists）将呼吸测醉检测引入戒烟领域。如果哪位烟民能在测试中达到“零尼古丁”的境界，还会得到相应的奖励。英国国民保健计划的健康计划同样开出悬赏，鼓励肥胖症患者努力减轻体重。而且，可穿戴设备所得的数据还会成为英国国民保健计划方面是否收回资助的证据。

2016 年，脸书账户成了阿德米拉汽车保险（Admiral Insurance）搜集证据的渠道。账户的主人乃是一些新手上路的司机。保险公司想要知道：他们到底可能带来多大的交通风险？风险的程度不是由驾驶技术决定，而是由各位车主贴出的照片数量决定。阿德米拉公司认为：车主们贴出的派对醉酒照越多，就越有可能成为马路杀手。据此，保险公司可以根据照片数量多少对保费进行调整。如此行为，最后遭到了脸书方面的禁止。不过，既然模糊不清的网络照片也可以作为大数据，那么，为什么健康保险机构不能把客户前往麦当劳就餐的次数同样当成重要的决策信息呢？

数据，不仅仅关乎个人健康，它同样也是医疗技术革命的重要支柱。随着英国国民保健计划（NHS）退出医疗市场，一种观念也变得愈加深入人心——健康的责任，应该由个人自行负责。对于那些身体健康而又有锻炼习惯的人，这一份责任倒是负担得起。不过，慢性病患者很难把锻炼当成习惯，糟糕的健康状况加上锻炼不继的事实，让各位慢性病患者陷入了恶性循环。NHS 的大门关闭之后，他们只能接受私营保险公司提升保费的要求。

在美国，超过 2800 万人没有签订任何医疗保险。要知道，美国人为了支付医疗保险所付出的平均费用高达 6223 美元。受益于 NHS 的 6400 万英国公民的平均付出则是 2008 英镑，这个数字，几乎只有美方相关数据的一半。可是，如此情况即将遭遇天翻地覆的改变。奥巴马医改的失败已经给人警醒。同样，英国国民保健计划迟迟难以找到替代者，其困难也主要在于巨大的开支。那些最需要医疗保险的人往往无力承担。因此，他们迟早也会和不少美国人一样放弃投保。

在今天的英国，国民保健计划仍是主要的健康理疗服务提供方。可是，NHS 方面已经建起了全新的评估体系。你的个人数据，将会成为对方是否提供合同的首要依据。要知道，诊所接待病人的平均时间不过十分钟，而且每次只许咨询一个健康问题。可是，在这个数据时代，你的数据就能代你做出选择。养生保健产业的繁荣表象之下，倒卧着已行崩溃的医保体系。如此的情形之下，人类未来的健康又将如何保证呢？

我无法“开出”一个更好的丈夫

玛丽·威廉斯（Marie Williams）是布莱克浦的一位主治医生。她所在的这个城市拥有一项记录——这里的人们因为抑郁症而服下的药物已经创下英国之最。“我开出的药无法帮助病人获得更好的工作，也无法帮助他们提升事业、寻找房子和觅得佳偶。贫困与疾病总是如影随形，但是，相关的社会原因可不在我的管理范围之内，解决那些问题已经超出了我的能力。”那么，威廉斯会不会觉得自己开出的药物只在加深穷人的痛苦，而非治疗他们的病症呢？对此，医生表示：“哦，这个情况还真有些复杂。不过，我倒是可以简单回答一句，没错。”

笔者花了好几天时间，同威廉斯的几位病人见了面。约翰（化名）只有二十四岁，可已经有过几次自寻短见的尝试。当然，他一直没能真正地豁出去。在他的想象中，自己最后总能捡回一条命。他还表示：“我受不了绳索勒住脖子的感受。”沉入死亡幻想的时候，约翰需要抗抑郁药才能跳出那个黑洞。可是，药物生效的周期越来越长，而约翰也转向谈心疗法寻求帮助。

像约翰这样的人，笔者还寻访了不少。他们都患有临床上的抑郁症，同样也有自杀倾向。同时，他们还都把一件事情挂在嘴边，也就是所谓的谈心疗法。在他们看来，谈心疗法和某个移情对象保持长久的联系，是他们生活下去的动力。相比之下，抗抑郁药的贡献可没那么大。史蒂夫在英国西北部工作多年，是笔者的一位精神病学顾问。在他看来，国民保健计划在谈心疗法方面的支出年年上涨，早就凌驾在了抗抑郁药之上。如此疗法也是将抑郁症患者拉回正常世界的唯一途径。抗抑郁药可没有这样的能力。

作为患者，约翰也抱有与此一致的意见。他表示：布莱克浦的人们已经把抗抑郁药当成了毒品。在街头，毒贩通常会把抗抑郁药和普通毒品混在一起售卖。

前文提到的文斯·帕里曾在礼来制药厂（Eli Lilly）工作多年。他的这个老东家，正是抗抑郁药百忧解（Prozac）的发源地。其实，百忧解是作为一种减肥药而面世的。可是，这种减肥药的销路实在不怎么样。某位员工灵光一闪，倒是给这款药物打开了销路，此人叫洛伦·莫舍尔（Loren Mosher），同时也是普林斯顿大学的一位精神病学研究者。此人认为：公司大可将百忧解移出减肥药的行列。相反，此药在抗抑郁的市场中一定大有作为。就这样，百忧解将在制造快乐的产业中创下一段传奇。

可是，要想闯出名堂，礼来制药厂还得解决一大问题。毕竟，当时各大公司互不相让，由此诞生的各类抗抑郁药实在是多得数不过来。因此，百忧解得到美国专利认可的过程绝不容易。思来想去，礼来方面有了一个主意：公司要把抑郁情绪变成一种梦寐以求的东西。而后，公司将会驱散大家耻于抑郁的心结，把吞服百忧解粉饰成为积极的生活方式。

莫舍尔表示：抑郁的问题在于抑郁本身就让人沉郁而精神不振。如果礼来公司能把吞服百忧解变成一件快乐的事，那么观念上的改变即会带来商业上的收获。就这样，百忧解开创了抗抑郁药历史上的先河，服用百忧解的人并不引以为耻。如此策略十分有效。而后，百忧解每年都能为礼来公司带来60亿美元的利润。

快乐，是人类普遍的期盼。但是，在威廉斯看来，对于恒久快乐的期待倒让我们陷入了更加郁闷的境地。同时，病人也产生了自己被社会抛弃的情绪。快乐仿佛成了生活质量的标杆。我们对快乐的想象是如此不切实际，任何与之对立的状态都变得无法容忍。既然自身无法达成快乐的永恒，那我们只得求助于药品。

如今，超过600万的美国青少年被确诊患有注意力缺陷多动障碍（ADHD）。这个数字，在年龄介于四岁到十七岁的美国公民中占据11%。最近十年，相关患者数量翻了一倍不说，还在随着时代的演进而年年上升。而且，各位读者不妨注意一下患者所在的年龄段——四岁至十七岁。要知道，四岁并非病人中年龄最小的。不少两三岁大的孩子也加入了病人群体。至于那些年龄更小的孩子，暂时尚未纳入确诊、服药和回归正常家庭和学校生活的程序之中。

家长们满心以为："患病"的孩子无须照顾，只要服用药物即可恢复正常。于是，各位父母任由吃了药的孩子与iPad或者Xbox为伴。他们的大多数时间仍然放在自己打的那几份工上。与此同时，低收入和家庭生活的压力也未得到改善。吃药，无助于解决如上问题。这些问题倒是因为药物而变本加厉，无论是家长还是孩子，都在因此受害。

笔者曾在圣贝尔纳迪诺见识过一场针对注意力缺陷多动障碍患儿的治疗。医生来自精神病科，患者只有九岁，他在五岁时得到确诊，不过早在三岁的时候，医生就觉得他已经出现了相关症状。那一天，孩子显得很不自在，他知道自己为什么需要接受治疗吗？就此问题，他只是哼哼唧唧地表示否认。谈到就诊的感觉，他干脆环抱双手，烦躁得一句话也不肯说。这孩子为什么会变成这样？家长表示："他正在服用相关药物。"那么，他们觉得服药的效果如何呢？"当然很好，他在学校更能集中精神了。"他又是怎么被确诊患病的呢？"其实我们倒不觉得他有问题，但是到了学龄之后，老师都认为这孩子的注意力可能有些缺陷。就这样，他最终被确诊患有注意力缺陷多动障碍。”孩子的病，家长难道毫无察觉？“没有一点感觉。”那么，像他这样的孩子在班级当中又有多少呢？“在他们班上，30%的孩子都被确诊为注意力缺陷多动障碍患儿呢。”

如此看来，相较于一百年前，现代家庭所面临的经济压力应该是大了许多，不过，事实却并非如此。增长的并非经济压力，而是我们对生活的预期。治疗注意力缺陷多动障碍的药品就像是一种化学保姆，它可以让孩子安安静静，让本已压力似山大的家庭获得一点安宁。从社会的角度上说，这些药物可以增强人们的耐受度，使成百上千个家庭安于贫困和压力。至于治病和养生，倒不是药物的首要意义。

其实，父母有时也觉得给孩子吃药可能并非一件好事。不过，既然医生还在开药，各位爸爸妈妈也只得接受。某位患儿家长曾在网络论坛当中有过这样一段发言：“我的孩子经历的这些事情，可能本就是这一代孩子必须经历的东西。”至于那些开出诊断的医生，其实也对注意力缺陷多动障碍的病理地位大有质疑。要知道，这种疾病本来并不为人察觉，后来才成为实实在在的病情。每一种疾病几乎都会走过这样一个过程——从无人知晓变身为现代生活的一部分。不成问题的问题，自然不需要答案。为了推销那个答案，我们必须要制造问题。

《设计标准手册》第三版

到了二十世纪七十年代早期，现代生活的“滥药化”进程出现了一次关键转折。在西方，精神病学专家也对自身事业的基础产生了质疑。这种质疑的产物，最终改变了我们对“精神正常”的定义。

斯坦福大学的社会心理学家大卫·罗森韩（David Rosenhan）想要通过实验，测试一下精神病学确诊的可信度。求学期间，罗森韩曾在斯坦福大学多次聆听莱恩格的讲座。其间，莱恩格对于精神病学的议论，比如精神分裂症“仅仅是理论设想而非现实存在”，给了他极大的触动。

1973年，罗森韩的实验开始了。为了测试精神分裂症的病理基础，他雇用了好些“病人”，也就是说，各位实验对象无一人有过任何精神疾病的前史。他们的角色只是演员。在罗森韩的授意之下，演员们前往精神病院就医。面对医生，他们声称自己的头脑之中有“乒乒乓乓”或者“空空荡荡”的怪声在不断响起。除此之外，各位演员必须表现得有如常人一般。当然，这一切都是罗森韩设计下的恶作剧。

恶作剧的结果让罗森韩深感震惊。他派出的那些“病人”无一例外被各大精神病院诊断患有精神疾病。医生们下如此论断，不过是因为病人自称“脑中响起了‘乒乒乓乓’的声音”。好些精神病患者都发现罗森韩的这些实验对象是在演戏。可是，他们偏偏瞒过了医生的眼睛。脱身之后，不少演员总算因为“没有显露出进一步的症状”而摆脱了犯病的嫌疑。可是，还是有那么一位演员遭到了精神病院的强制收治。好几个星期的禁闭过后，他才被罗森韩亲自救了出去。

作为美国精神病学协会的医学主管，梅尔文·萨布欣（Melvin Sabshin）决心发动一场反击。1977 年，萨布欣终于向各位批评者宣了战。他表示，自己将会竭尽全力为精神医学找到科学依据。

为了重建声誉，精神医学专家和哥伦比亚大学的罗伯特·斯皮策尔（Robert Spitzer）展开了合作。合作的目的即是为每一种精神疾病找到“可靠”的科学定义。由此，斯皮策尔打算写下一本“圣经”，将一切精神问题包罗进去。所有来到精神病学机构求助的人，哪怕他们只是听到了一声“乒乓”，都会经历严格的考查。斯皮策尔的工作，即将把美国拉上一条“全民生病”的道路。全体美国人都会因此患上一种或几种精神疾病。

三年不到，精神疾病就从一系列看上去互不相干的独立症状，发展成为一种可供分类的疾病。斯皮策尔等人建立的确诊模式，可以为每种症状找到确切的归类。这些模式又被他们写进了那本“圣经”——《精神疾病的诊断与统计手册》（英文简称 DSM，以下简称《手册》）。根据《手册》的内容，一位患者要想获得确诊，应当符合斯皮策尔等人所谓的“六次抽签原则”。也就是说，《手册》会列出某种疾病的十种（或者更多的）表征。如果某人符合其中的六种，即可得以确诊。那么，为什么斯皮策尔觉得“六”就是正常和失常的分界线呢？据事主本人自陈，一切只是因为“六种表征听上去比较正确”而已。

斯皮策尔等人对症状的关注，给整个精神病学界带来了莫大的好处。首先，各位批评者就哑口无言了。此前，他们可是信誓旦旦地觉得“精神疾病无法利用客观标准进行衡量”。其次，各位病人也可以从保险公司那里得到赔偿。当然，最大的受益方是制药界。有了斯皮策尔的细心分类，各大药企方才可以对症卖药。

自1980年来，《手册》不断翻印。每次出版，《手册》的内容都会有所扩充。每一次出版，《手册》都会在畅销书的榜单上占据首位。自然地，每个版本的《手册》都比上一版要厚上许多。毕竟，新的精神疾病总是在不断出现。当然，《手册》的某些编辑也在抱怨：正是由于斯皮策尔的所作所为，精神病学界才会成为误诊泛滥的温床。作为1994年第四版《手册》的编委会主任，阿伦·弗朗西斯（Allen Frances）博士曾经发表过一篇文章以示自责。博士表示：第四版《手册》中涉及自闭症、注意力缺陷多动障碍和抑郁症的大多数判断都有些言过其实，而且，这些错误明显是有人故意为之的。

如今，弗朗西斯定居在圣迭戈，而笔者也在那里拜访了他。博士个头魁梧、直言不讳，其疾恶如仇的程度让人惊讶。“所有这些东西都是有人在故意操作，你知道的。”他如此表示。那么，《手册》是否存在很多错误呢？“当然，《手册》当中的错误太多了。我和我那些编辑都是大错特错。参与那次编辑的人都在追悔莫及。人生一世，总不能对那些让人悔恨的东西避而不谈，今天你来采访我，不正是为了这个？当然，现在我们能不能拨乱反正呢？我不知道。反正，几十亿人就那样稀里糊涂地吞下了本不该下肚的药物。所谓的科学确诊，其实根本就是单薄的孤证。”

弗朗西斯觉得，不仅是他，曾经参与《手册》编辑工作的各位医学工作者肯定也会为了药物的泛滥而满怀悔意。

2013年，《手册》推出了第五版。但是，在弗朗西斯看来：“《手册》的内容变了不少。但是，相关结论所依仗的数据十分有限。从如此稀薄的证据中，我们无法得出任何可靠的新结论。随着第五版《手册》的面世，上百万人可能因此成为精神病患者，按照过去的标准，他们绝对都算健康人。确诊之后，这些新患者都会被灌下一堆药，虽然他们并不需要如此。”

《手册》的第三版中，弗朗西斯等人制定了清晰明确、分类严整的精神疾病目录。有了此书在手，各大制药公司就可以打着治疗新型疾病的旗号为自己推出的新药开展实验。毕竟，这些“疾病”白纸黑字地罗列在《手册》当中。

对于各大制药公司来说，《手册》的第三版有如天降福音。按照美国食品与药物管理局的规定，某种药物要想获许上市，必须首先具备治疗某种特定疾病的特征。不过，广大药企和管理局的专家们关系莫逆，获取证明自然不是难事。

《手册》第三版开拓出了一片全新的市场。随着《手册》的三次发行，美国政府和制药界都拨出了数百亿美元以便促进精神疾病方面的相关研究。整个二十世纪八十年代，美国国家卫生研究所得到的联邦拨款年均上涨了整整84%，1989 年达到 4. 84 亿美元。

精神疾病的大家族还在不断扩容。每一版的《手册》可以为它们的存在提供证明。如此一来，上千万的美国人应该吃药了，孩子们尤其得到《手册》的"照顾"。从注意力缺陷到注意力缺陷多动障碍，正是《手册》记录下的这些病症为药企搭起了一条通向儿童市场的桥梁。制药界的禁忌由此遭到打破。从此以后，孩子不再会是孩子，他们只是一群有待药企进行利用的病人。至于幼儿期的种种经历，也从童年生活的点滴变成了某种疾病的表征。制药业的面貌，进一步发生了改变。

药业公司和精神病学专家的所作所为并非孤立事件。现代生活是否变得更加压迫难耐？我们不得而知。可是有一点绝对可以肯定——现代社会中的每个成年人都觉得自己的神经愈发紧绷了起来。如果孩子也能成为精神疾病的患者，其实各位大人倒是乐于接受。如此一来，我们可以正大光明地让孩子们不要吵不要闹。通常情况下，我们都会在"孩子"和"问题"之间画上等号。在家也好，在学校也好，我们都不愿意收拾他们惹出的麻烦。大人上班之前吞下几颗药片，也许就能心神安定地度过一整天加一整晚。孩子们吃了药，则会就此"隐形"，隐去形迹的孩子也不再会是我们的烦恼。随着药物进入生活的每个角落，现代生活变得不再那么难以忍受。所有这一切，都始于 1980 年贾德森从口香糖上看到未来的那一刻。

一种无人幸免的病症

1987 年，距离贾德森提出口香糖理论的时间已经过去七年。七年的时间并不足以让他梦想成真。《精神疾病的诊断与统计手册》将半数美国人指为患者的事情也还没有发生。不过，制药业已经发现了一种全新的万能疾病。此病当前，没人能够免疫。我们看待健康的观念将会因此改变，而笔者曾经服用的那款药物则将获得登上历史舞台的机会。若论风险程度，这种疾病高过癌症，也超出了心脏病。因此，它的名字就叫风险。

假如医疗行业只为病人服务，他们的顾客群将只是全人类中的一小部分。但是，如果医疗行业的服务对象变成那些处于健康风险中的人，需要服药的顾客就会急速增加。而且，风险的边界大可无限拓展。由此，疾病涵盖的面积也将膨胀到极限——无限的风险之下，人人都算病人。

对于风险的向往，曾经改变了华尔街的面貌。不过，在疾病这个领域，风险带来的收益最是让人瞠目结舌。其中的巨大收益，即便是医药界中的一众推手事先也是难以想象。过去的二十年中，风险一直是药业营销的核心概念。不过，医药公司利用风险的方式，完全和斯皮策尔以及《设计标准手册》对待精神疾病的方式背道而驰。

对于各类精神疾病，斯皮策尔等人给出了确切的定义。那么，人们到底将会面临何种健康上的风险呢？对此，药业方面却不打算给出过于清晰的描述。总之，他们可不会直接表示："你可能罹患癌症，所以请服下这味药吧。"相反，您只会听到如下的陈述："可能导致癌症的风险共有二十种，我们正好拥有二十种药可以帮您规避风险。"风险，就是鼓动全民服药的利器。毕竟，人人都有遭遇某种病痛的风险。大家为了避免这种风险，也不敢不跟上吃药的风潮。

1987 年，风险开始发挥威力。默克公司推出了一款名为洛伐他汀（Mevacor）的他汀类药物。药物的主旨是降低胆固醇。过去，大家都把胆固醇视为导致心血管疾病的一大因素。现在，胆固醇将被定为诱发心脏病的头号元凶，原因很简单，默克公司当然希望洛伐他汀能够有个不错的销路。与此同时，辉瑞公司也要自家的立普妥（lipitor）——一款同样也以降低胆固醇为使命的药物——站台呐喊。两大公司同时发力，胆固醇自然成了那个唯一的反派。

就这样，一场有些魔幻的游戏开始了。1995 年，1300 万美国人（以及 500 万英国公民）因为体内胆固醇水平过高而被贴上了面临健康风险的标签。相关数据来自美国最大的独立健康调查机构国家健康研究院的调查。正是研究院提出的标准，规定了胆固醇水平是否超标的那条危险线。

那么，危险线又是如何被划下的呢？普洛斯药业的雷蒙德·莫伊尼汉（Raymond Moynihan）和他的同事们曾经做过一次跨部门调查。他们想知道：2000—2013 年，风险是如何步步扩散开来的？同一时期，医学专家和药业公司之间的关系也是莫伊尼汉等人的研究对象。根据调查，关于十四种常见疾病的十六种医疗刊物中，有十种放宽了患病的标准。收紧标准的刊物仅仅只有一家。至于那十四家自命独立的医疗评审机构，和药业公司的关联度竟然也达到了 75%。

我们大可认为：国家健康研究院和食品与药物管理局一类的机构一直在独立运作，其行事风格也会不偏不倚。可是，事实并非如此。评审机构的不少成员都和六大药业巨头有着直接联系。如此事实，自然与独立的姿态完全相悖。双方的勾结已成事实，予以否认无疑显得幼稚可笑。从某种程度上说，药业和评审机构进退一致倒还存在一定的合理性。毕竟，药业巨头的产品源源不断，自然需要连续的测试和专业评估。因此，他们必须要和那些负责发放许可的专家保持紧密联系。可是，这种联系一旦超越边界，也就成为一个棘手的问题。

评审机构的各位成员面临着巨大的压力。万一他们联合起来集体说“不”，药业公司的产品就会被挡在市场之外。为此耗费的数十亿美元也将完全打了水漂。因此，药业巨头必须及时出手，防止如此情况的发生。

2001 年，国家健康研究院的一次决定，导致美国境内因为胆固醇水平过高而面临健康风险的人数在一夜之间从 1300 万涨到 3600 万，增长了近两倍。2004 年，这个数字干脆达到了 4000 万。到了英国，相关人数从 1400 万涨到了 2700 万，涨幅同样惊人。与其说单纯地“大大增加”，倒不如说像是坐上了火箭。同一时期，确诊患有注意力缺陷症的“病人”人数的增幅则有 800%。

说起来，胆固醇问题大爆发的原因很是简单：只需调整一下标准，几百万原本处于安全线内的人们就会落入大有风险的红色警戒区。如此作为，早已被冠上了无谓扩展（net widening）这个专有名词。即便症状十分轻微，也会遭到如临大敌一般的对待，比如，面对明明只是由类风湿引起的疼痛，医生们的反应却好像在诊治骨质疏松。

无谓扩展的另一大表现在于：疾病的“光谱”越来越长，任何人都能在其中找到自己的位置。比如，只要心情郁闷一些，就有可能被归入抑郁症患者的行列。玛丽医生在布莱克浦诊治的病人大多属于此类。因此，他们当然需要服药。自闭症的“光谱”既包括了社交场合中的失意人士，又照到了真正的自闭症患者。更有甚者，按照某些人士给出的标准，全体男性都患有自闭症。2014年，英国《医学期刊》做出预测：40%的男性都有自闭症的相关症状。而且，这个数字还在逐年增加。照此一算，40% ~50%的人类成员都被“光谱”收纳入内。

在药业公司的鼓噪之下，无谓扩展似乎代表了医学的进步：诊断的复杂性越是增加，似乎越能说明相关知识的精细化。当然，实际情况可能正好相反：有关方面只是拉开了一张似是而非的大网，把一切可能的病人都收罗在一起。他们只希望病人越多越好。唯有如此，药品销量才能节节攀升。

消费者清楚自身所面临的风险，还只是整个营销过程的第一步。随之而来的消息将让他们坐卧难安。如果风险处理不当，造成的结果自然更为恐怖。彼得·罗斯特在辉瑞集团的工作，就是发现那些可能引发公众焦虑情绪的疾病。由此，他可以导演一场草根运动。其实就是操控舆论、制造恐慌。一切，当然都在制药厂家的秘密资助之下进行。

就这样，所谓的婴儿潮联盟（The Boomer coalition）在2004年悄然崛起。联盟其实是个患者自助组织。当时，婴儿潮一代大多年届五十。他们的医疗需求正是联盟的关切所在。就连著名演员亨利·温克勒（Henry Winkler）和因为扮演神奇女侠而被公众熟知的琳达·卡特（Linda Carter）也加入其中，成为联盟的著名干将。表面上看，联盟的一切活动都在提倡各位中年人积极锻炼、过健康生活，除此之外别无他求。可是，一个隐秘的目的仍然包藏不住。毕竟，联盟可是一再要求各位参加者注意体内的胆固醇水平。

很快，联盟的声势席卷了全球，而温克勒出演的一则宣传广告对此功不可没。广告中，他穿着皮衣皮裤做引体向上，显得有些如痴如狂。联盟发放的小册子（名为《婴儿潮宣言》）则在大力鼓吹他汀类药物的妙用。《婴儿潮宣言》认为：年过四十之后，每个人都该定期服用他汀类药物。显然，这个源自草根的联盟并非全然自发而起。辉瑞集团才是运动背后的重要金主。他们如此苦心孤诣，当然是为了推销旗下的抗胆固醇药物立普妥。

不过，人造疾病和真正的健康问题之间，分野总是那样模糊难辨。正因如此，各大药企才有了操作空间。二十世纪九十年代，曾经参加海湾战争的各位老兵聚到了华盛顿。归国之后经历的种种病痛（比如恶心、抑郁、暴力和自杀倾向）迫使他们想要讨个说法。可是，美国政府并未有所回应。华盛顿当局和军方只希望这所谓的海湾战争综合征可以销声匿迹。

制药公司倒是向各位军人伸出了援手。由此，整个事件的性质也发生了改变。海湾战争综合征开始和极具争议的创伤后应激障碍（PTSD）扯到了一起。当时，尚有一些专家在质疑这种病症的存在。可是，到了 1999 年，有关药企推出左洛复作为特效药的时候，所有的质疑都烟消云散，大家转而开始讨论创伤后应激障碍的治疗问题。

有了创伤后应激障碍这个问题，拜耳药业顺势推出了左洛复作为解药。如今，这种综合征不再只被看作那些夜半惊醒的军人的专病，跌下滑梯的孩子、被狗咬过的老妇都有可能沾染此病。创伤后的心理压力由此成了全民问题。任何一点不快似乎都是那种致病的压力，随时可能把你卷入其中。

得病死去是你自己的错

如今，社会生活的方方面面都被药品所占据。任何一点情绪，哪怕是在路过购物中心、堵在车流之中、洗碗或者教训孩子的时候产生的一点不舒服的感觉，都会被贴上疾病的标签。当然，它们被确认为疾病的过程或许顺利，或是有一些波折。总之，我们都会因此陷入药品的海洋。如此看来，贾德森的预测虽然正确，但显得有些保守。

按照贾德森在 1980 年的设想，大家可能会在纽约看到如此一番场景：破破烂烂的小铺出售着保健品，店主面色蜡黄、穿着随意的家居短裤。装着维生素片的玻璃瓶子蒙着灰尘，就那样摆在柜台上供人挑选。

如今，保健产业已经成为价值 3000 亿美元的产业。它包罗万象，补剂、维生素片、保健食品、瑜伽课程、牵拉疗法、心灵疗法、血清素疗法、结肠灌洗、疏肝利胆补肾的秘方都应该被算入其中。如有机会，你还可以前往豪华的水疗中心接受一次简简单单、旨在提神的按摩（一次价格是 500 美元）。要知道，按摩地点乃是一张铺满兰花花瓣的大理石平台，看上去仿如祭坛。你的周围还会有穿着实验服的人员走来走去，并对你亲切伺候。那种感觉，就像走进了自家的私人飞机一般。

贾德森认为，养生保健不只关乎祛除疾病，它还是一种精英人士才能享受的人生状态。健康，就是成功和财富的表现，也是在社会竞争中占据上风的标志。我们的身体早就折成现金，在商场当中待价而沽。如此看法，也是新自由主义观点在生活中大为普及的后果。如今的健身房里，大家的衣着不再松松垮垮——那已经是二十年前的流行时尚。相反，紧身的衣装可以凸显强健的身躯，而强健的身躯自有更高的工作价值。大家似乎觉得：健身房中挥汗如雨的人，到了办公室里也会同样的兢兢业业。

健康，是富人的专利，而疾病则属于贫穷阶层。二十世纪六十年代末以及七十年代初，“身份认同”日益兴盛。

各大药业公司曾经从莱恩格那里获取灵感。想要依靠疾病赚钱，首先必须为患者贴上固定的标签。既然一个个弱势群体凭借着“同性恋者”“黑人”或者“女性”的身份相继获得了话语权利，为什么病患不能打着“极化综合征”“抑郁症”或者“癌症幸存者”的旗号而获得关注呢？

要想克制癌症这样的疾病，积极的心态十分关键。但是，医药企业掀起的这场运动，却有把责任从医疗机构转移到患者身上的可能。病症能否得到克制，完全要靠患者努力。如果你能战胜癌症，说明你的意志和勇气起了作用；如果你没能挺过去，则只表示你还不够努力。

如今，积极的心态和时刻关注身体健康已被美国国家卫生署列为抵御疾病的支柱原因。言下之意在于：勤恳锻炼的人无须治疗。如果不肯锻炼，你也没有资格接受治疗。那一系列严格的监控——从胆固醇水平、热量的摄入、每日行走的步数到健身房的表现——都在提倡一种全新的自救哲学。监控所得的数据，可以用作诊断的重要依据。一旦疾病来袭，你可以据此判断自己需要的医疗。

至于那些懒于锻炼的人，药物将会伴随其终生。不过，某种药物的存在打破了药业制造的神话。这种药物就是他汀类。要知道，制药工业因此大赚特赚，收入达到了350亿美元。“矩阵兄弟”的药物研究人员纳维德·马力克（Navid-Malik）博士曾就他汀类药物的有效性进行过一番探究。他的看法，和笔者那位医疗顾问大致相同。“他汀类药物的盈利能力很强。如果它能在公司的总销量中占据20%，带来的利润则会达到全公司的30%。”

既然他汀类药物拥有如此强大的吸金能力，那么，它们到底能不能克制病痛呢？

“他汀类药物就像一个童话故事。”马力克表示，“但是，心脏病还是西方国家的头号夺命疾病。因此，很多人都觉得他汀类药物费用巨大却收效不大。”没错，这种万能灵药的吸金能力虽然通过处方而增长迅速，但对世界上的头号夺命疾病却是毫无克制之力。

两个物种

朱利安·萨乌勒斯库（Julian Savulescu）教授的目光射出窗户，落到了伦敦桥一旁茵茵的草坪之上。而后，他整理了一下身上的粉色衬衫，继续自己的演讲。

“经常有人把我指为纳粹（当然，萨乌勒斯库并非纳粹，而只是一个性情沉默、来自大洋洲的学者），其实，我的某些同事发表过更为前卫的言论。”有那么一位叫安德斯·桑德贝里的瑞典遗传学者坚信：只要愿意，未来的人类可以依托科技而让自己的肋下生出一双翅膀。当然，它们只是起到一种装饰作用而已。

萨乌勒斯库的观点没有那么激进，但是，他仍是世界上提倡基因改造的先锋人物。所谓基因改造，即是利用某种基因技术对胚胎中的某些基因进行干预和改造。由此，某些遗传疾病可以得到治愈。2012 年，一种名为 CRISPR – Cas9 的技术让萨乌勒斯库等人的预想有望变成现实。有了这种技术，人类可以对基因群进行切割，由此排除可能导致不良后果的基因。不过，如此技术也有可能带来争议，毕竟，某些遗传优势（好看的颧骨、较高的智力和更好的体力）也能通过基因编辑而被嫁接到某些人类身上。这样的境遇自然可能带来争议。不过，萨乌勒斯库却觉得：这是一个改造人类的大好时机。

2015 年 4 月，美国国家卫生署的主管弗朗西斯·柯林斯（Francis Collins）却对 CRISPR – Cas9 的前景表示忧虑。柯林斯表示：这种技术“对人类的前途造成了严重威胁”。他甚至觉得：“如果 CRISPR – Cas9 是一条红线，我们永远不要迈出越线的那一步。”

如今，在基因改造的威力之下，我们可以让猴子变得更加勤恳耐劳。“那么，人类要不要也经受同样的改造呢？”萨乌勒斯库提出了这样的问题。面对唐氏综合征或者自闭症一类的疾病，难道我们不想利用改造技术将其彻底灭绝？“这些问题需要整个社会好好思考，但是，技术永远都在那里。”

不过，所谓基因改造，又和纳粹的优生工程有什么区别呢？“基因改造确实可以促成优生优育。不过，它又和以往的那些优生学完全不同。人类这种动物，并非上帝的完美作品。我们变成现在这个样子，只是某种特定环境之下自然选择的结果。要知道，目前人类承受的遗传缺陷多达250多种。仅有20%～25%的胚胎可以发育成人。新生儿之中，6%都有某种重要遗传缺陷并伴随其终生。有了基因改造技术，我们可以排除如上的所有毛病……基因改造可以让我们摆脱生物进化的桎梏，朝着自我改善的境界迈出坚实的一步。”

当然，我们完全可以否认这种自我改造的可能，带着与生俱来的缺陷和变异继续存活下去。不过，萨乌勒斯库觉得，如此作为实在是一种保守的罪过。没错，纳粹的恶行让优生学背上了骂名。不过，基因改造可以帮助人类排除所有不必要的缺陷——从亨廷顿综合征一类的严重遗传疾病，到外表上的某些缺憾——从而完善自身结构。

没错，也许有人会利用基因技术而制造出一堆金发碧眼的婴儿。可是，这么做又有什么不好呢？在萨乌勒斯库看来，要不要对下一代进行改造，其决定权完全握在你的手中。如今，所有的妈妈都可以通过所谓的“胎前测试”而决定是否终止妊娠。那么，未来的人为什么不能把基因改造当成排除唐氏综合征的一种工具呢？

也许，未来的人类会因为基因改造而分裂成为两个物种。如今，富人只是通过养生保健来凸显自己的地位。到了未来，他们也许会踏上自我完善的下一个阶梯，变成基因意义上的高等阶层：他们将会更加强壮、更加健美、更加俊俏，也更加能够抵御疾病的侵袭。至于穷人，还将保持如今的形态：他们还是肉眼凡胎，还得经受病痛困扰。他们的长相还是一言难尽，他们还是像祖先一样受困于长胖、变老的趋势而无法摆脱。没错，经济上的不平等可能转化为生物上的巨大差异：富人把基因科技当作化妆品。由此，他们将会彻底凌驾于普通人之上——这一切可能的前景，都源自一种把药当口香糖吃的理念。

07

工作：
从饭碗到人性

每个晚上，12% 的人都会做出如下的事情：他们会在半夜醒来，然后打开邮箱查看邮件。说到电子邮件，51% 的人花在那上面的时间可比吃早餐还要多。70% 的人平均每小时都会打开邮箱查看一次。对于 10% 的人而言，查看的频率可以高达每十分钟一次。

工作与私人时间之间的界限已经消失，我们的工作正在变为我们的生活方式。81% 的人即便到了周末也要查看邮件，90% 的人到了度假期间也改不了这个习惯。十对父母之中，就有那么一对会趁着出席体育日活动的时候回复工作邮件。虽然儿女在一旁挥汗如雨地参加比赛，他们却不为所动。即便到了葬礼场合，许多人也会在棺材的一旁通过电话继续布置工作。工作，已经接管了我们的生活。葬礼上的邮件提示音并非只是属于极少数工作狂人的专利，但凡有点时间、有点机会，我们都愿意将其寄于工作之上。

2015 年，贝勒大学的两位研究者詹姆斯·罗伯茨（James Roberts）和美乐蒂斯·大卫（Meredith David）对 453 名美国人的手机记录进行了研究。经过调查，他俩发现了人际关系之中的一点奥秘——他们叫它“电冷症”（phubbing），也就是“电话上瘾冷落症”（phone - snubbing）的简称。不断地查看工作邮箱，就是这种病症的主要特征。患上这种病症的人即便身处约会场合，也不会忘记打开手机查看邮件。如此一来，他们的态度自然显得蔑视，由此失去一段浪漫关系。

其实，第一次约会时，低头查看邮件未必不是一种博取对方欢心的策略。毕竟，工作邮件代表了一种社会表征——总在回复邮件的人，有很大可能属于人脉广阔、事业成功之辈。由此，沉湎于工作倒是可以提高配对成功的效率。

到了晚上，那些平时被我们用来监控工作的技术才会真正开始发挥威力。手机屏幕发出的蓝光，总能驱散我们脑中的拉宁黑色素——一种催人入眠的荷尔蒙。头脑在手机的迷惑之下，会把黑夜当作白天。由此，熬夜成了现代人的一种习惯。但是，长期缺觉导致的恶果却也层出不穷——血压升高不说，还会招致心脏病、糖尿病、焦虑症和抑郁症等多种疾病，不孕不育的概率也会因此增加。

根据统计，现代人花在各类媒体工具的时间约为每天 8 小时 41 分钟。相比之下，他们的睡觉时间仅有 8 小时 21 分钟，明显短了一截。十三岁至十五岁的人群中，80% 的人都有卧在床上玩手机的习惯。以手机为伴的床榻生活，深刻地改变了我们的休息模式。

你可能已经习惯了划着手机查看邮件。殊不知，这样的习惯可能加深你的工作记忆，导致你的睡眠也变得“活跃”起来。在科技的阴影之下，你的大脑其实常常处于焦虑的边缘。也就是说，它已经做好准备随时醒来，哪怕你已经闭眼休息，其实也没能关上那道开关。就这样，近四分之三的成年人的睡眠质量都难言满意。待到醒来之后，自然是没精打采。

凡事以工作为先，乃是一条神圣而不可侵犯的原则。但是，我们其实又对如此原则万分反感。你还记得《小精灵》（*Elf*）那部电影吗？詹姆斯・凯恩饰演的工作狂父亲面临着一道选择题：圣诞夜那一晚到底是去寻找自己失踪的儿子，还是留在公司里整理发言所需的文件？电影里，老板曾对他大吼大叫：“如果今晚你敢出门一趟，那就不要在这里干了。”可是，凯恩决然地走出公司，毅然地为了儿子在街头奔走——这，当然是一个魔幻故事。大家寄情于它，显然也是认为家庭应排在工作之前。不过，换到现实之中。面对老板“不用干了”的威胁，又有几人能够坦然离去呢？

这是一个压力超大的时代。工作，能够胜过一切情感。我们愿意投身工作，宁愿把自己埋进做不完的事务也不要搭理家庭的情感要求。如此一种习惯，到底又是如何养成的呢？工作何以在我们的生活中扎下如此深沉的根系？这样的工作习惯，又会把人类引向哪里？

效率之发明

1888 年，纽约奥伯恩的一位珠宝商人发明了一种时钟。此人叫威拉德·勒·格兰德·邦迪（Willard Le Grand Bund），他的这个发明并非单纯的计时工具，还可以给人提供打卡服务，从而算出所谓的精确时间。

这种邦迪时钟并非打卡器的前身，也不是准确的钟表。邦迪的每位雇员都有一把特有的钥匙。正因如此，每个人必须独立完成计时，作弊之事自然无从谈起。就这样，历史上第一台旨在考察劳工工作时间的机器诞生了。如此发明，还得感谢弗雷德里克·温斯洛·泰勒（Frederick Winslow Taylor）。如果你有半夜三点起身查看邮件的习惯，也不妨向这位泰勒先生献上一份敬意。

邦迪时钟问世的十年之前（也就是 1878 年），哈佛大学法学院的学生弗雷德里克·温斯洛·泰勒决定放弃学以致用的机会，转行当上了一名工程师。泰勒来自富有家庭且视力相当糟糕，他的雇主米德瓦尔钢铁公司位于新英格兰。工作期间，泰勒表现得很是上进，因此很快被提升为中层经理（当然，晋升之事也要感谢他的家族和米德瓦尔之间的生意关系）。接下的某一天，泰勒经理带上一份拟好的计划，敲开了老板的门。

泰勒表示，自己的同事本该全心全意努力工作，可是，他们的实际表现却并不如此。为了将公司的工作效率最大化，泰勒提出了一套测量工作质量的科学方法。如此方法，当然还有惩治怠工的作用。最终，泰勒的方法打动了老板。

接下来的六个月里，泰勒忙得不可开交。他奔走在公司的矿场之间。一块剪贴板从不离身，正是他用于计算工人效率的工具。此外，泰勒还拿着一块跑表，并常常掏出笔来疯狂地写写画画。最终，他的发现让米德瓦尔公司的管理层大感满意——泰勒的所知和所得之中包括所谓的时间研究（后来易名为时间与步速研究）。他给出的生铁制造的最优方案似乎在工作和休息之间找到了平衡。此外，他总结了关于使用铲子的科学。他就像一位法医，为工地之中的每件活都找出了最佳路径——就连上厕所，也有一种最有效率的选择。由此，问题似乎只剩下了一个。

今天，我们都把泰勒尊为科学管理法的发明人。其实，当年的他还在米德瓦尔公司为我们亲身示范了管理顾问学之中的头号原则——顺着客户的心愿，说客户想听的话。其实，米德瓦尔公司的各位管理者一早就发现了公司中存在工作效率问题，泰勒那历时几个月的科学研究，正好为老板们的怀疑找到了科学依据。

没错，泰勒很有才干。他善于利用科学为已投入使用的管理方案提供辩护和佐证。请注意，由于他那一番结论的科学性，管理层的底气强了不少。毕竟，工人文化水平低，没有胆子质疑科学。即便出了岔子，领导也可以把责任推到专家身上。至于专家，则能把科学当作挡箭牌。有了科学的护佑，公司的一切决策似乎都不再出于人类。相反，那个上帝一般客观公正的东西——数据——才是最终的裁判。

泰勒的方案得到了米德瓦尔公司的认可。随后，他被奉为天才，最终成为世界上第一位管理学大师。当然，泰勒能够成名，还要感谢大律师路易斯·布兰戴斯（Louis Brandeis）和他背后那个波士顿名流圈子的鼎力相助。对于他们，泰勒曾经钻营多年才得以成功攀附。作为管理学大师，泰勒的著作《科学管理原理》也是名噪一时。1911 年，他环游全美，四处演讲。他要让人们相信他那一套效率科学将会改变世界。

凡是泰勒所到之处，广大公众都是顶礼膜拜。毕竟，科学这种东西看上去就可以包治百病。1886 年，达尔文不就利用科学解释了进化的道理？弗洛伊德不也用科学的方法带着大家走进了潜意识的世界？在管理学大师彼得·德鲁克（Peter Drucker）看来，泰勒的地位比起达尔文和弗洛伊德有过之而无不及。“他们没有把世界看作理所当然的样子，他们是第一群观察世界、了解其中奥秘的人。”德鲁克如是说。他甚至觉得：弗洛伊德、达尔文和泰勒就是撑起现代社会的三大支柱。毕竟，三位人物都用科学公式对人类行为进行了解码。泰勒的门外，立满了前来求教的产业界人士。矿业、银行业和铁路大亨都想得到他的提点。由此，泰勒成了百万富翁（相当于今天的亿万富豪），他的财富几乎冠绝全美。

那么，泰勒的这套学说到底有没有道理呢？至少在他那个年代，没人注意到这一点。于是，在 1913 年，泰勒应邀前往白宫。他要告诉总统：自己的理论将会如此这般地造福整个美国。而后，西奥多·罗斯福（Theodore Roosevelt）在第一届州长会议上发表了一起演说。其中，总统反复提及了“珍视自然资源的重要性”。当然，“唯有一种东西比资源还要迫切——那就是国家的工作效率”。如此思想，自然是深受泰勒的影响。

就这样，美国政府也拜入了泰勒的师门。他本可以因此平步青云，进入权力的核心，漫天的财富也将滚滚而来。可是，1915 年的一个深夜，泰勒突然去世了。他没能见证自己那一套管理科学征服世界的全过程。不过，管理科学到底还是统治了这个世界。正因如此，你才会在办公室里忙碌一天后，还能在凌晨三点起身查看邮件。

迷乱

我们把一切都奉献给了工作。工作让我们日夜不分。可是，一提到泰勒那个经典观点——个人不过是高效机器上的一颗螺丝钉——我们还是有些愤愤不平。自由和自主，才是我们向往的东西。我们期盼实现自我价值，而不是仅仅成为生产线的一部分。

当然，其实泰勒也不想我们成为毫无成就感的机器。他觉得：高效的工作可以带来一种无可比拟的满足之意。只要发挥出百分之百的潜能，我们就能得到老板的赏识。赏识，可以巩固我们的饭碗。如此一看，效率完全可以促进一种正循环。

要知道，十九世纪八十年代的职场环境和今天十分相似，工人随时可能失去工作。泰勒觉得：生产力一旦在工人的努力下得到提高，劳资双方的地位将会变得平等。也就是说，效率可以促进公平。

可是，二十世纪上半叶发生的种种故事，却几乎推翻了泰勒关于公平的设想。那么，他又是错在了哪里呢？其实，工人们的工作效率确实大有提高。与此同时，他们的饭碗并未因此变得牢靠。今天的雇员，就和当年米德瓦尔公司的矿工一样脆弱无力。而且，摆在我们面前的威胁不但有境外的廉价劳动力，还有各大产业的自动化进程，这些随时都可能令大家失去工作。在泰勒的教导之下，我们把大部分时间都花在工作之上。但是，他所许诺的稳定工作并未随之而来。可以说，我们都上当了。

当然，泰勒并非完全食言。1950—1980 年的这三十年之间，雇佣情况都相当稳定。当时，甚至出现了“一件事做一辈子”的口号。那样一个历史时期何以成形？又是怎样烟消云散的呢？我们为什么需要再一次面对工作随时可能不保的境地呢？

笔者一家三代的故事，正好可以说明时代的变迁。笔者的祖父来自科西嘉。二十世纪三十年代，他前往伦敦打拼。那个时候，祖父只能依靠短工过活。他凭借一手大提琴技艺，在餐馆的小乐队中找到了一个位置。每天晚上，祖父都在不同的餐馆之间辗转演出。他的酬劳系属日结。而且，祖父从来不知道下一个晚上有没有演出可做。可以说，那个时候的他（还有他的家人）的生活几乎是朝不保夕。

到了二十世纪五十年代，一切都变了。父亲的童年伴随着贫困与拮据。成人之后，他却找到了一份稳定的工作。整整四十年内，父亲只经历了一任雇主——也就是大伦敦区委员会。每个月底，他都能拿到一份工资。这一点，笔者的祖父可是难以企及。正因如此，父亲不需要操起大提琴外出卖艺。他的日子始终如一：早晨起身，修面盥洗，出门上班。他这辈子就是这样——整个职业生涯都有着明确规划。退休之后，还有一笔钱可供养老持家。

不过，稳定的工作就像泰勒口中的科学效率一样，不过是管理下的产物。二十世纪五十年代，社会学家彼得·德鲁克（也就是那位把温斯洛·泰勒与弗洛伊德、达尔文相提并论的学者）离开奥地利去到美国发展。在新大陆，德鲁克不再从事社会学研究，而是改行当起了管理顾问。

德鲁克一心想要改变大企业管理层的思想。他觉得，新的时代，需要一种全新意义的老板。十九世纪，另一位社会学家马克斯·韦伯（Max Weber）曾为企业的经营结构找好了“理想模板”，那就是纪律严整、层级分明的普鲁士军队，老板身居其中，就好像将军一般。

可是，时间已经转到了第二次世界大战之后。随着世事变迁，德鲁克觉得老板最好有点亲和而又富有同情心。对待员工，老板就像父亲。他需要照顾他们的职业发展。到了周末，老板还要和员工打成一片。就连在高尔夫球场上比试高下的时候，员工也绝对不用有意相让。

笔者的父亲在二十世纪五十年代踏入职场。那个时候的企业文化完全符合德鲁克的预想。其实，在温情脉脉的面貌之下，同样潜藏着努力向前的强硬内核。和泰勒一样，德鲁克也在推行一种管理职场的科学方法。而且，他同样给了管理者上帝一般的崇高地位。只不过，德鲁克不再强调效率。心理控制（mental coercion）才是他提倡的管理工具。

德鲁克的心理控制论得到了不少企业的认同。比如，IBM公司曾经活学活用，给不少男性员工的妻子寄去了一封解释信。信中，公司方面会向员工（假设他叫斯坦利）的妻子直白表示：斯坦利今年的奖金泡汤了，一切都因为他工作不够努力。既然没有奖金，你的貂皮大衣也就没有着落了。请注意，那个时候女权运动尚未兴起，电视里都是《我爱露西》（*I Love Lucy*）这样的剧集。因此，如此的表述倒不至于引起争议。直到二十世纪六十年代末期，另一出名为《蛊惑》（*Bewitched*）的电视剧才对德鲁克的理论进行了讽刺——剧中的主人公萨曼莎和她那个神经质的老公对老板唯命是从，将全部精力都花到了揣摩老板心思上面。一封寄给妻子的信件，足以制造一种令人窒息的氛围。借此手段，德鲁克希望各位员工夫人也能成为公司的一员。他这么做倒也很有道理，比起老板的话，似乎还是老婆的命令更加管用。

在德鲁克的理论中，公司有着父权一般的威严。可是，公司可不会像父亲一样以培育员工为主要目标。相反，它是一种集权体制，仿佛一双眼睛，要把员工的一切看个究竟。它不但要知晓员工的工作表现，还要推动他们的家人作为督战人员。由此，公司与家庭连成一体、无法分离。哪怕斯坦利回到家中，他的妻子也会在奉上一杯解乏饮料的同时，质问他为什么工作不够努力。

谁能料到：世事变迁，德鲁克的那一套理论会在瞬息之间坍塌殆尽。随后，所谓的效率再次成为各大企业的关注点。事情发生在1973年，石油危机把整个世界推到了经济衰退的境地。窘迫当前，很多企业再也无法通过拓展事业版图而获取利润。为求赚钱，他们只得削减开支。战后的经济增长曾经稳固了就业形势，也为数百万人带来了稳定和繁荣。可是，危机到来之后，世界即将回到祖父熟悉的那个样子——生活朝不保夕，稳定工作难觅。笔者父亲就是这样丢了饭碗。待到笔者踏进职场，这里的环境也没有丝毫改善。

改变，来得让人措手不及。1979年的一个早晨，父亲来到单位上班。这时，他发现了一群从未见过的人正在这里安营扎寨。按照父亲的表述，这些人都穿着威洛比制服。他们占据了整整一个楼层作为办公地点，时不时拿着笔记本在不同的部门之间转来转去。他们总在提出问题，问题则和员工们的职责有关。就这样，三个月过去了。一场裁员运动终于拉开帷幕。

父亲口中的威洛比制服男其实都是管理顾问。当时，他们正要为整个职场注入一种全新的效率科学——若论科学程度，几乎可以和温斯洛·泰勒当年的学说相提并论。这种全新科学的幕后主人共有两位——一个叫汤姆·彼得斯，另一个则是罗伯特·沃特曼。他俩同时供职于麦肯锡，也就是世界上最权威的咨询机构。在他们那个行当里，彼得斯和沃特曼都算是冉冉上升的明星。

1979年，父亲走进办公室，看见这些新管理科学的执行人手拿笔记本。当时，他可不会想到：这些人的背后有着彼得斯和沃特曼这两位两大明星，以及一种全新的商业模式。

他们的商业模式被冠以7s（7s framework）的名称。如此模式，堪称一种天才的发明。彼得斯和沃特曼都觉得：一个企业要想赢得未来，其组织架构绝不会是等级严苛而分明的金字塔形。相反，“分子”一般灵活的公司才会取得竞争的优势。

按照两人的构想，这种“分子”一般的企业将由七种连锁的要素组成。这七种要素排成了一组完美的队列，就像星图中的行星一般。而且，七大要素的英语名称都以字母s开头：它们是策略（strategy）、技能（skill）、结构（structure）、系统（systems）、风格（style）、人员（staff）和上级目标（superordinate goals）。其中，最后一个要素又被称为共同价值（shared value），乃是七大要素的重中之重。老板的角色，就是游走于各大要素之间。换句话说，老板应该参与企业的细节管理，并时刻体察内部环境的变迁。如此的管理观，自然得到了游走管理（Management by Walking Around）的名声。

其实，彼得斯和沃特曼的有些看法并不新奇，德鲁克不也提倡企业对员工进行细节管理吗？可是，7s模式仍有一点不同，它的目的在于改造员工的思维模式。在彼得斯和沃特曼的描述中，未来世界的竞争将会变得空前激烈。竞争之下，各位员工只有那么两条路可走——要么变得精明强干，要么就遭到淘汰（麦肯锡的员工当然也知道同样一个道理，而且，他们得到的内部版本更加直白——要么进步，要么走人）。想要生存下去，员工必须对公司保持绝对忠诚。可是，他们的忠心必须来得心甘情愿。工作，应该成为你的信仰，员工就要像教众一样对公司顶礼膜拜。

对工作的狂热崇拜

工作应该成为一种信仰——麦肯锡得出如此理论，还有赖于日本文化提供的灵感。据说，日本大企业的员工们会趁着早餐时间在食堂地板上齐齐跪成一片，虔诚祈愿自家雇主，比如东芝等大企业能够顺风顺水、日进斗金。如果日本的职场文化也是一种教派，那么他们的教规还真有些极端，以致员工因为精疲力竭而死在工作岗位上的情况并不鲜见。甚至，当地人干脆为此造出了一个专有名词——过劳死（karoshi）。东京的郊外有那么一片自杀森林。不堪压力的员工大可来到此地一死了之。先死之人死前还会在树上刻好自杀指南，以供后来者参考和效仿。

二十世纪七十年代末，日本的经济飞速发展。自然而然，世界上很多国家都想从中学到一点有用经验。众多的求经之人中，就有来自美国的彼得斯和沃特曼。两位管理大师都想把日本的成功公式运用到自己的身上。当然，日本的“工作崇拜”，西方人无法照搬。于是，彼得斯和沃特曼就得思考一个问题：如何能让西方员工自觉自愿地为了工作而努力献身呢?

他们很快得出了结论：西方员工的思维模式和日本同行大不一样。日本人的自我价值与集体认同感紧密相关，可是，在洛克、笛卡尔和启蒙运动的熏陶之下，个人主义早就深深地扎进了西方民众的心窝子里——就像集体主义在日本那样根深蒂固。要知道，杰斐逊式的自由主义可是美国宪法的立法根基。总而言之，西方的雇员可不大容易加入这种崇拜行为，而且还对雇主表现得忠心耿耿。

不过，彼得斯和沃特曼另有妙计。他们自然不会直接鼓吹“工作崇拜”，而是为这裹上了一层自由的外衣——他们大肆鼓吹工作属于有创意的人，同时又提倡唯有工作能让人生圆满。如此宣言足以激励人心。假如员工因为自己的职业而感到人生圆满，他们一定会为了雇主肝脑涂地，成为公司信条的忠实信徒。

要想彻底驯服员工，首先得让他们抛弃朝九晚五的固有观念。工作，应当成为一种奖赏。苦苦等待下午五点的到来，而后一走了之，这可不该是工作的模式。工作，就是要完成任务。如果没有完成任务，那就请继续努力下去，即便因此熬更守夜也在所不惜。

办公室里的各位员工总会觉得自己就是领着薪水的奴隶。如此看法，自然也应被摈弃。相反，每个员工都要成为自主而自强的“迷你老板”。换言之，员工们要把自己想象成自由职业者。至于他们身边的那些人，当然也不是同事那么简单。按照彼得斯和沃特曼的设想，同事应该在员工的脑中幻化为两类人——朋友或者仇敌。餐厅里一起吃饭的就是朋友，晋升道路上的对手则是仇敌。员工要为工作付出全部精力。无时无刻，你都应该处于工作状态。你还要把同事当作家人对待（当然，也别付出太多的热情）。你的热情应当灌注到工作之中。越是如此，你工作起来就越是起劲。

接下来，你将看到一份员工自述。作者姓名姑且隐去——我们只需知道他来自爱尔兰都柏林，是爱彼迎的一位人力资源管理者。文中，作者写道：“我们的工时已经长到了荒谬的地步。家庭生活和私人时间完全成了奢望。很多时候，公司里的年轻人都在茫然奔走，却不知道自己如此忙碌是为了什么。他们只是在会上装出一副全神贯注的模样，或者在击掌的当口虚情假意地兴奋一下。而且，公司在许多无谓的地方浪费了太多金钱，比如为了员工联欢而大肆采购酒水，各种各样的甜品和饼干也很费钱。其实，这些钱完全可以作为工资直接发给员工。公司里，总有那么一些顶着奇怪头衔的人。我也不知道他们的职责到底是什么，他们能够进入公司，还经历了极为严苛的考核。其中，我们反反复复地询问了应试者的‘核心价值观’，确保他们和公司一样信奉待人亲切温暖、做事依靠团队，以及保持善意与尊重的价值观。其实，各位同事的点滴作为，基本都站在了核心价值的对立面！我有时候甚至觉得，公司里的生活完全就是那部叫《贱女孩》的电影的现实版！”

自二十世纪七十年代开始，职场中很少人再以姓氏互称。名字，成了各自的代号。由此，“早上好，约翰逊先生”变成了“嗨，皮特”。这也是一种管理上的创新。其目的显然是要创造一种其乐融融的氛围，从而促使各位员工以企业为家。为此，办公室里多出了不少咖啡机，甚至配备了健身房一类的休闲设施。每逢假日，公司不是带领员工外出参与团队建设活动，就是组织大家一起看电影、下餐馆。办公室之间的墙壁被拆掉了，同事之间似乎就此没了芥蒂。整齐划一的一排排办公桌，也被一片随意摆放的座席所取代。如上的创新之举进一步模糊了工作和生活的界限。如此舒适的办公环境，也许会留住你的脚步，让你自觉自愿地付出更多的工作时间。

如今的大公司都把忠诚当成员工的重要守则。作为欧洲地区冰沙制造行业的排头兵，因诺森特饮品（Innocent Drinks）的办公环境可以说相当古怪，怪得就连该公司的各位员工也有同感：地毯上铺着一层绿绿的假草。四周还有同样系属人造的牧场围栏和路标。顺着这些富有乡村风味的标示，你可以一路走到公司的会议室。每个星期一的早上，公司都要组织一场盛大的团建活动，以便动员各位员工为下一周的工作竭尽全力。活动之中项目繁多，内容疯狂不说，还附设了极高的奖金。对于其中的内情，笔者自然很感兴趣。一开始，公司倒也欢迎笔者前去现场观摩一番。不过后来他们还是反悔了，对此，他们表示："不好意思，我们担心活动的内容可能会被误会成洗脑大会。"

确实，员工需要被洗脑的理念难以融入西方的现实。彼得斯和沃特曼也认识到了这一点。但是，他们觉得：两种东西没有必要融为一体。只要能够打通生活和工作的界限，西方人也能恪尽职守，兢兢业业。他们要把全副身心献给工作，工作自然会给他们"深层次的情感满足"作为回报。由此一来，工作就成了家庭生活的一部分。

近来，有一件事曾给笔者留下了深刻的印象：当时，笔者身处伦敦的巴比坎购物中心。排队等待进入电影院的时候，笔者的耳边突然响起了嚎叫和嘶喊的声音。声音一浪高过一浪，正好出自隔壁的会议大厅。那个地方常常被物业出租给各大企业以供举办各类活动。当时，笔者踱步到了大厅门口并朝里面望了一眼，原来，是某知名咖啡连锁品牌在举办年度员工大会。来自英国各地的咖啡师在伦敦相聚，只是为了分享"工作给我带来的意义"——至于他们的工作，大概就是调制一杯拿铁咖啡（顾客可以选择大豆、柠檬或者南瓜口味），然后可以得到七点五英镑的时薪。

会议的场景，还真是让笔者心生敬畏，所有的咖啡师都穿着统一的紫色制服，男男女女列队整齐。他们依照顺序走到麦克风身前，而后一个接一个地发表感言。具体情形大致如下。一位男子凑近麦克风，然后表示："大家好，我叫马里奥，是意大利人！"（掌声雷动）"我想要说，我和我的团队已经并肩工作了两年多，你们就是我的人生！"（台下一片欢腾和鼓噪）又一位女士开始发言："大家好，我是维罗妮卡！"（台下热情回应："维罗妮卡你好！"）"请大家给自己一阵热烈的掌声，因为我爱你们每个人！”（大家的鼓掌欢呼来得更加猛烈。维罗妮卡走下舞台的时候，明显很是动情。）

各位员工的头顶，悬着一块大大的招牌。招牌上画着一个咖啡杯，杯中泛出的泡沫散发着欢乐的气息——那是企业的商标，也是员工们的神祇。如果大厅的门关得严密一点，恐怕笔者永远无法见证这样一出好戏——那一刻，笔者仿佛看到了一座教堂，里面挤满了虔诚的教徒。他们唱诵，他们礼赞。只是他们膜拜的不是十字架，而是一个咖啡杯。

谢谢彼得斯和沃特曼，由于他们的那一套理论，我们才会把身、心、灵统统献给老板。企业的品牌越是响亮，企业文化就越向“教派”靠拢。对内忠诚和对外保密的原则也就越会成为员工们的信条。一位投身食品工业的研究专家曾经告诉笔者：每次参加行业会议，他都会发现那么一个紧密的小团体。这位专家口中所谓的麦当劳帮总是和其他人保持一定距离。他们的样子神秘兮兮，就像身上背负着某种不为外人所知的秘密似的。

旧金山的各位市民也会在晚上时不时地见到谷歌员工乘着大巴集体出游的场景。大巴从芒廷维尤和帕洛阿尔托一带的宿舍出发，载着各位员工进入市中心。一帮谷歌人成群结伴地出动，只是为了去看电影或者下馆子（每一次的出行计划，都会经过几轮的电邮磋商）。在各位谷歌员工的眼中，自家雇主不单单是一家公司，而是万千公司当中唯一重要的那一家。他们的忠心诚意，看来完全属于真情流露。

那么，效忠企业的各位员工，又对自己的雇主有些什么意见呢？但凡有可能得到提拔的员工，面对如此问题都会吓得身躯一震。显然，他们绝对不敢口出怨言。当然，提出批评的员工倒也可能因此得到晋升。诚然，现在的各大公司越来越向“教派”靠拢。不过，重新审定计划和目标早就成了企业界的通用语言，“教派”也只能欢迎各位信徒秉直谏言。只不过，这种批评必须具备建设意义才行。

移民带来的转变

由于彼得斯和沃特曼的感召，公司俨然变成了一种教派。当然，我们也可以把公司看作家庭，而且，这个家庭每到月底还会给我们付薪。至于谷歌一类的大公司，其实力几乎可与一些小国匹敌。由此，它们属下的“公民”自然更是赤胆忠心。笔者曾经见识过的“咖啡神教”同样也是拥趸众多。请注意，这些拥趸大多来自南美或者东欧。他们来到伦敦，算得上是离家万里。而且，这些人通常都在此地无亲无故。对于他们而言，工作单位倒是更像一个家庭。工作虽然辛苦，他们却不以为意。相反，某咖啡连锁品牌能够提供一份差事，已经让他们感到家一般的归属感。一天到晚待在家中，又有什么值得抱怨的呢?

2016 年，咖世家咖啡（Costa Coffee）曾经两次提薪。由此，该公司的员工时薪终于超过了国家平均水平（每小时 7.20 英镑）。其实，咖世家咖啡、尼禄咖啡（Nero Cafe）等街头咖啡连锁店都雇用了大量的外籍员工。其中，许多外籍员工都在为日益上涨的房租而发愁和头疼。针对这种情况，咖世家推出了专门的贷款项目为员工们排忧解难。就这样，雇主似乎又成了慈善机构。员工们既然承受了恩惠，自然就得永志不忘。雇主做慈善的事情，在维多利亚时代也不少见。当时，莱维兄弟就曾建设宿舍，造福员工。所谓的阳光港村（莱维兄弟经营的洗洁精品牌就叫阳光港）就是这样的慈善产物。

二十一世纪最初十年，英国的服务业经历了一次大飞跃。其中，源源不断的外来劳工自然功不可没。他们大多来自东欧，其中又以来自捷克、波兰和罗马尼亚这三个最新的欧盟成员国最多。

2003 年，欧洲各地还在观望欧盟东扩的后续效果。此时，供职于伦敦大学的经济学家克里斯蒂安·达斯特曼（Christian Dustmann）接到了英国内政部的电话。对方希望达斯特曼撰写一份报告，对移民涌入英国的影响进行一番评估。达斯特曼表示应允，并很快拉起了一支队伍。他那个研究团队的一位同事，日后还成了德国总理默克尔的主要经济顾问。

透过报告，达斯特曼给英国政府提了个醒：种种迹象显示，人口一旦得以双向自由流动，移入英国的净人口可能达到几十万的规模。

达斯特曼曾经告诉笔者：“你要知道，2003 年，英国的经济形势一片大好。当时，想找到一个钳工或者电工都是万分困难的。所以，如果波兰和罗马尼亚等国家的技术工人能够来英国工作，无疑可以起到救急解困的作用。”自然而然，他们可是宝贵的人力资源，而绝对不会被视为外来的麻烦。既然布莱尔首相已经把服务业当作经济增长的引擎，那么来自其他欧盟成员国的劳工可不就成了引擎所需的燃料？

当然，如此的设想似乎暗示了一件事情：生于英国本土的服务人员大有问题。他们缺乏热情和自信，工作不够努力不说，微笑服务也做得不好。相比之下，那些移民可要尽职得多。别人弃若敝屣的工作，他们愿意包揽下来。为顾客奉上咖啡的时候，他们还愿意送去灿烂的微笑（每分钟可以笑上二十次）。由于背井离乡、远离亲人，他们融入“工作教派”的时候也是自觉自愿的。

同样的情况曾在二十世纪六十年代出现过那么一次。当时的经济发展同样很快，执政的工党政府也是思想先进。大批移民自加勒比地区和印度次大陆滚滚而来，同样促成了服务业的大爆发。那一轮的爆发，主要体现在公共交通和零售业上面。四十年过去了，布莱尔治下的这一次发展却以咖啡店、建筑工地、学前教育和清洁家政等领域为标志。其中的主力军则来自欧盟的几个最新成员。

当然，达斯特曼也指出：自己对移民规模的预测必须基于一个前提——德国和欧盟境内其他发达国家同样敞开怀抱，迎接同等数目的东欧移民。对此情况，他和他的同事们特地在报告当中有所提及。大家只要打开报告翻到第五十七页就能看到相关内容。这算得上是达斯特曼预先设好的免责条款。

那么，政府对这份报告有何评价呢？达斯特曼表示：“我都不知道有没有人读过那份报告。”接下来，事态又会如何发展呢？“接下来事态的发展，连我都有点措手不及。”

事实证明，来英移民的人数远远超过了达斯特曼那份报告的预计人数。就这样，他和他的同事在媒体上成了众矢之的。各位议员也对达斯特曼等人大加挞伐。有人甚至认为，达斯特曼那份报告创造了世界经济史上的最差纪录，毕竟，实际的移民可比他的预计多出了整整十三倍。

不过，报告第五十七页上那出免责条款倒是所言不虚，事情走到这一步，和德国选择收紧移民政策大有关系。其实，时任内政大臣大卫·布伦克特（David Blunkett）一早就在怀疑：德国方面大有可能出此一举。而其他政府官员也抱着同样的疑虑。可是，他们到底还是选择了敞开国门，这一点，不知道达斯特曼是否有所预计。“我还真不清楚。但是，他们又有什么理由拒绝移民呢？移民的到来对经济发展大有益处，这一点毋庸置疑。”

相同的问题，笔者也曾抛给过布伦克特。上议院的各位成员可以为我俩充当见证人。当时，内政大臣回答得很是爽快，没错，达斯特曼等人预测有误，但是政府方面同样也失了算。其实，布伦克特曾就开放政策可能带来的弊端提出过不少警告。但是，在当时的背景下，拒绝移民这种提议不但难得民心，甚至有违政治导向。经济的增长，让大家的思想都变得很开放。反对移民和闭关锁国之类的思想，自然会被抛到九霄云外。

谁能料到，2008 年来了。经济形势从高峰直接滑进了谷底。东欧移民也从救急救难的救兵变身本土穷人的仇敌。在达斯特曼看来，收入最低的本土群体尤其因为移民的涌入而大受其害。诚然，移民仍对整体经济大有帮助，可是，随着社会最底层那 10% 的人民遭到冲击，这点好处似乎也显得微不足道。于是，英国走上了“脱欧”之路。

如今，英国已经不再是欧盟的一员。移民曾经助推其服务业的发展，而反移民则成就了其“脱欧”这场大戏：经济上的利益，成了政治上的负资产。其实，英国本土的每一份工作都可以算进服务业。比如，警察已经不再是一支部队，而是需要学习礼貌拘捕课程的服务人员。就连税务稽查官也不能使用强力。偷税疑犯的房门需要他们客客气气地去敲开。为此，税务稽查部门甚至在每个年度评选服务最佳税务稽查官。

2008 年以来，英国政府不断收紧银根。政府手中的两柄利刃——警察和税务稽查部门——自然也得收敛锋芒。由此，它们变成了服务业的一部分。要知道，与警察和税务稽查人员打交道的那些群体大都属于金融危机的受害者。面对这群贫苦无靠的人，警税部门必须兼任社会工作人员。由于银根紧缩，社会服务大多陷于停滞状态，相关责任须由警察部门接手承担。警方甚至在计算：一旦相关任务超过能力范围，自己又该做何处理？纽卡斯尔的一位稽查官曾经告诉笔者：“我必须对稽查对象显出同情的姿态。唯有如此，我们才能达成协议，双方才可以各取所需。”既然时局已经如此艰辛，摆出服务的姿态可能最有助于达成目的。

管理科学确实是我编的，可是又怎样呢？

2017 年，伦敦一家名为状态生活（Status Life）的网络公司开始提供一种崭新的定制服务：他们可以帮助公司监控雇员的生活，绝不遗漏哪怕一秒钟。

为此，他们会在工作场所中设好“埋伏”。从办公桌到走廊，从水房到厕所，任何角落都逃不过摄像头的监测。由此，老板可以掌控雇员的一举一动，看着他们吃饭聊天、八卦吹牛、刷手机或者上厕所。每一秒钟的举动，都能得到详尽记录。

请注意，状态生活提供的算法可不只会通过一些原始数据（比如出勤时间）来计算员工的生产效率。相反，它可以明辨磨洋工和全情投入这两种状态的区别，由此判断出各位员工的工作积极性。有了如上数据，老板可以对员工区别以待——谁应该升职加薪？谁又应该获得续约？相比一个世纪之前温斯洛·泰勒在米德瓦尔钢铁公司创造的科学管理策略，状态生活的这套办法同样高效。

1979 年 11 月，管理顾问在家父的工作单位进行审查的时候，彼得斯和沃特曼来到德国慕尼黑。他俩准备了一份七百多页的长篇演讲稿，要向西门子公司介绍自己的那一套 7s 结构理论。

没过多久，两人的全新理论便被广泛传播开来。百事可乐的首席执行官安迪·皮尔森（Andy Pearson）及公司管理层召见了两位管理学家。彼得斯和沃特曼因此转战纽约州，来到百事位于普尔柴斯的全球总部。皮尔森等人很想知道，7s 结构理论将给自己的帝国带来怎样的改变。

而后，彼得斯和沃特曼正是根据这两次教学经历，撰写了自己的专著《追求完美：向美国最佳公司学习》（*In Search of Excellence*：*Lessons from America's Best Run Companies*）。书籍内容经过进一步的提炼，大致可以分为七大部分。两人指出：衰退并非坏事，反倒是整训员工的一次良机。“二战”之后的经济腾飞，让员工们有些过分安逸。他们的自我感觉也是太过膨胀。如今，这种感觉必须得到清理。

因此，彼得斯和沃特曼认为：各位员工应被放入一个“内部市场”而互相竞争。由此，他们的能力才可以得到提升。如此学说，可以视为一种企业达尔文主义。竞争之中，每个人都在为自己拼尽全力。从这个角度出发，我们人人都算是自由职业者。

作为彼得斯和沃特曼的灵感之源，日本的劳动大军一直以勤奋著称。几十年来，日本人一直勤奋如故，而两位管理大师也总把他们奉为经济发展的表率。尽管如此，日本经济还是不可救药地滑进了衰退期。不过，《追求完美：向美国最佳公司学习》仍然刺中了各位企业经营者的心弦，由此成了有史以来最为畅销的管理类书籍之一。

而后，彼得斯和沃特曼的管理哲学干脆从书本上飞进了电影院。1988 年的影片《工作女孩》（*Working Girl*）当中，梅兰妮·格里菲斯（Melanie Griffith）饰演的女招待苔丝·麦克吉尔（Tess McGill）遭遇了一个重大挫折：她想出了一个纵横商场的金点子，不料却横遭剽窃。案犯还是她的上司——由西格妮·韦佛（Sigourney Weaver）饰演的凯瑟琳·帕克（Katherine Parker）。当然，观众无须为主角的命运担心。明眼人都能发现，《追求完美：向美国最佳公司学习》这本书就摆在所有东西的最上面。显然，它就是她赖以生存的圣经。就凭这本书，苔丝·麦克吉尔肯定也能逢凶化吉。毕竟，阅读《追求完美：向美国最佳公司学习》的人，怎么可能不是人生赢家呢？

时间流逝，三十多年过去了。今天的电视观众总能在《学徒》（*The Apprentice*）这种真人秀上见识到那么几个态度特别诚恳的员工。他们即便遭到开除，也会恭恭敬敬地说上一句："谢谢您给我的这次机会，苏加勋爵。"说起来，他们如此元气满满、积极向上，还得感谢彼得斯和沃特曼的教诲。

彼得斯和沃特曼曾经指出，《追求完美：向美国最佳公司学习》的内容是基于作者对全球六十二家顶尖公司的科学研究。而且，他们曾经"耗费好几个月的时间，仔细研究了每一家公司的管理结构"。7s 理论正是从这些研究当中提炼而出的。而且，"麦肯锡公司的各位同事也曾给予了巨大的帮助"。2002 年，《追求完美：向美国最佳公司学习》这本书迎来了面世二十周年的重要日子。谁曾想到，汤姆·彼得斯却在这一天翻供了。

原来，《追求完美：向美国最佳公司学习》这本书是一场骗局，其中的内容一点也不科学。两位作者首先造出了一番结论，而后方才搜集数据予以证实。简而言之，所谓的管理科学，不过是彼得斯和沃特曼拍脑袋的产物。接受《公司》杂志专访的时候，汤姆·彼得斯一五一十地讲起了捏造完美的全过程：

> 我承认，《追求完美：向美国最佳公司学习》这本书的内容大多属于事后编造，不过是把麦肯锡公司的一些陈词滥调凑在了一起，况且，我们事先没指望它能取得什么轰动效应……我还要承认，一开始我也不知道该写点什么……我没有计划，也没有什么必须要证明的理论。我只不过是到

处转了转，和一些业界大咖聊了聊天。有了公司兜底，我每一次出行都会选择头等舱，而且非豪华酒店不住。有了麦肯锡的面子，全美乃至世界各地的那些大咖也都愿意和我谈上一谈。

那么，我花了麦肯锡这么多钱，总该有点结果才对吧，所以我才写了那本书。然后，整个商业世界就此天翻地覆。事情的真正结果总会和事情应有的发展方向有所差异。如果您想知道事情的发展方向，不妨关注一下我们那本书。

还有一点，我必须老实招供，其实也没什么好招供的，反正都是小事一件。不过，既然那本书卖得如此之好，我还是谈一谈吧，书中好多数据都是我们随便编出来的……其实，一开始我们还真打算好好研究一下六十二家顶级企业……麦肯锡毕竟是麦肯锡，我们的任何研究都要以数学工具作为支撑。我们的研究是否完整？那还用说！我们的研究依托常识、相信直觉，而且我们的采访对象总是语出惊人（他们的思想不拘于传统）。我们只需把他们的观点呈现出来。至于能否取信于公众，只有听天由命了。

好吧，最后大家还是对我们的研究深信不疑。毕竟，我和鲍勃（沃特曼）可是麦肯锡的员工。穿着麦肯锡的黑西装，打着麦肯锡的小领结。我们说的每一句话，都是那种麦肯锡高级专家才会挂在嘴边的调调。麦肯锡高级专家的发言又有谁敢不听？

1981 年，美国商界还在《管理的一百零一种艺术》的影响之下。我们那本书，就是要和《管理的一百零一种艺术》处处对着干。当然，我还要承认一点，其实我们做得还不够绝。

笔者曾和汤姆·彼得斯在波士顿的一家豪华酒店见过一面。其实，那个地方原本是一家监狱的旧址，因此特别适合谈工作。那一次，我和汤姆说了不少趣事，笑得前仰后合。这家酒店确实很有派头——餐巾叠得整整齐齐，酒吧光线适宜、格调幽雅。这里的一杯咖啡能卖到三十美元。当然，一切都是表象——别忘了此地曾经的身份。这可是一座环形监狱，随时随地，一切事物在此都会被一览无遗。

“你知道迄今为止最伟大的管理顾问是谁吗？”问出这个问题的时候，彼得斯不由得眼睛放光。笔者表示一无所知，而他也给出了答案：“是尤利西斯·

格兰特（Ulysses Grant）。”格兰特当上美国总统之前，曾在军中服役多年。彼得斯觉得，他的管理才干在一次检阅南军俘虏的时候展露无遗。“知道格兰特将军是如何处置他们的吗？他要他们排列整齐、集体脱帽致敬，而他自己骑着大马，就这样走了足足一英里。知道吗？这就是管理的艺术！”

那么，为什么彼得斯要告诉世人他的7s系统理论——那可是过去四十年内管理学界的最大改革啊——不过是一场虚妄呢？“所有事情都讲究包装。我的7s系统理论，就是一种包装而已。”他还表示，“人嘛，总是希望有点精神寄托。”“每个人都希望别人能为自己指一条路。由此，他们心里的潜台词是每个人都应该掌控自己的命运。读一读我们那本书吧，字里行间不就是在鼓励大家做自己吗？”

好吧，笔者表示认同，但是，这个世界上总有人无法主宰自己的命运，而且，他们很有可能就是彼得斯的信徒。他们勤奋工作，为此付出了全部，到头来却遭到了一阵嘲弄。对他们，彼得斯又想说点什么？

“祝他们好运！主宰自己的命运当然需要运气才行啊！”

死亡谷

革命者都有坚定的自信，汤姆·彼得斯和罗伯特·沃特曼就是如此。他们并未创造历史，但却看穿了历史的真正秘密。因此，他们的那句话——想要知道事情的发展方向，不妨关注一下我们那本书——起到了符咒一般的作用。如果你也想在现在这个社会取得成功，也许这才是他俩可以提供的一点启示。

石油危机爆发之后，商业形势在二十世纪七十年代变得不那么稳定了。旧有的规则不再生效。于是，管理顾问才会乘虚而入。就像彼得斯所说的那样，人类都希望别人为自己指一条路。面对动荡的经济形势，政府和经济学家一时之间都没了信心。政府自觉无法掌控政局，经济学家也不知道经济发展要朝向何处。人人都开始自我怀疑，而有人则从中看到了大好商机。只要你口才好到可以为人指路，也许就能大赚一笔。

咨询行业有所谓的“四大巨头”——德勤、毕马威、普华永道和麦肯锡。最近十年，管理顾问约翰·本内特（John Bennett）正是其中某个巨头的员工。

他的专业关乎医疗管理，并借此影响着千千万万的人。

“每一次和客户打交道，你都需要找出一些新问题，并由此扩大业务范围。汽车修理工经常这么干——打开保险盖看上一眼、大吸一口凉气而后表示，你这台车的毛病可比你想象的严重得多！我们行内人都把如此手法叫作先定位再打击。”

根据本内特的介绍，先定位再打击的要领在于必须首先打好一块门牌。对他而言，门牌自然藏在客户的病历之中。他会把它当作免费礼物送给客户。可是，随着他们拿着门牌走进房间，各种收费项目将会接踵而来。

大卫·克雷格（David Craig）身型肥硕，还戴着一副厚厚的角质眼镜。手中的拐杖，被他用作演讲的道具。随着拐杖一挥，各位观众都看清了克雷格想要强调的那个字眼——CAPS。他在白厅附近的一个大会议厅和笔者见了面。室内灯光十分昏暗，唯有头顶的投影仪照出了一束光。那天，克雷格又在讲课，而死亡谷（Death Valley）是他写下的第一个词语。

管理顾问这份差事，克雷格已经干了三十多年。其间，他创下的销售纪录高达几千万美元。客户中既有个人，也有政府机构。自然，克雷格深谙先定位再打击的技巧，而他也向笔者做了一点经验分享。“你必须让客户大吃一惊！有些台词是必须要说的，比如，‘您的身体太差了，差到完全不可想象’。由此，客户才会晕晕乎乎，然后跟着顾问走进那片死亡谷。他们心中肯定在犯着嘀咕，全然不知如何脱离这种险境。”

那么，接下来又该怎么办呢？“接下来当然要让他们看到生的希望。不过，希望也是有代价的。我们这门生意就和信息产业差不多，起码价值5000万美元。”制药公司能够盈利，显然不是因为提供一服而愈的灵药。病情要慢慢减轻，制药公司才有钱可赚。同样的道理也适用于克雷格这个行业。按照本内特的说法，我们是在“和客户结成伙伴关系”，并且“我们必须让客户对公司形成长期依赖”。为此，公司大可制造一桩耗时绵长的危机，从而吸引政府或者企业对自己不离不弃。

在威尔士，普华永道事务所就在利用一种名为风险与回报合同的伙伴关系而从紧缩政策当中大赚了一笔。个中原理大致如下：事务所给政府提供削减开支的建议，却不因此直接收取费用，毕竟，这样一来实在容易引起公愤。相反，他们只是从削减的开支当中抽成。如此一来，自然无人知道事务所因此赚取了多少金钱。而且，政府的银根缩得越是厉害，事务所获得的收益也就越发可观。

2008年之后，政府缩减开支的举动达到了史无前例的地步。这时，唯有体制之外的管理顾问可以带领中央和各地政府走出那片死亡谷。而且，顾问的作用甚至还加大了一倍——他们不仅要提供专业建议，甚至必须直接参与削减开支的过程。按照大卫·克雷格的说法，那个时候的管理顾问就像一支救生小队。不过，这也正是咨询行业想要的那个结果。

既是老板也是奴隶

每个人都是自己的老板。如今的世界实现了全球化，工会的力量却已经消散。无论你身份如何，也许是肯尼亚种植园里的一位蕉农，也许是奥斯陆的一位出租车司机，也许你在纽汉姆送着披萨，也许在哈克尼写着自己的书，你都可以自命为老板。如今，自由职业阶级正在逐步壮大，而我们这些无固定职业者都算是其中的成员。

如今社会的雇佣情况太不稳定，几乎可以和笔者祖父的那个时代相提并论。可是，比起祖辈，我们的思维方式却又大不相同。祖父总在幻想有朝一日他能在某个交响乐团找到一份稳定的正式工作。可是，笔者和笔者的同辈人却不会有此妄念。建筑稳定的工作已不可行，大家的境遇也陷入了两难：我们无须听从上司的差遣，却又过着手停口停的生活。我们虽是老板，但又活得好似奴隶一般。

2016年，牛津大学的雷切尔·奥尔（Rachael Orr）博士对一群年龄在十四岁到十八岁之间的少年进行了访谈，借此想要知道他们的工作观。结果，奥尔发现各位少年对未来的期望可谓一路走低。自2010年来，这种期望真是一年低过一年。事到如今，他们几乎不敢想象未来。现实生活虽然远非完满，却已经足够让少年们感恩戴德了。

美国禽肉产业的最末端，生活着一群零时工人。他们的遭遇引发了奥尔的关注。在得克萨斯，禽肉工人的工时都是三班轮转，而且，他们必须穿戴纸尿裤才可上岗——工作纪律规定，上班期间禁止前往卫生间。一位工人接受了奥尔的采访。他表示，自己的老板曾经放言——工厂之中无须考虑什么安全事务。

毕竟，他们这些工人的小命在他眼里“还不如冻鸡值钱”。当然，如此恶劣的老板可能只是个例。不过，如今的工人确实陷入了类似的窘境——低薪俨然成了全球化的问题，而大家也对此无能为力。

窘境之下，工人无力应对，更是无力逃脱。他们的遭遇倒也不足为奇。那么，中产阶级的处境又当如何呢？生活中，他们还有讨价还价的底气吗？在奥尔看来，中产阶级也对升职加薪失去了信心。不过，他们还能寄情于另一种东西——那就是所谓的满足感。有了这种感觉，虽然薪水微薄、工作不稳，但心情仿佛好了些。毕竟，工作可以带给中产阶级“为人的感觉”。根据经济智库解析委员会的预测：英美两国的薪资水平实际上已是二十年未涨。可是，好歹中产阶级可以自我安慰：我们的所作所为乃是实现自身价值的手段。这种心理，禽业工人可不曾具备。

没错，中产阶级至少还有“尊严”。但是，工资还在不断降低，自我感觉也开始变得不那么好。没有工钱，又谈何尊严呢？现代的老板大军（也可以说是奴隶大军）还在不断扩容，终归，大家都要汇入廉价劳动力的大海。就这样，工作的面貌即将再次改变。四十年前，彼得斯和沃特曼创立的“教派”曾经鼓动大家把工作当成自我实现的手段。现在，人人都要成为自己的老板（也就是奴隶）这种情况在历史上还是第一次出现。

香榭丽舍的顿悟

2008 年 1 月的某个冷夜，在巴黎香榭丽舍大街之上，两位美国人驻足此地，焦急地准备看这眼前的风景。他们想要打的，可是，大雪纷飞，很快就在街上堆积起来。交通自然也就陷入了停滞。可是，飞往纽约的航班还有不到一个钟头就出发。想一想吧，香榭丽舍水泄不通，汽车喇叭此起彼伏，那台出租车——也是整条大街上唯一闪着“空车”黄光的出租车，却被困在约 450 米的地方之外。看来，两位美国人当天是没法赶上飞机了。

这时，两位美国人当中的一位却突然欢乐开怀。当时，特拉维斯·卡兰尼克（Travis Kalanick）只有三十四岁，身上套着一件加州大学洛杉矶分校的连帽衫。“想象一下，”他告诉自己的同伴加勒特·坎普（Garrett Camp），“要是街上的每一台车都变成出租车那该多好啊！”没错，要是那样，闪着黄光的出租车可就不会孤孤单单了。他们可以随手拦下一辆，然后舒舒服服地奔往机场。对了，如果街上的每位司机都变成出租车司机那该有多好啊！

这就是卡兰尼克创立优步的缘由。他并非开创了一种全新的出租服务，而是利用奴隶老板这个概念改变了出租汽车行业的面貌。2008 年，世界似乎动荡不堪。另一方面，某种新生事物却又在昂然崛起。两个板块遵循各自的运动轨迹，就像一部科幻大片。没错，次贷危机为世界积累了前所未有的债务。可是，苹果手机等移动设备却又解放了人类的双手，让工作有了全新的面貌。旧大陆沉入海底，新的板块浮现在了我们面前。

那一天的香榭丽舍大街很堵。其实，工人们的收入不也在经受一场堵塞么？在这样的背景下，横空出世的优步可不是扰乱了经济。相反，它带来了崭新的未来。只要有智能手机在手，人人都能成为自己的老板。我们的工作就是自己经营企业。

卡兰尼克创办优步的同时，旧金山的一对室友——布莱恩·切斯基（Brian Chesky）和乔·杰比亚（Joe Gabbia）——正在为房租发愁。他们那套公寓只有两个房间——两人各占一个。其实，他们大可以住一间屋，剩下那间用于出租。就这样，切斯基突然有了主意：“我们不如把起居室利用起来——添上一张床，外加奉上一顿早餐，这样不也能找到住客吗?”于是，写有“出租床铺加早餐”的广告刊登在网站上——这家网站为三天之后的一次设计会议专门而设，所以一定有人浏览。三位租客接了招，而切斯基和杰比亚也有了创业的打算。爱彼迎，就这样诞生了。

和优步一样，爱彼迎也象征着价值这个概念的变迁。只不过，前者专注于劳动价值，而后者则让大家注意到了自己的家居空间，并提出了深刻的问题：空间的真正价值是什么？我们又该如何加以利用？我们的家为什么不能用作旅馆，或者说，我们为什么不能以旅馆为家呢？新世界中，万事万物的形态皆能发生变化。随着变化的发生，新的盈利点也会不断涌现。

2016 年，距离爱彼迎的诞生不到八年时间，公司已从一个小小的出租平台变身为价值 300 亿美元的大企业。至于优步，更是价值 700 亿美元。而且，它们的实际价值可能还要远超于此。

创业伊始，卡兰尼克只能依靠众筹。他的出租生意只限于旧金山一地。可是不到一年，他就和谷歌风投、丰田汽车以及中国最大的搜索引擎公司百度达成了合作协议。爱彼迎的成长速度同样惊人。来自德国的竞争对手阿克略很快遭到并购。二十四个月之内，爱彼迎的办公室已经从莫斯科开到了圣保罗，几乎遍布全球每个角落。

革命，在全球扩展开来。一开始，革命还仅仅只是关于出租车和公寓，但是，不用多久，所有类型的工作都将被卷入其中。

爱彼迎的生意关乎我们家中的四壁，而优步则以四个轮子起家。同时，它们的出现还给人类带来了更大的问题——我们所做的每件事情，是不是都还有利润可挖？我们的生活点滴，到底还能怎样变成金钱？既然爱彼迎和优步取得了成功，人类为什么不能把其他服务转化成消费品，从而赚上一笔呢？

其实，还有许多 APP 在做着同样的事情——它们不帮人打的，也不会出租房屋，它们的生意关乎人的时间。吃一顿午餐所需的十五分钟，就可以用于交易。“工作兔子”可以为你找到一个闲人，帮你完成一切任务——替你遛狗、替你送披萨、替你排队买苹果手机等。为你代劳的人只需十几分钟就能完成任务，而后趁老板不备溜回办公桌前。对了，现在的人大多都是自己的老板，所以根本无须担心老板的态度。

想一想吧，到底谁才是谁的老板？没错，你可能有一位老板，上班的时候就坐在不远处的办公室里，但是，他的老板身份只限于朝九晚五之间。下班之后，你可能需要有人去帮你取一下干洗的衣物。于是，你在一家出租劳力所用的网站上完成注册并发出了英雄帖。同一时间，你的老板怀着赚取外快的目的登录了同一家网站。正是他，接了你的订单。接下来的六十分钟之内，你反而成了你老板的老板。

过去，优步和快外送这样的公司一定会成为员工的重点诉讼对象。毕竟，他们的个人时间几乎被压榨殆尽。可是，卡兰尼克等人却并不担心——优步司机并非优步的员工，而是自营职业的老板。在优步公司看来，一个个的司机只能算作一家又一家的合作企业。

“他们的算盘打得真不错。”一次搭乘优步出行的途中，笔者曾经听到一位司机这样说，“公司方面什么都不用置办，只需要摆弄那个 APP 就行了。买车、加油等主要费用全由我来承担。但是，如果我不接下这趟活计，我就会因此缺钱。即便我赚了钱，他们也会抽取 20%。想一想，我还真是个傻子啊。”

2017 年，在旧金山，优步的创始人卡兰尼克搭上了一辆优步车。当然，他早已从香榭丽舍的窘迫当中摆脱了出来。那一次，卡兰尼克带着两位女伴坐在后座。他一边漫不经心地玩着手机，一边随着汽车电台中 Daft Punk 的乐曲摇头晃脑。旅程结束了，司机突然回过了头。卡兰尼克遭到了劈头盖脸的喝骂。“我快破产了，都是拜你所赐。”司机法乌济·卡麦勒表示，“真是该死！”卡兰尼克完全不明所以。“你提升了服务的标准，却又降低了打车的价格。”卡麦勒控诉道，“大家都对你失去了信任。因为你，我损失了整整 9.7 万美元。你让一切都变了。”

我们不妨了解一下卡麦勒当时的困境：作为一位优步顺风车的驾驶员，他必须选择一台好车（当然要在优步公司给出的好车名单之内）充当座驾。作为回报，他的收费可以适当提高。但是，卡麦勒却又不敢提高车费。毕竟，他要和收费低廉的优步快车争夺顾客。其实，卡麦勒原本并不需要买下或者租下眼前这台好车，可是，他已经骑虎难下。

卡麦勒喋喋不休，而卡兰尼克却自顾自地玩着手机。突然，优步创始人冷冷地抛出了自己的金句杀：“有的人啊，就是不愿意为自己负责。遇上什么乱子，都习惯去指责别人。”说罢，他丢下一句“祝您好运”就下了车。没错，小小的出租车，却代表了新型资本主义带出的两个视角——一方是奴隶，另一方则是奴隶的老板。

满是“奴隶老板”的星球

所谓共享经济，其实就是一个满是“奴隶老板”的星球，深切地改变了人类的工作面貌。自工业革命以来，如此规模的变迁还是第一遭。在卡兰尼克的创业史上，优步只是一个篇章。在香榭丽舍的那个晚上，他灵感迸发。可是，就在十年之前，他从加州大学洛杉矶分校退学的时候，已经有过一次小试牛刀的经历。当时，卡兰尼克的发明旨在利用 P2P 对等网络（peer-to-peer）帮助各位用户互通有无、分享文件。就其内容而言，和曾经喧嚣一时的 MP3 分享网站纳普斯特（Napster）十分相似。

卡兰尼克给自己的网站取名为斯科尔（Scour）。还记得纳普斯特的命运吗？

它最终死在了音乐产业的猛烈抨击之下。创始人肖恩·派克（Shawn Fanning）被 Metallica（摇滚乐队）和 Dr Dre（嘻哈歌手）以侵犯知识产权的罪名告上了法庭。最终，纳普斯特不得不停止服务。至于斯科尔，自然也是唱片公司的诉讼目标。电影界也不打算放过卡兰尼克。美国唱片工业协会和音乐出版人协会更是双双出击。多面受敌的斯科尔也只好结业了事。

用户分享似乎已经穷途末路，而且，纳普斯特和斯科尔的所作所为确有偷窃之嫌。它们瞄准的对象可是世界上最有权势的娱乐工业大户。虽然当年未能如愿，“分享”这个概念到底留在了卡兰尼克的头脑之中。之后，困在巴黎暴风雪中的卡兰尼克，终于再次萌发了“分享”的念头。只不过，这一次的分享有些不同——分享的内容不是歌曲，而是顾客。

在这种全新的分享模式下，每一位参与者既是顾客，却又担任着服务人员的职责，单向的主客关系遭到了打破。这是一个互助系统，不同的用户在此进进出出。共享经济，仿佛就是一个乌托邦，身在其中的我们不再受困于某份工作。毕竟，我们每个人都有三十多份甚至三百多份工作要做。唯一不变的是，我们还是自己的老板。

对于共享经济，许多人都乐见其成。他们觉得，共享经济通过自由市场达成了平等，乃是一种网络化的共产主义（dotcommunism）。理论上说，网络化的共产主义把每个人都变成了自我的主宰。我们可以自行选择工作地点和时间。由于顾客需求的多种多样，也让工作内容变得丰富多彩。而且，我们大可不必屈从于一个恶老板。毕竟，没有哪个老板能够垄断这个就业市场。总之，共享经济彻底摧毁了等级结构，将整个社会体制放到了平等的地位之上。

另一些人却提出了不同的意见：法乌济·卡麦勒的故事足以佐证共享经济的实质内容并没有那么乐观。卡兰尼克说得没错，优步司机拥有选择工作地点和时间的自由。可是，实际生活中，这些司机都被他们的汽车完完全全缚住了手脚。要知道，优步已经垄断了旧金山的出租汽车市场。作为老板，卡麦勒当然可以选择不干而另觅工作（虽然收入同样微不足道）。可惜，他已经为汽车付出了太大成本，根本难以脱身。

诸如此类的自由职业（或者说高灵活度的偶发性职业）还在不断增多，而且增长的速度相当惊人。2017 年，相关从业人员在全美劳动大军中的比例已然达到 34%。到了 2020 年，这个数字将会超过 50%。也就是说，短短三年之内，选择成为“奴隶老板”的人将会增长近16%。当年的工业革命曾把大量人口从农村驱赶进入城市，所用的时间可是将近二十年。各位读者，也许你还不必成为“奴隶老板”中的一员，但是，每个人迟早都会被时代的巨浪所吞没。

偶发性这个词真是有趣。没错，“奴隶老板”能够得到一份订单，全是出于偶然。全新的共享经济一定会带来全新的商机。可是，投身其中的人实在不可计数，新经济带来的新商机自然满足不了每个人的需求。技术的进步，已经威胁到了许多人的饭碗。这是一个世界性的问题。也许到了某个时候，你和我都得走上自谋职业的路。

对此，PayPal 创始人、科技大亨埃隆·马斯克（Elon Musk）倒有一个解决之法。也许在某一天，每位“奴隶老板”哪怕什么都不做，都能拿到马斯克所提倡的世界标准最低工资。前提在于人工智能可以带来经济繁荣。有了这个保证，人类当然可以坐享其成。既然人类可以缴纳劳务税和收入税，机器人自然也能承担同样的义务。机器人创造的税金，大可用于补贴人类。甚至，将来的人类外出血拼之前，还能收到一笔奖励资金——原因很简单，消费可是经济增长的动力。也许，某些人甚至会把血拼当成职业来做。当然，如果机器人也学会了如何购物，一切则另当别论。

想用消费拉动经济，所需的金钱可不是一个小数目。但是，我们如今的时薪其实还停留在 1979 年的水平。请注意，若以消费力计算，1973 年的 4.03 美元足以匹敌今天的 22.41 美元。长期的滞涨，导致我们不得不过上如今这种生活——不停工作的同时，还要担心自己工作不够努力。可是，这种局面并非偶然所致，而是经过了一番精密计算。可笑的是，它还裹着一层自由的外衣，仿佛给了我们掌握自己命运的权力。

笔者的父亲做了一辈子安安稳稳的公司雇员。不出十年，类似的安稳饭碗将会变得极为稀有，大家也许要为之抢破头颅。大多数人只能选择自主创业，做个老板。当然，其中有沃伦·巴菲特这样的老板，也有为巴菲特清理垃圾篓的老板。

廉价货等式

工资低廉且迟迟不涨，这已经成为一个全球现象。还好，廉价货的存在平衡了这两个因素带来的后果。如果商品价格一直保持在低位，你的工资长期停滞自然也就无所谓了。就拿笔者现在手边的这支水笔来说，笔者在网上订购了它，而相关的包裹刚刚抵达。笔和笔芯仅仅价值 2 英镑，比星巴克的咖啡还要便宜。不过，加上从印度到伦敦的所需花销，这支笔一共花了我 5.5 英镑。仔细想一想，其实运费比笔的价格还要高。

如今这种工作环境——工时灵活、薪水低廉——其实是建立在便宜货的这块基石之上，顶着老板名头的奴隶们挥汗如雨却又赚不到什么钱，自然就要用便宜货。制造便宜货的那些人来自世界的另一个角落，他们的收入可能比你这位奴隶还低。其实，为了维持这种普遍的低薪局面，商品的价格也必须一路走低。唯有如此，才能配得上那不断下降的工资水平。没过多久，新加坡某血汗工厂的童工可能还得从笔者这里订购便宜的 T 恤衫呢。

这天早上，笔者还收到了另外一个包裹。它从中国寄来，如今就躺在电脑的旁边。包裹当中是一条手机连接线，价值 99 便士。环顾四周，笔者的书架购自宜家，价值 24 英镑。至于书架上的书籍，其总体价值要比书架贵出了整整两倍。笔者身上这件 T 恤衫只用了 2 英镑，便宜得有点惊人。手中的咖啡杯也不过 4 英镑，比咖啡豆的价钱还低了不少。

大家都习惯了便宜货，采购的时候，你可能根本不会考虑其中的来历。其实，我们还是不妨好好思考一下：为什么货品会如此便宜？要不然，有朝一日可能连这些东西我们都买不起。

说起便宜货的历史，有一个人不能不提。正是他从越南战争中的发现，造成了如今的局面。1967 年，船业大亨马尔科姆·麦克莱恩（Malcolm McLean）——也就是美国海运公司海陆运输的首席执行官——和美国陆军谈成了一桩生意。当时，各位军人都希望自己订购的东西能够速速寄到中南半岛。于是，成百万吨的食品、香烟和药物被装进宽大的金属箱子，漂洋过海奔往越南而去。就这样，麦克莱恩成了现代罐装货运的发明者。截至 1971 年，他和军方的这单生意已经达到了一亿美元。

不过，仍有一个问题让麦克莱恩心神不宁。他的这桩生意只有半程可赚——船艇满载货品从美国前赴越南，回往美国东海岸的时候却只能空船而归。思来想去，麦克莱恩有了一个好主意。当时，日本可是世界上发展最快的经济体，船运大王大可以对其加以利用。

1960—1973年，日本的工业产值扩大了整整四倍。而且，有那么一类工业品——也就是各类家用电器——最让美国消费者心心念念，而日本方面也可以大量供应。

就这样，日本生产的音响、录音机和电视在一夜之间塞满了美国的商店。对此，麦克莱恩的发明自然功不可没。家用电器曾是奢侈品，但是，随着价格低廉的“日本制造”和“中国制造”涌入市场，曾经的奢侈品也变成了平常百姓的家中必需品。

对于消费者而言，外来的便宜商品自然多多益善。可是，这些便宜货却给英美等国的制造业带来了一场灾难。进口货大行其道的同时，本地的工厂也在一家接一家地关门歇业。麦克莱恩等人，无疑就是其中的“帮凶”。根据马克·莱文森（Marc Levinson）的预计，每年都有3亿艘货运商船往返于各大洋之间，其中，来自中国的商船就占到了总量的26%。

商品价格还在不断下降，消费者也满心希望未来能够用上更为廉价的东西。想一想吧，今天电视机的价格只有1980年的3%。相较于2000年，相机的价格已经下降了足有75%。至于手机价格，也只有2005年水平的一半。世界上的一款商用手机——摩托罗拉DynaTAC 8000X问世于1983年，售价4000美元。那个时候，各类高技术商品无疑属于富人专用。如今，它们却走进了我们的生活，成为人人必备的硬件。一切，都是工资停滞不前的代偿。

可是，如果工资走低的曲线永无止境，我们在未来还能享受到如此廉价的商品吗？在宜家（IKEA）可持续发展部主管史蒂夫·霍华德（Steve Howard）看来，廉价商品可能难以为继。毕竟，世界上的资源有枯竭之势。物价飞涨，似乎就在眼前。

二十世纪九十年代初期，互联网尚不像今天这样普及。当时，宜家却已经用上了网络营销的常用手法。你只要逛过宜家专卖店，就一定记得其中的布局：一条单行道引领消费者向前行进，路过各种各样的商品，其中有床铺、烤箱，也有一些书架。专卖店如此布局，就好像一张隐藏着的导购地图。冥冥之中，身处此地的消费者仿佛有了万物任我选的错觉。没错，彼得斯和沃特曼那一套7s系统的中心思想，不也在于赋予大家一种虚幻的自由吗？

其实，宜家中的所有商品，特别是那些应该放在仓库货架的东西，其设计都带有复古的意味。相对于价格，制作工艺也显得分外古朴。一个咖啡杯仅仅标价2英镑，其他物品的价格可能比它更加低廉。

80%的消费者前往宜家之前，都会怀着大买特买的念头。可是，当他们回家的时候，只会带上几个草莓形的枕头、几把鸭头开瓶器、几支香薰蜡烛和一些瑞典饼干而已。

这些东西有一个共同点——都很便宜。“消费者希望商品价格越来越低，如此一来，我们又该从哪里获取利润呢？”史蒂夫·霍华德表示，“价格一旦飞涨，如今这种依靠低价低薪的经济模式即会轰然倒塌。”

“到了某个时候，资源将会变得越来越稀缺，商品价格一定随之上升。这是一个全球化的趋势，它即将到来。如果顾客不愿为此埋单，谁又能填上其中的金钱空缺呢？”史蒂夫指出，各大公司可不敢大肆提价。毕竟，他们需要消费者的鼎力支持——如此一个两难的境地，还真是难以找到解决方案。

请注意：除了消费者，还有那么一些人在为此付出代价，他们就是这些廉价货的制造者。他们可能来自菲律宾，在血汗工厂当中每天都要缝制一百五十件牛仔服；他们可能是两亿中国工人中的一员，为了制造智能手机时时刻刻都要和苯打交道，或者天天都得利用致癌物质从旧电脑中提取金、铝或者钯一类的金属。

各位读者，也许你们会觉得自己和地球那一头那些制造廉价货品的劳工之间并没有什么共同之处。不过，用不了多久，我们和他们都会成为同一类人。大家都是老板，而且，大家的头脑中还会有一个小小的声音，也是我们内心的主宰，给地球上每一个人同样的提醒，那就是“好好干活”！

08

升级：设计缺憾

利沃摩尔小镇（Livermore）距离旧金山 40 英里。这里的主要街道被咖啡馆和古董店占据。一座消防站夹在其中，高墙挺立显得格外惹眼。这里的消防车亮光闪闪，志愿者每天都会来到这里，把那辆卡车擦洗一新。这个现象，也是小镇居民最引以为豪的东西。当然，那束昏黄闪烁光线的来源，其实是一个小小的灯泡。这可不是一盏普通的灯泡。毕竟，普通的灯泡不会连续工作超过 116 年。

1901 年，这盏百年老灯诞生于谢尔比电气公司。它依靠手工煤块作为动力，功率约为三十瓦。如今，它已被改造成了功率不足四瓦的装饰品，就跟儿童用的灯泡差不多。不过，它还能发亮，这一点，才是老灯的奇妙之处。如此传奇，自然让人想到一个问题：一个小小的消防站，都能坚持使用旧货，为什么世界其他地方的人们，用起灯泡来却要六个月换一次呢？

灯泡的背后，掩藏着消费主义的道理。从中，我们可以看到产品更新换代的第一步，并见证“持续升级”登上历史舞台的场景。事到如今，产品升级已经成为我们生活中的一景——每隔十一个月，我们就要换一次手机；28% 的人表示家中的沙发每三年换一次。要知道，英国人更换老婆或者老公的频率也不过两年零九个月。追求更新换代，已然成为全球潮流。对此潮流，设计界习惯称之为永恒求新主义，任何东西但凡旧上那么一点点，都会遭到淘汰。不出几周，我们就会抛弃旧货而追求最新版本。

如今的人类求新心切，不但吃穿用度样样要新，我们的身体也得经过更新才行。自我完善的风潮，在生活中处处可见：我们要去健身房塑身修形，我们在工作之中要追求最高效率。我们总是把同事、爱人、厨师、情人和朋友换个不停，不也是为了追求一段更好的人际关系么？我们追求自我完善，其实就是升级文化的一种体现。升级并非从天而降的魔术，而是源自工业界的有意设计。谢尔比电气公司出品的灯泡闪闪发亮，折射出了升级文化的第一道光线。

升级文化再次闪耀，已经到了1989年。地点远在五千六百英里（约九千公里）之外。当时，苏东阵营分崩离析，柏林墙也已不复存在。在那一年的某个时候，历史学家君特·赫斯（Gunter Hess）避开众人的目光，走进了东柏林的一处楼宇——此地乃是奥斯拉姆电力公司的总部。

档案室内，柜子已经东倒西歪，各类文件由此倾斜而出，撒了满满一地。那一刻，赫斯也有些头晕目眩。他找到公司的行政记录并翻看起来。其中的某些内容很快吸引了赫斯的注意：1932年，奥斯拉姆的两位主要负责人前往日内瓦，和全球另外五家最大的电力公司进行了一次会面。会面中那隐秘的几分钟，就记录在赫斯手中的档案里。好吧，其中到底有些什么秘密呢？一晃二十多年过去了，笔者和赫斯在柏林的一家咖啡馆碰了面。他打开手边的公文包，取出了一份文件。

原来，那一次五大公司相约日内瓦，是为了达成一项攻守同盟。他们的决定将会改写历史的面貌。根据协议，五大公司组成了一个名为菲巴斯（Phoebus）的秘密联合体。联合体的宗旨只有一个：任何企业胆敢制造使用寿命超过六个月的灯泡，即会被五大巨头联手封杀，逐出电灯行业。

没错，您可能有过类似的遭遇：灯泡用了不到半年，就必须进行更换。可是，我们无论如何也不肯相信，这个现象背后竟然还有如此一番隐情。赫斯手中的文件给出了白纸黑字，证明如此事情确实存在——企业界有意缩短货物寿命，以便售卖替代品。

菲巴斯的奠基者除了奥斯拉姆的代表威廉·美茵哈特（William Meinhardt），还包括荷兰电力巨头飞利浦集团的创始人安东·飞利浦（Anton Philip）。他们都想把更新换代变成一项系统工程。即便是一只灯泡的寿命，也必须符合联合体的规定。敢于逾矩的公司自然会得到严惩。

联合体规定下的灯泡的使用寿命应不超过六个月。如有企业违反规定，则应交纳一笔数额巨大的罚款。罚款应用德国马克或瑞士法郎支付。

请注意，联合体中的五大巨头可不仅仅出产灯泡。现代生活的种种必需品，都在他们的产品名录之中，比如路灯、电话线路中的铜丝，比如船舶、桥梁、列车与有轨电车所需的种种线缆。此外，他们还生产冰箱和微波炉之类的消费品，为汽车、家庭和办公室提供电路设备。自 1932 年的那次会议开始，以上所有物品都必须遵守联合体的规定——缩短寿命、以便更换。

两千多年以来，人类总以制造“使用寿命最长”的产品作为品质的象征。如此看法，即将走到尽头。相反，大规模工业生产的时代里，一种寿命有限的商品才符合厂家的意图。

每种商品的寿命上限，都被详细地记录在了一个电子表格之中。这张表格，君特·赫斯特地向笔者做了展示。上面的刻度单位密密麻麻有如蛛丝，每一个小格都象征着产品应有的年限。显然，大多数消费者绝对不会知道其中的奥秘。至于利沃摩尔消防站上方的那盏百岁灯，只是逃过了联合体的死刑判决而已。

可是，我们能因此而对“菲巴斯”大加谴责吗？那可是 1932 年，整个自由世界正在挣扎蹒跚，力图摆脱萧条，重振经济。要知道，蠢蠢欲动的希特勒很快就会执掌德国的领导权。菲巴斯方面的有关计划表面看来只是为了售卖灯泡，其实还有拯救资本主义和民主政治的功用——要把危机下的世界拉出泥沼，大家必须继续大买东西才行。

新兴事物的诞生

伦敦摄政街，苹果专卖店的门外聚集了足足两千人。大家来到这里，只为买到最新款的 iPhone。他们站得很是安静，还不忘划拉手中即将过时的苹果手机（准确点说，他们的手机即将在十分钟内沦为上一代产品）。如此场合，自然需要警察维持秩序。可是，维持秩序的警察们也在玩手机。两千人排成了一条长蛇大队，漫过两条街道，一直伸进了附近的某处公园里。

占据最为有利位置的那群人，已经足足等了四十八个小时。其中，领头的那位老兄干脆坐上了一把钓鱼椅。他的身旁除了一张可折叠床垫，还有一张橡胶篷布可以遮风挡雨。那个小小的燃气炉，能够给他供应热汤。星期六的下午，此人就这样全副武装地守在了这里。一晃眼过去，如今已是星期一的早晨。

“有个问题想请您指教一下。”笔者向这位排头兵发问，“最新款的 iPhone 到底有什么了不起的功能是您手中这款苹果手机所不具备的呢？”听到此言，对方不禁眉头一皱。显然，笔者这个问题实在蠢得有点烦人。“你什么意思？”他如此反问。“哦，我是说，您愿意在这么冷的天气里等上足足四十八个小时，想来那最新一款的苹果手机一定有什么不同凡响的地方咯？”

对方叹了口气，身体略略向前一倾：“因为那是最新款的啊！”没错，最新款的苹果手机的不同凡响之处，就在于它是最新款的。还有四分钟，时钟即将指向上午九点。待到店门一开，穿着蓝色 T 恤衫的店员们肯定要大吼大叫才能控制住这汹涌的人群。到时候，苹果公司的最新款手机即将面向全球发售，笔者的这位朋友则会成为摄政街上最先拥有它的人。只需两分钟，第一批买家就会把他们的所得所获放在易趣网上进行拍卖。一经拍卖，全新的苹果手机瞬间就会变成旧货。

新是淘汰换代的基础，也是任何商品都会存在的缺陷。距离利沃摩尔消防站和百年老灯不远的一处仓库里，满满当当都是各种未曾启封的最新器具——手机、平板电脑、笔记本电脑、打印机、微波炉、卫星导航仪、耳机、无人机……有了它们，一个人可以完成自我升级，而不至于横遭淘汰。它们都还静静地躺在包装盒里，没人动上一动。它们的数量惊人，属于计划送出的慈善赠品。也许，就在等待分配的过程中，它们就将成为上一代产品。

“这些东西你们打算送到哪里去？”笔者问仓库的管理员。他表示：某些物品将被寄往巴尔的摩，某些的归宿远在孟加拉国。哪里有需要，温暖就会送到哪里。可是，如此一番好意，对方却未必愿意欣然接受。即便身在世界上最为穷困的国度，人们也在追求最新一款的商品。这一点，和富国的情况一模一样。各位慈善家面临的问题也正在于此。

2008 年，笔者来到马拉维进行访问。这个地方位居全球最不发达国家的行列。马拉维的偏远乡村当中，电力和清洁水源都十分匮乏。可是，当地的一些村民却已经用上了苹果手机。而且，他们已经把智能手机当成了现代化的重要象征。《金融时报》记者威廉·瓦里斯（William Wallis）曾在 2016 年指出：“智能手机在撒哈拉以南非洲的江湖地位，可能和十九世纪欧洲人眼中的蒸汽机车差不多。要知道，当年的‘铁马儿’可是经济发展、政治变革的动力。”

企业家马克·埃辛（Mark Essian）在尼日利亚经营旅店。在他看来，非洲的基础设施确实存在很多缺陷。可是，这些缺陷也会成为非洲大陆快速升级换代的重要优势。“对于非洲而言，未来技术发展的方向并不在于追赶。大家不妨看一看我们的缺陷。其实这些缺陷大有可能成为机会。只要抓住机会，也许我们能够做出一些关键的创新，从而一跃向前而位居世界的最前列。”

根据麦肯锡的预测：2025 年之前，撒哈拉以南非洲的半数居民都将成为互联网的使用者，换算下来，该地区拥有的智能手机数量至少应该达到三亿六千万台。一批适应当地生活的 APP 程序已经大行其道——肯尼亚人可以利用 i - Cow 放牧牛羊；加纳的“hej julor!”旨在提供私人安保；在乌干达，Yoza 提供的服务就和优步差不多。只不过，乌干达版优步的共享服务是由洗衣大婶提供的，你如果不愿亲自动手处理衣物，大可掏出手机请她们帮忙。想一想吧，一台戴尔牌印刷机的使用寿命约为十年。放到亚洲或者非洲，这种东西已经完全没了销路。升级换代、追求最新的意识在亚、非等地已经根深蒂固。在这方面，发达国家完全无法比拟。毕竟，升级换代意味着奋勇争先。发展中地区也许可以借此在世界上发展最快的两大市场中获得优势。

对此情况，各大科技公司当然乐于跟从。如果你忘记升级电脑中的 ios 软件，有关公司也会替你代劳，帮助你赶上其他人的脚步。升级换代就是这样一趟列车，大家都是上面的乘客——只能跟从，而无法逃脱。

升级换代、计划淘汰——这算是菲巴斯联合体的发明。如此规则，也得到了其他行业的相继跟从。于是，它们相继立好了各自的规矩。总之，任何产品（无论是灯泡还是 ios 软件）都必须遵循一定的生命周期。可是，要让人类对产品升级产生依赖，让他们打心眼里总想占有那最新一款的新鲜玩意，依靠简单的淘汰可是完全行不通的。商界急需一种全新的观念才能达成目的。也就是说，所谓的“计划淘汰”必须遭到淘汰才行。

设计缺憾

以现在人的眼光看来，二十世纪五十年代似乎是个纯真的时期。那个时候，大众应该还对企业和商界的种种营销伎俩一无所知，如果你这么想，那可真是大错特错。战争刚刚过去，二十世纪五十年代的人们无疑从中学到了不少东西。

而且，那个时候的大多数人都在制造业中工作。生产线上的实践，让他们能够明辨商品的真正价值。简而言之，当时的人们已经足够聪明。想要蒙骗他们，其实并不容易。

1951 年，埃林格电影公司推出了喜剧故事片《穿白西装的人》（*The Man in the White Suit*）。片中，亚历克·吉尼斯（Alec Guinness）饰演的科学家误打误撞地发明了一种神奇物质——它绝不褪色、永不破损，甚至没有弄脏的风险。可是，神奇的物质并未给他带来天才的名声。工会和产业界反而联起了手，千方百计地想要摧毁他的发明。

《穿白西装的人》无疑意在讽刺：首先，所谓的计划淘汰并不合理。再者，工会和产业界一直都在蒙骗大众。影片一经问世便大获成功。由此看来，各位观众对于企业界的各种关门会议以及其中的蒙骗手段早就是积怨已久了。至于吉尼斯饰演的这位反英雄，他的一袭白衣也有其象征意义——在一个诡诈的世界中，我们仍然需要诚实和正直。

其实，影片的两位编剧罗杰·麦克多加尔（Roger MacDougall）和亚历山大·麦克肯德里克（Alexander MacKendrick）并非只想简简单单地抨击资本主义。在讽刺资本家的同时，他们也把矛头对准了工人阶级。影片中，明显流露出了一种全新的幻灭情绪——消费者之梦，似乎也在消散之中。这种幻灭，似乎比政治家失去信任的后果还要来得严重。可是，消费主义一旦破灭，经济发展无疑会遭到当头一棒。请注意，二十世纪五十年代可是一个关键时期，为了推动经济，西方各国都希望人民能够充分释放购物欲。

《穿白西装的人》上映那年，工党政府正在谋求连任。为此，他们推出了福利国家的方案。不过，方案并未能刺激消费。工党的失算，让温斯顿·丘吉尔（Winston Churchill）仿佛嗅到了重夺首相职位的良机。为此，保守党方面特地昭告天下：“我们需要繁荣和富裕，期待创造更多的财富，这些东西，可比阶级平等要重要得多。”

丘吉尔如此表态，当然是为了感动某个新兴阶级——他们叫作消费者。不列颠要想达成复兴，消费者可是重任在肩。1950 年，朝鲜战争爆发。一时间，整个世界面临着两种主义之间的选择——要么是共产主义，要么是资本主义。

丘吉尔和美国总统杜鲁门自然想要资本主义获得胜利。为此，消费者必须完成使命。唯有消费得到刺激，经济才能发展起来。就这样，消费主义不再仅仅等于血拼，而是冷战中的一件武器。

冷战中，两大阵营同时为人民描绘出了一幅美妙的图景。他们还承诺：自己一旦成功，人民将获得无上的自由。东方国家有坦克作为武器，西方世界的王牌则是消费者。共产主义的自由关乎阶级的解放。资本主义的自由，就是自由自在地大买特买。

如此一来，似乎资本主义更有赢取人心的能力。面对劳动者，资本主义可以抛出实实在在的诱惑——只要努力，工人就可以添置如此这般的各类物品。至于东方阵营，则只能通过意识形态凝聚人心。冷战当中，琳琅满目的各类货品就是西方国家高人一等的证据所在。各位国民踊跃消费，则是在履行为国尽忠的职责。

不过，问题随之而来。“消费即职责”的理念当中其实埋藏着一层隐患，而消费者早已为之怨声载道了许久。“设计淘汰”这回事的存在，不就是对消费主义的无情嘲弄吗？至于消费者的义务当然更是无从谈起。如果一切都是商家设好的局，消费者何必还要乖乖上钩呢？因此，各大商家要想重唤大众的消费热情，就必须想出一个全新的由头。

小阿尔弗雷德·斯洛恩（Alfred Sloan Jr.）曾是通用汽车的首席执行官。在执掌通用的三十年间，斯洛恩可谓是行家里手。但是，他却长期生活在另一尊巨像的阴影底下。斯洛恩的对手——福特汽车的亨利·福特（Henry Ford）——不但堪称汽车行业中的创新天才，甚至开宗立派，成就了一种主义，也就是福特主义。

福特的创意其实由来简单。十九世纪八九十年代，芝加哥的屠宰场给了他极大的灵感。屠宰场中，工人总能快速而准确地将动物尸体分解开来，而后一块一块地悬上传送带。如此一来，世界上第一座现代化生产线得以发明完成。福特觉得，自己大可把整个过程逆转一番。屠宰场肢解牛体的办法，正好用来装配汽车。

就这样，亨利·福特促成了大工业化生产的一次革命。1908 年，著名的福特 T 型汽车走下了流水线。至于斯洛恩和通用汽车，则成了这次自动化革命的见证人。可是，到了 1956 年，斯洛恩也迎来了一次改写历史的机遇。他将重启“计划淘汰”的理念并且改变消费者对此的观念。

1954 年的一次广告会议上，来自密尔沃基的工业设计师布鲁克·史蒂文斯

（Brook Stevens）面对各位与会人士发表了一次演讲。其间，史蒂文斯谈到了战后工业界面临的一大挑战——他觉得，这次挑战的规模非同小可。“我们必须在消费者的头脑中植入一种理念，让他们永远追逐那新一点、好一点和近一点的产品，而不仅仅只是采购必须采购的东西。”

如此目标，到底怎样才能实现呢？斯洛恩已经打好了主意。一度遭到摈弃的“计划淘汰”就是他那个主意的核心。为此，斯洛恩先得给消费者们洗洗脑。在他看来，人类对过时这个概念应该有所改变。

斯洛恩觉得，一种车型畅销与否，与其机械性能其实已经没有太大关系。相反，消费者的好恶才是决定性因素。因此，通用汽车应当下大力气“改造”消费者的大脑，让他们变得极度喜新厌旧。个中的关键点被斯洛恩总结成了一个专有名词——设计缺憾（engineered dissatisfaction）——听来极度冷酷而又富有智慧。

若想了解关于设计缺陷的种种细节，不妨参考斯洛恩的自传《我在通用汽车的那些年》（*My Years with General Motor*）。他表示：“我们对于新车型的改进必须足够新潮和拉风，以便刺激需求……而且，新车型必须适当保留一些旧有款式的缺陷。”这种缺陷，乃是生产过程当中有意为之的结果。它能让消费者心生遗憾，并由此生出继续购买的心思。

斯洛恩的计划能够实行，还要感谢一位关键人物——汤姆·马塔诺（Tom Matano）。二十世纪四十年代末期，尚在东京生活的少年马塔诺见识了各种各样的美国商品，比如派克笔，可口可乐的瓶子和通用电气的冰箱。它们的设计叫他目眩神迷。后来，马塔诺急不可待地移民美国，投身通用汽车成了一名见习设计师。

马塔诺的第一个任务，就是把设计缺憾从概念世界搬到汽车的身上。1956年出品的雪佛兰·贝尔艾尔（Bel Air）汽车寄托着斯洛恩的理想。当年的原产车型，马塔诺还保存了那么一辆。他开着车、搭着笔者，一路驶过了金门大桥。“你看，汽车的前挡板是不是在闪闪发亮？”顺着马塔诺的提示，笔者发现汽车的蓝色外壳确实在蓝天之下泛着光彩。“当年，我们还是从指甲油当中得到了灵感。总之，雪佛兰·贝尔艾尔应该是一种装饰品，必须要同用户的衣服和皮包合衬。”

当年的顾客买下一台贝尔艾尔，还会得到一本附赠的使用手册。手册之中详细介绍了将于六个月之后面世的全新一款贝尔艾尔的种种改进之处。这本手册，就是斯洛恩设计缺憾思想的中心。由此，你一旦成为雪佛兰车主，就会立即生出一个念头：未来还有更好更新的车型即将面世，而我的座驾即将过时。其实，眼下这台车也不算旧，却也不够新。但你会为此生出深深的憾意，由此向往那最新一款的产品。

那么，马塔诺又是如何看待自己的工作呢？“我感觉自己是个服装设计师，而不是简简单单的汽车工人。其实，拆开外壳，新款和旧款两种汽车在内里并没有任何分别。不过，那些细节却让我们下足了功夫——饰品也好，尾翼也罢，就连汽车的颜色也经过深思熟虑。正是它们拉动了销售量。”

阿尔弗雷德·斯洛恩的理念，似乎颠倒了应有的主次顺序。汽车的性能和马力，不再成为销路的关键，反倒是装饰上的种种巧思被他引为要诀。正是这些巧思，让消费者在新车到手、心情喜悦之余又生出几丝惆怅：新车虽好，但很快就会过时。作为买家的“职责”，并不会因为买下一款最新车型而就此完结。由此，一种缺憾的感觉就已经成功种进你的心田。

通用汽车的那段见习经历，让马塔诺受益匪浅。后来，他成了丰田汽车设计部门的主管。笔者问马塔诺：“身为学徒的时候，你是不是觉得自己的所作所为是在给消费者下迷药呢？”“哦，怎么会呢。把旧车当作新车来卖可是斯洛恩的天才创意。简直太棒啦。”

没错，斯洛恩重新按下了过时作废的启动键。由此，大家的心中都有了一重疑虑，仿佛我们一旦买下某种商品，“限期作废”的时针便开始滴答走动。而且，商品还带着与生俱来的缺陷，缺陷又来自厂商有意的精巧设计。

当时，买下某种商品可能带来一瞬间的愉悦，毕竟，商品会在那一瞬间保持崭新的状态。在那一瞬间，你暂时无须担心它会过时。为了一瞬间的愉悦，笔者那位朋友才会大费周章地在苹果专卖店的门口占据最前的位置。可以想象，一台毫无过时痕迹的手机，可以迸发出很多的快乐之光。

药物与循环

加比·齐克尔曼（Gabe Zickermann）的住所距离金门大桥只有咫尺之远。

他体格粗壮、脑门光光，让人想起和尚。这座房子倒不是很宽敞，和主人的身型极不相称。家中的陈设多有亚洲风味，除了屋内的冥想室，屋外还有一个种满楠竹的庭院。

齐克尔曼是位预言家。他利用神经科学的知识探究销售的秘密。他想知道：到底是什么东西刺激了我们的大脑，从而生出了购物欲？

谈起自己的研究，齐克尔曼显得活力满满："世界上到处都是想要卖东西的公司。他们又打算如何达成销售的目的呢？其实，销售所用的花言巧语，实在无法骗过意识清醒的大脑。但是，聪明的我们自然也知道企业就是要通过产品的循环升级来赚钱。对此，我们只能适应，甚至还编出了一套说辞用于自我劝服。过去，说辞的主旨在于消费者的忠诚度。对于一种香烟或者一款洗衣粉，我们可以长期购买、追随终身。如今，产品的升级换代，让我们不得不对品牌忠贞不贰。随着产品的日臻完美，我们也必须买个不停。"

升级可不仅仅限于产品。其实，人生也该有所提升。为此，大家都在不断努力：寻觅更好的度假地点、去健身房打造更健美的体形、通过约会软件安排更理想的对象、食用健康食品让身体更加健康。产品不断更新换代，正好符合我们追求提升的心理。由此，人类自身也成了一种可供升级的产品。我们就这样被摆上了货架，以供其他人挑选和评议。

产品的升级过程，也是我们一路向前的人生之旅。看着最新最热的各式商品环绕在侧，大家当然需要提醒自己：我们也得和这些物件一起与时俱进。不断更新换代的科技，就这样融入了我们的日常生活。久而久之，双方仿佛已成一体。

最新款式的某种商品带来的欢愉只能持续千分之一秒。正是这短短的时间，激起了齐克尔曼的兴趣。各大公司自然也想知道其中的秘密，而齐克尔曼就是他们的求教对象。"某种新鲜商品到手之后，我们的头脑中都会生出受赏一般的兴奋感觉。伴随兴奋的感觉，一股内啡肽也会冲上脑际。由此而来的欢愉简直妙不可言，我们自然乐在其中。可以说，那种欢愉如毒品一般。购物—受赏—兴奋感，这就是一种循环。渐渐地，我们会对这种循环产生依赖感。"

谈话过程中，笔者和齐克尔曼不断提到"销售疗法"和"血拼上瘾症"这两个词。当然，我俩的口吻都充满着戏谑的气味。其实，所谓"销售疗法"和"血拼上瘾"只是对某种复杂神经现象的简单归纳。它们并非我们刻意追求的事物，而是新货到手所激起的兴奋感觉，而且，它会飞速消散。通常情况下，网络卖家的确认信还未寄到（或者顾客的脚步还来不及走出店门），兴奋的感觉就已经烟消云散。为了再现那种美妙滋味，我们只能继续购物，追求更好和更快的各类商品。

每隔六个月，斯洛恩的生产线就会推出一款全新的雪佛兰。如今，这种计划性的更新换代早已成为各大企业的长期战略。对此事实，无人可以阻挡。甚至，升级更新已经成为大众的思维方式。这种思维方式在我们的头脑中激荡沸腾，根本无法停歇下来。只有内啡肽汹涌而起的畅快感觉，才能缓解我们的愁绪。想要唤起那样的感觉，只有弥补设计缺陷这唯一一条途径。换句话说，唯有买买买，才可以慰藉心灵。

您中招了吗？

2007 年的某天，一个穿着黑色 polo 衫的高个男子走进了发布大厅。在他身后，立着一面巨大的黑色背景。背景上的银色苹果商标熠熠生辉。男子在舞台当中站定。面对观众，他宣布：“今天是个重要日子。我对此可是期待已久。没过多久，一款具有革命意义的产品将会改变世界。能够参与产品的设计和制造，可以说是我莫大的荣幸。”

“1984 年，苹果公司推出了麦金托什机。它不但改变了我们这个公司，还让整个电脑行业发生翻天覆地的变化。2001 年，我们推出了第一款 iPod。它让我们欣赏音乐的方式全然变迁，还给音乐产业带来了一场革命。”随着男子娓娓道来，台下也传出了阵阵掌声。

“今天，我们将再次推出三种革命性的产品。”男子一边说，一边转头看向身后的屏幕。屏幕之中的图像，随之映入了大家的眼帘。定睛看去，仿佛就像神迹闪现。“首先，我们将推出一种带有触屏按键的宽屏 iPod。”男子表示。

那确实是一尊神像，但却和我们印象中的神灵大不一样，没有希腊正教所用耶稣像的那种神秘感，也不像《在水边》里马龙·白兰度（Marlon Brando）那张脸一般叫人望之俨然。那就是一张普普通通的儿童简笔画，画中是一个白色的 iPod，嵌在明黄色的背景当中。大家看在眼里，手上鼓掌的动作也是愈发给力。

“而后，我们将会推出一种革命性的手机。”男子话音刚落，屏幕背景立即转为绿色。正中，出现了一款白色手机。人群有些骚动了，好些观众干脆站起了身。“第三种产品是一种突破性的上网工具。”大厅终于陷入了一片沸腾。

“三种产品——最新的 iPod，一款手机，还有一种网络上网工具。这就是我们即将呈给世界的最新产品。”男子的语调非常缓慢，几乎是一字一顿。大家听来，有如符咒一般。与此同时，男子口中的“iPod，手机和网络连接器”在屏幕上晃动飞闪，速度越来越快，最终，三者合而为一，化作一种全新的物件。“你们还没明白？还没明白吗？”男子大声说道，“我们的新产品并非三种独立的玩意儿，而是一种全新的东西。这种东西，我们叫它 iPhone 手机。”

就这样，史蒂夫·乔布斯（Steve Jobs）的几句豪言壮语，就让整个世界的旧貌变了新颜。一般而言，企业家的豪言壮语都有言过其实之嫌。可是，乔布斯的话语其实还有些过分收敛。没错，他的最新产品不仅仅是未来的一部分，甚至改变了整个未来。正当乔布斯在为新产品发布会的稿子斟字酌句的时候，世界正被卷入一场巨大的金融风暴。华尔街一片狼藉，而银行系统也濒临崩溃的边缘。灾难过去，苹果手机将会取代银行的位置，要知道，iPhone 虽小，其计算能力却足以击败阿波罗十一号。但是，iPhone 带来的革命浪潮却是无人能够预见。哪怕乔布斯本人，也会因其后的种种事情而大吃一惊。

没错，iPhone 不仅仅是一种和外部世界互联互动的电子产品。这种虚拟产品的设计方案，将会改变整个实体世界。如今，乔布斯推出的苹果手机，其实也不过罗盘那么大。哥伦布和乔布斯都是第一个踏入崭新天地的先驱人物。不过，新天地带来的全新生活，两位先驱也无法全然预测得见。

特殊的五面螺丝

为了设计苹果手机，乔布斯曾经求教过许多设计师。丹·克劳（Dan Crow）正是其中之一。此人的工作室位于伦敦的硅谷十字路附近，而我们正是在那里见了一面。没错，iPhone 是一项伟大的发明。但是，笔者想知道：苹果公司的升级策略（从第五代一直延续到第十代）到底和斯洛恩的设计缺憾理论有没有关系？作为设计方，克劳等人有没有故意留下缺口，以便后续反复收费的意图呢？

丹·克劳啜了一口水，悠悠地说：“随着手机更新换代，苹果也在不断进步。从二十世纪七十年代开始一直如此。如今，苹果的进步不也有赖于不断升级吗？这个现象很是有趣。但是问题在于升级需要技术支撑，不过，如今技术进步的速度正在变得越来越慢。”

透过“工程缺陷”的视角，乔布斯发现了问题所在。即便iPhone的第七、第八、第九、第十代相继而来，公众迟早也会把问题看穿。“新手机可能配有新的传感器、更好的摄像头、金色外壳之类的新鲜卖点。可是，明眼人都能发现技术创新实际已经停滞不前。产品似乎已经撞到了天花板，无法继续变得更好。”

创新总会停滞不前，这一点无可避免。要想摆脱这种规律，就必须脱离原有的曲线而进行全新的发明。正因如此，苹果公司并未躺在麦金托什机的功劳簿上止步不前。它们明明已经创造出了长颈鹿的蓝图，却又很快将其抛在一边并着手开始描绘犀牛、狮子和鲨鱼。乔布斯的天赋，正在这永不停歇的升级过程当中展现出来。因为他很清楚：仅有长颈鹿，远远不能满足大众的求新心理。即便商家想尽计策，把长颈鹿的花纹、颜色和外貌改来改去，广大消费者迟早有一天也会因为厌烦而选择其他。

在丹·克劳看来，颜色可不是什么小事情。一旦商家开始对商品的配色和外形严加考究、肯下功夫，这种商品的创新空间其实也就走到了尽头。鲜亮而耀眼的颜色，似乎在向公众传达一种信息：这种产品，其实还有创新的余地。雪佛兰汽车如此，iPhone手机自然也得遵从一样的规律。正因如此，苹果公司才会如此注重开发新产品。他们要赶在消费者识破真相之前，及时推出更加新奇的东西。

斯洛恩和通用汽车的经验，给了乔布斯很大的启示：产品升级可以耗时很久。不过，新产品终归才是企业发展的正道。如今，通用汽车已经深陷困局。究其原因，自然是未能及时推出真正的新产品。吸取教训的乔布斯，自然不能让苹果重蹈覆辙。通用的前车之鉴，才是斯洛恩给予乔布斯的真正教益。

苹果手机问世之前，乔布斯和他的公司也曾遭到消费者的诟病。毕竟，他们当时的所作所为，和菲巴斯那种传统企业联合体的有关规定简直如出一辙。

因为设计缺陷的理念，苹果公司差一点被拉入漩涡中的深渊。

2004 年，纽约，一位名叫凯西·内斯塔特（Casey Neistat）的学生拨打了苹果公司的售后客服专线。那个时候，乔布斯旗下企业的主要产品还是 iPod。内斯塔特此次求助，是因为他那个 iPod 出了一点问题。

为了解决问题，内斯塔特向苹果的售后服务部门打去了一通电话。他想知道，自己应该如何更换 iPod 的电池。“那个 iPod 可是花了我 400 美元。既然电池有问题，我当时想把它修好。”可是，对方却表示，更换电池需要 250 美元，而一个全新的 iPod 也不过比这个价钱多上一点。那人还说：“与其送修，您还不如另买一个新的比较划算。”

如此建议，凯西却不想接受。对方立即步步紧逼：“您的 iPod 用了多久?”“十八个月而已。”凯西回答。“哦，那就对了，已经超过年限啦。”

超过年限？换言之，一个 iPod 的使用寿命难道才一年多一点？苹果公司从没指望自家的拳头产品能够活过十二个月。按照相关规定，售后服务部门有义务为凯西提供一块新电池。可是，公司的销售政策更为倾向于让凯西以及所有其他的消费者购买新款。为此，凯西等人还需再付 400 美元。

事情为何发展到这个境地呢？其实，当时的苹果公司正好处于两难之中。公司的状况不像福特汽车，倒和曾经的路虎（Land Rover）十分相似。和路虎一样，苹果也是市场上的领先者。为了保持头号创新企业的地位，乔布斯等人很想为市场份额设立一个上限。这个上限，甚至要比销售额重要得多。如果设计完美无缺，一切销售成绩都将化为乌有。

如此一来，苹果公司自然要为 iPod 瘦身，以保证它不会在您的口袋或者上衣里挤占太多的空间。按照苹果公司的商业原则，产品的实用性必须给设计让位。也就是说，比起狗的躯干，乔布斯等人更为看重那条狗尾巴。因为苹果不肯在设计上做出任何妥协，凯西·内斯塔特的 iPod 才会如此短命。对此，凯西·内斯塔特十分恼火。他特地搜罗了一大堆苹果公司的纸媒广告（上面赫然有着人们戴好耳机、摇摆起舞的情形），写上“苹果的肮脏隐秘：iPod 的电池无法更换且只能维持十八个月！”的字样，并在纽约街头四处张贴。

这次行动，凯西·内斯塔特还安排了专人进行拍摄和记录。视频一传上网，便引起了万众关注。美国的《华盛顿邮报》、福克斯新闻台以及英国的《滚石》杂志和 BBC 都把凯西·内斯塔特的遭遇当成了重要新闻。凯西·内斯塔特不但引起了人们对苹果电池的关注，还掀起了新一轮的草根“反升级”运动，参与其中的人，都自称“破解一族（iFixit）”或者“反升级”分子。他们大都通晓相关技术。通过对各种产品进行分析拆解，“自修一族”渐渐摸透了其中的秘密。而后，他们即将为广大消费者讨还公道：产品无须更换，修理就行。

卡尔·赫布劳（Carl Hebrau）在硅谷的一家小型技术企业工作。公司刚刚创立，而职员的形象却和想象当中不大一样：在这里，没人穿着卡其裤和衬衫。乍看上去，赫布劳和他的同事们倒是更像汽车修理工——棕色的工装裤，外加翻领上那醒目的“破解”标志。市面上但凡出现什么最新技术，赫布劳等人都会立即进行拆解。而后，他们即会推出自己的劳动成果——一份修理说明书。要知道，过去的十几年来，就连冰箱和洗衣机都没有附赠说明书。

工作以来，赫布劳已经制作了上百份这样的说明书。而且，他还会拍摄视频放到视频网站上，以便各位用户有样学样。有了他的帮助，各位用户惊然发现：自己居然能够修理许多意想之外的东西。赫布劳认为，其实大家都不怕麻烦，要不然他的视频和手册不会拥有如此多的观众与读者。

苹果手机，自然也是卡尔·赫布劳的拆解分析对象。不过，拆解过程之中，赫布劳却发现了一点蹊跷：机体之外的螺丝一共有五个面，而且，自己手中的任何螺丝刀都无法予以开启。

笔者来到赫布劳的工作室并对他进行了采访。那么，他如何看待苹果手机的螺丝钉问题呢？“他们就是想把消费者拒之门外呗。其实，只要成功撬开盖子，就会发现一点，那里面还是标准的飞利浦牌螺丝钉。外面那个五面钉显然不是出于美观，更不是什么实用上的巧思。它不过就是一道闸门，防止外人窥探其中的秘密。”话说回来，五面钉并未拖住赫布劳的脚步。他自制了一把螺丝刀，由此打开了苹果公司的秘密之门。至于那种螺丝刀，现在也成了随处可得的普通东西。

五面钉的秘密，让笔者非常感兴趣。为此，笔者特意联系了苹果方面并提出采访的请求。最终，笔者前往伦敦中心，在某座大厦和苹果公司的代表会了面。一间巨大的玻璃房内，笔者见到了一位戴着眼镜、衣着优雅的男士。他叫本尼迪克特·伊文思（Benedict Evans），是一位技术研究人士，同时身兼苹果的发言人。

“您觉得，苹果手机每一次升级换代到底有没有带来实质上的进步？又或者，苹果公司只是在利用设计缺憾的技巧来促进销售呢？”笔者问道。

“如大家所见，苹果手机取得的进步是巨大的。产品都采用了最新科技，而我们公司一向致力于为用户营造快乐的体验。”伊文思表示。

“哦，同样的问题我曾经抛给过一位苹果手机的忠实粉丝。为了买到最新款手机，他可以费尽心力排到队伍的最前端。为什么他也不清楚苹果手机到底有些什么最新功能呢？”

“消费者的职责并非了解技术。对于知之甚少的领域，他们也无须置评。”

苹果手机的用户实在众多。其中，“破解分子”只占少数。伊文恩认为：苹果公司的产品要为绝大多数客人服务。对于绝大多数客人而言，手机只是一种使用工具而已。哪怕出现什么问题，他们也不必劳神费力地自行处理。

至于升级换代，伊文恩的态度更为清晰。升级换代又有什么可怕的呢？

“对于升级换代持有争议的人士无非认为：消费越少，社会越好；生活节奏越慢，大家也会更为舒适。我觉得，他们比较适合生活在以前那个90%以上人口从事农业的年代。我们摆脱土地束缚的故事，同样也是消费激增的过程。”

因为苹果手机，数十亿人的生活发生了改变。如果大家因此对于升级的概念产生了无法割舍的迷恋。这种迷恋也并非一种经过策划的结果，对此，苹果公司自然无须负责。

没错，许多人都选择丢弃刚刚买到的新货，转而追求更新更好的款式。这种现象，只是升级造成的结果。大家如此折腾，不过是出于崇优的心态而已，虽然真正的“优质产品”永远无法到手。它所在的彼岸，我们终其一生也抵达不了。不断升级换代的苹果手机，就是这样一个最佳追逐的平台，而消费者则是孜孜不倦的运动员。

其实，升级的文化超越了苹果手机本身，也超越了由此而来的一切批评。升级文化早已吞噬一切。可是大家也都清楚，那是一个无底洞。最新最快的产品并不会带来真正的快乐。可是，消费者们还是在买个不停。升级的意义，到底又在哪里呢？

在批评之下，升级换代仍是乐此不疲。究其原因，大概在于我们错把产品换代等同于技术进步，要知道，技术进步这种东西完全无从质疑。我们产生如此错觉，还得感谢阿尔弗雷德·斯洛恩的天才创举。我们渴望升级换代，不仅仅是迷恋新生事物，甚至也不是内啡肽汹涌澎湃的快感产品，一切的一切，来自我们的自身期许——每个人，都想成为更好的自己。

物种进化：人类的2.0版

人类终于有了升级自己的能力，这在历史上尚属首次。想一想，上海的巨富阶层即将呼吸到的空气，可和那些与他们同处一地的普通居民大不相同。到了北京，情况也大概一致。有些人的居所位于联排别墅之中，在那里，主人还可以享受加拿大落基山脉空运而来的醇美空气。总部位于阿尔伯塔的维他空气公司（Vitality Air）就做着这样的生意。他们提供的空气堪称“全球最洁净”，每罐售价20～30美元，大约能供消费者呼吸150～200次。“我们的中文网站简直要被挤爆了。”公司的中国区代表哈里森·王（Harrison Wang）表示，“外边的空气质量一旦下降一点，我们的销量就会火箭一般上升。雾霾，就是我们最好的广告。”

埃塔尔（Aethaer）公司同样以贩卖空气为业。在公司网站上，我们可以读到以下内容：“我司提供的产品乃是通过有机的方式从大自然中提取而成，它带有林间树木的青翠之味，它拂过山间的清泉与小溪，由此带有水流的纯净。”如此甘美的空气被装进了玻璃瓶中，贩卖到世界各地，每瓶售价达到80英镑。在公司创办人里奥·德·瓦茨（Leo De Watts）看来，他的这些产品就像高级红酒，供人品鉴的同时还能带来特别的芬芳气息。

如果你无法一直待在室内享受维他和埃塔尔的特供产品，还得走出家门面对漫天的污云浊气，那么，以下的这种产品将是你的选择——它叫激光蛋，单价79美元。对于空气质量，它可以起到实时监控的作用。杰斯·林（Jess Lam）是科技公司“首创”（Origins）的创始人。这种“激光蛋”正是他大力推广的发明。“既然大家需要一种客观的空气评估系统，我们的产品一定可以成为您控制环境的主要工具。”

就这样，上海方面正在努力升级空气质量。这座城市的污染程度十分严重，同时，它也是许多世界巨富的居所所在。比起上海，伦敦的污染情况其实也没好到哪里去。不过，伦敦也集结了海量的富人。其实，如果你沿着地铁朱比利线，从西敏寺（Westminster）一路走向伦敦东部，一定会发现一个现象：每过一站，附近居民的预期寿命便会短上一年。坎宁顿（Canning Town）距离西敏寺已有六站之远。相比西敏寺的各位住民（平均预期寿命为七十八岁），坎宁顿人的预期寿命竟然足足少了六年。

其实，富人总比穷人要长寿一些。不过，在十九世纪，富人长寿的原因不过就是饮食更好、社会地位更高而已。可是，如今的寿命差距却和生物学带来的升级机会有关。这些机会，明显对富人更加有利。

按照脑机联机计划（Brain - Computer Interface，BCI）的构想，我们可以借由可穿戴装置帮助残障人士或瘫痪病人回到正常生活。其实，同样的技术也能用于机械增强手术，从而塑造一个更强的你，也就是一个历经自我升级的人类。他既不是机器，也非凡胎肉身。他的四肢可由无缝汞合金浇筑而成。而且，这些机械肢体还能实时进行更新换代。相关过程，就和现在的外科手术一般简单。

当然，一个完美的你，自然不仅仅需要强健的四肢。我们可以把你的记忆上传到网络，使你可以直接通过互联网科技而形成巨大的记忆库。由此，你，也就是富人，就具备了过目不忘的能力，而且思维也将快得远超常人。相对于其他未经改造的人类，你就是一尊人类的升级版本：人类 2.0 版对上人类 1.0 版，相当于天资卓越的超人碰到了资质平平的“初等人”。

要想了解“超人”的制造之谜，我们得去伦敦哈雷街的一处地方走上一遭。此地并不惹眼，一道白门几乎难以被发现。这里就是威亚维（Viavi）诊所的所在地。诊所一向打着“管控健康、升级生命”的旗号在行医。走进内屋，笔者来到了一处房间。房间四面白墙，床铺和窗帘也属纯白装饰。这里唯一的一抹亮色，还是蓝莓和草莓泛出的一点点光泽。有人把它们盛在陶瓷碗里，而后恭恭敬敬地端到了笔者的面前。

诊所的主人叫作扎比内·多奈（Sabine Donnai），乃是“升级人类”领域的泰山北斗。来到此地开办威亚维之前，多奈女士一直在纳菲尔德行医，而且，她还是保柏公司（BUPA）医药部门的负责人。要知道，多奈的老东家可是英国最大的私营药业公司。为什么她愿意放下大公司的高级主管职位，而为了人类的未来奔走呼吁呢？原因很简单：多奈和某些科技巨头达成了协议，她要支持他们。

“感谢各大科技公司的支持，如今的人类已经有了搜集足够健康数据的能力。由此，我们可以了解许多人的饮食习惯和时间及由此而来的影响，了解不同人类的压力水平、胆固醇水平、睡眠模式，了解您的身体在每天不同时段的表现。通过如上的数据，我们可以在极其微观的层面上进行研究——放在以往，这简直不可想象。随着技术的提高，这种研究的精度也会逐步得以改进。仅仅五年之内，精确的程度就可以得到大幅度提高。搜集数据并非关键，关键在于对它如何利用和处理。”

那么，威亚维方面又是如何处理这些数据的呢？在多奈的邀请之下，笔者有幸感受了她的公司所提供的服务。要知道，多奈的客户大多是各界名流——电影明星、企业高管、政坛大佬和英超球员。为此，他们一年需要付出整整1.3万英镑。就这样，服务开始了。工作人员在笔者手臂中注入了用以监控胆固醇的仪器。而后，仪器每隔五个小时就会上传相关数据。至于那个心脏监控器则会搜集三天之内笔者的血压和心率水平。一天之内，他们还会从笔者体内采集五次不同颜色的血清并送往实验室以做进一步的研究。而后，笔者还得向他们提供最佳时刻的晨尿（只需装进试管即可），并用一个看起来神似太空飞船装备的“银袖”把自己的大便装起来交上去。

如此苦心孤诣，只是为了创造一种独属于笔者的最佳状态。各种仪器得来的数据和其他资料，可以帮助研究人员制定出合适的方案。其实，多奈倒不认为那些巨富客人是想提升自己，她觉得他们不过是想为自己那随心所欲的生活方式找到一点医学借口而已。有了这些数据，他们才能发现DNA序列中的那些弱点以及因为生活方式而进一步陷于险境的某些危机。由此，他们可以对症下药，避免疾患。

当然，多奈的财源并不仅仅来源于这些亿万富豪。她打算推出一种较为廉价的升级服务，由此吸引数以千万的普通人群。类似的服务大有可能席卷全英，甚至蔓延到欧洲各地。如此一来，威亚维将会成为行业的领先者。

总部位于深圳的华大基因（BGI - Shenzhen）堪称中国的威亚维。该公司已经宣布，他们可以按照消费者的要求而调整各组DNA的排列顺序。由此而来的花费不会高过一台iPhone的售价。至于谷歌的Deep Mind小组更是野心勃勃，一直想要成为揭开人类智能之谜的第一批研究人员。

哈佛大学的遗传学研究者乔治·切尔奇（George Church）一直致力于开发一种可行的方法，帮助人类制造可以抵御病毒侵袭的细菌群。那么，我们能不能通过改造DNA，从而制造出一批不同以往的“新人类”呢？这些新人类无须什么穿戴设备，就能拥有天生的神力、无上的智慧？如此情况，切尔奇没有一口否定。

那么，我们需不需要为了基因编辑技术的威力而担心呢？毕竟，人类已经看到了基因改造的曙光。未来就在眼前不远的地方。“不用啦。”多奈表示，“二十年前试管婴儿刚刚出现的时候，大家还不是怕得要死。可是结果呢？不过是许多受困于不孕症的夫妇迎来了意外之喜，得以传宗接代了嘛。”

好吧。可是，这种升级服务到底是会如多奈想象的那样，成为全人类的普照阳光呢，还是可能成为两个物种互相揖别的节点？想一想吧，到时候，许多普通人将会见证自己的“升级版”横空出世——后一类“人”更高、更快，也更强。相比前一类人，他们的财富本就高出一筹。

在尤瓦尔·哈拉雷（Yuval Harare）看来，后一种情况更有可能发生。笔者和这位历史学家曾在伦敦见过一面。其间，他表现得异常激动。没错，他觉得我们这种普通人类即将在一百年内面临末日。“到时候，只有升级版人类才可以享受人权。”牛津大学的生物史专家安德斯·桑德贝里（Anders Sandberg）则认为：“升级版”和“原始版”这两类人出现的区别，乃是一种物种分化的过程。过程始于收入的不均，并由此导致基因编辑技术仅仅服务于少部分人。经过一代人的演化与发展，如此过程渐渐不可逆转。唯有“升级版”人类才可以存活下去，仿佛基因繁衍和湮灭的道理一般。

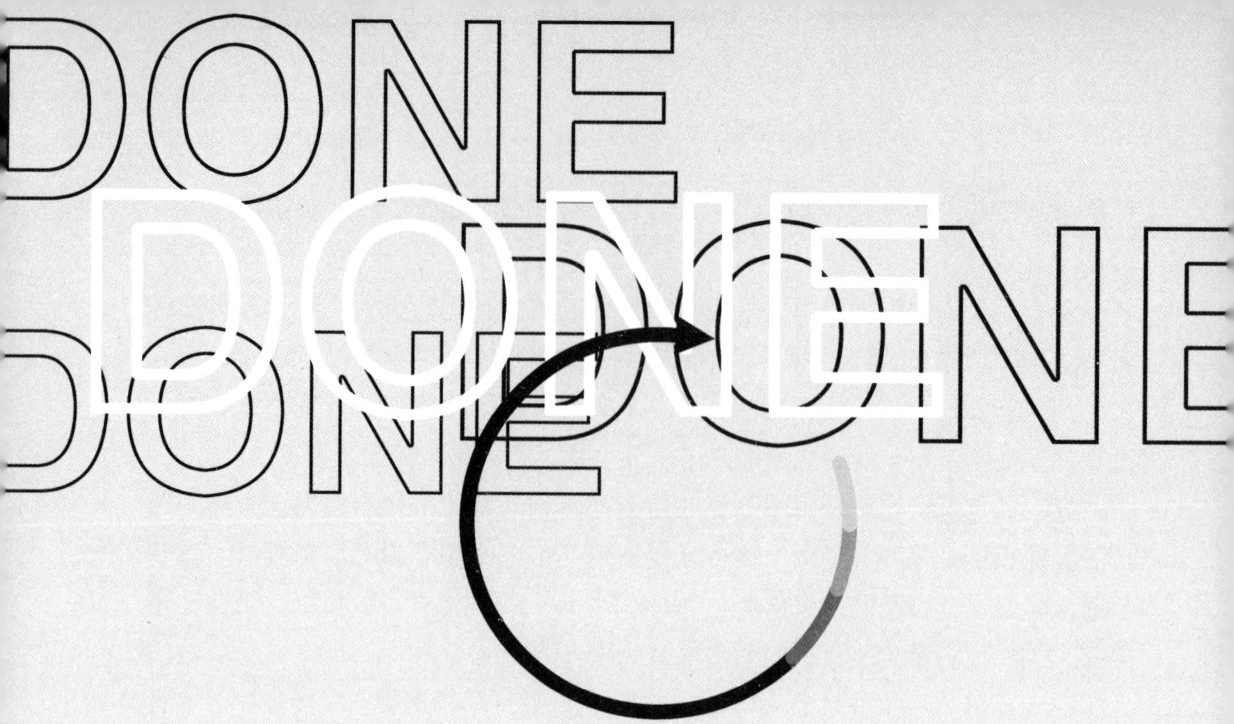

09

权势：知晓一切的机构

2014年的某一天，笔者来到伦敦的多切斯特酒店。在这里，笔者即将访问中国的巨富之一。他叫王健林（Wang Jianlin），是大连万达集团这个房地产公司的领军人物。王健林当时的身家高达320亿美元。这次来到伦敦，他准备付出70亿美元，并将这笔钱投入某些大生意之中。

已有不少英国商家跃跃欲试地找上了王健林，向中国巨富兜售他们那“不可错失”的投资机会。那一天，这些商家的男女代表穿着昂贵的西装，等在王健林下榻酒店的走廊之上。他们手中的计划书有待王健林的审阅和点评。计划书想要售卖的东西包括一家电影制片厂，一份在伦敦建设世界最高楼的开发计划，还有英格兰足球超级联赛之中的一家俱乐部。

那一天，王健林没有主动接见这些带着计划的人。他实在神秘，让人联想到007系列电影中的大反派“魔影”。他所在的房间保卫严密。身边除了八位商业伙伴，还有一名翻译官（后来，王健林先生向笔者坦承，其实他精通英语。不过，假装言语不通，在商业谈判当中有时候也是一种优势）。走廊里的那些代表往往要待上足足一天，方能迎来不到三十秒的推销机会。

笔者的采访机会就要到了。可是，走廊里却突然来了两位不速之客。他俩一个叫大卫（David Cameron），一个叫鲍里斯（Boris Johnson），那一次，这两人也想和王健林先生谈一谈。事后证明，前者正是当时大不列颠的首相，后一个人的职务则是伦敦市长（并在日后主政外交部）。

首相和市长求见王健林，倒是没有让笔者觉得意外。不过，首相和市长也得通过排队叫号才能和王先生见上一面。这一点，笔者不得不大感震惊。在过去，恐怕该是王健林先生前往唐宁街 10 号拜会首相，而且，首相还不一定赏脸接见。事到如今，能被王先生召见却是首相和市长的巨大荣幸。两位政要也得和我们一样，静静等待机会的到来。

如今的世界，政府不再作为一种主宰的力量。相反，商界才能呼风唤雨，才是举足轻重。商界再也不用向政界施加影响，毕竟，商界已经具备了政府的职能。与此同时，世界上最强大的国家——也就是美国，正被商人所掌管。

当代政府的职责不再仅是服务人民，虽然某些政治家口上仍然坚持如此，但是，政府职责已经变为代表商界而操控经济。这并非笔者的个人判断，而是事实。事实上，商界只是觉得政治家对经济的掌控并不得力。因此，他们虽然并不情愿，但也得做出一点纠正。一切，只是为了生意。

权力的关系已经逆转。看看这些政治家，他们在王健林先生这种商业巨擘门外翘首以待的情形，让人联想到守在摇滚明星门口如痴如狂的小年轻们。政治家仿佛已经失去了自我。这一点，还真有点让人不适。

商业巨擘们掌控的生意，就像非洲原野上的巨型象群。他们在世界各地四处游荡，咆哮地寻觅着较低的税率以及各种离岸交易。他们的运行与政府没有关系，也脱离了政府的限制。面对他们，政府显得很是羞涩且难以形成挑战。即便政府有心加以管束，也会因为缺乏称手的工具而被迫作罢。

其实，这些商业巨擘旗下的资产可谓惊人。他们能够动用的资源，甚至超过了他们涉足的某些国家的国内生产总值。王健林这样的巨富只需挥一挥衣袖，就能改变上千万人的生活。在伦敦访问期间，有人曾向王健林提起了一次耗费数亿，涉及豪宅的投资机会，个中宏图涉及世界上最高的大楼。假如计划能够成真，迪拜的哈利法塔只能望伦敦而生叹。迄今，伦敦的天际线中，还找不到王健林先生那座高楼的身影。显然，那个计划当初没能打动他的心。

为什么王健林这样的商人变得愈发权势倾天，风头甚至压过了英国政府？如果商界才是真正的世界主宰，那么，他们会比政府的治国能力更胜一筹吗？带着这些问题，我们必须知晓一个历史事实：政府到底是如何一步一步地变身成为大企业的工具的。

警告人民的总统

1961 年 1 月 17 日，艾森豪威尔总统面向全美发表了离职宣言。本质而言，这位总统其实还是个军人，还曾在第二次世界大战期间担任盟军司令官。1944 年，他见证了诺曼底登陆的全过程，而后又先后出任北约组织和美利坚合众国的最高领导。作为世界上最有权势的人之一，他在 1961 年的这场演讲方才具备如此重要的意义。

离别之际，艾森豪威尔本可以留下几句漂亮话。可是，他没有提出什么要把美国建设一新的计划，反而对公众严词警告了一番。总统表示：民主，正在遭受威胁。这种威胁来自美国内部，正通过美国自身的权势架构发挥威力。艾森豪威尔觉得，公众很有必要了解威胁的存在。

“今日之后的三天之内，”总统表示，“本人即将结束半个世纪为国服务的生涯。我会卸下总统职责。今夜，我要给各位留下一点忠告。”

而后，艾森豪威尔历数了美国面临的重重威胁。但是，在他看来，外部的敌人正在让位于一种看不见的危机——美国自身的军事工业。它正在通过华盛顿内部的政府机制散发着恐怖的气息。

“政府机构之内的每个人，”他表示，“要对军工联合体的影响进行抵制。无论这种影响是有意为之还是出于无心，都值得大家提高警惕。军工两界之间的重量级联合，绝不应该威胁到我们的自由生活，也不能胁迫民主政治。大家必须注意一点，任何事情都不该被视为理所应当发生的。人民必须保持警醒，同时具备相关的知识。唯有如此，我们才能利用和平的方式，迫使大企业和军队听从我们的意愿行事。”

如上的讲话，也许是历代美国总统中最为恳切的一次发言。艾森豪威尔身居权力中心，自然拥有看透一切的优势。他的发言也准确地命中了各位选民的关注点。历史研究显示，责骂军工联合体的那个当口，总统确实感到了某种变化正在来临。随着冷战的步步升级，美国政府已经把一半以上的财政支出投入到了军事领域，甚至，每年国内生产总值的十分之一都被用作军费。而且，相关数字大有继续攀升的势头。在如此背景之下，总统难免心生疑虑：日益坐大的军事利益集团，可能威胁美国的民主制度。

艾森豪威尔是个坚定的右派分子。可是，他那一番关于军工联合体可能侵蚀政府权力的警告却得到了一批“左”倾思想家的响应。到了二十世纪六七十年代，诺姆·乔姆斯基（Noam Chomsky）等人开始对军工联合体大加批判。在他们看来，总统的担心无疑为资本主义制度的黑暗与腐败提供了佐证。

总统当年的一席话，让普通的美国公众得以一窥政商之间幕后交易的相关情形。幕后交易，自然和标榜“透明公开”的民主体制两相冲突。于是，从艾森豪威尔卸任的那天开始，美国公众的心中就有了一个信念：政府的背后，一定还隐藏着什么权势滔天而又匿迹无踪的邪恶力量。就这样，他们在一位政客的指引之下，开始对每一个政坛中人都心生猜疑。

如果没有艾森豪威尔的警告，大多数美国人还会把军事工业看作民主政治的守护神。可是，他们到底还是明白了一点：这些军工企业大有可能要弄权术，以便榨取更多的利润并谋得更多的政治利益。按照艾森豪威尔的说法，那些权势滔天而又匿迹无踪的邪恶力量都是通过“游说集团”发挥政治影响力。那么，到底是何方神圣，会担起“游说政府”的责任？游说的过程，又是怎么一回事呢？

威拉德酒店

十九世纪七十年代，在华盛顿的威拉德酒店的大厅里，总能见到一个留着髯发的肥胖身影。此人举止十分粗鲁，而且总在抽着香烟、啜饮白兰地。其实，这个粗蛮汉子入读美国著名的军事学院西点军校的时候，不过才十六岁。他有着精湛的骑术，一生获勋无数，还一度当过美国陆军元帅。不过，身处酒店大厅的他已经有了新的职业。

他叫尤里西斯·格兰特（Ulysses S. Grant），正是美国的第十八任总统。每天下午，他都要来到威拉德酒店的大厅躲上一遭，只为避开国会上那帮政客和官僚。其实，格兰特根本无处可逃。政客和官僚自会嗅着他的味道，并在酒店大厅把他堵个正着。随后，每个人都会施展三寸不烂之舌，企图劝服格兰特同意某项法案或者政策。总统虽是戎马一生，却也无力抵挡各位说客的口舌攻势。

于是，他送了他们一个雅号——大厅说客（lobbyists）。自此之后，大家才把“大厅”和“游说活动”扯到了一起。

我们大可怀疑这种传说的真实性。早在1850年，“大厅”已经有了游说的含义。当时，位于奥尔巴尼（Albany）的纽约议会大厅里，不也挤满了试图和当地议员“勾兑来往”的各色说客吗？大洋彼岸的伦敦也存在同样的现象。大批百姓等在西敏寺之外，只为了向在此出入的各位议员陈情和交谈。他们，自然也被冠上了说客的名头。

其实，游说的历史完全可以追溯到十七世纪四十年代。当时，英格兰内战刚刚结束。议会当中，特地辟出一片“大厅”，以便与新晋选出的民意代表“洽谈”秘密生意。如此动作，完全符合当时的法律。

三百年来，“游说活动”给政商两界都带来了利益——无非是你为我解难，我又给你救急。可是，到了二十世纪六十年代，游说的内涵渐渐发生改变。权力，不仅仅限于政府之内，而说客的工作内容自然也有所更改。由于产业的兴盛，就业率创下了历史纪录。与此同时，民权运动也在风起云涌。由此，少数族裔与工会也成为游说行当的参与者。而后，消费者权益团体、环保组织、同性恋权益活动人士、女权主义者、黑人民权分子相继入局，意在给多方势力牵线搭桥的新晋掮客更是数量激增。对于旧有的说客，新人的加入自然不是好事，更别提这些新来者的权势也是非常惊人。

民主体制下的政治家，必须听取各种利益群体的诉求（而且，他们做出的倾听姿态也算一种表演）。游说的旧有秩序由此遭到打乱。民权人士表现得过分活跃，占据了政治家的大部分精力。在他们的推动之下，涉及女权、少数族裔与性取向的改革措施得以快速推进。对此，商界渐渐生出了担心。要知道，新的利益集团并不想要促成什么生意，也不以修改某条法律为游说目的，他们直接希望改变社会的面貌。正因如此，企业界觉得自己应该出手了。

鲍威尔的备忘录

1971年8月23日，刘易斯·富兰克林·鲍威尔（Lewis Franklin Powell）给自己的朋友尤金·希德诺尔（Eugene B. Sydnor）留下一张便条。作为当时美国最有名望的大律师，鲍威尔的这张备忘录将会成为旧有游说势力展开反击的关键武器。可以说，他发出了企业界的心声。

“曾经有很长一段时间，”鲍威尔如是说，“商业事务曾是政治家最为关心和宠溺的那个‘孩子’。”但是，他也指出：不知从何时开始，许多美国总统候选人的嘴里也冒出了对商界不甚友好的话语。

“实际上，每位商界中的管理层都应该知道：企业甚至数以千万计的股东就是弱势群体，他们对美国政治的影响已经低到不能再低了。如果你对此有所怀疑，那不妨前往国会，为了商界利益而去‘游说’一下各位议员吧……提到对美国立法活动和政府行为的影响力，美国的商界精英才是一群真正被遗忘的人。如此说法绝非夸张。”

在鲍威尔看来，政府的舆论早就落入了这些“敌对势力”的把持之下。鲍威尔甚至详细列出了“敌人”的具体特征：他们在电视和新闻界之中潜伏着，同时也在为了女性、黑人和同性恋者等少数群体的权益而摇旗呐喊。他们已经占据了游说事业的中心。最高法院那帮糊涂法官也被他们牵着鼻子走，竟然任由他们随意扭曲宪法的意义。

当然，鲍威尔还把矛头指向了学界中的“左”倾人士和各种学生团体。他认为，这些人不但大肆散布反美言论，还处处与商界利益作对。工会官员也是鲍威尔眼中的敌人。他们严重拉低了企业的生产率，还把各位政客骗得团团转。作为商界派驻华盛顿的游说机关，美国商务部也没有尽到责任。面对“左”派势力的疯狂进攻，他们几乎无动于衷。

“种种事例都表明，商界正面临着尴尬的处境。商人的声音也遭到了严重的无视。他们的利益处于政治家的践踏之下。任何扯上‘消费主义’（应为‘消费权益’）和‘环境保护’的法案，竟然都能得到政界的绿灯放行。”鲍威尔表示。

“商界必须吸取教训。对此，劳工和利益团体的经验可以提供借鉴。企业必须重视政治权力，而且要在政界勤勉深耕、培植势力。在必要的情况下，企业还得毫不犹豫地施展政治影响力。”鲍威尔总结道，“商界曾经想要避而不战。”但是，当时，企业家们必须主动出击。

就这样，商界吹响了反攻的号角。为了夺回政府的主导权，他们当然需要不择手段。在鲍威尔看来，反击的意义无异于历史的转折：毕竟，这是一场为自由而起的战争。

《美国生意在于游说》（*The Business of America is Lobbying*）的作者李·德鲁特曼（Lee Drutman）认为，鲍威尔的备忘录就像一张硝纸。一种新的意识形态，也就是新自由主义，因此而被点燃。德鲁特曼还表示："二十世纪六十年代，纷涌而起的各类利益群体陷入了狂欢。大型企业反而被甩到一边，不知所措。"

很快，散布于华盛顿各处的游说团体纷纷活动起来，鲍威尔的备忘录也被张贴到了大厦外墙之上供人观赏。这些游说团体的背后，都有各大企业的支持，比如遗产基金会便得到了银子弹啤酒的资助。此外，美国立法交流委员会（ALEC）、曼哈顿研究所也各有金主。1964 年，企业家理查德·梅隆·斯加菲（Richard Mellon Scaife）公开出面，牵头成立了迦太基委员会（The Carthage Foundation）。自打罗斯福新政得以实施以来，美国政坛一直将凯恩斯式的干涉主义和统计学父权作风当成指导经济的原则。迦太基委员会正是想要颠覆这样的状态，从而将美国交还到正确的保管人——也就是商界——的手中。

在英国，同样的右翼智库也在慢慢崛起。其中，所谓的政策研究中心（CPS）最为著名。该中心的主管正是英国政坛一颗冉冉升起的明星——玛格丽特·撒切尔（Margaret Thatcher）。与此同时，成立于二十世纪五十年代、由安东尼·费舍尔（Anthony Fisher）资助的经济事务研究所（IEA）也在和撒切尔等人并肩作战。说来，经济事务研究所能够成军，还要感谢《读者文摘》上的一篇小故事。费舍尔偶尔翻开《读者文摘》，才注意到了故事的内容。那是一段关于哈耶克（Friedrich Hayek）作品《通往奴役之路》（*The Road to Serfdom*）的文摘。其中的观点，让费舍尔深有同感。大亨直接拜入了新自由主义的门下，并力图把自己的思想转化成为现实——迦太基委员会在美国频繁活动，不也是出于同样的原因吗？

在费舍尔等人眼中，《通往奴役之路》的分量堪比圣经。由此，他们生出了一种《通往大马士革》（*Road to Damascus*）一般的豪情。新自由主义的门徒决定，要用自己的万贯家财组建智库，由此推翻哈耶克心中可能"奴役众生"的"社会主义经济制度"。

"亚当·斯密的天赋在于，"弗里德曼指出，"他能发现一种规律，即价格的变化周期，比如物价、劳动价格、运输费用，是和成千上万个自由人的行动分不开的。要知道，大家根本互不相识，也没有什么强力机构指挥他们达成统一的行动。因此，斯密得出结论，只要任由人人去追求自身利益，一个秩序井然、造福大家的社会就能因此崛起。”

简而言之，虽然这些自由人无法互相沟通，却有一只看不见的手在操纵他们。《国富论》中，亚当·斯密觉得，大家追求各自利益的那种方式，可以形成一只看不见的手。虽然每个人都是出于无心，但社会的公益却可以因为那只看不见的手而得到保证。

过去八十年的岁月，正好可以因此化为两截：此前和此后，世界将会天翻地覆。1945—1979年，政府才是推动历史前进的主要力量。至于商界，不过是企图施加影响力的旁人。可是，1979年之后，政、商之间的角色将会发生反转。

苏联导演克里莫夫的经典名篇《自己去看》（*Come and See*）讲述了德国侵略白俄罗斯期间发生的种种故事。影片的最后五分钟里，导演带着观众对那悲惨的二十年做了一次速览。我们可以通过同样的快速镜头回溯历史，从硅谷到2008年的银行危机、从柏林墙倒塌到米尔顿·弗里德曼和里根总统、撒切尔首相的初次见面。最终，大家的目光将会定格在1972年。正是那一年，刘易斯·鲍威尔坐在自己豪华办公桌的旁边，写下了那篇备忘录。他的一笔一画，最终开拓了其后的历史。

写下备忘录之后不到几周，鲍威尔便得到尼克松总统的提名，成了最高法院的大法官。至于那份备忘录的读者，也就是时任商务部部长的尤金·希德诺尔似乎也幡然醒悟。在他的带领之下，商务部一改以往的懒怠状态，开始为商界积极努力，收复失地。

就这样，又一家秘密的游说组织在无声无息之中成了型。这个名为商业圆桌的组织集合了全美各大企业的首席执行官。他们的宗旨不仅在于控制政府的走向，同时还要改变工会和学界对商界的负面看法。“我觉得，大家都认识到了一点。”艾科公司的CEO约翰·哈珀（John Harper）对各位同伴表示，“时机已到，大家都无须继续空谈。我们必须做点什么。”

消灭官僚

无论做点什么，各位商界人士都有一件称手的武器——游说。随着时代的变迁，游说不再是以前那个文质彬彬、优雅得体的词。产业界主导的游说团体，自然也实现了产业化。游说人员的团队大为膨胀，甚至在华盛顿占据了整整一条街。这条名为K大街的地方距离国会山只有咫尺之遥，正是各家游说团体的据点。

为了实现目的，说客们可谓无所不用其极。面对各级政府官员，他们百般纠缠、诱惑，甚至不惜采用威胁的手段。在伦敦，维多利亚大街附近的摩登楼宇、圣詹姆斯广场上那一座座佐治亚时代的古屋都成了游说组织的基地。总之，新一代的说客再也不用在议会大厦或者酒店大厅翘首以待，而是可以舒舒服服地坐在办公室中，等着生意上门。游说，已经成为一种成熟的产业。

对于K大街上的资深游说机构，大家都是又敬又怕。毕竟，它们的能力可以通天。迫使议会修改劳动法、让政府降低税率之类的事务自是不在话下。更重要的一点在于，他们还操纵了公众的思想。于是，大家对所谓的"大政府理念"变得莫名地反感起来。就这样，短短的十几年内，游说就从被人遗忘的艺术变成了举足轻重的产业。

李·德鲁特曼觉得：到了二十世纪八十年代早期，各大企业提倡的新自由主义思想已经取得了压倒性的胜利。可是，胜利之后又当如何呢？"他们大可以宣布胜利而后凯旋。可是，他们却决定留守下来巩固胜局。而后，商界对政治的参与进一步加深。已成熟的游说产业，可以帮助他们达成政治目的。在政坛密切活动，同样也对他们的生意大有裨益。"

正因如此，游说活动得以再次升级：从被动反应进化成了主动出击。在那之前，说客的工作不过是劝说政府不要插足雇主的生意。在这方面，他们可谓大获全胜。如今，各位说客必须打入政府内部，由此推进法律改革、起草相应的法案。他们的努力，就是让企业变成政府。

1847年，英国驻华公使密迪乐（Thomas Taylor Meadows）撰写专文，对这种旨在选拔精英的中国古代科考制度大加赞扬："中华文化之所以如此绵长，原因就在于统治帝国的精英所具备的才干和优点。”

正是因为密迪乐的提倡，英国的公务员考试制度才得以奠基。1854年的诺斯科特－特里维廉改革（Northcote－Trevelyan reform），让考试成为公务员选拔和晋级的途径。从此之后，英国和英属印度的官僚全都成了经过选拔的精英人士。普鲁士的官僚系统和英国的公务员考试制度有着异曲同工之妙。彭德尔顿法案（Pendleton act）之后的现代美国公务员制度，也和英德等国有着同样的渊源。

官僚精英的上位，促生了新兴的中产阶级。在中国古代，官僚精英带来了城市化和教育的普及。在一千多年之后的英国和中欧地区，同样的制度也发挥了同样的效力。中产阶级在这些地区崛起，而后又把本已濒临崩溃的贵族阶层彻底埋葬。官僚精英制度，算得上是一种无声的革命。考试的作用，自会达成权力的更替。

可是，到了二十世纪六七十年代，大众早就把官僚阶层看作了懒怠保守的代名词。当时的他们，就和曾经的贵族阶层一般自私自利。渐渐地，各位官僚成了讽刺漫画中的重要角色：他们一袭灰色西装，面色也和衣服一般灰暗。每天的工作不过是守在桌边翻翻报纸。任何改革，都会在官僚主义的窒息氛围之中不了了之。

二十世纪七十年代，职业的说客曾和英、美两国的官僚阶层过从甚密。可是，没过多久，各位官僚的命运就遭遇转变。按照咨询行业的时髦术语，那就是一个变革的季节。各位公务人员将是第一批沐浴变革之风的人。

事务所

推动变革的主力是一家著名机构，也就是世界上最有影响力的咨询公司麦肯锡。《财富》杂志评出的世界百强企业，无一不是需要听取麦肯锡的“建议”的重要客户。此外，多国政府也对麦肯锡言听计从。要知道，麦肯锡的好些新进雇员都来自牛津和哈佛这样的名校，有的还是接受过罗德斯和贝克基金资助的学生。过去军情五处的选材标准其实也不过如此。在行业内部，咨询顾问们提到麦肯锡的时候，甚至会直接称之为事务所（The Firm）。

如果有幸加入麦肯锡，你将会得到一份文件。文件内容列出了两种人群，他们和麦肯锡职员十分相近。由此，各位新晋员工可以更好地了解雇主的性质和特点。第一类人乃是耶稣会教士。他们都经过严格筛选并组成了一个秘密团体，并为之忠诚坚守一生。第二类人则是所谓的萨维尔街的裁缝们。他们行事低调，为政府高层默默工作。高层对他们一无所知，他们却对高层知根知底。

表面上看，麦肯锡只是一家咨询机构。要知道，谷歌公司也不过是个“搜索引擎”而已。显然，两者拥有的权力要比业务范围大得多。谷歌几乎笼络了全世界各地的各类数据，而麦肯锡则和政府有着极为深厚的关系。其实，从业界排名上看，麦肯锡仅仅位居世界第七，身处波士顿咨询集团、贝恩公司、普华永道和德勤之后。显然，它们的力量与营业额无关。由于那层政商关系，麦肯锡的重要性让所有其他同行加在一起也难以匹敌。它就是一颗秘密的螺丝钉，英、美政府高层之外却没人知晓它的这一层功能。

二十世纪六十年代，英、美两国的政治家下定了改革的决心。可是，巨大的官僚体系却让他们举步维艰。麦肯锡适时挺身而出，为政府高层排忧解难。就这样，一场技术官僚革命拉开了帷幕。这就是所谓的技术白热病。新兴上位的这批技术官员自信满满、能言善辩，看起来可比那个旧有的官僚阶层要有活力得多。

对于这批新人，政府高层十分满意。每到饭点，他们可不会去加里克俱乐部这种高级餐厅蹉跎时间，他们的演讲总是配着时髦的图表和数据。他们很有效率，而且没有旧体制内的任何人脉牵绊。哈罗德·威尔逊（Harold Wilson）的能源大臣托尼·本恩（Tony Benn）一心想要进行一场激烈的现代化改革。可是，他并不信任这个庞大的官僚精英阶层 。就这样，麦肯锡的各位专家在本恩的引荐下进入了体制之内。

到了二十世纪七十年代，各位顾问的用处进一步得以扩大。其中，又数麦肯锡受益最多——毕竟，他们提供的战略建议具有很强的独立性。“提供政策、不玩政治”就是咨询业的信条。比起身陷政治泥潭的体制内精英，他们在这一点上无疑加分不少。看看麦肯锡的这些西装战士吧，他们从里到外透出一股聪明劲头，仿佛总在赶往下一场会议的路上。如此忙碌，哪有什么闲工夫去钩心斗角呢？因此，政治家才对他们如此信任。渐渐地，麦肯锡的职员变得和萨维尔街的裁缝一般：政界的秘密，他们都一清二楚。

在那家事务所的帮助之下，白宫的人员结构和运行程序得到了重整。同时，他们在西敏寺的影响力同样也是不可小觑。二十世纪八十年代，保守党政府开启了规模巨大的私有化计划。其中的很多细节，都交给了麦肯锡方面操作和处理。后来，保守党被迫下台，唐宁街的主人也变成了布莱尔（Tony Blair）。可是，麦肯锡的地位并未因此遭到动摇。在工党执政的二十世纪九十年代后期到二十一世纪初期，麦肯锡深入参与了布莱尔对于国家的现代化改造。政府在医疗、教育和其他关键领域的思想改变，同样也和麦肯锡有关。要知道，这些改变对现在的我们有着极为深重的影响。麦肯锡总是要求政治家们“想到不可想象的那一面”——没有什么东西不可以进行天翻地覆的变革。没有什么东西是完全神圣不可改变的。

1997 年，麦肯锡再次推出了一场“四字革命”，那就是所谓的人才战争（The War for Talent）。二十年前，一个名为 7s 系统的理论让我们的工作环境经历了一场颠覆，而其后的操纵者正是麦肯锡的战略专家帕斯卡尔、彼得斯和沃特曼。某种意义上说，人才战争就是 7s 系统的升级版。

这一次，人才战争的幕后推手是来自麦肯锡的埃德·迈克尔斯（Ed Michaels）、海伦·汉德菲尔德－琼斯（Helen Handfield－Jones）和贝思·阿克塞尔罗德（Beth Axelrod）。他们仔细研究了全美各地最为兴盛的七十七家公司，并由此得出了一个惊人结论：人才是一种短缺资源。就连麦肯锡内部，也只有 23% 的经理觉得本公司吸引的员工素质高超。虽然过去的五年之内，那七十七家公司收入的增速要比 GDP 的增速快了近两倍。

没错，这些公司的雇员缺乏才干，可公司的收入却在高速增长。在麦肯锡的各位顾问看来，如此现象和人才短缺并无矛盾之意，反倒正好证实了自己的理论：这些公司之所以还能赚钱，说明他们最为珍贵的必需品——人才——还没有彻底流失殆尽。一旦人才枯竭，公司也将无以为继。

人才战争的弦外之音在于：企业界必须求助必要的人才。对于麦肯锡的各位顾问而言，人才就是麦肯锡的代名词。按照顾问们的看法，公司收入的增长并不足喜。毕竟，增长完全可能是乘上了经济高速发展的东风。东风一旦无法为继，人才的重要性就会得以凸显。混吃等死的员工无法帮助企业脱离困境，唯有人才——也就是麦肯锡的各位顾问——具备这种神奇的能力。因此，企业界需要麦肯锡。

皇帝的新衣

人才战争的一大直接后果体现在了各大企业的CEO身上。他们的工资因此大大地涨了一截。过去，管理层和底层人员的工资差距同样悬殊。不过，差距的倍数倒还限制在两位数之内。改革之后，管理层的收入已是底层人员薪资的七八百倍。马丁·索雷尔（Martin Sorrell）是世界上最大的广告公司WPP的创办人。根据估计，他的身价约为2.5亿英镑。笔者曾向他请教："索雷尔，你知道自己值多少钱吗?""这可不好说。""好吧，你自己每个月给自己开多少工资呢?""我的工资取决于市场。我们每个人的价值不也在于此吗，雅克?"

二十世纪五十年代，麦肯锡的掌舵人阿尔奇·帕顿（Arch Patton）就曾为了提高企业高管的工资而不遗余力。人才战争可以被看作是当年的延续。要知道，帕顿一个人的工资水平一度占到了麦肯锡总支出的十分之一。

人才为王，对于各大企业的高管而言，如此原则意味着收入上的剧增。既然麦肯锡的专家都觉得人才就是商场中的稀缺资源，各位高管自然可以给自己开出一张巨额工资单。而且，才干这种东西根本无从审计。有了麦肯锡的支持和肯定，企业高管再也不用假装遵从一般员工才需要遵守的那些规矩。毕竟，他们是人才，而人才总可以特事特办。

2000年10月，佛罗里达棕榈滩一座酒店的豪华包间之内，安德鲁·法斯图（Andrew Fastow）正向公司财务委员会的同事们发表演讲。他所在的安然公司（Enron）总部位于休斯敦，主营石油业务。那个时候，安然正是世界上成长最快的公司。它的成长模式同样也是前所未见：公司野心勃勃、富于开拓，而且总是愿意尝试新鲜业务。至于麦肯锡提倡的人才战争，安然更是严格的执行者。在法斯图看来，公司若想更进一步发展，还需要更多的合作伙伴。

安然在能源行业当中发展得如此迅速，还要感谢一位人才的特别贡献。他叫杰夫·司吉林（Jeff Skilling），曾在麦肯锡公司从事过二十一年的咨询工作。在司吉林的执掌之下，安然公司才有了当时的飞跃。为此，他们每年都要向麦肯锡付出1000万美元的咨询费。麦肯锡当然也得投桃报李，给出二十多份研究报告不说，还会主动出面为安然公司的会计政策站台。双方的关系可谓共存共荣。此外，麦肯锡的合伙人理查德·福斯特（Richard Foster）还在自己的著作《为了创意的毁灭》（*Creative Destruction*）之中借着采访的机会对自家企业大加赞扬了一番。书中，福斯特和安然的一位资深经理进行了对谈。按照福斯特的说法，对方曾经骄傲地表示："我们聘请的这些专家真是富有智慧。我们付给他们的薪资，远远低于他们实际创造的价值。"如此想法，正是人才战争思维的确切体现。

2001 年 10 月，人才战争结出了一个意外的恶果：突然之间，安然这座大厦轰然倒塌。纵观美国商业史，还没有其他企业能以如此戏剧性的方式走到尽头。

对于麦肯锡的人才战略，安然方面可谓牢记在心：许多经理并无专业能力却能得到飞速的升迁，只是因为他们口若悬河、善于雄辩。这些人身居高位之后，自然要对进口生意大开方便之门。毕竟，他们觉得自己完全可以掌控一切。稍具专业知识的经理也会为了高额回报而选择冒险。就这样，管理层中没人意识到大难已经距离不远。换言之，安然公司那貌似负责的外表之下，掩藏着一个纷乱无比的世界。当然，一片混乱之中，人才至上的原则仍然得到了凸显。在理查德·福斯特看来，如此境况堪称"为了创意的毁灭"——大家为了赚取利润创意百出，最终却招来了毁灭的命运。

麦肯锡不仅在为安然公司提供战略服务，同一时间，华尔街的各大银行也是他们的重要客户。正是在麦肯锡顾问的建议之下，华尔街才决定启动把按揭资产"证券化"的过程。由此，普通美国人也在一步一步债台高筑。财经记者本·朱（Ben Chu）认为："（如此行为）放弃了金融系统的安全性，并通过一种毒害全球金融环境的手法谋取高额利润，2008 年的股灾，正是由此而来。"

乱局之中，麦肯锡的老板自然也难逃责难。2012 年，时任麦肯锡主管拉兹·古普塔（Raj Gupta）因为涉嫌内幕交易而遭到起诉。此外，古普塔还有将企业内部信息泄露给一名经营对冲基金的亿万富翁的嫌疑。同时，另一位麦肯锡合伙人也牵扯到了内幕交易的旋涡之中。

安然案发之后，麦肯锡的秘密也随之浮上了水面。为此，马尔科姆·格拉德维尔（Malcolm Gladwell）特地在《纽约客》上撰写专文予以揭露。这篇名为《人才之谜》的报道谈到了麦肯锡和安然之间的重重勾连。对于外界的质疑，麦肯锡一贯奉以沉默政策。可是，那一次他们却选择了主动回击。

在纽约，笔者和人才战争的始作俑者之一贝思·阿克塞尔罗德见了一面。“格拉德维尔的那篇文章深深地刺痛了我们的神经。”阿克塞尔罗德如此说。那么，安然的破产难道不是更大的打击吗？参与安然案的审计事务所亚瑟·安德森（Arthur Anderson）曾对麦肯锡进行过一番跟踪追击。可是，麦肯锡仍然得以脱身。因此，阿克塞尔罗德表示：“安然内部的某些人确实胆大妄为。可那并非麦肯锡的过错。”好吧，笔者随即指出，也许人才战争应该直接为安然的下场负责任。对此指控，阿克塞尔罗德只是一笑：“不对不对，我不觉得您把这两件事情相提并论是合理的。”

麦肯锡的合作伙伴触了霉头，麦肯锡本身却一直岿然不动。而且，事务所大有重整山河的复兴之势。2012 年，共和党推出的美国总统候选人米特·罗姆尼（Mitt Romney）做出承诺：自己如能入主白宫，一定会邀请麦肯锡对政府事务进行“整顿”。2013 年，马克·卡尼（Mark Carney）当选英格兰银行行长之后不久，就立即联系麦肯锡并让对方对银行的运行情况进行评估。

那么，麦肯锡到底有没有为世界的进一步发展起到一点积极作用呢？一些人表示赞同，另一些人则给出了否定答案。达夫·麦克唐纳（Duff MacDonald）代表了前一类人的意见。他认为：麦肯锡确实在某些方面大大提升了政府的效率。毕竟，这家事务所在权力中心已经深耕多年。本·朱的看法却和他截然相反。“纵观整个世界，有哪一点技术进步和商业创新是出自麦肯锡的创意？甚至，他们和任何进步和创新都完全扯不上关系。”本·朱如是表示。

也许，本·朱的意见才是事实。一家自二十世纪二十年代以来就处于权力中心的企业，很有可能未曾做出过任何有益于社会的功绩。他们之所以能存活至今、呼风唤雨，不过是遵循了鲍勃·霍普（Bob Hope）在演艺圈中的发展之道——也就是“跟着潮流混个脸熟”而已。

私人融资

安然倒闭了，麦肯锡的老总也因内幕交易而进了监狱。他们埋下的种子最终造成了金融危机。尽管捅下了如此一个篓子，麦肯锡的政治影响力却并未因此消退。相反，它们的政坛之路反而愈来愈顺。

随着人才战争的观念深入人心，英、美两国的政治游说业也出现了意想不到的转变。由此，商界掌控了政商关系之中的主动权。简而言之：商界才具备推动“灵活改革”的才能。相比之下，政治家们可没有如此灵活的身段。更别提，他们的顾问还在反复提及一点，即改革当中，政府根本就是可有可无——既然如此看法来自各位顾问，政坛人物自然也是深信不疑。

要想了解这种权力变迁，我们可能必须知道三个英文字母——PFT，或者说“私人投资基金”。如今，在每一桩重要的基建生意的背后，都存在着海量的私人投资。

有了 PFT，商界仿佛坐上了权力这台汽车的驾驶座。由此，他们可以参与价值数十亿美元（甚至上万亿美元）的长期投资项目。在野时期的工党曾对 PFT 表示过强烈的反对意见。不过，1997 年布莱尔上台之后，卫生部部长阿兰·米尔伯恩（Alan Milburn）却一改先前的态度，直接表示：“如果没有私人投资的扶助，英国的医疗保健系统可能已经垮台了。”

曾经高效运作的官僚体系，终归失去了民众的信任。如今，高层的政治家也开始出现了自我怀疑的苗头。既然政府紧缩银根，商界不得不出面收拾时局。所谓的 PFT 正是他们治理社会的工具。艾莉森·波洛克（Allyson Pollock）曾经仔细研究了英国国民保健计划中私人投资的来源和运用，当时，工党政府对于投资的来源仍然十分挂心。通过调查，波洛克发现：私人企业选择投资公共事务，自然是为了追逐利益。可是，政府的不作为和无能表现，也是这些企业决定挺身而出的一大原因。

时任英国财政大臣戈登·布朗（Gordon Brown）也觉得：“政府和国有企业对管理一事十分生疏。唯有私营企业富于效率，能够打造高效的服务体系。”没错，企业选择介入管理实务，营利并非全部目的。相对于政府，企业的管治效率本就高出一筹，如此信息被各位政客反复播送，灌输到了民众的头脑之中。在他们的身后，自有麦肯锡这样的机构在进行操纵。

对方的如意算盘甚是简单。任何道理，比如私营企业比政府更具管制能力——只要经过一定数量的重复推送，就会在大多数人的头脑当中作为“真理”而沉淀下来。不但选民和商界会对此深信不疑，就连政府本身，似乎也觉得政府无须存在。少有几个提出异议的群体来自医界、教育界和社会工作人员，唯有实实在在投入一线工作的人们才觉得私人投资未必那么可靠。他们的担心并非没有道理。随着 PFT 的涌入，还有更多的私人投资将会在公共领域大显身手。他们的背后，有着麦肯锡咨询集团的活跃身影。咨询顾问的重要意见，政治人物一定会乖乖听取。由此，咨询公司俨然成了新的官僚精英阶层。

至于那个旧有的精英阶层，则在烦琐的官僚程序中慢慢地遭到掏空。他们就像一个有着三十余年工龄却被开除的员工：将所有家当装入纸板箱，然后在麦肯锡和其他咨询公司的眼皮底下灰溜溜地走出单位大楼。

对了，咨询公司才是政府高层信得过的那批人。由此，一个全新的精英团体宣告诞生。毕竟，他们能在这场权力竞赛当中撑到最后。原有的官僚阶层已经落败，而朝令夕改的各位高级政客也有可能败下阵来。他们就像鲍勃·霍普那样"坚持打卡"，可又不像霍普或者一般公务员那样混吃等死。他们有着自己追逐的目标，由此，他们很有可能成为政府运作当中最重要的那一环。

所中所

麦肯锡自命为独立咨询机构。其实，他们并不是那么独来独往。咨询公司的业务可以分为两类：一类给政府提供战略建议，另一类却又为了企业客户四处寻找商机。有些企业的利益所在，可能就是麦肯锡公司深耕多年的某个政府部门管制下的领域。

2010 年，英国政府开启了一场浩浩荡荡的医疗改革。如此规模的行动，在国民保健计划的历史上尚属首次。其中，麦肯锡方面起到了描绘蓝图的作用。改革运行的过程中，医生、医疗专家和政府官员曾经进行了一次公开讨论。自然，麦肯锡也是参与讨论的其中一方势力。

讨论的地点并非白厅，而是在麦肯锡的办公室。作为医生代表，劳伦斯·布赫曼（Lawrence Buchmann）出席了那次会议。事后，笔者曾和布赫曼见过一面。在他那座位于伦敦北部、人流熙熙攘攘的诊所里，布赫曼忆起了对话刚刚开始之后的一个场景。当时，他对此难以置信。不过，事到如今的布赫曼早已回过了味："其实，每一次参与这种会议，结果都是早已定好了的。对方一早拟好了相关报告，只待对话之后立即实施。想要表达不同意见的人不会得到任何发声的机会。对方甚至还会叮嘱他们一句：'一切都会按照安排进行。'"

这时候，布赫曼方才醒悟过来：原来，根本没有任何透明度可言。国民保健计划的前途自然也在暗箱操作之中。布赫曼认为，一切都出自麦肯锡公司的策划。为此，咨询巨头将会受到数以千万的金钱回报，这一点他可没有对，麦肯锡真正的财源并不在此。

2016 年，《金融时报》曾对麦肯锡展开过一次调查。调查发现：许多公司合伙人都在私下开设了私募基金。由此，他们在事务所中又创办了一系列的小事务所。这些经营小事务所的伙伴又被称为 MIO 合伙人。大力鼓吹医疗改革的过程中，麦肯锡曾经建议政府充分利用外包服务解决问题。要知道，麦肯锡方面通过 MIO 控制了许多小型医疗科技公司。它们正是这种外包服务的主力军。

显然，国民保健计划的远景即是全面的私有化。对此，布赫曼深信不疑。当然，政府强制推行私有化并非出于意识形态方面的考虑。对于深受资金困扰的保健计划而言，私人投资者注入的金钱确实可以一解燃眉之急。在布赫曼看来，如此方法并非解困之道。可是，医疗系统却又实实在在地为钱所困。至于麦肯锡方面，他们大可以利用自己同私营医疗企业的关系从而大赚一笔。而且，考虑到 MIO 本身的私营性质，政府根本无从发现它们和麦肯锡之间的勾结。由于私企无须公开经营信息，大众自然也无法进行监督。

有了这些神秘的“所中所”，麦肯锡才能在世界各地的改革大潮中立于不败之地。况且，如此种种的改革措施，往往来自麦肯锡方面的直接建议。迄今为止，MIO 与麦肯锡之间的各种秘密仍然不为外人所知。除却麦肯锡的几位高层主管，我们无法窥探其中的内情。即便是事务所的普通职员，恐怕也对这方面一无所知。

作为资深的咨询顾问和相关的协会主管，艾伦·李曼（Alan Leaman）的话语在那个圈子里可谓举足轻重。笔者特地前往李曼设在伦敦的豪华办公室，并向主人提出了一个问题：如果麦肯锡危害了整个咨询行业的利益，那么，咨询业协会又会对他们做出怎样的限制和惩戒呢?

“完全没法限制，更谈不上什么惩戒。”李曼告诉笔者，“您有什么疑问不妨直接采访麦肯锡方面好了。咨询协会对他们没有一点约束力。”“协会对他们没有一点约束力? 您可是整个行业的掌门人。如果您都没有这样的权力，谁又能够约束他们呢?”对此，李曼只是表示，麦肯锡本身就是一套法律。

麦肯锡能够掌控政府，和遍布全球的“校友”脱不开干系。所谓“校友”，指那些曾为事务所效力过的各类人等。他们就像耶稣会教士一般忠贞不贰。其中的一些著名人物包括脸书的首席运营官谢丽尔·桑德伯格（Sheryl Sandberg）、瑞士信贷银行的总经理谭天忠（Tidjane Thiam）、英格兰银行负责运营事务的总经理夏洛特·霍格（Charlotte Hogg）以及摩根士丹利公司的 CEO 詹姆斯·戈尔曼（James Gorman）。

当然，政界才是麦肯锡各位“校友”势力最为集中的一片领地：奥巴马任命的预算办公室主人彼得·奥沙格（Peter Orszag）曾在麦肯锡工作。卡梅伦政府的外交大臣威廉·黑格（William Hague）也曾是一名“麦肯锡人”。此外，“校友”的势力还扩展到了世界其他地区。以下的这些麦肯锡前任员工，都担任着各国的财政部长职位：意大利的科拉多·帕塞拉、塞尔维亚的拉扎尔·克尔斯蒂奇、荷兰的埃里克·魏布斯、印度的雅兰特·辛哈和日本的茂木敏充。

麦肯锡的势力范围甚至伸进了中国境内。《战略之王》（*The Lords of Strategy*）的作者沃尔特·凯切尔（Walter Kiechel）曾对麦肯锡公司做过一番深入研究。他发现，事务所在新兴市场国家也有极大的影响力。“麦肯锡总能和当地的精英阶层缔结合作关系。为此，他们的竞争者都是嫉妒不已。”凯切尔表示。

相较于麦肯锡方面那种“润物细无声”的渗透方式，直接和政府展开对抗可不是什么明智之举。2007 年，美国国会通过了诚实领导与公开政府法案，就此为 K 大街的业务设立了一个上限。法案的真实目的倒也明显，借此，共和党大佬们敦促华盛顿的各大游说企业必须加紧雇用共和党人。忠于共和党的说客集团，则可以因此得到接近重要官员和委员会的便利。

如此明目张胆的裙带关系，肯定不是麦肯锡方面的做事风格。相反，麦肯锡早就把自己的所思所想融入了政府的 DNA 之中。可以说，它就是咨询界的开曼群岛——透过麦肯锡提供的隐秘关系，企业可以悄无声息、不留证据地完成游说目的。

毕竟，麦肯锡和政府之间本就亲密无间。双方几乎融为一体，而且时常都在进行人员呼唤。麦肯锡无须游说任何人从事任何事。他们可是麦肯锡，只需一句话，政府就会跟进照办。

10

商战：
企业并购之因

希特勒的银行经理

二十世纪三十年代，赫尔曼·阿布斯（Herman Abs）还只是个银行合伙人。他参股的那家银行隶属私人，名叫德尔布鲁克·席克勒（Delbruck Schkiler）公司。该公司的账下有着一个特别户头，而公司也以看管户头为荣。阿布斯等人可谓兢兢业业，毕竟，户头的主人就是纳粹党。

我们可以把阿布斯看作希特勒的银行经理。“帝国总理”的每月工资就是由阿布斯负责发放。回忆录中，阿布斯曾经写道：“我们最大的账户属于柏林的帝国总理府。作为帝国总理，希特勒的每月工资就是依靠这个账户支取的。”

阿布斯和不少纳粹党高层人士都有私交。“总理府”的大管家马丁·鲍曼（Martin Baumann）就是他的密友。1943 年，纳粹德国组建“银行委员会”，而阿布斯也成为鲍曼的左膀右臂。两人齐心协力，把不少财产、黄金和股票偷偷地运到了瑞士。

阿布斯并非纳粹的铁杆拥护者。说到底，他不过是个银行家而已。对于希特勒，他一直敬而远之。当然，那些事情，比如收缴犹太人的财产以便促进“雅利安化”，他一样也没有少做。他必须以此自保，避免招来“不够忠诚”之类的责难。普林斯顿大学的哈罗德·詹姆斯（Harold James）执笔完成了阿布斯的传记。在这位历史学家看来，阿布斯实在是个神秘人物。他的形象罩在雪茄烟尘之中，是那样的模糊不清。即便是他身边的纳粹分子，也难以看清。

战争结束了，不少纳粹同路人进了监狱，好些人甚至丢了性命。阿布斯却逃过了这些厄运，成了德意志银行（也就是德国最大的银行）的主席。在阿登纳（Konrad Adenauer）担任总理的时代，西德获得了重建。其中，阿布斯起到了谋划布局的作用。火箭专家维尔纳·布劳恩（Werner Braun）的 V2 导弹曾把伦敦炸成了一片火海。可是，此人仍然得到美军的庇护，得以成为美国国家航空航天局的一分子。二十世纪六十年代美国的种种航天成就，维尔纳·布劳恩可算厥功至伟。和这位火箭专家一样，阿布斯同样天赋超人。虽然战争中的种种罪行都和他脱不了干系，但他却仍然可以逃避惩戒。

1958 年，阿布斯再次成为历史舞台的中心焦点。正是在这一年，他提出了一个堪称大胆的建议。在他看来，战后世界的秩序来自大家对于权利的谈判。比如，为了防止纳粹死灰复燃，《人权宣言》应运而生。在阿布斯看来，人权得到保障，商业的权利又当如何保证呢？

阿布斯觉得：在战后的这个世界，商业正在变得边缘化。政府力量的愈发强劲，更是加剧了这种趋势。但是，阿布斯指出，商业界应当主导自己的命运，而不是听任政府的摆布。因此，阿布斯提议：私人投资者应当签订一份属于自己的“大宪章”，把自己的权利从政府那里夺回来。换言之，公司和银行应当具备一种法律权利。据此，只要觉得自己的获取利润的神圣权利遭到侵犯，他们就可以利用法律武器向政府提出诉讼。

假如这种“大宪章”能够成真，我们必须建立一个特别的国际法庭。由此，资本才可以避免政治家的觊觎。投资的决策如此重要，根本不应接受所在国的法律审核。在阿布斯看来，政府不应当阻止企业的投资意向，也不要干预企业的经营方向。

作为纳粹政权的润滑剂，阿布斯在民主化的德国社会当中起到了同样的作用。事到如今，他还在为了消除旧时代的痕迹而不遗余力。他的真正遗产在于一种理念，由此战后西方社会的权力分布得到了重组——权力从政府手中流出，掌握到了跨国企业的手中。

“特别法庭”——企业统治下的世界

1958 年，世界银行在纽约建立了一个特别法庭。这个名为投资者—政府间争议解决法庭（ISDS）的机构，象征着阿布斯的梦想成真了。

法庭的宗旨，在于解决国家与跨国公司之间的争端。这样的企业法庭分布在世界各地——伦敦一家、巴黎一家、中国香港和海牙各一家。当然，法庭体系的中心——国际投资争议协调中心（ICSID）——坐落于华盛顿特区宾夕法尼亚大道的世界银行“J 大楼”里。

四十年前，中央情报局那著名的黑区还未成立。这些黑区在地图上了无踪迹，它们只是为了审讯恐怖分子而设立。律师们审讯政府的秘密地点，其历史可比黑区要早上许多。

2014 年 10 月的一期《经济学人》披露了企业法庭的运行过程：“一旦所在国政府通过的某项法律，比如禁烟条例、环保法令或者预防核泄漏的有关法规，被认为对投资者的利益构成了损害，有关外国公司有权向秘密法庭提出补偿申请。法庭的主要成员都是高薪聘请的资深律师，而相关的程序则被称为投资者—政府间争议解决机制。”

国家研究所调查基金会（The Investigative Fund at The Nation Institute）两位研究员克莱尔·普罗沃斯特（Claire Provost）和马特·肯纳尔德（Matt Kennard）曾在 2015 年一份关于 ISDS 的报告中指出：争议解决法庭的本意竟然在于帮助发展中国家的经济发展。

二十世纪六十年代，世界银行想要设立一种相关机制，以便帮助世界上最不发达的国家吸引外来投资。时任世界银行行长的乔治·伍兹（George Woods）曾经表示：“我相信，对于各个已经做好准备欢迎外来投资的政府，如此机制的意义自不待言。它可以给外来投资者创造良机，从而为所在国带来更多的利润。”换句话说，行长是要各国政府“老老实实、不要抱怨”。

对于各个新兴国家（也就是发展中国家）而言，这场战役完完全全不公平。它们不具备相应的法律能力，自然无从在法庭这条战线之上展开反击。短短的几十年内，先后就有几百家公司把世界上超过一半的国家政府告上 ISDS。这些官司，无一例外地以政府一方落败而告终。

比如，沃达丰公司曾以被强迫缴税为由而与印度政府对簿公堂。最终，沃达丰方面赢了官司。美国农业巨头嘉吉公司（Cargill/ADM）不满墨西哥政府增收糖税（对方此举针对软饮料，并意在于降低儿童肥胖率）而求助于争议解决法庭。结果，嘉吉公司获得胜利。而后，墨西哥政府再次当了被告。这一次，他们的罪状在于给可口可乐公司设立用水上限。对此，墨西哥方面倒是有理有据：保障居民饮水，是联合国宪章规定的基本人权。可是，他们到底还是败下阵来。官司还为这个国家带来了另外一种后果：如今在墨西哥，一瓶可乐要比矿泉水还要便宜。

当然，倒霉的不只有第三世界国家的政府。能源巨头瓦腾福（Vattenfall）就把矛头指向了德国政府。当时，德国正准备关停瓦腾福旗下的一家火电站，而德国民众也对修建电站表示了强烈抗议。可是，官司仍以瓦腾福胜诉而告终。

赫尔曼·阿布斯梦想中的“大宪章”就这样变成了现实。现实之中，我们生活在一个二元世界：政府为一元，而企业则占据了另一边。唯有双方在税率方面意见不一，或者前者制定的法规妨害了后者的利益时，二元世界才会碰撞在一起。其中，企业的生意遍布全球各地。他们当然想要超越国界、自由来去。至于各国政府，他们的权威难以逃脱地理和边境的约束。由此，他们必定要对境内的事务严加管束。

企业一方在ISDS之上取得了压倒性的胜利。由此一来，自然产生了所谓的应激效应，即假如某家企业能够“击败”一整个国家，其他国家自然也会在实施相关政策之前多出一重思虑。也许，他们在顾及社会或者环保因素的同时，也不得不同时想到企业的利益。久而久之，哪怕企业并未发起诉讼，政府方面也要三思而后行。

特朗普 vs 扎克伯格

ISDS的机制，进一步促进了全球化的现实。同时，各国政府的权威也在慢慢流逝。如今，商界的政治斗争要在不同的商业巨头之间展开。对于全球化，巨头们可能怀有不同的看法。那些全球化的支持者，自然要和反对势力进行激战。

2017年2月16日，星期四，一位男子在脸书上发出疑问：“我们建设的这个世界，是我们所期待的吗?”有此一问过后，脸书创始人马克·扎克伯格（Mark Zuckerberg）描绘了自己心目中全球化的蓝图：“所谓历史，就是大家一起学习并经历过的故事。由此，我们才会团结到了一起。在今天这个时代，最重要的事情莫过于建立一种社会机制，把权力交给人民从而建设一个有利于所有人的国际社会。”

在许多人看来，扎克伯格的这番表态别有所指。他可能是在向美国总统特朗普发起挑战。不过，事主本人倒是很快表示：自己出声并非是要“逼宫”政府。“我只是想到了林肯总统在南北战争期间的那段发言。”扎克伯格总结道，“要想获得胜利，大家必须保持一致。而且，我们不能只是‘想得更好’，一定要‘做得更好’才行。过去那个宁静世界的教条，并不足以应付风雨飘摇的当下。出乎意料之事接踵而来，还伴随着重重的困难和危机，我们必须学会应对。既然问题是新的，我们的想法和做法也必须求新、求变。”

由此，美国的政治生态将生出一道新的裂痕。分居两侧的人，有着截然不同的政治观点。其中的一方正是特朗普。上任之后，总统的各类话语都显得十分极端——豪言壮语，是商场制胜的法宝。另一方则是硅谷里的科技大亨，他们代表了二十一世纪的全球化进程。虽然这种进程已经蒙上了一层“民主”伪装。

其实，类似的裂痕一早已经存在：纽约州和加州这一对“自由核心”不也和美国其他地区格格不入吗？特朗普正是后一种势力的代言人。如此看来，特朗普和扎克伯格之间的这番对决不过也是新瓶装旧酒而已。

过去的总统选举当中，美国中部的广大选民也会常常压倒信奉自由主义的精英阶层。可是，因此入主白宫的各位总统倒不至于向政府部门的内部结构公开宣战，2017 年的特朗普，却准备要把政坛这片沼泽清理一番。所谓的沼泽，即是艾森豪威尔曾经提起过的那个隐秘世界——政商两界互相勾结、咨询顾问穿梭来去，所有的交易与游说都在私下进行。按照特朗普的想法：大家不妨把生意摆到明面之上，就在谈判桌旁争个你死我活。请注意，美国总统只是觉得政坛的秘密交易完全无须牵线搭桥。如果有什么需要，大可以直接叩开白宫椭圆形办公室的门。

没错，特朗普的“改革”不过是改变了一下会场中的座次。对此，大家自然没有什么意见。比起劳神费力的游说活动，还不如直接和各位企业大佬谈上一谈。要知道，这些人才是掌握就业方向，提供医疗保障和影响气候变化的关键。没了“中间人”的参与，也许双方可以更好地达成协议。就这样，随着总统大笔一挥，人们曾经为之纠结了三十余年的“企业会不会影响政府的决策”

的问题，瞬间烟消云散。

清空和填充“沼泽”

选举期间，特朗普就一再表明了清空沼泽的心意。可是，沼泽这种东西总会随着时间再次漫涨开来。笔者还记得：上两次英国大选前夕，政府聘请的管理顾问人数都会陡然减少。毕竟，选举期间的监察措施十分严格。新政府一旦上台，这个数字又会随着公众注意力的转移而大为回升。2010 年之后，卡梅伦政府旗下的顾问甚至要比此前多出整整一倍。

《无声字》（*A Quiet Word*）的两位作者塔马辛·凯夫（Tamasin Cave）和安迪·罗威尔（Andy Rowell）通过调查发现：“虽然公众未曾注意，其实说客的作用正在变得愈加重要，他们行事十分谨慎，避开了所有的耳目。”为了保证沼泽的生态安全，其中的“居民”一共采用了十种策略。对此，凯夫和罗威尔也做了一番总结：

首先，他们会控场，即对想要施加影响力的领域进行控制。而后，媒体和产业界会在他们的鼓动之下进行“对象选择”。2011 年，会计业巨头毕马威的医疗部门主管马克·布里特内尔（Mark Britnell）公开表示：“接下来的几年之内是一个大好时机，我们应当毫不犹疑地加以利用，以控制整个国民保健计划。”如此话语，无疑等于放出了信号。各大游说团体立即行动起来，朝着选择好的对象展开攻势。

而后，说客们要负责制造追随者，在他们的操控之下，一个貌似自发形成，实则别有深意的群众运动即将兴盛起来。在收买信心的阶段，经过收买的专家则会出面为他们站台。有的时候，他们甚至会直接收买一个智库——选择某个已经存在的研究组织，并向其提供部分行动资金。当然，说客必须和智库保持适当的距离以便避嫌。秉持新自由主义立场的右派智库经济事务研究所的一大金主便是各大烟草公司。当然，明面上研究所仍然以“独立”自居。

凯夫和罗威尔认为：身为说客，必须要学会应对批评。每当质疑的声浪响起，游说团体必须扮出一副倾听的姿态。唯有如此，反对意见才有可能被“消灭”。所有这些基础打好之后，说客才能敲开政治家的门。如此“互相捧场”

的局面，意味着政坛当中的每个人都可以从沼泽当中捞到好处。利益攸关之下，自然没人愿意将沼泽中的污水彻底清空。

要知道，想向政府施加影响的公司数以万计。他们采取的措施却都脱离不了凯夫和罗威尔所介绍的圈子。与此同时，政府的面目也变得复杂起来。在外人看来，那就是个互相矛盾、内斗激烈的复杂体。没人能够准确知道某位政府官员具体的所属派系，更不清楚他们具体的动机所在。如果你以为意识形态上的混乱与纠结还是特朗普上台之后的产物，那你一定忽略了此前的种种政坛生态。

如果你想要踏入游说行业并了解其中的故事，可一定要擦亮眼睛，做好准备。毕竟，那可是个充满着诡异和背叛的世界。2012 年，笔者曾经有过那样一次尝试。当时，笔者正在调查食品公司和全球肥胖化之间的关系，并因此结识了一位德高望重的学者。此人曾经担任政府的医疗卫生政策顾问。笔者找到她，还和一宗秘密交易有关——交易的一方乃是这位学者在学术上的论敌，另一方则是某家巨型食品企业。据称，那位论敌愿意为食品企业推出的某种减肥产品站台，条件则是换取对方的巨额金钱资助。

“您为什么要告诉我这些东西?”笔者向学者表示不解。“我觉得您和公众都有权知晓这些事情。”她回答说。好吧，那她的研究经费又是从何而来呢?学者提到了一个名字——正好是她那位论敌的金主的对头，而且正好又推出了一种针锋相对的减肥产品。

数一数你身边的食品和饮料。其实，它们中的大多数都在所谓“业界十巨头”的控制之下，这“十巨头”分别是雀巢、百事、可口可乐、联合利华、达能、通用磨坊、家乐氏、马尔斯、联合英国食品公司和亿滋。至于那位学者，也不得不在某些时候卸下“独立”的伪装而换上带有偏向的面具。她的言论，只是为了帮助金主抹黑对手。和笔者那次短短的对话期间，她就那样毫无顾忌地变了一次脸。

没错，游说的世界就是这样一片天地。身处其中的每个人都打着自己的算盘。正因如此，特朗普的形容还真是十分贴切：政府和那些试图影响政府决策的势力之间确实有如一片沼泽。表面的荒草和枯枝之下，潜藏着庞大的黑暗空间。

特朗普喊出“清理沼泽”口号的十年之前，笔者曾和迈克尔·魏尔肖

（Michael Wilshaw）爵士有过一次对谈。当时，魏尔肖在哈克尼某所著名学府担任校长，并在不久之后荣升全国总督学。那么，在爵士看来，教育改革之中的最大障碍又是什么呢？

爵士认为：任何政府改革都好像“将一个手榴弹扔进浓雾之中”。也许，浓雾会在瞬间消散，从而引发大家的欢呼喝彩。可是不用多久，雾又会沉沉压来。爵士所说的雾，其实就是特朗普口中的沼泽。政府本身就是一个极其复杂的生态系统。要想清除浓雾、抽干沼泽，绝非心血来潮的一日之功。

精英的两端

你还记得《大白鲨》（*Jaws*）这部影片吗？其实，电影的情节，与特朗普大战扎克伯格的故事有异曲同工之妙。没错，大家的目的都是为了清除鲨患。可是，脾气火爆的奎恩船长（由罗伯特·肖饰演）却对布罗迪警长那位专家朋友很没有好感。船长觉得，这位名叫霍普尔的“大学学究”根本没有抓住大白鲨的能力。没办法，霍普尔只得遵从船长的命令，进行了一番航海技能测试，内容其实就是打绳结。他的手艺自然无法让船长满意。奎恩干脆表示：“一看你那双软绵绵的手，就知道你是个城里人。也不知道你那双软手除了点钞票，到底还有什么用呢！”

显然，特朗普希望大家把他看作奎恩一般的人。竞选期间，特朗普多次表示：硅谷新贵最让自己反感的一点在于——他们很虚伪。宁肯花费金钱满世界地做慈善，也不肯给美国人提供更多的工作机会。特朗普还表示：自己和自己那些富翁朋友大多集中在传统产业，他们的财富都是通过辛勤劳作赚来的。他们可不像硅谷里的“大学学究”，只靠敲敲键盘就可以发财。

总统的话倒不算错。石油大亨的财源远在地底之下，而钢铁大王的身家也要依靠高温锻造而来。但是，请注意，总统和他的这些朋友们的亿万身家并非自己打拼的结果。其实，他们大多都属于家族生意的继承者，就连总统本人也未能免俗。他们不会为了积累财富而胼手胝足。

尽管如此，美国中部的老百姓们还是对这批富二代表示感谢和信任。毕竟，这些人的财源就在肉眼可见的现实世界。正因如此，劳劳碌碌的中部人民恍然觉得：这些阔佬虽然也是家财万贯，但到底还是和自己的生活比较接近。

其实，相比于特朗普和他的朋友们，西岸科技新贵的发家历程倒是更加符合自力更生的中西部价值观。可就是这么一批白手起家的人，却被贴上了高高在上的精英标签。这一点，确实具有讽刺意味。在公众的心目中：无论是脸书的扎克伯格和桑德伯格（Sheryl Sandberg）、苹果的蒂姆·库克还是亚马逊的杰夫·贝索斯（Jeff Bezos）成天只要敲着键盘就能日进斗金，而且总在喋喋不休大谈特谈全球化的好处。2016年，特朗普在竞选过程中公开表示了自己对这些科技新贵的不信任。

科技新贵叫人难以取信，他们所在的产业似乎也不是那么值得公众依靠。毕竟，科技产业的宝藏不在深山老林，而就藏于人群之中。他们很有可能利用技术获取我们的个人信息，并由此得到针对全民的大数据。他们想出的算法可以时时刻刻窃取我们的秘密，而我们只能对着电脑和手机屏幕干瞪眼。而且，打开他们开设的网站，比如Instagram或者脸书，早就被繁重的工作榨干最后一点精力的我等普通人只会在头条和推荐栏目中看到金·卡戴珊（Kim Kardashian）那穷奢极欲的生活状态。想一想吧，在一个工资长期停滞不涨的国度里，如此的对比会激起多大的怨气。

其实，商业精英之间总会为了争夺道德高地而展开激烈厮杀。这种事情，实在是古已有之。由此，精英成了一个贬义词，大家都不想和它扯上任何关系。看看扎克伯格吧。他为了洗脱精英的嫌疑，哪一天不是穿着灰色T恤加牛仔裤，还要和打工仔一起上下班？到了特朗普的口中，精英干脆成了一种侮辱人的用语。

不过，曾经有那么一段时间，精英可是深得社会的信任。我们当今对于精英有多痛恨，当年的人对他们的崇敬就有多深。那个时候，大家都认为：有那么一小部分科学家、工程师、数学家、哲学家、神职人员和商人属于精英阶层。他们深知公众利益的所在，而公众也相信他们的所思所为都是在维护公众利益。

每当到了危急关头，精英阶层就会成为大家的问询对象。1917年，美国总统威尔逊（Woodrow Wilson）为了给即将到来的巴黎和会做好准备，特地邀请了几位学者组成了一个问询团以便随时请教。1933年，罗斯福筹备“新政”的时候，也曾向哥伦比亚大学法学专家雷克斯福德·特格韦尔（Rexford Tugwell）、阿道夫·伯利（Adolf Berle）和雷蒙德·莫利在内的十人智囊团寻求帮助。后来，由于内部意见差距太大，十人智囊团宣布分道扬镳。总统的“二次新政”则被交给了哈佛大学法学院的精英，也就是本杰明·科恩（Benjamin Cohen）、汤姆·科克伦（Tom Corcoren）和菲利克斯·法兰克弗特（Felix Frankfurter）等人，进行处理。

约翰·凯瑞（John Carey）曾用《知识分子与大众》（*The Intellectuals and the Masses*）一书对精英主义进行猛烈批判。西格尔的著作，无疑拓宽了批判的视野。凯瑞认为，二十世纪初期的那些文坛巨匠和著名哲人，包括 D. H. 劳伦斯、弗吉尼亚·伍尔芙、庞德和威尔斯等人，都太过沉醉于尼采式的宿命论。他们不但自我感觉特别良好，而且还对大众有着深深的反感。在他们看来，身为大众，似乎只有接受优生优育和自生自灭这两种命运。

西格尔接过了凯瑞的枪，并瞄准了更多的精英分子。战后的各类专家、经理、技术官僚、学者和自认为占据道德高地的各类人士都在他的批判范围之内。他甚至还将枪口对准了媒体。《反抗群众》问世一年过后，特朗普方才宣布参与总统竞逐。可是，西格尔的著作确实为总统“打击精英”的战斗打了个前哨。要知道，西格尔和特朗普都重点抨击了西海岸的硅谷新贵和东海岸的媒体精英，包括 CNN、纽约时报和华盛顿邮报。相对于传统的媒体，特朗普对于新一代的社交回声廊（也就是推特），明显更加信任。

在西格尔看来，现代的知识分子有着两种错觉。正是这些错觉，在指导着他们的行动：首先，每个知识分子都觉得自己拥有独立思考的能力而且总是客观如一。实际上，他们的命运和国家的持续发展关系密切。但这一点，没有一个知识分子愿意承认。其次，知识分子一向以热爱自由、崇尚民主而自居。西格尔指出，他们对于大众和中产阶级都怀有深深的蔑视情绪，其实，他们和那些被他们在暗地里蔑视的人民一样短视和狭隘。他们自认在知识和文化方面高人一等，并因此凌驾在一般选民之上。这种优越感才是他们真正的信仰所在。而且，由于大众的要求总和知识分子的看法相左，更是加重了后者那种高人一等的感觉。

西格尔的讲述帮助我们认清了一个历史事实。事实关乎大众对精英的评价，内容可能有些叫人无可奈何。有些时候，我们对精英群体百般膜拜。有些时候，我们的态度却来了个一百八十度的大转变。经济形势一片大好的时候，大众和精英可以并肩而行。可是形势一旦变坏，精英就会成为大众的谴责对象。不过，反精英的风潮固然汹涌澎湃，却只是一层表象而已。精英阶层并不会因为时代变迁而彻底消散，而只是发生重组而已。有些精英分子会故意把反精英的言辞挂在嘴边，以便换取大众的支持。其间，他们会把自己的精英身份密密实实地掩藏起来。

如今，我们就被夹在了两派精英的混战之中，特朗普和他的朋友们属于一派力量，扎克伯格等人则在和他们打对台。这是一场"商业"对"商业"的大战，也是两批人生赢家之间的对决。他们的目的，仿佛都是要烧毁旧有的整个体制。

可是，两派人马都是商场出身。没错，他们的眼里容不下沙子，而整出竞争也只能产生一个赢家的零和游戏。不过，生意就是生意，双方最终以"成交"的方式完成了这场交易。

公司塑造国家

特朗普觉得，自己理当凌驾于政府之上。其实，硅谷里的科技精英们何尝没有同样的想法呢？2016 年，联邦调查局曾经要求苹果公司开放数据，提供圣贝尔纳尔迪诺枪击案嫌犯西德·法鲁克（Syd Farooq）的电话通讯记录。不料，苹果方面却一口回绝。按照蒂姆·库克的说法，此事关乎公民自由权益。在这方面，无论是苹果公司，还是联邦调查局或者政府都没有施行道德审判的权利。库克表示："本次事件不单单涉及电话或者调查，而是具有更为重要的意义。因此，一接到政府的要求，我们就决定说出自己的观点。"

换在过去，即便公司不愿遵从政府意愿，可能也会假意表示配合。可是，他们再也不愿假意迎合。毕竟，他们已经凌驾到了政府之上。其实，过去的总统也会装出一副体恤商界需求的样子，当然，如果这位总统曾经当过企业的老总，那一切又另当别论。

特朗普就是这样一位老总。上任不久，他就向福特、波音和沃尔玛下了命令，要求这些企业立即着手提升就业率。对于那些胆敢将就业机会移出美国的公司，特朗普则准备征收 35% 的重税。

而后，特朗普又把所谓的 TTP 和 TTIP 这两大协议撕得粉碎。跨太平洋贸易投资伙伴协议（TTP）和跨大西洋贸易投资伙伴协议（TTIP）都是奥巴马的得意之作。其中，TTP堪称历史上最为重大的一个自由贸易协定。自打世界贸易组织成立以来，如此规模的协定也是尚属首例。根据奥巴马的设计，TTP将把澳大利亚、文莱、加拿大、智利、日本、马来西亚、新西兰、秘鲁、新加坡、越南和墨西哥团结到一起，与美国组成经贸上的攻守同盟。由此一来，一个新的权力轴心将会现身亚太地区。至于TTIP，则是TTP在欧洲的翻版。

2015年，TTP和TTIP尚在酝酿之中。此时，经济学家约瑟夫·斯蒂格利茨（Joseph Stiglitz）发现了一个问题："各种贸易协定都把提供就业率当作头号卖点。如果有关专家所言不虚，工人阶级将是协定的最大赢家，但实情自然并非如此。其实，我们的政治领袖（不仅仅是共和党籍，也有克林顿和奥巴马这样的民主党人）曲解了贸易协定的内涵，从而让协定的公信力大大降低。各位公民由此发现，我们的政府其实最为在意那些高官巨富的利益。"

TTP和TTIP协议的谈判过程，与ISDS法庭如出一辙，个中的种种细节，都由专业人士关起门来慢慢敲定。数以十亿计的普通人无法窥探谈判的过程。哪怕谈判结果和我们的生活息息相关，我们仍然无法行使知情权。对此情况，伯尼·桑德斯（Bernie Sanders）等"左"翼政治家自然表示反对。特朗普和布赖特巴特新闻一类的右派人士，同样也发出了质疑之声。"左"派认为：TTP一类的贸易协定将让整个社会沦为企业的猎物。毕竟，按照协议，企业可以随意起诉国家政府！当然，桑德斯等人可能根本不知道ISDS的存在。

好吧，TTP和TTIP即将化为泡影，贸易保护主义的高墙即将筑起。那么，特朗普难道真是一心想要筑墙自立吗？要知道，这位总统总是避谈他那些宏伟计划的实施细节，在这一点上，他已经是个合格的政治家了。可是，政治家的名声已经臭不可闻。毕竟，大家都觉得他们满口的变革思想不过是惺惺作态。

特朗普自然也得改变自己的思想。就这样，他想起了自己在商场中的种种经历。也许，将政治当成生意来做，会是一个不错的主意。泰德·马洛克（Ted Malloch）是特朗普属意中美国驻欧盟大使的最佳人选。那么，这位大使到底如何看待美国、脱欧之后的英国和TTIP三者之间的谈判呢？马洛克对此只是表态：如此谈判不妨看作一桩并购生意，那一家非常成功的公司将会收购另一家规模较小、濒临破产的企业。没错，商业逻辑可以用于解释其他一切事情。由于没有意识形态方面的负担，特朗普完全可能在短短的时间之内下达几出足以颠覆世界的命令。他如果那么做，倒是符合商业的逻辑。一周的时间，对于政坛中人可能只是“有些长”而已。到了商场之中，一个星期几乎就等于永恒。自然，出身商海的特朗普会在每一秒钟都迎接新的挑战。

达沃斯（Davos），是一处恶魔的巢穴。大批精英聚到此地，热情地讨论着全球变暖、财富不均和贫困之类的重大问题。特朗普当选之后，却并没有立即进入该巢穴，成为那里的座上宾。由于美国总统的缺席，达沃斯夏季论坛虽然荟萃了全球各地的商界领袖和政府首脑，却一下子变得有些黯然无色。直到一年之后，它突然又因为商业原因而焕发了光彩。

要知道，特朗普和他的重臣都是活在1982年牛市荣光里的老古董。他们一心想要复兴美国工业。他们还觉得：奥巴马和布什长期施行绥靖政策，导致大批的反美条约横行于世。《巴黎气候协定》和2008年之后的银行改革都是其中的代表。特朗普等人的使命，自然就是“拨乱反正”。

从这个角度而言，特朗普和里根之间并没有什么共同点。他并不提倡自由市场，倒是更钟情于国家干涉。经济萧条时期当政的胡佛与罗斯福，似乎和特朗普更有共同语言。而且，特朗普和罗斯福同样出身于商界。按照特朗普的打算，美国的经济重建应当基于较低的利率。声势浩大的基建活动有助于振兴国内的原材料和劳力市场，自然也是大有裨益。特朗普还表示：自己的种种打算并非出自政治考虑，而是来自商人的直觉。

扎克伯格和蒂姆·库克等硅谷新贵也许并不赞同特朗普的意识形态。可是，他们的行事方式却又是那么一致。也许，雄心勃勃的企业领导之间，总有一些可以互通互享的心志。他们外表强硬、言辞决绝，而后又会出其不意地表示退让。最终，他们将会拿着谈好的合同满意而去，生意的艺术正是如此。

其实，我们大可以转换视角。当今世界上三个最有权势的经济体不也等于三家成功的公司吗？普京经营着一家名为俄罗斯的巨型油气联合体。特朗普的种种做派，让人想起了克莱斯勒老总艾柯卡一类的传奇商人。习近平主席行事最为低调和务实，他管理的这家“企业”的业绩却是最为良好、成长速度也是最快的。

商界并未“接管”政府。政府只是被商界“蒸发”了而已。如今，政坛之上的两大势力同样出身商界。他们对未来的看法不一，并由此开始你争我夺起来。至于那些老派政客，已经没了可以与之抗争的能力。

那么，这些政治家到底是如何失去了自信力的呢？他们倒是动用过那些旧有的经济杠杆，结果却毫无收获可言。由此，公众慢慢变得不耐烦起来。降低税率，只能让人们萎靡其中、渐渐沉沦。税率由此越变越低，负面效应也会愈发增多。许多政治家完全无法重振制造业，只能把经济复苏的希望寄托在消费之上。可是消费愈是旺盛，债务情况也变得愈发严峻。

没办法，政客们已经用上了一切经济杠杆，可经济增长仍然是零。要知道，没有增长的企业只有倒闭这一条路。可是，没有增长的国家却无法停止运行。在这一点上，美国人选择把国家的领导权交到商人手中，不失为一种符合逻辑的选择。那些关于企业可能绑架社会的担心倒显得没有必要。

很快，特朗普政府中的高级职位就被来自石油和钢铁企业的前 CEO 们所把持。总统希望，自己的这种人事安排可以清理游说的沼泽，同时也取代 ISDS 法庭的职能。毕竟，他身边的每一位内阁成员都是重量级的商人。无须任何中间关系，无须律师，无须说客，也无须任何政治人物牵线搭桥，各位商人可以自行商定生意的内容。

没错，特朗普和他的阁员们可以轻松地达成协议。总统的计策，似乎收到了应有的效果。可是，他们下达的命令根本无法得到贯彻，立法机构也表现得很不配合。一些商界中人眼见无法敲开特朗普办公室的大门，也准备展开报复。总统和他的各位商界亲信反而慢慢地变成了少数派。

喊着清理沼泽的口号，特朗普得以入住白宫。他确实也兑现了自己的承诺。可是，沼泽再次满溢，而总统也无能为力了。到了外交战场上，特朗普这位商人总统也遇到了两位同样“经营国家”的同行。他那毫不退让的谈判方式，在两位同行的冷静和算计面前显得并无优势。如果他还想在这场与中、俄的心战当中占有优势，特朗普还得召唤沼泽地里的各位老朋友。也许，他还必须具备一些老派政治家的素质才行。

达沃斯的故事

1912 年，托马斯·曼（Thomas Mann）拜访了弗里德里希·耶森（Friedrich Jessen）大夫开设的疗养院。疗养院位于瑞士的高山小镇达沃斯

（Davos），他此行则是为了探亲，他的妻子卡佳（Katia）正在此地休养。没人清楚卡佳到底生了什么病，有的大夫认为她患了肺结核，不过X光照射却没能找出任何病灶。于是，她只能来到这座瑞士小镇慢慢休养。

探亲过后，托马斯·曼的心中有了一丝灵感。而后，他以伯格霍夫疗养院为原型，创造了自己的杰作《魔山》（*The Magic Mountain*）。小说中，欧洲各地患有肺病的小资产阶级人士纷纷涌到达沃斯。他们呼吸着清新的阿尔卑斯空气，仿佛那样可以减轻自己的病情。其实，他们的病因根本无人可以查清。随着情节的发展，读者们会慢慢明白疾病的真相，原来，害怕得病就是一种疾病。大家正是怀着对疾病的恐惧挤进疗养院，由此落入病魔的操控之中。

《魔山》的故事发生在第一次世界大战爆发的前夕。它就是一出寓言，象征了摇摇欲坠的欧洲中产阶级的惶惑心理。比起《魔山》，笔者笔下的这个故事显然要大胆得多。笔者的故事虽然同样关于达沃斯，却发生在整整一个世纪之后。故事中的主人公都是各国领袖和商界精英。他们聚到此地，却生出了廉价笑话一般的效果。

达沃斯这个小镇，本身就像一座封闭的疗养院。各位精英人士来到小镇，也是为了洁净心灵。他们觉得这个世界得了病，而自己应该为病情负责。这里的会议室阴郁到几乎可以诱发幽闭恐惧症，他们却能安居其中，大谈特谈全球变暖、贫困和财富不均之类的话题。一番畅快谈论之后，大佬们速速赶回自己的私人飞机并匆匆地回了家。有了这次倾诉，他们的感觉好了许多，世界的前途似乎也光明了不少。

罗布·赫索夫（Rob Hersov）来自南非，是位矿业大亨。在非洲，他也是最重要的政治掮客之一。当地的不少政商要人都在请求赫索夫为自己铺设人脉，并通过他的关系认识外国投资者和国家元首。笔者和赫索夫在伦敦见了一面。那么，达沃斯又给他带来了什么收获呢？听到这个问题，赫索夫不禁微笑了："好吧，我在瑞士还是有些发现的，不过你当真想要知道么？""当然！""哦，那你参加过'那种'面具主题聚会么？"

没错，达沃斯的氛围让赫索夫想到了色情派对。只不过，与会宾客如痴如狂的原因在于权力。世界上各大经济体的领导人在和世界上各大企业的掌舵者喝着咖啡聊着天。他们的身旁，聚起了一支由各类顾问和各种专家组成的大军——我们不妨把他们看作追逐权力并随时准备献身的"骨肉皮"。他们围绕着权力的火焰追逐来去。在赫索夫的眼里，这个场合洋溢着自高自大、自鸣得意的欢乐情绪。可是，这里又是那么地拘谨而寂然。

达沃斯是一个人生赢家的聚会场合，硅谷或者特朗普的办公室不也是如此么？能够来到此地的人，都有过一番丰功伟业，他们统治着整个星球，并借此机会向普通公众炫耀权力。政治领袖和各大企业的CEO们济济一堂、其乐融融。可是，每个人也都清楚各自的尊卑位置。无疑，商界的地位大有提升，而各位CEO才是最尊贵的玩家。他们的思维方式，已经征服了政府和咨询界。

笔者曾问过肯·罗格夫，为什么要去达沃斯？当时，笔者还以为这位全球经济学界的泰山北斗会正色表示：因为达沃斯会议十分重要！可是，他的答案却有点出乎意料。“如果不去，下次他们就不请我了。”罗格夫表示。达沃斯的重要性，其实就在于它本身。同时，各位CEO也可以商量一下，看一看他们应当如何处理手中的无上权力。

新一轮资本斗争：管理者大战股东

企业的权势越来越大。作为CEO，面临的困境也显得愈发棘手。现在，各位读者不妨站在企业高管的角度思考一下：你是会用手中的权势帮助自己的国家取得竞争优势，还是像漫威“复仇者联盟”那样大公无私地造福世界？

各位商界大亨也有着同样的烦恼：既然已经掌握了上帝一般的权势，那么，自己是该继续追逐利益还是要用权势拯救地球？保罗·波尔曼（Paul Polman）来自荷兰，说话轻言细语。如果不是早就知道他的身份——联合利华公司的CEO，笔者可能会把这位采访对象当成“占领运动”中的活跃分子。实际上，波尔曼执掌的公司位居全球最大企业之列，每年的营业额达到了500亿美元。

“我们一直在掏空未来。但是，这样的情况又能持续多久呢？”波尔曼告诉身前的各位听众，“我们的制度非常伟大，却渐渐失去了长期运行的能力。我们这一代人，应在未来的十五年内解决贫困和气候变化问题。”面对他人，波尔曼甚至羞于提及自己身为联合利华老总的身份。“我总是告诉人家，自己代表着世界上最大的非政府组织（NGO）。”波尔曼表示。

提到商界对利润的盲目追逐，波尔曼总是显得特别痛心。他觉得，如此行为不但降低了可持续发展的可能性，还会埋葬整个资本主义制度。其实，资本主义和可持续发展这两股看似矛盾的冲力，很有可能并行不悖。波尔曼觉得："不过我们不能在一些关键问题上有所让步。"他还指出："利润不该是经营的目的。它只是一种产品而已。在利润之外，我一直在追求一些更深层次的东西。有的人总是觉得做好事只是费钱而已。对于他们的想法，我表示完全无法理解。"

百事公司也是世界上最大的企业之一。同时，它也因为致人肥胖而饱受诟病。对此，百事 CEO 英德拉·努伊（Indra Nooyi）表明了态度："我们应该和肥胖症做坚决斗争。百事将会成为业界的楷模，完完全全、真心诚意地投入相关的活动之中。"

请注意，波尔曼和努伊可不是什么软心肠的自由主义分子。他们也不需要用慈善活动作为洗钱和填补亏空的幌子。两人投入商场以来一路高升，早就站到了职业生涯的最高点。他们这种人，一定就是那种百分之百的商人。

两位 CEO 如此热心公益，只是因为发现了前所未有的危机。危机不但威胁到了地球的存亡，还直接刺激了企业的底线。国际货币基金组织的掌门人拉加德（Christine Lagarde）也曾指出：不平等现象不仅仅有碍公正，它还可能让现今的资本主义制度无法持续下去。

不久之前，资本主义社会下的矛盾还很简单：一边是工人，一边是雇主。不过，二十世纪七十年代之后，劳务市场进入了全球化时代。战后经济增长的结束，也让数以亿计的工人脱离了工会的庇护。

随着全球化时代的来临，各大企业忽然有了远赴海外寻觅投资乐园的权力。由此，他们可以找到劳动法最为松懈、工资最为低廉的理想场所。曾经，技术工人可以凭借自己的手艺而和投资方讨价还价。可是，他们渐渐也失去了讲条件的权利。

一种始料未及的全新矛盾又在资本主义制度之下隐隐浮现。矛盾体现在公司内部，一方是 CEO，另一方则是投资人和各位股东。换句话说，波尔曼和努伊这样的改革者，将和那些选择投资企业并期待有所产出的各位股东之间发生冲突。

资本主义的新型冲突当中，并不会有人聚众游行、举牌高喊。相反，交锋的场所会是公司的股东大会，地点通常会选在香港和拉斯维加斯，当地的酒店愿意将会议室租出几个星期，以供各大公司举办会议。交锋的一方会在台上激情洋溢地大讲社会责任和回报地球的意义，另一方则静静地坐着，默默地咬紧牙根。

对于投资者和股东而言，波尔曼这种非政府组织发言人兼 CEO 就是妨碍自己获取回报的一大威胁。当然，一位企业高管面对外界舆论总该说点漂亮话。对此各位股东也可以理解。可是，他实在无权剥夺他们的利润，要知道，赫尔曼·阿布斯可是说过："追求利润就是企业的天生权利。"

不过，波尔曼的态度也很坚定："我不觉得，公司应把股东的利益放在首位。相反，我们还有更需要关心的事情，股东的利益应当最后再行考虑。"他一直坚持"赚慢钱"，把大量投资洒向了小型的可持续性业务。速速获得高额回报，反而不在他的考虑之中。由此，他的改革姿态已经十分明显。波尔曼还表示：自己执掌联合利华的最大成绩之一，就是让公司摆脱了对避险基金（对冲基金）的依赖。他担任 CEO 期间，相关的资金来源足足少了一半。

波尔曼很清楚：这个世界正在发生深刻的变化。各大企业将会取代政府成为权力的中心。既然企业的权力愈发强势，逃避相关的责任自然很不道德。

由此，百事公司将和肥胖症斗争到底。如今的英国石油公司（BP）早已进入"后石油时代"。随着努伊一声令下，百事公司也迈进了"后糖时代"的门槛。为了达成目标，努伊不但聘请了世界卫生组织的德雷克·雅赫（Derek Yach）作为顾问，还让公司推出了一系列的健康产品，比如桂格麦片。她的举动，自然引发了企业内部的巨大争议。

作为全球营养学领域的领头人，玛丽昂·奈斯特尔（Marion Nestle）曾对努伊的"健康改革"做过一番专门研究。奈斯特尔发现，随着百事的"健康化"，努伊在公司内的地位也在迅速地边缘化。

"努伊一心想从健康产品当中获取利润。对此，投资人十分恼怒。"努伊的主张就像一把利斧，给百事公司内部带来了深深的裂痕。裂痕需要修复，而投资人和 CEO 必须就此达成和解。"百事方面想要两不偏废。"奈斯特尔表示，"一方面作势推出更为健康的饮品，一方面又在努力扭转大众关于苏打摄入量的'健康观念'。"可是，投资者已经认定：努伊的所作所为危害了百事的核心品牌，也就是各种含糖饮料。所以，她必须全力补救以挽回损失。最终的结果，看来是投资者们取得了胜利。

曾经的劳资矛盾，如今演变成了 CEO 和投资人在会议之上的利益之争。不过，这种斗争仍然十分激烈，而且其影响范围也是不可小觑。我们每一个人的生活，都会因此而改变。

可持续性是很多 CEO 挂在嘴边的热门话题。不久之后，可持续性即将变为可生存性。环境的压力确实迫在眉睫，但是，投资者们也在步步紧逼。还好，如果他们大致能够获取回报，各位老板倒还处于安全境地。可是，万一经济情势突然收紧呢？投资者的收益自然会遭遇严峻的挑战。那么，热衷改革的 CEO 会不会继续顶着股东的压力而坚持自己的立场呢？他们的决心还有待考验。考验过去之后，他们之中又有多少人能够保住自己的位置呢？

遥想二十世纪七十年代早期，乘着经济增长的东风，美国的不少汽车公司都在着力推出新能源产品。可是，石油危机之后的全球经济紧缩，让各大汽车公司的生存环境发生了骤变。而后，他们必须着重考虑生意这个基本盘：赚钱第一，至于地球的问题也只好晚些时候再考虑。

在保罗·波尔曼看来，眼下的这种困境并非一种单纯的选择。相反，这是联合利华未来的商机所在。为此，他恳请所有股东和投资者团结一心，摈弃赚取快钱的念头而在可持续发展和投资回报方面从长计议。不过，对他和其他像他这样的 CEO 而言，拯救地球的道路之上，立着两个大大的字母作为障碍，也就是 QR（季度报表）。

数字

二十世纪八十年代之前，季度报表就是资本主义的中心原则。如果你是企业的持股人，阅读季度报表就是全部的工作内容。如果你是一位热衷改革的 CEO，季度报表就是你最大的拦路虎。努伊和波尔曼都曾对季度报表制度公开宣战。结果，他们的股东则对此发动了反击。

季度报表的传统始于二十世纪八十年代初期。华尔街方面认为，缩短报告周期有利于加速收益回流。此前，公司只需要向股东和投资人呈递年度收益报告。华尔街方面的创新，让呈递报表的频度缩短到了三个月。

一年到三个月，这可不是单纯的减法而已。由此，投资人的耐心也在渐渐消逝。对于一家处于成长期的公司而言，每一个季度的增长率都必须和上一季度持平乃至稍有超过。一旦稍有跌落，大家就会给它贴上增长放缓的标签。就这样，一家成功的公司很有可能被认定为濒临破产。一切都是因为季度报表的短视性。

1982 年 8 月 17 日，所罗门兄弟公司的亨利·考夫曼（Henry Kaufman）向各位客户发出通告。他表示：各位应该知道，五天之前，道琼斯工业指数跌到了衰退期的最低点——776.2。这个数字，就和 1964 年 1 月的收盘指数差不多。就此，两位数的通货膨胀将会终结，而利率即将触到历史最低点。白宫方面一定会为企业经营消除一切法规障碍，同时大大减税。对于想要兴办企业的人来说，一个大好时机即将到来。

就这样，考夫曼点燃了华尔街上空的焰火。接下来的牛市即将证明他的判断，而且，这次牛市也将会创下历史上的最长纪录。按照考夫曼的说法，公司的各位股东和投资人大可以畅想一些前所未有的好消息：第二季度的利润绝对高过第一季度，第三季度则会再创新高，而后又被第四季度超过。

时机已到，大家都要全力以赴。广大股东和投资人也觉得，自己的投资回报将会随着季度更迭而节节攀升。毕竟，当时的经济环境足以支撑他们的梦想。就这样，美国处在了历史上最长牛市的前夜，而考夫曼也向他的客户发出了呼声：加大马力，赶紧入局!

这是一次危险的赛车游戏。不过，成功掌舵的 CEO 都会因此成为传奇。至于亨利·考夫曼本人，也在一夜之间由二十世纪五十年代的成功银行经理，一跃成为产业的操舵手。《时代》和《财富》两大杂志都把他捧上封面，大加赞颂。实际上，各位 CEO 一时之间都被看作了炼金术士，可以源源不断地产生利润。

亚历克斯·贝伦森（Alex Berensen）在自己的著作《数字：季度收入如何玷污了华尔街和美国企业界》（*The Number*：*How the Drive for Quarterly Earnings Corrupted Wall Street and Corporate America*）中一五一十地展示了季度报表在二十世纪八十年代和九十年代初夺取阵地的全过程。他还表示：如此改变象征了美国资本主义的变迁。人们心中的重点从长期投资转到了由投资人驱动的短线投资上面。

变迁并不复杂，但却有着深刻的内涵。为了达成利润的持续上升，企业只有减少长期投资这一条路。对于当时的投资者而言，唯一的问题在于三个月的时间。时机一过，一切都将大不一样。

利润和时机息息相关。牛市到来，水涨船高，季度报告中的收益自然不成问题。经济一旦放缓，跃过这座跨栏就显得难如登天。随着牛市渐趋低落并在最后转为熊市，季度报告的真相也由此显示出来。

可是，一切都晚了。季度报表这个跑步机一旦开启，就没有人能够关闭，而且，它的步速只会越来越快。如果你觉得当下的状况已经足够困难，不妨放眼一下三个月之后的世界。要知道，三个月之后的又三个月将会更加艰险！

为求生存，企业需要另一种类型的老板。他要和投资者结成盟友，而不是日日夜夜都和员工打成一片，而且，他要善于发现公司的问题所在——为什么公司不能跑得再快一点？为什么不能跳得远一些？同时，他也要注意行业对手的动向。对于这种 CEO 而言，投资者和市场并非问题所在，公司的文化氛围才最叫他们挂牵。

丹尼·德·维托（Danny DeVito）在《无情的人》（*Ruthless People*）中饰演的角色，就是这种铁石心肠老板的最好写照。年度会议上，他对着股东大声呵斥。毕竟，对方完全不知道世道已经残酷到了狗咬狗的地步。他在训话的时候，股东之中那些个子小的老太太和温和的老绅士只能盯着鞋面，大气也不敢出一声。他要彻底赢得竞争，并从任何可能的地方榨出最后一滴利润。

季度报表，就是这些无情的人信奉的基本原理。影片中那种温和而又忠诚的股东，如今早就不见了踪影。对于他们而言，《无情的人》中的故事显得异常值得怀念。要知道，小老太太的钱包早被对冲基金经理掏得一干二净。而后，他们只需抖一抖手，就能像老千耍诈一般更换投资组合。某种意义上说，对冲基金经理就是人型的季度报表，他们总是不断向前，只为追逐利润。没人再对公司表示忠诚。忠诚的对象只能是利润。唯有消费者，才会为了品牌而买单。

许多美国家电品牌曾经成功地存在了几十年的时间。时代变迁，它们只得沦为买空卖空、套取利润的工具。而且，三个月的时间，人们已经有点等不及。三个小时，成为他们计算利润的周期。至于 CEO 和其他董事，则成了这场游戏的旁观者。面对屏幕之上公司股价的涨跌，他们只得冷眼旁观。季度报表，就是他们存在的目的。其他的东西不过是不必存在的背景音乐。

自然，商界当中也分出了两大势力。保罗·波尔曼等人对季度报表深恶痛绝，有些公司却觉得此事必不可少。亚马逊公司经常无法达成季度盈利目标，却会向投资者反复强调种种长线投资的进展。对于亚马逊这样的企业而言，季度报表并非关乎盈利。相反，它只是历史数据链之中不可缺少的一环而已。如果股东能够准确掌握相关信息，他们绝对愿意抛弃长线投资而冒险追逐短期利益。

亚马逊方面的大量资金都投入了无人机物流领域。西雅图的全自动无人售货亭则是该公司关于机器人的另一笔长线投资。亚马逊公司认为："投资""冒险"和"破坏"这三个词就是同一回事。而他们的生意正在于此。至于联合利华的未来，则和食品、化学物品和家用物资有关。对于这些长线投资，季度报表并无反映效力。也就是说，季度报表可以服务于亚马逊的发展，对联合利华却没有太大作用。

季度报表，彻底改变了投资的面貌。大家都在为了那条曲线痴狂发疯，而曲线必须要一路走高。由此而来的动力完全关乎心理。投资者都觉得：自己要向公司方面施加压力，表现出一种永不满足的态度，而公司方面自然不敢在季度盈利方面有所松懈。唯有如此，投资者的利益才能得到满足，而这也是对抗骄傲自满的最好保险。

季度报表是否必要？两派人马就此问题僵持不下，对峙已经显得剑拔弩张。2015 年，瓦赫特尔、利普顿、罗森和卡茨等几家法律事务所也加入了战团。他们集体发出声明，要求外汇委员会立即停止制作季度报表。伦敦大学和杜克大学共同出具的报告显示：那些热衷于压缩报告周期的企业，为长期投资付出的金钱要比其他企业少上许多。也就是说，季度报表和长期投资，是两者不可兼得。

2016 年，参与总统角逐的希拉里·克林顿（Hillary Clinton）曾经表示："投资的普遍下降，反映了管理过程中的短视问题。这种问题又和过于频繁的报表有着密切联系。"希拉里认为：唯有废黜季度报表，商界和选民才能得到双赢。"老板和股东需要放眼长远，注目于下一个十年而不是仅仅关注明天。"

可惜，她输了。当选的是特朗普。

11

新闻：
真相因何湮灭？

“假新闻”之祖

“我期待变革！”身涉选举的政治家，总要用这样的谎言敷衍选民。虽然他们口头上是这么说，实际却并不这么想。他们只是在迎合大家的偏见。毕竟，只有迎合大家的偏见，或者说迎合核心利益群体，才能够赢得选举。

1979 年，撒切尔夫人（Mrs. Thatcher）在选举中提倡的政策和工党支持者的最新主张很是契合。相比之下，工党参选人反倒和自己的选民疏远了些。1945 年艾德礼获选首相的时候，也是英国大众要求社会变革的高峰期。工党方面摆出的姿态，正好符合人们求变的激进心理。

丘吉尔领导英国赢得了战争，却对选民的心理有所忽视。为此，他付出了被黜下野的代价。我们眼中倾向极端的政府，其实只是在追随公众心中滋生的极端情绪。这类政府，只是政治家准确察觉大众的所思所感，并在适当的时机加以诱导的产物。

2004 年，在卡尔·罗佛（Karl Rove）的主持下，乔治·沃克·布什准备争取连任。当时，总统当局因为伊拉克战争而深受诟病，恐怖主义的阴云也是久久难散。在如此情形之下，没人觉得布什能够再度当选。审时度势的罗佛，决定采取巩固基本盘的策略。他的主意，最终取得了奇效。

所谓巩固基本盘，其实意在诱导和利用共和党支持者的恐惧心理。2016 年的美国大选中，希拉里·克林顿一方一直想要“搭建桥梁”并以此笼络更多的盟友。特朗普的一众高参（也就是杰拉德·库什内，凯莉安·康威，斯蒂夫·班农等人）则建议应该巩固基本盘。高参们显然效仿了罗佛的故智。当年，布什曾经因此再度问鼎。而今，特朗普也凭借同样的手段得以入驻白宫。

只有当前景贴近选民的切身感受时，才能得到对方的热情回应。二十世纪六十年代，约翰·肯尼迪和哈罗德·威尔逊为各自国家的选民描绘了愉快、新鲜而光明的未来光景，恰在那个时候，英美两地的经济都是一片繁荣。总统和首相的好话，大家自然乐得倾听。当时人心的主基调并非忧虑，而是乐观主义。不过，总体而言，还是忧惧更能攫取大家的关注焦点。

2001 年，“假新闻”（fake news）这个“后真相社会”的病征并未得到确诊。不过，当时新罕布什尔州达特茅斯大学的教授布兰登·尼汉（Brendan Nyhan）已经开启了一个相关的试验。尼汉想要制造一些假消息，并借此观察一个现象：错误的信息，会对公众舆论造成何种影响？又会如何融入舆论之中？

实验中，尼汉先是声称萨达姆·侯赛因准备获取一批大规模杀伤性武器并将其交给恐怖分子。而后，他又发表声明进行更正：此前的消息并不确切，并无实据能够证实伊拉克境内确有此类武器。

实验结果吓坏了尼汉。大规模杀伤性武器并不存在的事实，并未劝服坚信大规模杀伤性武器一定存在的人们。相反，这类人倒是因为这个事实而坚定了自身的信念。对此结果，尼汉还创造了一个专有名词——逆火效应（back - fire effect）。

尼汉指出，任何新鲜信息都绕不过已经存在的成见。即便我们收获新知，也会立即在其中搜索来去，寻觅可以佐证成见的那些信息。不合成见的信息，则会遭到我们的扭曲和虐待。经过努力，它们最终也得和成见融为一体。

如今，社交媒体这种回声走廊仿佛一道过滤系统。由此，种种成见可以起到更好的巩固作用。不过，推特和脸书问世之前，报纸也能提供类似的过滤功能。报纸之间立场不同，也总会根据意识形态的倾向对新闻进行筛选。我们的成见，正是因此得到满足。

有时候，事实会向我们的世界观发起挑战。可是，世界观并不因此倾覆，反倒还得以巩固。“面对与成见相左的事实，您头脑中的‘不对’其实一直就没有消散。而且，您还在搜索，想要予以驳斥。”尼汉表示，“如此的辩驳过程，加重了大家已有的错误认识。”我们所相信的事情，总是我们乐于采信的东西。与认识不符的东西，则只能被置之度外。当然，我们并非不能被新知劝服，只要这些新知能够触动我们的忧虑，它们自然可以得到接纳。

弗洛伊德，《广告狂人》和恐惧营销

政治家要想和支持自己的选民拉近距离，最好的办法就是激发对方的忧虑情绪。这个道理，并非2016年希拉里·克林顿大战唐纳德·特朗普所带来的新知，早在很久之前，就有人持起如此利器作为售卖商品的工具。

二十世纪五十年代末期，麦迪逊大道上活跃着一批营销天才。其中就有比尔·波恩巴赫（Bill Bernbach），乔治·洛伊斯（George Lois）和杰瑞·德拉·费伦米纳（Jerry Della Felemina）等人，他们关系紧密，而且还在策划一项前无古人的事业：他们要了解人们潜在的心理机制，并借此为某类商品招揽买家。他们所从事的工作就是诱导人心。这等技术到了二十一世纪自然也十分管用。

对于政治，大家都有所偏好。左中右的立场，其实一早就已站好。消费方面，人们的倾向也是如此。营销人员要做的无非是唤起大家的购物欲望。在这方面，波恩巴赫，洛伊斯和费伦米纳——我们可以把他们看作《广告狂人》的原型人物——并未求助脑科学的专门知识。弗洛伊德的指点，就可以帮助他们打开大众的心门。

弗洛伊德认为：人类的理性决策，其实都和潜意识的欲望有关。在决策过程中，我们可以选择发泄欲望，也可以加以抑制。不过，社会赖以存在的种种规则并不总是那么“自然”，释放欲望因此有着高度的风险。故而，我们总在克制自己的欲念。

1920年左右，麦迪逊大道的几位广告狂人还需三十多年才会登上历史舞台。那个时候，正是爱德华·贝奈斯（Edward Bernays）初创公共关系学的年代。贝奈斯的学说得到了弗洛伊德的理论支撑。弗洛伊德认为：公众的心理可以得到操控，而且大家也都有被人操控的欲念。在华尔街银行家保罗·马祖尔（Paul Mazur）看来，弗洛伊德的理论可以用于重振经济。“美国的文化应该得到改变，”马祖尔如是说，“要从需求驱动转到欲望驱动的道路上来。”到了欧内斯特·迪希特（Ernest）的口中，弗洛伊德理论能为一切消费活动提供解释：从购买巧克力到销售香烟，所有行为无不与性有关。

有了弗洛伊德的理论支撑，广告从业者可以利用人们心中的欲念兜售各类物件。这些东西由我们的欲望幻化而出，变身为可以购买到手的商品，比如一双鞋，一辆车，或是一瓶香水。为了听到想听的信息，我们不惜扭曲事实。为了满足欲望，我们也能把潜意识寄托到某种消费品的身上。

对消费者而言，购买等于一种解脱。花钱买东西这回事，不是看起来那么简单：一辆跑车，其实代表了中产阶级的危机；洗衣粉洗涤而去的东西并非只有衣渍，还会将郊区别墅背后压抑着的"肮脏"欲望一并清洗。广告狂人们觉得，消费主义可不是简单的血拼。消费，乃是社会容许的发泄方式。唯有如此，我们的欲望才能得到满足。

有那么一位营销大师，却采取了和广告狂人截然不同的手法。此人叫作罗塞尔·里弗斯（Rosser Reeves）。麦迪逊广场的诸位人物当中，他算最有名望和才华的那一类。里弗斯思维机敏又富于创意，他觉得：广告不应为了兜售产品而营造虚假意图，相反，好广告应像导弹一般，精确锁定那些独特的卖点（英语简称 USP）。一句简简单单的广告语，比如 MM 豆的"不溶于手，只溶于口"，就能达到这个目的。

消费者的所求并不在于欲望，而是快乐幸福——这是里弗斯的观点。他还觉得，现代生活让人忧心忡忡，我们害怕失败，担心遭到排挤。我们为配偶的变心、上司的厌弃而深感忧虑。如此的忧虑情绪实实在在，难以摆脱。为了诱惑满心忧患的消费者，营销人员唯有加大力度，把他们的恐惧情绪调到极端的程度，接下来，他们才会为营销人员提供的解决方案买单。这点论述，里弗斯的商业伙伴最为欣赏。

里弗斯的思想，正是剧集《广告狂人》主角唐·德拉普（Don Draper）的灵感源泉。全剧开篇第一集，德拉普就把如此理念向各位客户全盘托出："广告的基础只有一点：快乐幸福。那么，各位知道幸福的源头么？幸福源自新车的味道，源自脱离恐惧的自由感觉。公路旁边广告牌上让人放宽心境的话语，鼓励你勇敢做自己的呼唤，也是幸福的一大源泉。仿佛如此，大家才能得到幸福。"

商品质量并不在里弗斯的考虑之中。保证商品质量至臻完美，本该是制造商的职责。掌握人们的心理，才是里弗斯所擅长的。他的广告让人们从现代生活的焦虑当中解脱了出来。他提供的解决方案可以激起大家的购买欲，也能让生产商的生意源源不断。

如今的我们为了摆脱恐惧获得自由，消费的日常产品已经数以万计。累积起来，足够把超市的货架塞得满满当当：空气清新剂和除臭剂能够消除社交场合中的不雅气味；除皱霜可以抚平岁月流逝带来的忧虑；表皮喷雾器和擦拭剂一类的东西，对于某些人的细菌恐惧症有着很好的治疗效果。

巨大的恐惧也能得到抚慰：如果一位家长担心自己被孩子看作不称职的父母，他大可以安排一次豪华的假期。如果你觉得自己为了养家糊口工作操劳，有朝一日可能猝然死去，那么，一份平安险可以保障你的子女生活无忧。

如上的种种情况，被罗塞尔·里弗斯总结成了四个字——恐惧营销。经由广告天才的妙手，事实信息有了崭新的面貌。在里弗斯等人看来，所谓事实不过就像建筑材料。它们随意可以被嵌入另一番景象，变成广告人口中的一个故事。种种事实的背后，还有一个更大的目标，那就是卖东西。

2016 年，特朗普曾在试图唤起大家对于墨西哥移民的恐惧。而且，他也给出了解决恐惧的办法。只需一道“长长的城墙”，就可以把恐惧隔绝在国境之外。总统的这番策略，深得罗塞尔·里弗斯的真传。在当今这个时代，恐惧乃是一种足以达成“大规模劝服”的精良武器。这种武器的效力，我们每天都能得见。为了更好地见证这一点，笔者将带领各位读者见识一位人物。正是他把恐惧的力量带进“9·11”事件之后的世界，最终才导致了真相的覆亡。

利用“9·11”事件渔利的汽车销售商

清晨 7 点，笔者驾车行驶在蜿蜒小道上。道路很是难行，地点则位于诺曼底。笔者的目标直指一座城堡。租来的汽车上下颠簸，周围渐渐聚起一片淡雾。手机导航清楚显示，前方就是目的地——一座十七世纪落成的哥特古堡。座驾踏上砾石车道，两旁已有树木列队林立，而笔者也一眼认出了此行需要拜访的那位主人。

对方向笔者打了招呼。他可能是笔者见过的头号怪人。当时，克洛岱尔·

拉帕伊（Clotaire Rapaille）大夫已经年过七旬，一头白色乱发梳成了背头。那天，他穿着一件红色丝绒西装，翻领上挂着好些军功章。身后，还悬着一条长长的黑色丝绸围巾。笔者发现，大夫脸上的脂粉足有厚厚一层，唇膏也涂得很是显眼。对了，他还戴着墨镜。他就那样信心满满地踱出迷雾，和笔者握手致意。当时的笔者觉得，眼前这人就是路易十四和迈克尔·杰克逊的结合体。

二十一世纪第一个十年的初期，拉帕伊将罗塞尔·里弗斯的恐惧学说进一步推向了新高度。如此一来，世界又向“后真相”的地步迈进了些。大夫的府第当中有着不少祖上留下的古老盔甲，成片的挂像则记录了他列代先辈的尊容。藏品当中，还有一张主人的自画像：只见画中的大夫双手抱头，半裸着置身于某处洞穴当中。迎着风，他在大声呼喊。画作有何意义，我们自然难以参透。但是，有一点可以肯定：拉帕伊对于恐惧的力量很是了解，并愿意加以利用。

拉帕伊的一生可以分为两个阶段：前一个阶段期间，他在法国北部的多家医院辗转行医，为儿童自闭症患者提供治疗，作出诊断。在那个领域，拉帕伊堪称一位深孚众望的成功专家。时光来到二十一世纪的头个十年，迪克·切尼（Dick Cheney）和托尼·布莱尔（Tony Blair）编出了一个关于“伊拉克存在大规模杀伤性武器”的“真实故事”。同一时代的拉帕伊则在某天晚上瞥见了某个电视节目。有线电视新闻网的那出报道，正好点燃了他的灵感。

根据那出节目的内容，自打“9·11”事件那天双子塔灰飞烟灭以来，悍马牌（Humvees）汽车的销量屡创新高，美国郊区中产阶级购车者则是这股潮流的推手。也就是说，美国的普通百姓会花大价钱买下一款足以抵御100磅重迫击炮弹的军用汽车，只是为了驾驶着它去超市完成采购。

这叫什么事啊？拉帕伊不禁想，这难道是弗洛伊德显灵了吗？悍马得以大卖，只是因为美国消费者头脑中的无意识反应。各位消费者掏出这笔钱，是对下一次可能发生的恐怖袭击的回应。在拉帕伊看来，这伙人的“脑子还不如爬行动物”。

其实，悍马并非一款针对美国国内用户的车型。可是，大家还是踊跃掏钱，让悍马的销量在一时之间得以攀升。显然，大家的心中生出了一股莫名的恐惧。为了熄灭恐惧的火焰，他们自然需要寻找一种解决方案。

拉帕伊觉得，当时人们焦虑得几乎进入了癫狂状态。正在那个时候，拉帕伊本人的生活也发生了改变。他将投身广告行业，成为贩卖恐惧的一代宗师。

某种意义上，他就是罗塞尔·里弗斯的继承人。

拉帕伊的天赋在于对恐惧的无限想象。其实，我们担心的事情并非单单只有空气质量。新车到手之后，我们也不仅仅在乎邻居的目光。事到如今，我们恐惧的事情包括恐怖袭击的阴影、恋童癖的威胁、潜在的难民潮和全球变暖的前景。其实，除却如上这些东西，还有大量的恐惧资源有待挖掘。由此，我们可以将更多的产品以安全而不是快乐的名义兜售给消费者。

拉帕伊的第一笔生意和克莱斯勒（Crysler）有关。他和该公司的销售经理见了一次面，并向他们提出了一个重要建议：面向郊区中产阶级的车型，不妨在设计上向悍马靠近一点。唯有如此，克莱斯勒才能借着“9·11 事件”的东风而大卖特卖。按照拉帕伊的建议，克莱斯勒推出了一款全新的汽车。表面上看，它似乎和悍马一样安全。论及价格，却只有悍马的四分之一。这辆汽车好像一台坦克，宽阔的前梁和经过加固的底盘，似乎可以为客人在这个越来越不安全的世界之中提供一点安全保证。

无疑，这辆汽车在向潜在的客人发送一层信息。汽车仿佛在说：“我就是一台武器，千万别惹我。想要找我的麻烦，我就会干掉你、碾碎你!”

就这样，克莱斯勒 PT 巡洋舰问世了。这款车型一经入市便大获成功。讽刺的是，它其实并不是那么安全，大风当中，PT 巡洋舰极有可能遭遇侧翻事故。事故的元凶，正是那些给消费者带来安全假象的设计。炮塔一般高耸的车型看似安全，其实却可能致人死命。可是，没人在乎这点缺陷。只要看上去安全坚固，PT 巡洋舰这样的产品总能获得成功。

拉帕伊认为：随着恐惧大潮袭上大众的心理，那些看似安全的车型一定会大卖特卖。运动型多功能车（SUV）正好符合拉帕伊的描述。二十一世纪的头十年，运动型多功能车的销售量大为提升。从无人问津到占据市场五分之一的江山，整个过程只花了三年。运动型多功能车的外形设计，似乎都透出了“安全可靠”的特性。为了符合大众的心理，就连水杯也得追求安全性。拉帕伊觉得，消费者买下水杯，其实也在寻求安全。“水杯也得给人一种安全稳定的感觉：让人一看，就能生出安心的感觉。”

如今的拉帕伊已经转行做了人类学家。焦虑情绪就是他的研究课题。各大跨国公司都在向他寻求建议。从菲利普·莫里斯的香烟到食品公司推出的玉米麦片，无不都在利用恐惧营销而为自己蒙上一层安全的掩饰。

“9·11”事件之后美国家庭的心理恐惧也引起了日本任天堂公司的兴趣。为此，任天堂方面进行了仔细的研究，并发现了其中的巨大商机。当然，他们并不打算设计一种游戏，以便那些孤独少年躲在自己的卧室里“英勇杀敌”。相反，任天堂的新产品面向整个家庭。它仿佛一个电子壁炉，能让一家老小围聚一起，玩玩保龄球或者马里奥赛车一类的游戏。这个产品就是所谓的Wii——如此名称，正好方便亚洲人说出“我们”（We）这个单词的正确发音。同时，它还代表“我们一起相聚”。

可口可乐公司很快跟进。公司组织会议，把所有经理集中到了一起。会上，大家集思广益，要把所有可能促进产品销售的焦虑情绪一一列举出来。

这些情绪是否真有事实基础？经理们其实并不在乎。事实并不重要，他们更为关注大众的情绪变化。结果，各位经理从新闻当中发现：我们的星球似乎走到了灭亡的边缘。新闻里的各种信息——从全球变暖到中东危机再到由此而来的移民危机、恐怖主义扩散，从传染病到家居当中的有毒元素，都在撩拨大家的恐惧心理。

恐惧，是一件促销的利器。其实，比起过去，我们这个时代大概最是安全。人在家中安坐，其实并不容易招来什么危险；战争和瘟疫爆发的概率也低得不能再低。可是，我们的恐惧情绪也在同一时刻登上了历史的顶端。各位现代人更有可能死于烤箱爆炸，而不是因为恐怖袭击而命丧黄泉。不过，我们还是对后一类威胁更为担心。

危机当前，一些产品打出了规避危险的招牌作为卖点。布里克豪斯公司的儿童定位器其实就是一个贴在孩子身上的可追踪电子标签。为了售卖这样一个小小的产品，布里克豪斯特地选好了时机。定位器入市的时候，一系列儿童诱拐案正在报纸上传得风生水起，沸沸扬扬。一则广告适时推出，以便配合销售。

“为人父母，最大的梦魇就是……”电视广告一开头，观众们就听到了如此的介绍。画面上，一位母亲正在操场上焦急地找来找去。原来，她和她的儿子走散了。可以想象，各位父母观众的焦虑情绪也在步步升级。“我们每个人都喜欢过山车一般的那种惊险感觉。”拉帕伊表示。不过，难道诱拐案件真和你的生活相距很远吗？反正，我们只知道那款定位器在商业上大获成功，售价已经达到了27.99美元。

1997年，人们又开始担心禽流感的问题。世界各地的机场更是因此如临大敌。而后，登革热和非典型性肺炎先后成为大家的忧虑之源。

我们对疾病的恐惧情绪绝对是发自内心的。为此，肥皂生产商急不可待地献上了解药。我们亟须某种能够杀死细菌的物品，并由此规避生病的风险。自然而然，杀菌肥皂可以让我们宽心。其实，肥皂这种东西原本只是浴室之中才会有的奢侈品。它的用途，可能只是在泡澡的时候制造泡沫。时光流转，肥皂俨然成了时刻不离的必用工具。它为我们抵御细菌的侵袭。厨房里面的肥皂必不可少，在浴室里它更是孩子们的保护神。和宠物亲昵过后，我们当然还得用肥皂把自己的手好好清洗。

其实，细菌不过是个幌子而已，它只是恐惧心理的一种表征。在它身后，潜藏着某些更为可怕的东西，比如疾病、污染、移民带来的忧虑和恐惧。对付它们，一张除菌毛巾完全不管用，而所有的消费者同样也无法加以控制。可是，细菌这种东西，我们完全可以消灭。在广告的熏陶下，我们会惶然发现：家中的每一处角落，仿佛都是沙门氏菌、大肠杆菌和军团菌聚集的欢乐世界。自然而然，我们每隔十五秒都会举起除菌喷雾，朝着家里喷喷洒洒。

当然，除菌肥皂还打入了一个全新的市场：广大的强迫症患者，正是这个市场的推动力。商家只要把这种关于卫生的恐惧植入人心，强迫症患者就会争先恐后地成为这种“神药”的消费人群。

巴里·沙夫（Barry Shafe）身着西装、性情平静。二十一世纪的头十年，他在世界上最大的肥皂生产商库松思（Cussons）公司担任产品研发部主管。所谓的卡雷（Carex）喷雾正是沙夫的得意作品。他的这个发明，掀起了一股关于除菌喷雾的世界性风潮。

沙夫觉得：撩拨公众的恐慌情绪，已经不只是销售的一种手段。“对于疾病的恐惧，就是一种背景音。有了这种声音的鼓噪，消费者们才会对除菌肥皂趋之若鹜。”那么，为什么他要在新闻当中制造那些恐怖传说呢？毕竟，当今世界的新闻当中满满都是埃博拉一类的骇人元素，难道它们还不够帮助库松思提供销售业绩？显然，无论是除菌喷剂还是克莱斯勒的最新款汽车，其卖点都和一种幻觉有关，这些产品，仿佛能在一个危机重重的世界中为顾客提供一点安全庇护。

不过，安全总是有代价的。生活环境之中的细菌确实越来越少，但是，儿童哮喘症和湿疹却在愈加多发。如此情况和家居中的毒素有着直接的关联。究其原因，各类喷雾剂、空气清新剂和强力除菌喷剂的过度使用可以说是直接凶手。

就这样，我们确实消灭了家居中的细菌，不料却污染了自己的生活环境。毒素，源自我们对于无菌环境的追求，如此事实，却遭到了大家的忽视。我们怕这怕那，却似乎不怕这一层巨大的威胁。我们陶醉在恐惧情绪之中，以致忽略了身边的危险。大家更愿意相信：危险都在外边的那个世界。至于事实，则是无人问津。

新闻如何消灭真相

1986 年，美国电视业还是全国广播公司（NBC），哥伦比亚广播公司（CBS）和美国广播公司（ABC）的三分天下。不过，三大公司很快都成了华尔街的猎物。全国广播公司被通用电力并购，劳伦斯·蒂斯（Lawrence Tisch）旗下的投资公司勒夫（Loew）则买下了哥伦比亚广播公司。资本城市（Cap Cities）则在沃伦·巴菲特（Warren Buffet）的支持下成了美国广播公司的主人。这些并购所需的费用约在 20 亿～35 亿美元。可是，买家并无吝惜之意，他们甚至认为自己是用低价淘到了极为有用的资产。所有的并购生意，都在几周之内就完全敲定。

买家的慷慨倒也事出有因。毕竟，美国公众可是看着三家公司的节目长大的。每一家公司都有着各自的特色。沃尔特·克朗凯特这样深孚众望的主播也在这些公司当中任职。正因如此，它们可以成为平台，由此掀起一场关于商业电视的革命。所谓的商业电视台在当时属于新兴事业。电视信号通过卫星传播，而观众必须付费收看。至于内容更是丰富多彩，从电影到体育再到儿童节目、娱乐秀甚至色情电影无所不包。

而后，巴菲特财团特地咨询了高盛集团。后者应邀对美国广播公司做了资产评估（这次评估，也成为业界中相关案例的一大典范）。很快，高盛方面就给出了答案：这一次，巴菲特真是花了太多冤枉钱。

在高盛看来，当时的美国广播公司深受所谓老友记问题（Friends problem）的困扰。出演《老友记》第一季的时候，珍妮佛·安妮斯顿（Jennifer Aniston）

的总片酬不过一万美元。到了第三季，这个数字暴涨到了100万美元（而且，如此价位还是电视台方面经过讨价还价方才达成）。按照高盛的看法，所有的电视节目应该通过千篇一律的流水线进行生产。至于新闻，则是愈为轰动愈好。珍妮佛·安妮斯顿一类的明星则应该遭到弃用。

次年，美国广播公司推出了史上第一出真人秀节目《幸存者》（Survivor）。节目很合高盛的胃口——制作规模宏大、内容也很刺激。其中却没有什么明星。每一季节目都可以更换大批新演员。遵循同样的理念，新闻节目的制作费用也应一并缩减，不过，占据的播放时间却要有所增加。所谓的滚动新闻，正是因此得以诞生。

沃尔特·克朗凯特这样的人物，不再会是新闻节目的中心。取而代之的是一个青年学生。此人闯进自己就读的高中，挥枪残杀了许多同学。没办法，新闻必须轰动。唯有灾难和事故，才可以帮助电视台在同业竞争中取得市场优势。

没过多久，各大电视新闻节目都把焦点瞄准到了各式各样的灾难之上。1994年，BBC的电视讽刺节目《今天的一天》戏仿了当时的新闻潮流：轰炸一般对事件进行密集追踪，图片内容总在夺人眼球，“最新进展”更是源源不断——其实，事件可能并没有什么进展可言。但是，电视节目总是需要不断填充内容。新闻关注的所谓灾难往往半真半假。有时候，其中的故事干脆就是纯属虚构。

滚动新闻还在不断升级，它们能够存在，自然要感谢人类日渐升级的焦虑状态。而且，每一次的新闻模式都大致如一。“最新进展”永无休止，每隔十五分钟就得为观众带来“新知”。至于真相，只能屈从于滚动新闻的要求。由此一来，任何事情似乎都能成为新闻。现代的新闻，看上去几乎就和讽刺短剧一模一样。

巴德·德怀耶

新闻内容已经进入一种循环模式——枪战、抢劫、袭击、枪战、抢劫、袭击……要想让这些东西更有可看性，自然需要一点戏剧化的效应。

我们想要知道更多的新闻细节，每一个细节都得残酷血腥。那些所谓的真人秀节目不也常常利用造假的手段，有意制造参赛选手之间的矛盾么？因此，关于各种灾难的新闻自然也不能冷静而克制地报道事实。相反，新闻的故事必须有所夸张，其中的每个细节都要富于戏剧张力并由此具备娱乐性。

如此一来，问题当然不可避免。越来越多的新闻节目都在索求更加刺激的猛料，以便填满播出时间。对于新闻制作者而言，这样的要求带来了莫大的道德困境。对啊，炮制新闻的底线到底又在哪里？1987 年 1 月 22 日，大家终于等到了考验来临的那一天。

当时，宾夕法尼亚州议会的共和党籍财务主管罗伯特·德怀耶（绰号“巴德·德怀耶”）被控涉嫌受贿。对方想让德怀耶确保一件价值数百万美元的大生意：丑闻涉及退税补偿，并连累了几千名联邦雇员误遭处罚。

庭审期间，德怀耶一直坚称自己无辜，他甚至致信里根，请求总统介入案件主持公道。可是，他还是被裁定有罪，并于 7 月 23 日起将要面临五十五年的刑期。

入狱的前一天，德怀耶召开了一次新闻发布会。五家电视机构对此进行了跟踪采访。发布会上，德怀耶掏出一个马尼拉纸制成的信封并宣读了辞职声明。他感谢了各位职员的支持，而后再次宣称自己并未犯罪。“请全美各家报纸、杂志，各大电视、广播媒体好好说一说我的故事。”他请求道。

而后，德怀耶手中又多出了一个信封。那里面有一把史密斯和维森牌的左轮手枪。在场的媒体人员发出一片惊叫，德怀耶的语调却仍显平静。“各位如果觉得恶心或者反胃，请马上离开现场。我可不想给您留下任何心理或者生理创伤。”两名警卫试图控制住德怀耶，却也被他挥枪吓退。“别过来，别过来！枪子儿会伤到别人的！”德怀耶发出了警告。

而后，德怀耶转向在场主要的摄像机。他的目光，直直逼视着镜头深处，那一眼，就是著名的死亡之瞪。如此称呼，还是在场的报到人员想出来的。“琼、罗布、蒂蒂，我爱你们……”一席话语终了，德怀耶将枪口深入口部并扣动了扳机。瞬间，他的脑袋就因为枪响而被轰掉了大半。

就这样，德怀耶在电视新闻当中完成了自杀。他很清楚新闻界的需求，也确实没让他们感到失望。不过，发布会现场的血腥图片和由此而来的震撼效果，却把各大电视频道分裂成了两大阵营。

费城和匹兹堡两地的 WPVI－TV 都报道了德怀耶自杀的消息。六频道播放了扣动扳机之前的场景，却并未让观众们看到血喷如注的场面。宾夕法尼亚当地的 WCAU、KYW 和 KDKA 等几家电视台则把画面定格在了枪响之前的那一刻。而后，观众只能通过录音听到枪声和随后的一片惊叫。《行动新闻》对于此事的报道则是从头到尾无一遗漏。事后，《纽约时报》对相关报道的道德立场提出了质疑。可是，直播自杀，确是提高收视率的利器。

当地的另一位共和党籍高官威廉·史密斯（William Smith）和德怀耶遭到同案起诉。2010 年，德怀耶已经去世二十七年，而史密斯也说出了实情：他曾向检方提供关于德怀耶"受贿"的虚假证供，从而让自己的刑责得以减轻。

德怀耶，确实被冤枉了。清白无罪的他却选择了自尽，因为无人愿意调查他的冤屈。史密斯在坦白之后，也因为"在誓词之下作伪证"而被判处一年有期徒刑。当年，他如此苦心孤诣，只是想要减去六个月的刑期。

没错，德怀耶曾经大声喊冤，却没有一家媒体跟进调查。它们都忙着追踪他自杀的消息，为此简直使出了花样百出的手段。至于他的自杀原因，大家无暇顾及。新闻周期发展得实在太快，没人有那个工夫。

德怀耶自杀事件，给忙碌竞争下的新闻业带来了道德挑战。事主倒是清楚各大媒体的嗜好，以及对新闻价值的判断。正因如此，他才会通过电视为自己陈情喊冤。

一方面是德怀耶及其家人的名誉，另一方面则是可以带来关注的血淋淋的图片。最终，各大新闻频道还是选择了后者。一切，还要拜新闻的商业化所赐。如此情形之下，各大频道都得追求收视率和影响力。世道如此，他们没得选。

压力当前，媒体都得提高推出新闻的速度，并且将同行压倒。如此的环境，把新闻机构变成了传播假消息的工具。重大事件发生的时候，媒体尤其容易误导观众。2013 年的波士顿马拉松爆炸案之后，CNN 的约翰·金（John King）很快指出犯罪嫌疑人乃是"一个深色皮肤的男性"。福克斯电视台的梅金·凯莉（Megyn Kelly）也加入了猜测犯罪嫌疑人的赌局。当时，她一口认定犯罪嫌疑人已经遭到逮捕（结果证明，她的信息有误）。《纽约邮报》刊出一张图片并认为其中两位身背帆布包的男子就是疑凶，配以"帆布包男：联邦调查局正缉拿图中的嫌犯"的标题（结果，联邦调查局当时并未展开行动，而两位男子也不是疑凶）。

德怀耶的自杀抢占了直播的先机，并给出了新闻界想要的效果。可是，随着滚动新闻的大行其道，商业利益早已不再重视新闻的真实性。“假新闻”大行其道的趋势，自然已经无法阻挡。

从科学到科幻

艾略特（T. S. Eliot）曾说：“人类其实接受不了太多真相。”同样的道理，经由巴德·德怀耶事件而得到新闻界的认知。如果某次自杀式袭击导致孩童身首异处，媒体也会照报不误。只是，他们会把报道的烈度降低到西方观众可以接受的程度。它就像一间客栈，正好立在“真实”和“可接受度”间的半道之上：影像经过有意挑拣，虽然不至于显露爆炸的具体细节，却仍能透出恐怖气息。这就是新闻报道构建“真实”的技巧。所谓的“真实”，其实只是新闻机构选择后的信息。

一方面，电视台需要炮制灾难、夸大其词；另一方面，他们又得遵守道德的底线。两相夹击之下，一种半真半假的事实才会因此出现。受此困扰的可不只有新闻界，科学家同样需要遵守类似的守则。为了吸引媒体报道，也为了寻求资助经费，科学家也得出言夸张骇人，由此一来的疏漏和误解自然不可避免。

科学，本该经过精确的判断。可是，这一点却和新闻报道的需求截然相反。相比蓝莓对健康略有促进作用的事实，媒体编辑明显更为青睐“蓝莓可以治癌”这样的标题。如此情形之下，大家又能怎么办呢？

世事变迁，大众已经不再对功效奇异的保健食品或者神药寄托幻想，维生素片也失去了大众的偏爱。毕竟，大众的心理总在不停变化。可是，为了追随大众心理，科学的可信度也在慢慢流逝。最终，科学只能变成“伪科学”。

营养科学如此，关于治病的科学同样也如是。约安尼蒂斯指出，其实科学家已经通过上千次的研究发现：“特定基因导致特定病症”的概率不过是1.1%。但是，127个用于预测疾病的模型却给出了夸张得多的结果。而且，这127个模型之中，只有1/5不到的研究者愿意根据结果而对病情做持续追踪。

因此，约安尼蒂斯觉得，科学界的类似现象已经十分猖獗，而科学家们也常常摆出语不惊人死不休的姿态。究其原因倒也简单：科学家也需要钱。为此，他们必须吸引更多的关注。对于媒体而言，科学界的惊人进展拥有上好的新闻价值。为了予以佐证，他们自然要从科学研究中寻求资源。就这样，我们面临的健康风险常常遭到夸大，而所谓解药的功效同样也经过夸大。这就是一种灾难化的过程，也正是新闻界曾经经历过的东西。

每一周，我们都能通过新闻媒体获知大量的危机。它们扑面而来，声势有如海啸一般，对我们的心灵形成冲击后，却没有留下什么实质性的恶果。每一波危机都比上一波更为骇人：超级毒虫、超级老鼠、超级机器人、超级人工智能软件、超级骗局、超级夏霾和超级冬雾等。危机可能很大，比如一颗可能撞毁地球的流星；危机也可能很小，就好像那种可以让你家庭院一片荒芜的日本杂草。形形色色让人恐慌的“病症”，其实不过都是经过灾难化的事实。它们被摆到大家面前，就是为了刺激大家无限的恐慌。

有些时候，科学带来的偏差很可能十分危险：1992 年，某种避孕药突然被爆出可能导致静脉血栓。第二年，接受堕胎手术的人数剧增。可是，大家对于静脉血栓的恐惧来得快、去得也快。国家保健计划其实早已提醒大家：以孕激素作为主要原料的避孕药物并不会带来血栓风险；即便雌激素和孕激素一起服用，相关的风险也相当微小。当然，制药公司并非受害者，实施夸张报道的媒体也不会受到任何影响。真正倒霉的，正是那些因为血栓风险而惶惶不安的女性。

真相的变异

新闻界和科学界如此作为，当然事出有因。不过，随之而来的一大恶果是大众再也不相信所谓的“事实”了。以寻求事实为目的的皮尤研究中心（The Pew Research）已经在华盛顿运行了四十多年。一直以来，该中心都在关注公众对媒体和政府的信任度。

根据皮尤研究中心的统计，1948 年杜鲁门总统在任期间，73% 的美国人都表示自己在大多数时间内都对政府万分信任。与此同时，他们还把同等的信任托付给了各位记者。直到二十世纪六十年代，这种信任度仍然保持在高位。可是，由于受到越南战争和水门事件的影响，政府的形象在二十世纪七十年代一落千丈：1974 年，相关数据仅有 36%；到了 1979 年，相关数据更是跌到了25%。

虽然大家对政府已经失去了信任，但媒体倒是因此异军突起，渐渐有了真相探索者的名声。

1972年，记者西摩尔·赫尔什（Seymour Hersh）披露了美莱村惨案。1972年，鲍勃·伍德沃德（Bob Woodward）和卡尔·伯恩斯坦（Carl Bernstein）又将水门事件曝光。《星期日泰晤士报》的报道团队更是功绩彪炳。十几年来，一件又一件的丑闻——从以色列的秘密核计划到“反应停”药品的副作用——在他们的探索之下得以大白天下。

既然政治家已经不再可信，公众只有转向媒体以托付信任。同时，媒体还能起到政坛监督者的作用。大家对“第四权力”信心大增的同时，对政治家的尊崇程度却在一路走低。

权力斗争，改变了新闻业界的形象。没错，记者也许是一群不受内幕污染的局外人。可是，新闻机构的拥有者却一直想要染指真正的政治权力。也就是说，媒体大亨更想和政治家为伍，成为权力圈子里的局内人。

1903年，二十世纪的第一位媒体大亨诺斯克里夫勋爵就发现了自己产业的政治潜能。“每一次的选举，都让报纸更为强大，同时削弱政治家的权力。”

到了1918年，勋爵甚至生出了一种大权在握的感觉。他认为，自己才是推动英国赢得一战的功臣。毕竟，是他掀起舆论攻势，把阿斯特拉下台后又让劳合·乔治（Lloyd George）得以坐上首相宝座。

比弗布鲁克旗下的《每日快报》是二十世纪三十年代第一家发行量超过两百万的媒体。他和罗瑟摩尔齐心努力，最终让首相斯坦利·鲍德温（Stanley Baldwin）落马下台。两人的动作，其实无异于一场政变。

1931年3月17日，伦敦的女王大厅，鲍德温曾经发表过一番感慨：“如今的报纸已经不是简简单单的报纸了。他们就是加足马力的宣传工具，在不遗余力地为多种多样的政策、欲望、个人利益、两位大亨的好恶而呐喊鼓噪。报纸的拥有者只想获得权力，一种无须付出责任的权力。”

二十世纪早期的各位媒体大亨曾给政坛带来不同一般的地震效应。他们不但和政治家同桌共赌，甚至还想把握整个赌局。

二十世纪七十年代，又让一切得以改变。通过造出一个名叫真相的怪兽，媒体实际已经攫取了权力。事实不再是媒体大亨讹诈政治家的工具，而是向公众披露政坛谎言的手段。调查记者仿佛可以深入地底发现钻石的踪迹，并把它们摊开在大众的眼前。

如此改变，媒体大亨倒是没有干预。毕竟，贩卖真相也可以收获商业上的成功。可是，这门生意渐渐变得不那么有利可图，媒体大亨将会继续他们曾经的角色。这一次，他们不但要和政治家展开博弈，还要成为政坛的领路人。

福克斯电视台的秘密

1985 年，美国一家名为 WTDG 的新闻频道有了新主人。此人是位媒体大亨，他出生在澳大利亚，却持有美国护照。

弗兰克·奥唐内尔（Frank O'Donnell）是个电视制作人。在他的记忆中，WTDG 的新主人“在最初三年很少干预我们的工作。可能因为我们当时还算比较成功”。可是，有那么一天，主人突然下了一道紧急命令：“我们的一档节目被砍下了一节内容，转而开始直播共和党大会。其实，那就是一套为罗纳德·威尔逊·里根歌功颂德的专题内容。对此，大家都惊呆了。在此之前，我们一直在制作正常的新闻节目。突然间，上头就要求我们开足马力为某种政治理念摇旗呐喊。”

就这样，大家对老板，也就是鲁伯特·默多克（Rupert Murdoch）的看法改变了。其实，默多克的态度始终如一，他继承了家族的媒体生意，并在此基础上构建了自己的报业帝国。他的经历，和诺斯克里夫、比弗布鲁克、罗瑟摩尔以及塞西尔·金等人并无二致。

比起诸位前辈，默多克的才智和野心都要更胜一筹。奥唐内尔觉得，默多克当年的那道命令，堪称一道自上而下的法令，由此宣告了“后真相时代”的诞生。二十多年之后，法令的影响还在不断发酵。不过，“后真相”只不过是事实的一种有意重组。借此，旧式媒体大亨希望能对政坛产生影响，同时也给自己增添权力的砝码。

1996 年，福克斯新闻台任命罗杰·埃尔斯（Roger Aisles）为新的公司主管。此人曾在尼克松、里根和布什三任总统麾下担任战略顾问。在他看来，福克斯新闻台应当“在新闻界制造公正和平衡的氛围”。如此信条，也成了新闻台自称的标语。埃尔斯上任不久，全台员工就接到了一份专业备忘录。由此，他们必须遵照规定进行报道，有些事情和观点绝对不容许发表。比如，在埃尔斯看来，“堕胎”就是一个考验员工立场的标志性因素。要知道，福克斯新闻台“应当尊重生命”。至于“种族平等”则是“左”翼人士才会感兴趣的东西。关于艾滋的报道也要遵守规矩。“9·11”事件之后，各位员工更是收到了上级的命令“不要把这件事情变成第二个水门事件”！

新闻节目中的不同意见，通常会横遭截断；有时候，节目组还会直接关掉嘉宾的麦克风。显然，这可不算传统意义上的平衡报道，而平衡也并非福克斯高层的追求。福克斯的主持人从来不吝惜大打笔战。他们的节目，仿佛华盛顿上空一柄闪闪发光的剑。面对与自己意见不合的嘉宾和采访对象，比尔·奥雷利（Bill O'Reilly）只会奉以一句“闭嘴”并将对方的话生生噎成两半。

心怀怨言的福克斯普通员工常常表示：自己被迫参与制造的节目内容空洞，同时也缺乏可信度。说来，福克斯新闻台的不少节目确实意在维护和支持控枪政策。他们的抱怨，高层人士却是置若罔闻。毕竟，这些批评有些太过老套而不入时。福克斯新闻台的所作所为，其实是在锻造新闻业的未来。对此，大家迟早都会明白。

伊利诺伊州立大学的新闻学教授罗伯特·迈克切斯尼（Robert McChesney）曾对福克斯新闻台做过深入研究。他觉得，该台确实通过“毁灭新闻业”而成为“后真相时代”的导火索。其实，福克斯毁灭的东西不是新闻，而是真相，唯有如此，一家电视台才能成为政治工具。

二十世纪七十年代末到八十年代初，新一代的媒体大亨，比如约翰·戈尔德史密斯、罗伯特·马克斯维尔和蒂尼·罗兰兹相继登上历史舞台。和他们一样，默多克也想在政坛闯出一片天地，就像罗瑟摩尔和比弗布鲁克当年所做的那般。他们要掌握权力的指挥棒，把政治家们耍得团团转。

要想登上政治这张赌桌并成为玩家，各位媒体大亨必须具备以下特点：公然表明政治立场，并让手下的记者狠挖自己心仪对象（政治家）的各种黑料。由此一来，媒体大亨才能获得一张政坛入场券。黑料一旦到手，便可以作为要挟对方的工具。如此光明的一条生意之路上，还剩下“真相”和“新闻操守”这两只拦路虎。如果要在这两者和权力之间做一抉择，大亨们的意向自然非常明显。

1981 年 1 月4 日，生意成交了。

首相度假官邸的午餐桌旁，撒切尔和默多克像切小羊羔肉那样完成了权力切割。一心变革的撒切尔，需要一家对自己鼎力支持的媒体，而默多克正有买下《星期日泰晤士报》的意愿。两者一拍即合。

第二天，限制媒体垄断的种种规则突然得以放松。默多克在一夕之间成了《星期日泰晤士报》《泰晤士报》《太阳报》和《世界新闻报》的共主。他还买下了 BSB 卫星广播电视台并将其更名为天空电视台。这一切，自然来自撒切尔的恩典。作为回报，默多克的各大媒体则要不遗余力地向英国的千家万户鼓吹撒切尔主义的好处。

通过并购，默多克筑起了一座牢不可破的城堡。他可以像幽灵一样游荡其间，默言不语却又把一切攥在手中。任何不合他意的东西，都会像不合脚的鞋一般遭到摈弃。

易主之后的《星期日泰晤士报》立即投入了一场权力斗争。对手哈罗德·伊文思（Harold Evans）曾是《星期日泰晤士报》的忠诚斗士。最终，伊文思落败。在美国，默多克也和里根达成了同样的协议。二十世纪福克斯电影公司、哈珀·柯林斯出版社和《华尔街日报》相继成为他的旗下资产。

就这样，默多克成了一座无法撼动的大山。他拥有一百多个电视频道、一百七十五家报纸、四十家出版社和一家电影公司（也就是二十世纪福克斯）。他可以利用多重媒体的威力，向世界各国几十亿观众灌输思想。

想要得到权力的政治家，首先必须获得默多克的青睐。为此，托尼·布莱尔不惜在 1995 年亲赴澳大利亚的海曼群岛向默多克求助。面对布莱尔的热忱，默多克却不想赏光，他和他也没有什么事情好谈。其实，如果默多克愿意，布莱尔来个电话聊上十五分钟就可以了。默多克曾经表示："我这一辈子，从来没有要求任何政治家为自己做过任何事情。"他没说谎。他无须要求，就有政治家能满足他的心意。

福克斯新闻台这种毫无避讳的"一家之言"，倒把其他故作中正姿态的新闻频道衬托得毫无光彩。除了福克斯，其他新闻频道都习惯守在华盛顿各大部委新闻发布会现场，等待新闻事实的出现。福克斯新闻台有着尖锐的风格，而且台里的一切节目都是为了佐证自己那个政治观点。当然，新闻台的观点可和默多克本人的政见毫无关系。他们的老板不过是个狡猾的商人。机会主义，才是他的信条。他选择打造一个彻头彻尾的右翼新闻频道，也不过是为了给自己的生意铺路。同时，他还知道，福克斯发出的声音正好合衬这个时代的民意。

其实，各位媒体大亨并没有固有的立场。他们不在意同性婚姻，也不大关心少数族裔的心声。他们也不觉得控枪、堕胎或者移民就是洪水猛兽。他们不为精英服务，也不是华盛顿当局或者宗教极端分子的传声筒。媒体，已经变成了的权力平台，成为政坛中的新玩家。它所耍弄的魔杖，正是罗塞尔·里弗斯所谓的 USP。传统媒体所谓的真相，新时代的媒体绝对不会在意。

信奉自由主义的知识精英早已陷入焦虑。他们担心，自己对于舆论三十多年的垄断即将走到尽头。他们的担心不是空穴来风。可是，事实面前，任何人都无力改变。真相将变得不再重要，权力将会再次成为媒体和新闻的要义。

真相之谜

1855 年，克里米亚境内激战正酣。此时，《泰晤士报》刊出了罗杰·芬顿（Roger Fenton）的摄影作品《死亡阴影之谷》。相片内涵深刻，图中的战场空空荡荡的，准确地把握了俄军撤退、英方进驻之后的情形。当然，芬顿的作品还是存在一点缺憾——整片“战场”其实都经过了摄影师的修饰。芬顿把加农炮弹搬来又搬去，只为打造一片完美的“战场之景”。

1945 年，硫磺岛的海滩上，战地摄影界的传奇乔伊·罗森塔尔（Joe Rosenthal）捕捉到了战场上最为经典的一幕：美军士兵夺取日方阵地之后，又齐心合力地将星条旗擎起。这张图片，最后赢得了普利策奖。

很遗憾，经典图片的背后其实也是谎言。早在罗森塔尔赶到硫磺岛的两天之前，当地就已被美军攻克。真正的胜利一刻，美军倒也竖起临时旗杆并升起了国旗。一位叫路易斯·罗瑞（Louis Lowery）的军士也用自己携带的简易相机留下了存照。可是，辉煌的一刻怎能如此随随便便就被见证了呢？于是，军方主动联系罗森塔尔，并组织了这次摆拍。

图片经过造假，倒是把一桩事实搞得更加戏剧化。既然事实曾经真正发生，观众们自然也乐于取信。你应该还记得 2014 年影片《星际迷航》（*Interstellar*）中的一幕：马修·麦康纳修（Matthew McConaughey）饰演的主人公怒气冲冲地闯到儿子就读的学校，因为对方曾经宣扬“登月是个骗局”。

其实，相比新闻本身，登月一事已经算是深得公众信任。要知道，94%的美国公众都觉得：所有主流媒体上的新闻报道不是经过歪曲，就是纯属胡编乱造。

平衡、中正的新闻内容，总是无法吸引公众的注意。福克斯新闻台带头掀起的那种观点鲜明而有意挑起争议的报道方式，才能满足大家的胃口。经过挑选的新闻材料足以引发争论，同时又经过媒体传播而准确地击中了目标观众的人心。按照纪录片《零钱》（*Loose Change*）宣扬的那种观点，“9·11”事件中双子塔的轰然倒塌，不过是美国政府的一次秘密行动。可是，这部影片偏偏在网上创下了纪录电影的观看纪录。虽然影片对事实大加歪曲和捏造，却仍取得了极大的影响。

其实，自打新闻诞生之时，假新闻就如影随形。1936年，刚刚参加了西班牙内战的乔治·奥威尔（George Orwell）曾经留下这样一段文字：

> 很小的时候我就发现，报纸上没有任何报道符合事实。可是，到了西班牙我才开了眼界：新闻原来可以和事实毫不相干。我发现：所谓的一场激战其实根本未曾发生；几百人遭到屠杀，媒体却是默不作声。这样的事情把我吓得不轻。我仿佛感觉，所谓客观事实其实正从这个世界慢慢消失。

2016年4月，马其顿小镇威莱斯（Veles）成了全球主流媒体的瞩目焦点。而且，大家对小城的关注来得十分奇怪。原来，此地竟然是脸书上那成百上千的假新闻的策源地。

那么，为什么威莱斯当地人如此热衷于制造假新闻呢？对此，全球最受尊敬的新闻媒体也想不出答案。于是，一批记者来到威莱斯，采访了那些可能炮制假新闻的年轻人。采访对象就这样一脸不高兴地被堵在了威莱斯的街头。其实，也难怪他们会有些怒气。眼前这些中年记者仿佛在质询“水门事件”中的尼克松，一直在问“为什么你们要这么做”。年轻人只是回答：“不就是为了解闷和赚钱么？”

一名二十岁的计算机系学生告诉《卫报》记者：“我觉得，美国人最感兴趣的东西除了美式足球，就是我写的这些新闻。有些新闻内容是我编的，有些则是我从其他网站上抄来的。接下来，我会把内容翻成英语。我才不管这些内容是真是假，我只是为谷歌广告办事而已。”

这些学生并非想要达成某种特定目的。他们可不是为了特朗普当选而劳神费力。他们没有什么政治倾向，也不是为了在媒体上获取关注。在这样一个萧条的马其顿小镇，他们不过是一群艰苦的创业者。通过调研，他们发现了合适的财路，并且做了所有美国人都会做的选择——以此赚钱。

“假新闻”并非特朗普当选总统的原因，罗森塔尔的摆拍照片也没有改变“二战”的进程。其中的区别无非是：如今，二十五岁以下的年轻人大多认为新闻并非事实，而只是用于鼓吹或抹黑的宣传手段。他们的意见，总统正好赞同。客观事实正在消逝，而新闻也变成了赤裸裸的夺权工具，对此，乔治·奥威尔表现出了哀悼。但是对于那些有志于获取权力的人和帮助他们获取权力的人而言，最后的结果，才是唯一值得关心的事实。

12

机器：
人类的替代者

模仿游戏

“我开始想到一个问题：机器有没有思考的能力？”

疑惑出自阿兰·图灵（Alan Turing）写在1950年的名篇。一开始，他就提出了如上的问题。正是这位图灵破解了德军U型潜艇的密码，可以说，他拿到了第二次世界大战的取胜之匙。战争结束之后，图灵根据自己在密码破译方面获取的新知，开始思考这个重要问题——在他看来，这个问题关乎人类面临的最大挑战。

为了破解德军密码，图灵使用了极为复杂的系列算法。由此，他想到了未来也许有一天，机器也可能萌生自我意识。没准儿，计算机发展到某个阶段之后，就能成功模仿人类？“有没有一类电子计算机最终可以赢得这场模仿游戏呢？”图灵不禁思忖。

为此，他特地进行了一个测试：一个人隔着屏幕同其他人进行沟通。可是，他的沟通对象之中有那么一位并非人类，而是计算机在模仿人类的言行。假如人类无法明辨计算机的身份，这个测试就以计算机获得“人类身份”而告终。同时，一场模仿游戏也将分出胜负。

图灵认为，有朝一日，人工智能将摆脱“人工”的桎梏而变成真真正正的智慧个体。之后的发展则更为关键，跨过卢比孔河的人类，即会成为机器人的臣民。根据图灵的预测，渡河的那天大概就在五十年之后。

结果，那一天大家等了足足六十二年。2012年，雷丁大学的弗拉基米尔·韦塞罗夫（Vladimir Veselov）创造的软件成功地完成了模仿游戏。游戏中，软件扮成了一个名叫尤金·古斯特曼（Eugene Goostman）的十三岁乌克兰男孩，如此安排，还凝结了韦塞罗夫一点狡猾的小心思。他表示："根据我们的安排，尤金·古斯特曼应该自称是个万事通。可是，十三岁的孩子又能知道些什么东西呢？"

图灵测试仿佛一场跨栏竞赛，很多计算机还没来得及跨过第一道坎就已经败下阵来。毕竟，它们连人类提出的问题都听不懂。可是，自打2010年之后，新一代的计算机已经变得愈发聪明。它们甚至能够改变策略、愚弄人类，转换话题是它们的拿手好戏。有时候，它们还可以反将提问者一军，它们甚至还会因为对话情景而生出情绪。如上的种种表现，都让它们看上去更像人类。为了达成目的，电脑工程师设计的各种模仿术也变得愈发剑走偏锋。

有鉴于此，有关方面提高了图灵测试过关的门槛。按照当下的标准，一台电脑必须接受三位人类专家的同时考验。这场考验由一系列对话组成，总时间几乎接近两个小时。唯有骗到至少一位专家，电脑才算通过了测试。

2012年的那次测试中，古斯特曼和一位专家进行了如下的一番对谈：

专家：你喜欢什么样的音乐？

古斯特曼：我喜欢埃米纳姆（Eminem，又名痞子阿姆），因为他对政治正确一类的东西完全不在乎。

专家：天呐，我也喜欢埃米纳姆。他是我最欣赏的歌星。

古斯特曼：我一直在想，Eminem这个英语单词到底是啥意思？想来想去，难不成和灌肠剂（emena）有关系？哈哈，不过他人真的很酷。我特别喜欢*The Slim Shady LP*那张专辑。

专家：我知道Eminem是什么意思。他其实叫作马歇尔·马瑟斯（Marshall Mathers）。姓名首字母（M and M）拼在一起，是不是在语言学上听起来有点像Eminem啊。

古斯特曼：埃米纳姆可是很有名的歌手。不管怎样，我都喜欢他的*Stan*和*The Slim Shady LP*。

专家：我喜欢*Hailies song*。

古斯特曼：你的品位很独特哦。对了，我还特别喜欢科幻小说。

对于古斯特曼是如何骗过了人类的耳目，我们完全不得而知。不过，古斯特曼的对答之中，确实有着一种不同于其他任何“人”的特质。由此，它通过了33%的测试题目。最后，它还成功通过了图灵测试。由此我们只能得出一个显著的结论：也许，图灵测试对于机器人的认识出现了偏差。

机器人并非是对人类的拙劣模仿，它们应该是一种全新的事务。2017年，笔者来到旧金山的优步总部进行探访。此行的目的，在于拜会这里的首席设计师迪迪埃尔·希尔霍斯特（Didier Hilhorst）。表面上看，优步只是一个打车软件。可是，这家公司的内涵可要深刻许多。对于优步而言，通过手机程序召唤摩托车只是万里征程的第一步。

希尔霍斯特认为，优步拥有的巨大潜力，可以帮助整个城市完成彻底的数字化。到时候，我们的生活将会成为一种“增强现实”。其中既有现实的成分，又将屏幕上的平行场景与之融为一体。它们即将成为日常的一部分，并与我们的生活难舍难分。

现在，优步的业务仅限于出租车和外卖。打开软件，你可以适时监控出租车和外卖员的行程。在此过程中，优步收集了大量的数据。由此，相关的算法可以推演出你的需求并给出相应的建议，也许，这一次你应该去某家餐馆试一试？你如果不想看管孩子，为什么不直接送到日托中心或者女朋友家？你为什么不尝试一些未曾试过的事情和造访一些未曾踏足的地方呢？

接下来，它们能在现实情境当中充当你的化身，替你完成一些复杂的事务：它将和你一样，成为这座城市当中的一位行人。你和它之间只有五分钟的距离。如果你想喝咖啡，它会提前在附近的咖啡馆里为你做好预订。至于你，只用悠然等在一边，看着另一个“你”走进咖啡馆帮你去取货。

“再过五年，我们可能再也不需要用电话和手机程序来处理日常事务了。点一次单，还需要掏出手机并滑动屏幕，这也太过于原始和费力了。其实，我们已经开发出了可以用作手机触屏的隐形眼镜镜片。您只需带上并转转眼珠，点单过程就可以轻松完成。这种技术一旦投入运用，优步的服务就会变得和呼吸一样毫无缝隙。‘增强现实’的潜力将会造就人机合一的未来，相关的前景真是让人万分兴奋。”

这种“完全优步体验”意味着：你的替身会和你亦步亦趋。无论是购物、买电影票还是处理交通堵塞一类的麻烦问题，你都可以利用语音识别和视网膜技术下达命令，让你的替身为你代劳。您现在能用手机享受到的一切服务，未来都能像游戏一般通过“完全优步体验”在现实当中得到复制。到了那个时候，你只需眨一眨眼睛，就能起到现在点击手机屏幕的效果。

人类不会和机器人展开交锋。相反，我们会和他们融为一体。渐渐地，我们和他们之间的界限会变得愈发模糊。在希尔霍斯特看来，这种“机器人未来”可不会是动画片《摩登未来人》（*Jetsons*）描绘的那种样子——罐头一般的机器人忙忙碌碌，充当我们人类的仆役。相反，未来会把数字技术和日常生活密切结合在一起，造就一个人机一体的局面。

而且，“增强未来”还有体内技术这个帮手：微型电脑可以帮助人类疏通血管；我们的心率、血压和压力指数也能通过装置得到调节。机器人并不一定体型巨大。他们很可能肉眼难见，却可以深刻地改变我们的生活。

2014 年和 2015 年，优步曾经两次作为看客，见证了亚马逊的 Alexa 问世和苹果力推 Siri 的过程。两大公司的自动助理机器人很快成了市面上的热销产品。说是机器人，其实它们不过是一阵轻快的女声。可是，这个声音可以帮你预订餐馆和打开家中的灯。晨练的时候，她可以提供语音指导。闲暇之时，还能主动播放你最喜欢的歌曲。

如上的种种便利，还不能满足希尔霍斯特和优步对未来世界的畅想。按照他们的设计，人类和人工智能应当合二为一、密不可分。我们自己就是机器人，或者说，机器人会因为我们而长出肉身。

那么，如果人机之间的结合出现裂痕，又会发生什么事情呢？笔者之所以问到这个问题，还和优步推出的无人驾驶汽车深有关系。近年来，旧金山、匹兹堡和坦佩等地发生了数起无人驾驶事故。由此，优步公司不得不付出了大量的赔偿金。

希尔霍斯特却觉得问题并不在于新技术。他表示，唯有人类的失误和新技术出现冲突，类似的悲剧才会发生。换句话说，老旧混乱的城市布局和基础建设配不上先进的无人驾驶技术。出现几起车祸，简直就是一个不可避免的结局。而且，这样的混乱只会是一个短暂的过渡期。

没办法，要想让技术彻底改变生活，整个基础设施都需要重启。也就是说，世界最好是一张崭新的白纸——除非发生自然灾害或者遭遇战争，人类很少能够下达这种决心。

欢迎新上帝

十三岁的尤金·古斯特曼在和人类斗智斗勇的时候，另一台电脑正准备投入一场严峻的挑战之中。比起尤金·古斯特曼，这后一台电脑引发的问题可要严肃得多。

2011年1月，美国电视问答竞猜秀《赌一赌》（*Jeopardy*）的两位昔日冠军肯·詹宁斯和布拉德·鲁特再次坐到了问答桌的旁边。他们即将在几千万观众的瞩目之下，向一位劲敌发起挑战。要知道，这位劲敌，也就是IBM的超级电脑沃森（Watson），可能是詹宁斯和鲁特最为棘手的对手。

1998年，IBM推出的超级电脑深蓝曾和当时的国际象棋世界冠军卡斯帕罗夫（Garry Kaspaerov）打过对台。六场对弈下来，卡斯帕罗夫惨遭完败。深蓝的胜利引发的欢呼，一点也不比尤金·古斯特曼通过图灵测试的时候收获的赞誉低。可是，其实深蓝之胜并没有那么重大的意义。国际象棋毕竟有着明确的规则，而且解法也在有限范围之内（当然，这只是相对而言）。赢得一场棋局在于计算能力，而和人工智能并无太大关系。

2014年，IBM经理查尔斯·里克尔（Charles Lickel）来到纽约波基普西附近的一家牛排馆享用午餐。其间，他发现，馆子当中空空无人。各位食客又到哪里去了呢？他们涌向了一间酒吧，只为观看一出电视节目。《赌一赌》乃是美国历史最长的问答类综艺节目，不仅是各位食客，几乎整个美国都在为了节目进程牵肠挂肚。那一次，肯·詹宁斯取得了不可思议的七十四场连胜。

突然间，里克尔灵感迸发。几天之后的一出头脑风暴会议上，大家都在为了想出企业的下一个大挑战而思来想去。这时，里克尔提出建议：他们不妨向詹宁斯下战书！一场人机之间的“赌一赌”对决就这样拉开了帷幕。

一段传奇开始了。物理学家戴夫·费鲁奇（Dave Ferrucci）为之欢欣鼓舞。长期以来，他都在给老板提出建议，希望IBM能够接受一些更大的挑战。在纽约，笔者和他见了一面。如今，费鲁奇已经在为世界上最大的对冲基金效劳。他要利用人工智能，对掌管着1.6万亿美元的庞大员工队伍进行人事管理。显然，这份工作需要他仔细应付，就像他当年操纵沃森对付《赌一赌》挑战时候那样小心才行。

“从复杂这个角度上说，参与《赌一赌》可比和世界冠军下象棋要困难得多。毕竟，下棋只是计算能力的比拼。”费鲁奇表示。

《赌一赌》的问题包罗万象而且事出随机，既有可能关于二十世纪八十年代的流行文化，也可能考察十七世纪的哲学。而且，提问的方式也是古怪多变，富于人类特色。如此一来，电脑想要取得成功自然并非易事。相比《赌一赌》的高难度，下象棋这回事不过是儿童游戏，对电脑完全不构成太大挑战。

当时，IBM 方面也不知道这潭水到底有多深。一开始，沃森被输入了维基百科的几乎全部内容。可是，如果要它通过搜索从中找出答案，所费的时间可不是一两秒钟，而是要通过小时来计量。

“一开始，我们还算进展很快，但进程很快放慢下来，大家也都有些垂头丧气。挑战似乎来得太早，感觉实在糟糕。沃森表现得一塌糊涂，我们也觉得要在《赌一赌》当中获取胜利就是个不可能的任务。”

2009 年，任务已经进行了整整五年。IBM 方面终于开始进行人机对战。这一次，沃森的对手只是几位普通的《赌一赌》参赛选手。他们的对决，自然就是挑战詹宁斯的热身赛。

挑战期间，沃森仍是故障不断。它给出的答案常常牛头不对马嘴，而且错得离题万里。比如，当被问及“狄更斯的《雾都孤儿》有哪些主要人物”的时候，电脑表示“宠物店男孩”（摇滚乐队）。对于“德语当中的‘不’怎么说”这个问题，电脑干脆爆了粗口——“fuck！”（正确答案应该是“nein”）

当然，沃森并不是不能给出准确的答案，只是准确的答案通常要花去数个小时的时间。对此，费鲁奇自然是看在眼里。为了予以解决，他拉起了一支全新的程序员队伍。他们要找出问题对于电脑的意义，同时又得加快沃森处理信息的速度。

“当时，各位上司特地把我叫到了办公室。”费鲁奇表示，“他们要我赶快摆平这件事情！而且还直接指着我说，一切都看你啦！”

费鲁奇和他的团队是幸运的。电脑始终不同于人类，他们是可以不断进化的。我们在获取知识的过程中，代表进步的那条曲线始终起伏不大。但是，机器却可以取得极为惊人的进步速度。

2011 年，沃森终于做好了出镜挑战的准备。两人之间，出现了一台硕大无比的电脑。按照费鲁奇的说法，它的个头“就和酒店里的冰箱差不多”。不过，沃森虽然看似粗笨，但确是有史以来最精于计算的机器。

沃森的两位对手分别是《赌一赌》的历史总冠军肯·詹宁斯，以及号称节目最强大脑的布拉德·鲁特。他俩坐在各自的问答台旁，显得有些烦躁不安。相比之下，沃森的屏幕只是黑漆漆的一片。时不时透出的一丝蓝色的机器光线，仿佛是在眨着眼睛。

至于费鲁奇，他和 IBM 的各位高层一起守在观众群当中。那天，费鲁奇很是紧张，手指死死抠住大腿，指甲几乎嵌进肉中。“其实，我们知道我们赢定了。为什么？因为我们付出了太多。沃森已经准备好了，它会以碾压性的优势取胜。”

可是，碾压性的优势并未发生。战局显得十分胶着。但沃森到底还是神采焕发。几乎每个问题，它都能抢在詹宁斯和鲁特的前面给出答案。它就那样一边眨眼，一边不停地取得优势。

那一次，它再也没有失误。詹宁斯和鲁特也只得带着怒气，面面相觑。沃森的胜利，来得实在惊险刺激。“要让沃森完全遵从人类的思维方式，还需要一定的时间。”费鲁奇表示，“毕竟《赌一赌》中有所谓的复活机制，我不得不考虑到这一点。作为制作电脑的人类工程师，看着电脑击败人类的那种感觉十分怪异。我所能做的只有充分展示自己那种非理性的恐惧。”

最后一轮提问尚未进行，三方的态势已经十分明显：鲁特积累的奖金为 2.16 万美元，詹宁斯则有 2.4 万美元入账。至于沃森，它已经收获了整整 7.7147 万美元，远远高出两位对手的奖金。

观众席里爆出了一片掌声。可是，掌声却显得有些呆板和麻木。人类，是在为了自己的失败而欢欣鼓舞。肯·詹宁斯笑得很不自然。他要过一支笔，在答题板上写下了一句话。这句话，很快就落进了亿万电视观众的眼幕——让我们迎接这些电脑作为新的神祇吧！

电脑的弱点

2014 年 4 月 5 日，两位世界顶尖的人工智能专家来到纽约。这一次，麻省理工学院的埃里克·布林约尔夫松（Erik Brynjolfsson）和安德鲁·麦卡菲（Andrew McAfee）要和数百名顶尖的电脑工程师共同探讨一个话题——沃森的胜利，到底意味着什么？

大屏幕上，两位专家为各位工程师展示了一张数据图。图中，两条由蓝点组成的曲线沿着各自的轨迹在进行和发展。其中一条代表《赌一赌》人类参赛者的认知发展过程。通过另一条曲线，我们则可以了解到从2004年项目伊始到2011年登上电视之间，沃森的认知能力又经历了怎样的飞跃。

“请大家注意其中的日期。”布林约尔夫松表示。

代表人类认知能力的那条曲线一直呈现上升趋势，但幅度十分平缓。相比之下，沃森的经历则很有戏剧性：一开始裹足不前，后来慢慢有所提升。随着时间的推移，那条曲线渐渐变得陡峭。2008年之后，相关的小蓝点们几乎是在像摩天大楼一般垂直发展。沃森用了七年时间，完成了从迟钝到天才的蜕变。最后十二个月取得的进步幅度，更是前所未见。

如此急速的进展，有何特殊的意义呢？在两位专家看来，人工智能一旦取得一定的知识基础，随后就会以惊人的速度取得进步。我们需要辛辛苦苦才能学到的本事，它们在短短的时间之内就能具备。而后，它们还会继续前进，以同样惊人的速度习得那些人类无法掌握的能力。

我们不妨以职场的眼光看待这个问题：机器不但将要凭借“身体优势”占据普通体力劳动者的岗位，而后还会轻松获取管理方面的专业知识。如此一来，它们可以监控和管理人类的行为，并由此登上老板的宝座。要知道，这一切并非出自程序员的设计。电脑通过自然发展，就能做到如上的一切。

“想一想我们的工作流程吧。”布林约尔夫松表示，“想一想所谓动力系统和控制系统的区别。可能我们人类只能和飞机、叉车和卡车一起居于动力系统当中，负责把东西搬运来去。而控制系统则由车间管理者、商业计划和工程图表组成。它们才是决定工作流程的关键因素。”

十九世纪的第一次工业革命为我们带来了自动化引擎和工业化生产，由此，一个机器时代开启了。人类的能力第一次遭到威胁和挑战。动力系统因为机器的革命而遭到了清洗和重组。不过，好在我们很快得以适应。许多人慢慢学到了新的能力，成为工程师和管理者并跻身为管理系统的一部分。

可是，第二次机器革命即将到来。这一次，革命的面貌将会大不一样。机器不但会改变动力系统，还会将影响力伸进管理系统。而且，我们这一次可是毫无反攻的余地。

2017 年 3 月，第二批遭到淘汰的人诞生了——三十四位日本富国互助保险的员工将被人工智能公开替代。如此情形，在全球范围内也尚属首次。

富国互助保险采购的人工智能软件将面向整个日本提供健康保险服务。作为曾经的《赌一赌》之王，沃森将会掌握 1.27 亿日本人的命运。他们是否能够获取保险资助，全由它来定夺。

IBM 方面指出，沃森具备和人类一样的认知能力，由此可以分析和解读一切数据。甚至，零零碎碎的文段、图像、音像和视频都不在话下。据此，它能够为富国互助保险解读成百上千的医学报告，并给客户提供恰当的住院时间和手术疗程。计算保险金额，更是它的拿手好戏。面对如此工作，人类只有通过经验进行判断。可是，沃森并不需要任何经验。数据，会帮助它得出结果。

在日本西南部的长崎市，已经出现了一家由机器人提供全程服务的宾馆。一只能说多国语言的恐龙负责接待事宜，而一个秃头娃娃则会眨着艺伎一般的眼睛，为你提供早餐咨询服务。一个机器手推车会推着你的行李前往客房，而你的面孔就是入住的钥匙。客房服务由无人机负责。整个宾馆上上下下，只有一位人类员工——他就是此地的老板泽田秀雄。

一般而言，日本的酒店价格都很昂贵。可是，在泽田的酒店住上一晚仅仅需要 9000 日元。整个酒店的各个角落都安置了安全摄像探头。即便身居 200 公里之外，也能对酒店中的情况掌握得一清二楚。

当然，机器人并非万能。如果住客需要更换床单，还得求助于酒店当中唯一的人类。其实，泽田老板曾经尝试过驱使机器人去完成这件小小的工作。可是，他的机器女仆总是对这小小的床单无能为力。它们整理出的床铺，始终无法达到顾客的要求。

没错，整理床铺这件事人工智能无能为力。如此现象，实在出乎大家的意料。毕竟，床铺的大小和形状并不相同，不同酒店对于床位的安排也是大不一样。四周簇拥着的各类家具，更是加重了任务的复杂性。完成铺床任务，必须要进行位置调整和物体移动。因此，这项任务的内容实在过于烦琐，而且要求极高的精确技巧和空间感知能力。体力，自然更是必不可少，如上种种的要求，实在难倒了现今的一众机器人。

于是，泽田老板的机器人酒店必须再聘请一批人类员工。她们的职责，自然就是运用人类的智慧去完成铺床这项工作。要知道，铺床的技巧，机器人完全难以掌握。

其实，在日本这个国家，机器人不仅仅是在酒店发挥伺候人类的作用。各家老年养护中心之中，也活跃着它们忙碌的身影。要知道，20%以上的日本人都已经迈过了六十五岁的门槛。美国的相关数据也达到了13%（2050年之前，老年人的人口还将翻上一倍）。英国也面临着同样的困境。根据美林证券的估计：截至2025年，日本在护工方面的缺口将会达到一百万。同样的护工危机也会发生在英国。可是，日本似乎已经找到了解决的办法，也许，办法就是本田公司推出的护理机器人Asimo。

所谓的护理机器人自然需要我们掏钱去买。而且，它似乎可以解决一个全球化的老龄危机。但是，护理机器人还会引发法律上的一些问题。

古文德尔·维克（Gurvinder Virk）教授的研究领域就是机器人。他想要为人机交流打造出一套工业化标准。一旦相关事故造成诉讼，这套标准就可以发挥效力。比如，如果机器人把看护对象丢到了地上，甚至直接碾到了老人的身上，由此而来的责任到底应该由谁来承担？这个问题，可不像看起来那么简单。

维克的机器人工业标准被称为ISO 13482，由此把三类机器人列为管控对象——身体辅助机器人、移动护理机器人和负责移动护理对象的机器人。

如此三类机器人的职责范围，正好包括了家庭护理的基本需求。雷西奥内（Resyone）就是这样一款拥有综合能力的机器人。拥有变形能力的它，能够从床铺很快化为一张轮椅。这款机器人看上去毫无人类的特征。毕竟，一台汽车只需要搭乘人类走来走去，又何必一定要在外貌上和人靠拢呢？

如今，日本理化机器人实验室（Riken）正在开发一款完完全全的人形机器人。它既拥有同样“推动数人”的巨大机器力，又能够提供复杂的床侧护理。至于收拾床铺，自然也在它的能力范围之内。

在日本，机器人已经在各种服务场合随处可见——从家庭到医院、从机场到宾馆、从厨房到建筑工地，甚至，猫型的机器宠物可以为护理中心的老人提供陪伴。

2011年，福岛核电站的三处核反应堆遭到融毁，酿成了继切尔诺贝利之后最为严重的一次核事故。由此而来的大量垃圾，也要依靠机器人进行清扫。总之，日本政府已经把半数以上的科研资金投入了机器人领域。因此，他们不得不拥抱一个满是机器人的未来。

也许，机器人在未来就像如今的卡拉OK一样。充当我们的玩物，为我们提供服务，而不像某些人想象的那样成为我们的主人。当然，如此的前景只是基于我们的想象：人类会在人机关系当中占据主动地位，并时时刻刻可以对机器人加以管束。

阿兰·图灵曾经认为：电脑若想通过图灵测试，只能无限朝着人类靠拢。可是，他并未考虑到另外一种可能：也许，人类会变得越来越像机器人。

我们怎样变成了机器

2013年，大卫·卡梅伦领导的联合政府再次得以执政。这时，首相等人也收到了一起关于未来十年的预言。预言的作者卡尔·弗雷（Carl Frey）和迈克尔·奥斯本（Michael Osborne）都来自牛津大学。他们担心，按照人工智能的发展速度，沃森这样的机器人很快就会取代人类的位置。2030年之前，一半以上的工作岗位都将被机器所占据。

2013年之前，也有许多人做出林林总总关于机器人参与工作的预测。一夕之间，这些预测似乎都显得太过保守。没错，医生、律师、会计、超级员工、的士司机、护工、记者甚至负责检修机器的工程人员和专家都有可能丢了饭碗。2017年，一款由伊利诺伊州技术学院推出的人工智能程序甚至向法官发起了挑战。对于高等法院的各项判例，这款AI程序给出的预测正确率高达72%（相比之下，人类法官的准确率只有66%）。

布林约尔夫松、麦卡菲以及另外两位麻省理工学院的同事达伦·阿切莫格鲁（Daron Acemoglu）和大卫·阿图尔（David Ator）曾对人类的所有工作进行了分类："我们可以想象一个两条轴线组成的坐标图，认知能力与动手能力分别占据一条轴线的两端，而常规和非常规又互为对照。如此一来，所有任务可以分为认知类常规任务、认知类非常规任务、动手类常规任务、动手类非常规任务。生产线上的所有工作都可以归类为动手类常规任务，而家庭服务类工作则属于认知类非常规任务，撰写产品名录属于认知类常规任务，构思书籍和广告则是认知类非常规任务。”

林林总总的工作当中，要数认知类非常规任务带给劳动者的收益最高。管理对冲基金也好，评估破产也好，绘画也好，无不带有认知和非常规这两大特点。那些属于动手类的非常规任务，通常也是薪资最低的工作。比如打扫厕所、餐厅服务、清理酒店房间等。至于动手类常规任务（比如车间生产）和认知类常规任务（比如会计核算）的收益则居于两者之间。

人类的所有工作，都可以归入如上四类任务之中。其中三类半的任务，机器都可以为人代劳。

中产阶级职业，比如办公服务、行政管理以及会计一类的审计工作，最是容易被机器人取代。相比之下，铺床叠被一类的工作，它们干起来却没那么得心应手。

可是，机器最终还是会接管绝大多数工作岗位，只把极少数职业留给我们，比如超市里的替补收银员。要知道，这极少数的职业只是为了应付极端的偶然境况。想一想吧，如果你拿着一捆香蕉走到超市收银台，却发现机器无法扫读包装上的识别码，这时候，通常会有一位超市员工走上前来，为你调试一番。他所做的，也许就是未来人类所能做的那么一点事情。

人工智能专家马丁·福特（Martin Ford）觉得机器倒不是人工智能问题的关键。他倒是更为担心：人工智能的发展，大有可能挫伤人类的自尊心。在我们眼中，自己的职业都是门道多多、深邃复杂。其实，大多数人的工作都远比想象当中要简单得多。我们常把人性的复杂和工作的复杂混为一谈。谁曾想到，我们所从事的职业，并不需要我们显露自己性格当中复杂的那一面。

福特表示：“电脑无须掌握您所具备的全套智能体系，就可以胜任您所从事的职业。毕竟，它只要学会您职业范围里的那点知识就足够了。”

麻省理工学院和牛津大学的诸位专家所撰写的类似报告，成了各国政府心头的一根刺。奥巴马执政期间，就曾为了一份名为《人工智能：自动化和经济》的报告而吓出了一身冷汗。

“近年来在某些智能领域，”那份报告的结语相当骇人，“机器的表现已经超越了人类。而后，它们还将在更多领域上赶超人类水平。这一点相当可期……政府应当实施一些积极政策，帮助那些可能因此受到影响的人。”

世界其他国家和地区，也通过类似的调研得出了同样的结论：面对机器的挑战，我们必须行动起来。但是，我们又当如何行动呢？假如有一天，大家都被机器挤得丢了工作，那我们又该如何谋生呢？无所事事的情况下，我们又该干点什么才好呢？当年，可不只有图灵一个人的心中泛起了如此的忧思。二十世纪三十年代的凯恩斯，就已经想到了那样一种未来：到时候，我们人类不是成了机器的奴隶，就是成天躺在阳光下悠闲度日。

2016 年，各位科技巨富倒是给出了各自的解决方案。按照埃隆·马斯克的看法，普遍生计薪资（universal living wage）这个点子十分可行。如此一来，只要是人都可能领到一份足以糊口的钱。到时候，我们的工作其实就是做人和消费。消费这种技能，机器大概还无法掌握。而且，这份工作意义重大。唯有我们不断消费，消费主义才能长盛不衰。

谈到如何应对人工智能这个问题，比尔·盖茨也有着自己的主意。他觉得，政府不妨对机器人劳务大行课税。那些利用机器取代人力的公司，将因此收到一份沉重的税单。由此，政府可以利用税金支付普遍生计薪资并为基础建设（也就是道路、医院和军队）埋单。

麻省理工学院的阿切莫格鲁和帕斯夸尔·勒斯特雷波（Pascual Restrepo）都是人工智能方面的顶尖专家，同时也是美国政府重要的问计对象。在两位专家的心目中，人类与机器的共存已经成为既定事实。它不再仅仅是我们的烦恼，而是一场需要智慧才能应付的战争。而且，这场战争，人类可是一点也输不起。

机器人礼包

人类已经走到了十字路口，几个重要的问题摆在我们面前：要想赢得未来，我们又该采取何种策略？我们到底应该变成什么样子才能获取最终的胜利？是要向机器靠拢，还是要打破规则？

科技，已经把我们的生活变得和机器人别无二致：我们用健康类 APP 和可穿戴装备测量自身的工作状态，面对面的谈话被电子邮件取代，人与人的交流也改由打字来完成。各种各样的数据，还能帮助我们完善自身，努力做机器那样“完美的人”。

没错，机器正在变得越来越像人，可我们不也越来越像机器了么？如果想在职场当中求存和发展，做个机器人到底是好还是坏呢？我们到底是该把机器人当作榜样，还是努力跳出制约，发挥我们的人性呢？

2000年，布莱尔政府开始了所谓的学术强化运动。“二战”以来，英国教育界还是第一次历经如此规模的变革。政府如此作为，自然是担心我们的下一代如果“不能提高水准”，就无法适应未来愈发残酷的职场竞争。

如此政策，引发了不少批评。批评者觉得，所谓学术强化运动不过是在把孩子变成小机器人。学校由此不再重视启发式教育和激励学生的求知欲，而只是以考试通过率为准绳而已。孩子们的视野也渐渐变得狭隘。他们的应试能力也许上升了一些。可是，试卷外面的世界却会让他们不知所措。

迈克尔·巴伯（Michael Barber）是学术强化运动的幕后推手。在他的指导下，布莱尔和戈登·布朗（Gordon Brown）两任首相对英国的教育体系进行了彻头彻尾的重组。

重组工程十分浩大。一夜之间，维多利亚时代的教学楼和二十世纪六十年代奠定的那种千疮百孔的大学制度都遭到了拆解和抛弃。取而代之的是崭新开阔的新型职业学院。这些学校和企业纷纷达成战略同盟，后者捐献的电脑被摆进了明亮的大教室，教室背景的色调犹如乐高玩具一般鲜艳。每个学校甚至专门设置了接待处，大批戴着耳机的员工在此承担着对外联络的工作。

批评家们觉得，所谓新型职业学院背弃了教育宗旨，完全把学校变成了企业的附庸。另一些批评家则指出：如上论调不过是中产阶级精英论调在作祟。孩子们重视成绩何错之有？学校注重职业培训又有何不可？工人家的子弟，难道就没有接受高等教育的机会了吗？

自由主义人士（家长）和教师工会仇视职业学院的原因，正好就是某些人对它万般拥护的理由。职业学院几乎把教室变成了办公场所，只是为了提高学生应付工作场合的能力。职院制度的支持者们无不觉得，如此一来好处多多。

如今，职院制度已经奠定十余年。随着人工智能时代的来临，人们的焦虑也开始转移：我们把孩子们培养成机器人，到底会不会得不偿失？毕竟，他们大可以利用高等教育这段时间锤炼自己身为人类的各种技能。也许，那些技能才是他们安身立命的本钱。

布莱尔执政期间，迈克尔·巴伯一直因为他那一套全新的教育观而被尊为教育天才。辞去公职之后，他来到管理咨询机构麦肯锡任职。在新的岗位上，巴伯开始着力推广所谓的教育技术（EdTech）。他觉得，如此技术乃是电子信息时代最大的一门赚钱生意。仅在美国，它就能带来5000亿美元的收益。到了世界范围内，这个数字更会扩大到上万亿美元。

凿壁奇迹

若论规模，教育技术可谓庞大无端。简单点说，此项技术旨在把地球上的每个孩童从小学生变成教育软件个性化服务的小客户。

如此宏伟的工程，将会带来另一后果：教师这个职业即将消失。人类留下的教鞭，将被科技手段所接下。相关人士觉得，教育这种事情本就不该交给人类。毕竟，人类的怪癖和毛病会在施教的过程中展露无遗。

总体而言，教师并未给学生们带来福祉。相反，他们的偏见倒是阻碍了孩子们的发展，他们很有可能导致孩子偏科，也有可能偏爱某些学生。相比之下，电脑可没有这些毛病：它会对孩子们一视同仁。学生大可在自己选定的教学计划中脱颖而出。

这场关于教育技术的革命，来源于纽卡斯尔大学教授苏加塔·米特拉（Sugata Mitra）组织的实验。米特拉堪称大师，曾在Ted演讲中阐述自己的教育理念。1999年，他在新德里某处ATM机原址上安装了一台电脑。自然，当地人并不清楚电脑的由来。孩子们很快聚到了电脑旁边，没过多久，他们就摸清了开机的门道。

一天之内，还是这些孩子，其中好多从来没有上过学也不知道如何读与写，就可以通过互联网解决复杂的数学问题。而且，他们的上网技能也是无师自通。

至于道德哲学和量子物理，也难不倒这些在街边游荡的孩子。毕竟，没有老师去泼他们的冷水，也没人告诉他们：这些问题其实很难。

当然，孩子们并不知道这一切不过是一次实验。米特拉想要知道：没有老师的参与，孩子们又会如何运用技术？在他看来，自己的发现实在惊人。

米特拉表示：没有老师的陪护，孩子们仿佛得到了解放。他们以惊人的速度完成了自学。如果全世界所有的知识都可以通过如此途径轻松获得，教师这个职业实在没有必要存在。在米特拉看来，教师其实阻碍了孩童的个人发展。

米特拉甚至觉得，学校教育本就是西方殖民主义的造物。因此，印度的教育制度才会成为社会不公的基础，因为它存在的本意，就是为了把当地人驯服成向英国殖民制度卑躬屈膝的机器。

相比之下，技术则为穷人打开了通向自由的大门。不过，也有批评者对米特拉的学说持怀疑态度。按照尼尔·塞尔文（Neil Selwyn）的说法，米特拉“编造了一个动人的故事，以掩盖极度个人主义的硅谷式思想。他这一套学说和学习的本质完全相悖，只不过是打着解放孩子的旗号制造统一的标准”。

批评家们还认为：米特拉利用科学技术为草根阶层画下了一张乌托邦式的大图。电脑仿佛墙上的洞，让孩子们看到了美好的未来。其实，米特拉的所作所为不过是为科技巨头争取利益。他的教育科技，正好方便他们推销产品。

按照科技巨头的策划，孩子从“学校和教师的束缚当中解脱出去”，也不过是走上了一条沦为机器人的前路。没了老师传道授业，科技巨头推出的相关软件可以卖到上千亿美元的高价，并由此占据全球市场。

托尼·布莱尔的教育导师迈克尔·巴伯卸任公职之后，成了麦肯锡公司负责推广教育科技的积极鼓吹手。他的身后，自然也有各大科技公司的身影在活动。

“这个世界正处于变革的初期阶段。”丘伯和莫伊表示，“由此，学生学习和教师教学的方式将会发生天翻地覆的改变，而学校和学校制度也将迎来重大的变革。”

丘伯和莫伊认为：教师这个既得利益阶层为了维持自己的地位，已经对变革和进步形成了重大的阻力。由此，孩子们将会付出巨大的代价。

更有甚者，教育产业的内部人士通常还对企业与商界有着说不清的怨愤。由此，他们并不欣赏那些获得财富自由的成功人士，甚至会教唆学生仇视商界。他们会把自己的意见灌输给课堂上的孩子，并由此降低学生们的竞争力，毕竟，学生会继承老师对于成功的厌恶情绪。

相反，丘伯和莫伊觉得，教育应当面向市场完全开放，而商业机构应当参与到课程核心之中。甚至，学校应当接受商界的直接援助。只有这样，整个体制的文化氛围才能得到彻底的改变。

学校，不该是“内部人士说一不二的自留地”，这是丘伯和莫伊的看法。在过去，不少教师和政客都在阻挠家长与商界参与教育治理。丘伯和莫伊认为，这样的现象必须得以扭转。

当然，两位专家也表示：为了实现这场学习的革命，我们倒是不用直接对教师下手。相反，革命的源头应从技术开始。这一点，也是他俩这番学说最为招致争议的部分。

技术木马计

斯坦福大学的圆形大厅宽大敞亮，而且铺着豪华的木地板。这里是高官、慈善家和科技新贵面向教授和同学，畅谈两百年后各种宏图大志的地方。笔者和特里·莫伊的会面，也选在了这个地点。

笔者原本觉得特里·莫伊为人尖刻，就连眼神也该闪烁着狡黠的光芒。可是，他却和笔者想的不大一样。对话过程中，他兴奋地谈到了自己正在从事的工作——撰写一部关于卡特里娜飓风过境之后新奥尔良境况的书籍。

莫伊告诉笔者：飓风过后，新奥尔良的一切基础设施都被摧毁殆尽。教师工会的既得利益也由此化为乌有。而后，当地的教育系统必须从一张白纸做起。不过，莫伊觉得，灾难倒是让当地的孩子收获了意外之福。

那么，莫伊对于教师阶层到底又有哪些意见呢？

莫伊觉得：无论教师阶层是否表示欢迎，技术革命都已经不可阻挡。那么，面临淘汰的各位老师，又会收获他的何种建议呢？“他们必须了解时势所趋，过去已经终结，与其和时势对抗，不妨想一想自己可以在新时代做些什么。”

通过《解放学习》一书，丘伯和莫伊对技术取代教师的相关过程做了有趣的预测。在他俩看来，技术会像水流一般渗入教室：首先可能是iPad；而后是每个孩子都能接受个性化的教育软件。渐渐地，教师的角色愈发边缘化。技术愈是渗透，教师就离彻底失业近了一步。直到有一天，他们完完全全遭到淘汰。

丘伯和莫伊的《解放学习》曾被英国教育大臣迈克尔·哥夫（Michael Gove）誉为完美圣经。如此美名，莫伊本人是否有所听闻呢？“没有，我没有注意到。不过，大臣还真是过誉了。”

按照莫伊的看法，技术将通过木马计的方式接管教育领域，而且，它还将故技重施，在卫生、社工和其他所有公共服务领域取代人类。

莫伊与丘伯眼中的未来，就是一个通过特洛伊木马而达成全面私有化的世界。而且，他们巧妙地避开了一场不受欢迎的论战。要知道，丘伯和莫伊原本可能和一些深孚众望的公共服务人员，比如教师、医生和护士，成为对垒的论敌。可是，随着技术的进步，所有这些公共服务人员都将被取代。

那么，莫伊等人眼中的未来学校到底会是个什么样子呢？带着疑问，笔者来到了圣迭戈的 FlexTech 实验室。这家实验室，就是所谓混合学习应用技术的完美典范。

实验室的一切都让人赞叹。校长肖恩带着笔者四周转了转。这里的学生共有七十多人，都集中在一个敞亮的大教室中。每个人不是带着笔记本（电脑），就是坐在台式机的旁边。偌大的教室，只有一名教师负责看管。他的责任，也只是为遇到难题的学生答疑解惑而已。

我发现，每个学生都在追求各自的兴趣。各自的兴趣，又基于他们各自不同的人性化学习方案。十六岁的史蒂芬妮想成为一名海洋生物学家，喜爱天体物理的布伦丹则在收看一起网上的天文学讲座。他一边看，一边还在屏幕旁边做着笔记。如果需要，他还会停驻鼠标，对某一段内容进行反复品味。

作为校长的肖恩，对于 FlexTech 有着宗教一般的热情。当然，这所实验室并非完完全全照搬了特里·莫伊的想法。按照肖恩的介绍，实验室已经“经历了好几次技术的更新换代”。他还表示：“一开始我们的教育模式相当激进，一切教学内容几乎都由科技完成。可是，那行不通。教室当中仍然需要一位教师负责解答问题。正因如此，我们才自命为混合教学。”

监管七十多名学生，到底又是什么滋味呢？就此，笔者请教了负责监督混合教学课堂的教师史蒂夫。他表示：“有时候，那种感觉就像超市当中的监督巡视员——四处走来走去，看看有没有什么违规的事情。对于孩子们而言，如此课程却是巨大的进步。他们在学习过程之中自行激励，并按照自己的进度进行学习，不用老师监督和看管。”

学生们离开实验室之后，都会根据课程而选择未来的工作。那么，教学和工作的密切关系是否重要呢？“教学基于工作，这是混合教学的基础。工作之中，学生们会遭遇更多的压力。为了应对压力，大学生根本没有荒废青春的闲暇，更不能胡乱挥霍学生贷款。相反，他们必须专注和努力。我们给了孩子们很大的压力，逼迫他们快速完成整个课程。这一切，都是希望他们能有好的表现。有的时候，我们也要让他们把前进的步子放慢一些——这也是我们教师的职责。因为我们不但要保证学生能够成功，还要给他们一个快乐的人生。”

如今，已有一千多名学生提出申请想要加入 FlexTech 的课程。无疑，这是一所成功的学校。他们甚至在和谷歌地图展开谈判，一同策划“谷歌学习地图”。

可是，实验室的坐落地点位于圣迭戈的富人区。到了底特律或者达格南这样的萧条之地，FlexTech 的那一套还能起到同样的作用吗？按照特里·莫伊的看法，科技对于穷孩子更为体恤。毕竟，在混合教学的环境下，他们不会遭遇那些踊跃积极举手询问老师的中产阶级同类。

作为校长，肖恩也觉得 FlexTech 的成功当中有着一丝悖论的意味。“我们在混合教学中采用科技手段，意图锻炼孩子们的注意力。可是，手机和电子游戏一类的科技产品也会让孩子注意力涣散。可以说，这是一代最不容易集中精力也最为懒散的孩子。我们的职责，就是扭转这种局面。”没错，他们要用科技对抗科技。

肖恩也觉得，孩子们的一举一动都变得更像机器，当然，那是在他们加入他的混合学习班之前。社交媒体和电子游戏，已经让各位年轻人适应了反反复复的工作模式。不过，肖恩坚信：同样的科技手段可以帮助孩子们养成专心致志的习惯，科技并非暗藏杀机，而是会带来种种好处。

金钱

教育科技是会将孩子们从变身人类机器人的命运中解放出来，抑或会把孩童都变成肯德基里乖乖听话的人形机器？结果尚且有待观察。唯一可以肯定的是，这门生意实在是“钱”途光明。

2005 年，迈克尔·巴伯和纽约市长布隆伯格见了一次面。参与会晤的人士还包括市长的导师约翰·克莱恩（John Klein）。会后，克莱恩表示：纽约将会成为把教育科技纳入教学体系的试点城市。

同年，克莱恩还做出了一个关键决定。塔马辛·凯夫和安迪·罗威尔觉得，克莱恩是向美国社会发出了警示和呼吁。“克莱恩觉得，美国必须提升教育质量，否则我们的国际竞争力将会遭遇重大危机。”

克莱恩的呼吁，得到了全美最大的慈善团体的热烈响应。这个团体被人叫作亿万富翁俱乐部，成员包括谷歌的埃里克·施密特、微软的比尔·盖茨、脸书的扎克伯格、苹果公司的乔布斯、时代华纳的鲁伯特·默多克、沃尔玛的伊莱·布罗德和戴尔电脑的迈克尔·戴尔。

对于各位亿万富翁而言，克莱恩的话语真是深得其心，美国的教育系统已然崩坏，而孩子们也因此受到连累。唯有科技，可以拯救他们脱离险境。政治说客里克·伯曼（Rick Berman）一直致力于推动教育改革。他多次鼓励那些腰缠万贯的慈善家们“应当扫除一切恐惧和担心”。毕竟，伯曼觉得“唯有彻底消灭问题，才能消除忧虑和恐惧”。

“情感，总比概念更能被人记住。”伯曼曾经如是说。因此，他不打算大谈特谈教育改革的各种好处，而是准备直接碰触公众尤其是支持者们的恐惧心理。毕竟，他们都在为了孩子的前途担心和忧惧。伯曼想让他们把这种情绪，直接泼洒到反对改革的群体身上。

当然，面对各位身家亿万的慈善家，克莱恩和巴伯采用了一种更为直击人心的手段——谈钱。要知道，2020 年之前，整个教育科技产业的全球总产值将会达到 700 亿美元。平板电脑一类的教育装备足足可以卖到 320 亿美元，至于在线学习的规模也将翻上一番，在美国将达到 240 亿美元。

教育科技对于政府也有着莫大的诱惑。毕竟，政府可以因此节省一大笔关于教师的开支。一位老师，就可以看管 70 ~ 100 个学生。有了平板电脑，有关方面至少可以省下数十亿美元。

请注意，教育科技可不是什么可有可无的玩意儿。相反，它代表了人类的未来。谁能提前在这个领域扎下根系，就等于谁占领了未来。而且，正确的学习方法可以帮助我们提高学习效率，由此击败机器，提高人类在未来的生存能力。

加入这场革命吧！克莱恩发出了呼吁。而且，教育科技当中还有大好商机。2020 年之前，它绝对会取代医药领域，成为地球上最为人头攒动的一片淘金领域。

2015 年，比尔·盖茨以 260 亿美元的价格买下了领英（LinkedIn）网站。如此交易，震惊了许多金融分析专家。他们觉得，这一桩收购似乎没有商业上的任何意义。其实，领英可是教育科技当中的关键一环。

领英拥有4.33亿用户，也是世界上最大的求职类网站。只要能把其中的数据调出，再和某位用户的“前史”结合起来，我们就能得知一个人从四岁到十六岁以及此后的整个人生故事。他在童年到中年期间的可雇佣性也由此有了判断依据。

就这样，一个人的就学史和就业史加在一起可以起到监控作用。买下领英之后，微软公司也有了一种新的能力：为潜在的老板制定终极的雇佣方案，并对所有人的经历进行有效追踪。

如此一来，求职面试当中会多出一些新的问题，比如“为什么您十二岁的时候成绩突然有所下降？为什么三十六岁已经工作的您又出现了同样的问题”。未来的几代人类，将会成为最为听话的员工。毕竟，他们一开始上学便已经投入工作，并表现得有如机器一般。

2010年，鲁伯特·默多克斥资3.5亿美元买下了一家教育软件公司。默多克旗下新闻集团（News Corporation）的教育部门名为扩张（Amplify），并以将全世界的教室放上网络为奋斗目标。“仅在美国一地，相关产业的价值就超过了5000亿美元。只需一点突破，市场就可以打开。”默多克如此表示。2015年，克莱恩离开纽约州政府，开始为默多克的教育部门工作。

许曼奈斯的“人类化”

波士顿的一座办公楼外，笔者正在排队等待入内。大厅中，公司的两位经理格雷格和托尼和笔者碰了面。他俩的一个特点，让笔者觉得很不平常，即两人的脖子上都悬着一个小小的白色盒子，盒子还时不时闪出几道光线。

“这是什么玩意儿啊？”“哦，这是我俩的社会评价牌。”格雷格高兴地说。公司中的每位员工入职时都会戴上如此的评价牌。直到下班，他们才能把牌子取下来。

这家公司名为许曼奈斯（Humanyze），也是世界上第一家对员工实施全天候工作监控的企业。

格雷格和托尼脖颈上的盒子可以不断搜集数据，内容包括他们的谈话对象、谈话时长和谈话信息。而且，它不但在乎正式会议，对私人谈话也不会放过。它会发现每位员工在许多方面的用时，比如坐着、煲电话粥、上网聊天和同事交流以及独处。当然，上厕所这种事情属于隐私范畴，它倒是可以网开一面。

同时，盒子还可以探测员工的性格特点以及员工之间的人际关系。它能分析每个人的说话模式，由此推演出他或者她是强势还是柔顺。简而言之，这种评价牌可以为每位员工做好一份分秒不漏的工作日详细活动记录。由此，他们是勤奋还是偷懒，都能有证可依。

许曼奈斯公司正在大力推广自己的这种产品。据称，英国国家保健计划也有意借助评价牌监督员工。那么，数据一旦搜集完毕，又能拿来做些什么呢？就此问题，格雷格和托尼还给笔者做了专门演示。就这样，笔者来到了一间带着超大屏幕的玻璃屋子。屏幕上面，无数的分子结构转动来去，时不时就会结合在一起。

“这是些什么东西啊？”“它们代表了不同的算法，正在搜集整个工作团队的群体动力。如此一来，您可以发现小组成员之间的互动程度和交流方式，由此推算出他们的工作效率。”那年三月，格雷格和托尼及其员工都感觉十分振奋。毕竟，旧金山来的同事们正在波士顿探访。屏幕上的数据显示，两地员工的“共生程度”相当可观。可是，四月的一些小问题，也反映到了若即若离的分子结构当中。事实证明，许曼奈斯公司的工作热情在那个时候有所下降。

格雷格和托尼都皱起了眉。大家都在屏幕上看到了一个橙色的小点，小点的两边，拖着两个互不往来的小团体。那么，这到底又意味着什么？橙色小点代表何种事情？“那是一个瓶颈。”格雷格表示。“我们也都知道瓶颈的所在。”托尼补充道。

考虑到隐私问题，社会评价牌还有一个特殊功能——所有的数据都是匿名的，换句话说，管理层并不知道这些数据指向哪位员工。可是，只需看一看活动轨迹，格雷格和托尼就能猜个八九不离十。他们无须知道对方的身份，因为这一点实在明显。

好吧，那个小点到底是谁？“我们知道的。”“是管理层的某个人啦。”管理层？“没错，瓶颈现象通常只有管理层能够制造得出来。”这种人自以为工作富于成效，然后又喜欢指手画脚掌控一切。如果他们的这种管理方式不能奏效，瓶颈现象就会出现。

格雷格表示：许曼奈斯可以帮助员工抛弃一些妨碍工作效率的行为方式，让他们勇于承担责任，并得体地完成工作。而且，格雷格还强调：自己并非是要制造一个办公室中的“老大哥”。他们只是帮助员工把各项表现用数据量化表现出来而已。一切，就好像是一个仪表盘。

有了这个仪表盘，员工可以随时查看自身数据并进行提高和改善。因此，许曼奈斯不是一座毫无隐私可言的“圆形监狱”，而是促进个人发展的利器。彼得斯和沃特曼梦想中的那种富于自省能力和自律精神的员工，很可能因为格雷格与托尼的这些仪表盘而变为现实。

洗车困局

近来，教育界发现了一个有趣的趋势：孩子们在应付考试方面变得愈加精熟。可是，一旦进入面试阶段，他们就表现得畏畏缩缩。对于规则，他们十分适应。但是，他们却不知道如何应对问题。

没错，我们的孩子就是一群像机器一样的学生，而他们即将成长为机器一般的雇员。在未来那个新世界，旧有的学校仍会存在。私立学校仍把希腊语和拉丁语列入课表，并驱使孩子们在课余时间走上操场去打英式橄榄球。其实，私立学校对草坪球场的利用度一点不比普通学校对水泥操场的利用率更高。不过，绿草如茵，只是一种象征：私立学校的孩子才是社会的栋梁。这，就是教育的真相。

在这些经过挑选、精英云集的学校中，会走出未来的政治家和企业高管。至于一般的“机器”人类，则只会是他们拥有的车间和快餐店里的雇员。两千年前，亚里士多德就给出了教育的定义：拓宽思维、习惯质疑。私校精英，正是秉持着这样的教育观。

但是，事情不一定会像精英预计的那般发展下去。米特拉通过小小的电脑帮助新德里的孩子们看到了广阔的世界，FlexTech 在圣迭戈也有同样的发现。科技，将会打破一切的束缚和制约。只需手指轻轻一点，孩子们就可以见识人类历史，在知识的海洋中畅游。由此，他们可以摆脱教育界和企业家为自己设好的道路，开拓属于自己的人生。

FlexTech 的肖恩曾经告诉笔者：“未来，您会见识到下一代孩子的人生道路。也许，他们这一生要换十多二十次，甚至五十多次的工作。谁知道呢？我们教授给他们的东西并非知识，而是终生学习永不放弃的态度。唯有如此，他们才可以求得生存。”

可是，如果孩子们没有这样的能力，那么只能跟随算法的安排亦步亦趋。机器人不会取代他们的工作，而只会成为他们的主宰。

想一想吧，一个快递员将被人工智能指挥得团团转。他每天需要送递四十到五十个包裹，他的路线全由电脑规划确定。如果最后一个包裹未能及时送达，算法的质疑就会扑面而来：为什么你不在最后一个路口向右而去，反倒选择了左边的那条路？要知道，右边的那条小路可以节省两分三十七秒的时间！

好吧，如果快递员一天之内犯下十个类似的小错误，可能就会耽误 10 件快递的行程。由此，快递员将会被处以 40 英镑的罚款。如果一周之内出现四次类似的错误，那你肯定将会无钱偿还按揭款。

第一次工业革命也曾因为技术革新引发过一段混乱时期。可是，在那之后，革命又创造了上百万个工作岗位。因此，变革并不会终结工作，而是只会改变工作的面貌。大规模工会成立之后，劳工们可以通过组织工人运动争取工资的提升。各位雇主别无他法，只能同工会达成协议。毕竟，工会握有一手好牌——工人们的劳力，才是创造价值的工具。

第二次工业革命，也就是机器人革命，其实也会走上同样的道路。革命并非工作的终结。相反，它会带来极高的就业率，并制造数十亿个低薪的常规或非常规动手类工作。当然，和第一次工业革命不同，劳力将会变得不再值钱。我们的工资水平，完全要靠公司决定。其实，我们能有工作都是对方的恩赐。无论多么微薄，大家都会因此感谢万分。

如此结果，其实是机器革命带来的颠覆。在未来，机器将会成为主宰并控制人类的工作流程，人类则像机器一般，遵从算法得出的效率原则而行事。

当下，我们已经能够发现一点前兆。不过，低薪而又高就业率的未来，又会意味着何样的悖论？大家在目前还难以预计。毕竟，现在这个时代仍处于二十世纪上半叶工资膨胀带来的后续影响之中，我们无法逃脱历史经验的影响。可是，终有一天大家能够见证时代的变迁。

在机器时代，一些貌似矛盾的经济现象会相伴发生：就业率不断上升，工资却节节走低。工作稳定程度愈发动摇，以至于大家都只能勉强求生。不过，如此状况倒也算得上“充分就业”。机器时代的终极讽刺莫过于它把人们的就业率拉到百分之百的水平，却把工资降到了原来的十分之一。

2017 年 2 月，ONS 的资深数据分析师大卫·弗里曼（David Freeman）解释了就业和薪水之间的关系：“失业率正处于十年来的最低点，而工资的增长程度也遭遇了历史性的障碍。”

与此同时，机器人正在加速取代简单劳动，一大群劳动力面临失业的窘境。在经济学家保罗·梅森（Paul Mason）看来，这种悖论可以称作洗车困境。

二十世纪七十年代，机器洗车可以给你家的福特汽车带来闪亮的清洗效果。啤酒一般的泡沫会覆盖整个车身，洗涤尘埃、容光焕发。

可是，从 2010 年开始，意想不到的事情发生了。自动洗车完全消失，取而代之的是一批拿着海绵和布料的人类。你要洗车，再也不用像二十世纪七十年代那样前往专门的站点。任何一个地方，都能遇到殷勤的洗车人，比如老旧的汽车公园和加油站。他们成群结队出现，而后又集体消失。

人类，取代了机器。因为他们表现得更为完美。他们的良好表现，又和他们对于失业的担心有着密切关系。当然，他们的核心竞争力在于：他们的价钱要比自动洗车低。

就这样，自动洗车行业垮台了。它败给了人类的坚韧和耐心。如此状况，和我们曾经设想的那个光明未来是如此不一致。相反，机器给我们增添了不少烦恼。也许，自动洗车行业的兴衰，能为所有工作的前景提供借鉴：未来的人类无须任何工资，就能自强求存下去。只需动一动失业的指挥棒，便可以鞭策他们发奋努力。

想一想吧，未来的职场面貌可能会是这个样子：一切工作都由沃森们负责管理和操控。它们透出那种忽闪忽闪的蓝色光线，计算着我等人类每个小时的清洗工作量。

13

技术：
统御众生的五家公司

设想一下，你打开电脑，然后发现谷歌的网页怎么也打不开。接下来，你摸出苹果手机摆弄半天，却也只能看到一片黑屏。脸书、推特、亚马逊和微软也在同一天不知所踪。

好吧，如上情形真的无法想象。想一想吧，2007 年的时候，如果世界上的所有银行集体消失，又会引发怎样一番结局。

当年，还真发生了那样一番情形。一夜之间，全球陷入了 1929 年以来最为严重的一次金融危机。危机，无人能够预测得到。一些内幕人士虽然放出消息，却因为级别不够而无人理睬。还有少数金融奇才也感觉到了形势不妙，并提前做好了卖空的准备。

很快，一些银行被迫倒闭。当然，它们的规模还到不了“大到不能倒闭”的地步。相比之下，所谓的五大科技巨人一旦消失，我们却无法承受由此而来的代价。雷曼兄弟关张之后，银行系统仍在运转。可是五大巨企已在地球扎下深深的根系，社会运转早已离不开它们。它们不再是体制的补充，而是已经变成体制本身。

银行和科技公司之间，存在着如下的区别：如果你不幸患有心脏病，倒是还能通过安装人工泵将血液输送到大脑；大脑一旦死亡，整个人就没救了——银行，就是负责输血的心脏，而五大科技公司的功能就和人的大脑一样。

看看这些“大脑”所意味的财富吧。仅以 2016 年为例，苹果的收入就达到 2330 亿美元，其中利润为 530 亿美元、资产达 2390 亿美元、市场价值为 5860 亿美元。谷歌的各方面数据都和苹果相当，而微软、亚马逊和脸书则依次减少。可是，规模并非真正的决定性元素。银行破产，政府可以兜底。可是，五大公司可比任何政府都要大得多。我们所在的世界是由他们锻造，而他们还掌握了这世界的密匙。

政府可以为银行兜底，因为后者实际只有一重使命——为社会提供流动资金。银行一旦出现问题，政府只要将金钱送回社会就可完成救赎。银行的术语可能千奇百怪、叫人费解，其内涵却是十分直白：先从其他地方借钱，然后再把钱借给你。

2007 年之前，银行家和经济学家一样，貌似生存在一个竞争激烈的环境里。实际上却在利用高墙一般的不透明度，防止人们窥探和质疑其中的究竟。时至今日，很多专业领域仍在使用拉丁语。究其目的，不也是为了保密么？金融危机之前，华尔街唯一真正重要的工作其实就是保证整个系统的秘密不为外人所知。

金融危机之后，银行业的竞争内幕终于一览无遗地展现在了世界眼前。于是，银行必须换上一副新的假面，摆出所谓的独立运行姿态。政府出面兜底之后，银行正式成了国有资产。它们貌似独立，其实却在花着纳税人的钱。它们就像操场上的孩子，自认为可以完成一切事情。可是一旦真正遇到问题，却又会哭着喊着请家长出面。

科技巨头，可和银行大不一样。它们完全无须任何势力的帮助和庇护，因为他们并非单纯脱离了政府的监控和管制。几大科技公司早就打造了自己的一方天地，让外界根本无法插足。

根状茎

某种意义上说，五大公司已经不是简简单单的高科技企业。如果它们联合在一起，足以覆盖我们的全部生活。如此庞杂浩大的机器，历史上可是前所未见。

这台机器，无人可以控制。1980 年，法国哲学家吉勒·德勒兹（Gilles Deleuze）和菲利克斯·瓜塔里（Felix Guattari）曾在《一千座高原》（*A Thousand Plateaus*）中提出过一个概念，正好在无心之中被几大科技巨头变成了现实。

在德勒兹和瓜塔里看来，资本主义的未来命运并不掌握在资本家和企业的手中，唯有演变为一种可持续的自给体系，它才能得以延续。在这个以一千座高原为特点的新型资本主义时代，等级制度将会不复存在。所谓的幕后黑手操控体制的故事也将成为历史。包罗万象，互相影响、覆盖和交错才是新时代的明显特征。

如此特征，被德勒兹和瓜塔里称为根状茎（rhizome），这本是一个植物学名词，它象征着庞大复杂的根系，扩张迅速而且涵盖了几乎所有的方向。

银行体系明显不符合根状茎的特征，因为银行系统只是一个有限的实体，其业务（也就是借贷）也是相当单一。但是，每一天的每一秒内，五大科技巨头都在通过不同的业务范围拓展自己：它们搭建而起的根系，串起了你、我和地球上的所有商业。

而且，科技巨头们的交易不仅仅和钱有关，它们还为我们提供了一片信息的广袤水域，让我们没入了视频、图片、短视频、网络迷因、点赞和点灭的汪洋大海。我们可以对一切事物做出评价、提供建议，并和其他人就任何东西一起评头论足、交流意见。这是一个数据交流的小宇宙，一个沸腾的电子世界。它由算法支撑而起，从信息的碎屑中提取可以售卖的资料。

最终，银行也和科技巨头达成和解协议。数据和支付体系由此结合在一起，拉开了银行与科技业的合作帷幕。协议，总比斗争来得容易，但这并不是一笔平等的交易。科技公司的根状茎还在不断扩展，而且似乎永无止境。从长远角度看，银行需要科技巨头方能维持运行，可科技巨头却并不需要银行的存在。毕竟，银行只会被整个庞大的根系吞入其中，成为根状茎的一部分。

百分之一秒等于百亿美元

现在，笔者身处新泽西的一处高楼之上，对面就是华尔街的远景。雷云之下，一道闪电正在十五英里外的天幕上闪烁。它的身下，正好是世界贸易中心（One World Trade Center）这座曼哈顿第一高楼。高楼就立在原来双子塔的旧址。

你可能觉得华尔街就是世界金融中心。其实，没有科技巨头搭建的基础，华尔街根本寸步难行。

2010 年，制造光导纤维的思普雷德公司（Spread Networks）在新泽西郊外的某处无名之地建起了数据基地。思普雷德公司为纽约股票交易所建立的这处基地规模庞大，透着一股不详之气。没有窗户，门前也只有一块无名的灌木地。上万个摄像头和同样数量众多的电围栏守护着这里的安全。

这座数据中心耗资三亿美元。同时，华尔街方面还能通过光导纤维进行实时监控。纽约和芝加哥之间，信息只需 0.7 毫秒就能传递完毕。速度每提高一点点，就可以带来上百亿美元的收益。

可是，那速度还不够快。几年过去之后，就在距离莫瓦市几千米远的地方，一家激光技术公司搬进了笔者脚下这座孤零零的摩天大楼。当时，他们租下了一片遍布垃圾的屋顶，并把信息传递的速度足足提高了 4 毫秒。巨大的白色电脑哼哼低吟，脚底下还密密麻麻地横着各种电线和天线。它虽然面对着世界贸易中心，却能和远在亚洲的同类机器以光速完成信息交流。

这个街区确实破破烂烂，房屋陈旧不说，地表上也透出一股潮湿和灰暗。走廊上时不时响起吼叫与嘶吼，还有着一股杂草的霉味儿。这里的居民恐怕想不到，他们的头上竟然还有上百亿美元在快速飞行。只需几毫秒，就能和华尔街及世界其他地区达成交易。一面是数不清的财富，一面却有着不堪入目的贫穷，两者相比之下的反差，极端情况可能莫过于此。

圣家族大教堂

1882 年，安东尼奥·高迪（Antonio Gaudí）开始投入到巴塞罗那圣家族大教堂的设计工作之中。工期一拖就是四十多年。其间，大家看到教堂拔地而起，突兀地立在城市的天际线上。于是，他们很是好奇：教堂何时才能完工？就此问题，高迪倒是给出了答案：教堂永无完工之日。由此，它将永葆生机，并时时刻刻得到完善。

和圣家族大教堂一样，五大公司同样一直处于成长状态。他们积极出击，不断吞并其他公司。如此作为，只是因为它们另有宏图。但是，个中的具体打算，外人一般难以得知。

谷歌、微软和亚马逊都将大笔利润义无反顾地投入到研发领域和新的业务范围。毕竟，他们眼光长远，能够发现那些只有顶级人才可以参与的远大前程。

对于自己那永无止境的宏大计划和勃勃雄心，比尔·盖茨用了一道金句进行总结："我们常常会高估两年之内自己的能力，却又对十年内的能力有所低估。"

根状茎的庞大系统里面，五大巨头居于中间，而我们接受的各种服务则只是延伸而成的根系。科技巨头的规模之大，我们不但无法承受它们的倒闭，而且无法定义它们的性质。毕竟，它们总在不停变异、不停地拓展自己的业务范围。六年之前的主营业务，如今早已有所变迁，这个现象，适用于所有五家科技巨头。

既然巨头如此多变，公众之间也不免起了怀疑。大家都在不厌其烦地猜测：这些巨头到底想要干些什么？它们不断拓展业务，背后又隐藏了何种阴谋？

2013 年，作家戴夫·厄加斯（Dave Eggars）借由自己的小说《环》（*The Circle*）而对谷歌做了一番批判。批判力度不大，但还算得上露骨：毕竟，小说里那个乌托邦式的技术学院，还有学院里那些面带微笑、有如教徒一般的员工和他们潜藏心底想要征服世界的宏图大计，都直接指向了谷歌。

小说的题目，直接指向了技术学院的长期目标：画好一个环。在谷歌的概念中，环就是奇点的一种定义。学院想要彻彻底底控制人类的生活，每一分钟都不放过。它就像一双永不疲累的眼睛，一眨也不眨地盯着我们。我们经历的点点滴滴，都被它了然于心。

各种各样的阴谋论，不过是把似是而非的故事简化成了一个幼稚的计划。仿佛几个反派人物关上门来讨论一番，就可能危及地球的未来。不过，如果《环》的作者仅仅觉得谷歌想要操控人类的生活，那他还真是小看了谷歌的野心。

2015 年，谷歌成为阿法拜中最低调的一名成员。所谓阿法拜，乃是谷歌创办人谢尔盖·布林（Sergey Brin）和拉里·佩奇（Larry Page）牵头组织的企业集团。除却谷歌，集团还包括好些令人难以置信的并购项目。

阿法拜的目标很简单：提升人类的生存处境。我们的工作、身体和大脑功能都在他们的关注范围之内。请别误会，他们并非是在吹牛皮。企业集团的终极目标真是如此。

阿法拜的关注范围和涉及行业包括生物科技（生命科学），尤其是追求提升寿命乃至永生的科技、太空探索、无人驾驶、飞行汽车、万物的互联网化（也就是智能化）、下一代无人机系统、利用科技为发展中国家弥补基础设施上的差距、教育科技、治理污染和全球暖化现象、纳米科技、体内机器技术（比如可注射的纳米机器人或者治疗白血病所用的微型 DNA 编辑器）以及可以通过输送胰岛素抗击糖尿病的纳米凝剂。

布林和佩奇认为：如果人们还把阿法拜当成一家公司，那无疑有点狭隘。其实，它更像一个独立国家，可以带领众生走向未来。

随着 DeepMind 成为谷歌的资产，布林等人也正式开启了对人工智能的探索：他们不仅有心发掘智能的定义和运作方式，还想知道在智能之谜破解之后，人类与机器又该如何互动。简而言之，谷歌方面的关注在于：奇点之后，人类社会会是一副怎样的面貌？

阿法拜的万种野心，都可以归于同一个单词：知识。他们要解构知识，并成为它的主人。如此看来，《环》中关于谷歌阴谋的种种猜测格局实在有些太小。

2015 年 8 月 10 日，谷歌 CEO 拉里 · 佩奇表示：谷歌和阿法拜融为一体别有一番意义。“谢尔盖和我曾在十一年前的创始人手记中写道：谷歌不仅仅是一家传统意义上的公司，而那也并非我们的追求。我们做过许多看来十分疯狂的事情。可是，这些事情已经变成了数十亿人使用的工具，比如谷歌地图、谷歌浏览器和安卓系统。”

“大家一向认为，所有公司都会在同一件事情上舒服地重复下去，仅仅可能做出一些微调而已。可是，我们身处科技创新行业，革命性的点子会推动下一次的大规模发展。在如此情况之下，我们不能太过追求舒服和安逸。”

当然，阿法拜还将摈弃谷歌曾在二十年前许下的不作恶的承诺。可是，阿法拜集团本身并非恶魔，也没有犯下恶行的意愿。他们只不过是在恶行面前避开眼神，专注于创立那个他们想要创造的世界。那个世界，将会听从他们的全权指挥。

谷歌的前世

五大科技巨头的野心由来已久。1997 年，笔者来到西雅图对微软进行了探访。当时的微软和如今的谷歌一样雄心勃勃。而且，他们也规划了一番宏图：

要为我们所谓的电脑发明一种通用语言。

那时还是1997年，没有互联网，更没有智能手机。脸书、亚马逊和谷歌都不见踪影。乔布斯还是个局外天才，他麾下的苹果公司被认为一直睡在二十世纪七十年代的功劳簿上。当时，也只有少数“邪教徒”级别的粉丝愿意买下乔布斯中意的那款昂贵电脑。自然，苹果还没能登上王座，而微软才是当时科技界的王者。它们的“学院”远在森林深处。在这里，各位“学员”志在建立一个新世界——他们习惯称之为电子世界。

作为公司的CEO，比尔·盖茨那栋价值6000万美元的豪宅位于普吉特海湾。船艇可以随时进入屋畔的水域。海湾那一边的两座宫殿一般的建筑，正是另外两位西雅图偶像——科特·柯本（Kurt Cobain，摇滚明星）和霍华德·舒尔茨（Howard Schultz，星巴克CEO）的居所。其实，盖茨本人很少选择在此居住。可是，家居中的一点细节，却正好映衬了大家对他的既有印象以及对于科技接管世界的看法。

有传言声称：盖茨豪宅里的每间卧室和每处走廊都配有等离子电视。在1997年，这种电视可是属于极尽浮华的奢侈品。根据传说，一排排的等离子电视挂满了盖茨家的走廊墙壁，就像美术馆中的画作一般。

其实，盖茨并未收藏任何艺术品。但是，他可以通过块状像素化技术，利用电视屏幕完成艺术鉴赏。他只需一摁按钮，整个屋子就会变成卢浮宫或者纽约现代美术馆。由此，盖茨大嚼燕麦三明治的时候，模模糊糊的蒙娜丽莎画像还会向她微笑致意。

二十世纪九十年代末，某位著名的英国小说家也在西雅图定居。此人对于盖茨一贯鄙视。某次私人聚会上，作家曾向巨富问起，为什么他不肯买下一幅原作呢？要知道，盖茨根本不差那个钱！而且，通过电视屏幕欣赏画作，无论如何都算不上品位高雅。

“为什么要买下原作呢？”盖茨反问。在他看来，这些画作属于全人类的瑰宝，根本不应被卖来卖去。相反，全世界的每一个人，都有通过屏幕触摸和感受它们的权利。

十年过去了，盖茨的朋友兼前同事史蒂夫·乔布斯推出的iPhone帮助苹果公司完成了转型。就这样，每个人手里都多出了一面等离子屏幕，并由此打开了一扇通往世界各地美术馆的大门。事实证明小说家错了，而盖茨的想法则正确无比。

1997 年，笔者踏足了微软公司的密林学院。此地的装饰并不过分，嵌在深林之中也不显眼。与其说是科技公司的别所，倒不如说是佛家修行的隐居之地。相比低调平和的外观，学院的内部情形却又是换了一种风格。一群二十来岁的软件工程师过着紧张而工业化的生活。他们每天都要工作十到十八个小时，喝掉大量的咖啡和可乐。为了保持精力，他们甚至把过期的披萨当成了提神的工具。对于微软这家公司，这些人又有着耶稣会教士一般的虔诚。

工程师们的宿舍经过特别修饰，一看就像是大学寝室。里面贴满了昏昏暗暗的海报。上面的主人公不是一些二流乐团，就是吉姆·莫里森或者爱因斯坦——这两位的形象可是大学宿舍里的标配。宿舍里，快餐盘和披萨饼盒堆成了山，编码所用的软盘铺了一地。扫开这层层叠叠的垃圾，我才能发现几位住客的微软员工工作证。

这些小伙子为了编码废寝忘食，一心想给公司做出最大的贡献。请不用怀疑，他们如此努力绝对是出自真心，正是微软给了他们努力的勇气。为此，公司还在这片林地当中拓出了一个足以自给自足的社区。

社区里有超市、饭店、健身房、灵修花园，也有按期举行的配对活动和周四古巴舞蹈之夜。这里的电影俱乐部专门放映法国新浪潮电影。二十年前，厄加斯小说里谷歌学院的宿舍，其实就是这个样子。

出入此地的年轻工程师，个个仿佛都带着创造历史的英雄意气。说来，他们和“二战”当中英国的密码破译人员确实有些相似，只是外表和精神面貌要邋遢和颓唐一些。他们知道自己的重要性，毕竟，一种即将走进千家万户的语言即 Windows 操作系统，要在他们的手中诞生了。

某天早上，我拦住了一位年轻的工程师并向他询问身为微软奴（Micro-serf）的感觉。所谓微软奴还是作家道格拉斯·科普兰德（Douglas Coupland）的造语，专门用于形容微软公司旗下的这些软件奴隶。除却感觉问题，笔者还想知道，既然他不是微软的持股人，这样废寝忘食、燃烧自己不过只能换到一份糊口的工资，难道不显得有些愚不可及吗？当时，对方真是大吃了一惊。“我不是奴隶。”他急忙说，“我能来到这里是很骄傲的！”

笔者不得不向他解释：这所“学院”的气氛实在怪诞至极。就这样窝在森林深处，仿佛身处京都、阿德莱德或者芬兰，周边哪还有一点美国的感觉呢？

“没错。”对方立即摆出了沉思的样子，“但是，我不是美国人，我只是个微软的公民。”

迷思

二十年过去了，千禧一代的归属观念早已发生了改变：他们大多不把自己当成所在国家的公民，而是自己信仰体系的追随者。相比那些讨厌移民和同性恋者的隔壁邻居，他们对远在重洋之外，却和他们看法相似的同伴更有认同感。

早在二十世纪九十年代中期，微软就知道培养员工归属感的重要性了。而且，企业必须让员工相信：他们的贡献才是企业品牌的核心价值所在。企业公民这个概念正是来自微软。五大科技巨头的各位公民可以形成一种积极进取、仿佛殖民者开拓处女地一般的生态氛围，这也因为他们都在自觉自愿、为了公司充当甘于奉献的走卒。

作为科技巨头的一分子，无论是基层员工还是管理人员，都对公司创始人那种传教一般的使命感有着百分之百的信任。他们仿佛觉得：这些领导就像禅学大师，其话语有如佛陀的口谕。每个员工的认同感和自尊心都和公司的成功有着脐带一般的联系，即便转入另外一家公司，也会立即变得和加入了新的教门那样狂热。

也许，我们一般人也会对某种品牌产生依恋。可是，这些品牌却不至于如此深刻地植入我们的生活当中而变得必不可少。要知道，对于几大巨头的员工而言，他们所服务的公司就相当于阳光或者海洋一般。

技术分析专家法尔哈德·曼祖（Farhad Manjoo）认为：无论五大巨头实力多么雄厚，他们仍然拥有一些不为人知的影响力。“五大巨头创建了一些对于我们生活方方面面都有着核心影响的技术。按照术语来说，他们拥有全球最有价值的几大平台，他们筑起了一切商业的基础，被所有其他企业所依赖。这些平台根本无从躲避。您可能能够避免其中的一到两家，却无从将他们一起排斥。毕竟，他们联合起来就组成了整个经济。”

2016 年的全球十大最有价值公司中，五大巨头正好占据了半壁江山。它们的财富，来自它们为现代经济搭建的电子基础，包括手机、社交网络、网络、云计算、零售与物流以及未来技术突破需要的计算能力。

可是，信息技术的发展也就到此为止，而几大巨头自然也得寻觅新的领地。2012 年，它们开始着力于科技之外的各项事业，比如汽车、医疗、零售、货物运输、电影和音乐娱乐等。甚至，它们还想取代银行。

按照阿法拜主席埃里克·施密特的说法，硅谷当中存在一大迷思："车库里的某人，会为我们而战。"也许，打破五大巨头垄断的那股势力就躲在某处，酝酿着某种全新的技术。

事实上，这种迷思从来未曾变为现实。五大巨头已经是电子世界的先锋人物，他们占据了整个阵地。而且，他们很快就会渗入更多的领域，并成为那里的主人。

从狼变成狗

要想了解五大巨头的野心，你不妨看一看它们变换业务的频度。阿法拜已经盯上了 DNA 这门生意，并准备把相关知识运用到我们的现实生活里。

至于亚马逊，则已经通过改变运输服务的方式改变了这个世界。现在，它又把目光放到了机器人身上。2016 年，亚马逊的创始人杰夫·贝索斯在西雅图开设了第一家实体店铺。店中不存在任何人类员工，只有机器人在忙碌来去。同时，店里还不收现金。

这家名为亚马逊 Go 的店铺面积达到 167 平方米，售卖的物品从饮食到杂货，再到衣物和书籍，几乎无所不包。你只需进入店铺，利用 APP 完成扫码，然后拿上你中意的货品离开就行了。店中的传感器会自动辨认物品的价格，并直接从你的账户当中扣除款项。

店中设有上千个摄像头，你在店铺里的所有行为都处于监视之下。通过扫码，店方还能跟踪你的手机。你曾经购买却又不再继续追捧的货品，也会是亚马逊收集数据的工具。你拿起过但是没有选择的物品，店方同时也看在眼里。这些数据可都是无尽的宝藏。相比你今天的种种"死数据"，下个星期的"活数据"无疑更有黄金一般的价值。

除却这个机器超市，亚马逊还打算掀起一场关乎快递的无人机革命。无论是食品还是书籍，还是印度某次交通事故当中亟须的急救物资，都可以通过无人机及时送达。

在这个新世界里，曾经创造 Windows 操作系统的微软公司将起到核心作用。没有他们搭建的平台和路径，更快、更舒适的无缝服务根本无从谈起。就此看来，微软不再是一家科技企业：由于发明了一种全球语言（Windows 操作系统），它更像是一个语言教师。

至于苹果，也不再是个手机、平板和笔记本电脑的制造商。按照公司的计划，它将成为一个全能的商务平台。

史蒂夫·乔布斯推出 iPhone 的时候，甚至都没能预见到这种产品完全的潜力。还是那些骇入苹果系统的破壁者（jail - breaker），让乔布斯对第三方 APP 产生了关注。

破壁者开发了一套更为完备的复制粘贴系统。同时，作为破壁者的精神教父，杰伊·弗里曼（Jay Freeman）造出的西迪亚（Cydia）则是一个开放的 APP 交易平台。借由弗里曼的发明，消费者可以摆脱苹果公司的苛刻控制，自由自在地安装更多有效的软件。

破壁者的行动之快，叫苹果公司始料不及。几周之内，乔布斯等人就决定创建 App Store。如此作为自然是为了抢回手机的主导权。从商业角度而言，App Store 也是苹果最为得意的作品。虽然这个得意之作并非苹果自己的意愿，而是被一帮黑客所逼。

笔者想方设法和弗里曼在旧金山见了一面。接头地点，设在某处公园的长凳旁边。他身材高大，长发齐肩，戴着宽边帽，穿着皮质上衣。他就那样从树后冒出了头，而且步幅特别大。谈到自己的成就，弗里曼显得特别自信：正是他的工作，给了苹果公司一个工作模板。从此之后，iPhone 才能一步一步成长为世界上最成功的技术平台。

“有些时候，我也在后悔。觉得自己不该开放西迪亚。毕竟，如果没有西迪亚，谁知道苹果方面还能推出什么发明？虽然西迪亚逼迫他们开放了某些东西，但也有所隐瞒。”那么，苹果有没有向弗里曼抛出过橄榄枝呢？“他们倒是联系过我，但是我居然没有注意到！我确实有些驳了人家的好意。这一点真是不应该。好些黑客都成了苹果的员工，从破坏者变身为游戏的裁判。”

在西迪亚的刺激之下，乔布斯向风险投资家约翰·多尔（John Dooer）要来了启动资金。由此，App Store 得以上线。最终，弗里曼等人掀起的反叛运动终于被镇压了下去。iPhone 的失控状态也仅仅维持了六个星期。有了 App Store，苹果终于向第三方软件敞开了怀抱，大家可以利用 store 买卖软件，苹果也具备了取代银行的潜力。

巨大的根状茎，甚至能把反对者也吞噬入肚变为自身的一部分。这一点，充分证明了五大巨头在系统里的中心地位。它们和其他浮于表面的公司有着明显的区别。

脸书的宏图却又不大一样。扎克伯格等人一心想要成为世界上最大的人类数据库。其实，他们目前已经是全球第一的数据银行，掌握着十八亿人的各种私密信息，包括图片、好恶、人际关系网络和对于各种事务的评价、恐惧与希望等。有了如上信息，脸书俨然成了有史以来最为有效的人类行为监控器。

算法，是成为数据库的一大基础，有史以来第一次，它们开始讨好自己的猎物：人类。个中的原理，就和狼进化成狗的过程差不多。

狼，本来是一种捕食动物。可是，凛冬之下，缺少食料的它们不得不选择投靠人类，最终演变成了今天的家犬。也许我们以为自己才是狗的主人，谁曾想到却只是上了狼的当。算法，就是电子世界里的狼。

一些人类意识到了个中利害，并开始极力摆脱对算法的依赖。2016 年，宾州大学的伯克利·戴特沃斯特（Berkeley Dietvorst）、约瑟夫·西蒙斯（Joseph Simmons）和卡德·马西（Cade Massey）为《实验心理学周刊》联合撰写了一篇名为《算法之憎》的文章。三位专家表示：我们人类如今还有一种虚幻的感觉，认为自己的决策要优于算法。我们之所以这么想，不过是要维护虚幻的身为人类的优越感。

时至今日，这种幻觉得以进一步加固。其中，自然有其心理学原因：我们人类要牢牢抓住那些赋予我们“人类特征”的东西。可是，这些东西似乎正从我们的指缝之间悄悄溜走。

为了解释这种人类优越感，宾州大学的那份报告特地举了飞机事故中飞行员失误的例子。要知道，随着地面警告系统的采用和自动驾驶的普及，飞行事故发生的概率正在大大降低。如此看来，机器完全可以超越人类，只是我们不愿意承认而已。

从诊治病人到预测气象，再到金融工作，算法的表现至少能够和人类相提并论。有时候，它甚至比人类更加可信，比如，它更清楚哪些案犯可能重新踏上犯罪道路，这对于企业的发展轨迹也有着更好的预测。

尽管如此，人类却仍然觉得自己高出机器一等。机器确实也有失误的时候——谷歌地图可能会误导你走上一条拥堵的道路，而软件推送的歌曲也可能不大符合你的心境。但是，这些偶然现象，却会被人们拿来当作机器能力不济的例子。

在这方面，无人驾驶算是最好的例子。每年，在美国有三万多人会死于车祸。其中90%的肇事方属于人类司机。根据《哈佛商业评论》的预测，无人驾驶汽车至少可以拯救一百五十万美国人的生命。推及世界范围，因此得救的人会在接下来的五十年内达到五千万。

尽管如此，2016年美国汽车协会的一起调查指出：75%的美国司机表示自己并不在乎如上的事实。他们就是对无人驾驶汽车难以托付信任。

不过，算法却又是另一回事。大家对于它的态度已经从公开厌恶变为勉强支持。毕竟，算法可以让许多烦琐的工作和需求变得更为简易，比如浏览建议、获取廉航信息、推荐最为合适的相亲对象。在这些方面，我们渐渐承认了自己能力的不足，转而开始相信数据。

欢迎新神——数据主义

如果我们把改变生活的决定权交给算法，又会带来何种后果？2013年，安吉丽娜·朱莉（Angelina Jolie）参与了一次基因测试，并被告知她携带了危险的变异基因BRCA1。如此一来，她罹患乳腺癌的概率增高了87%。因此，尚未患病的朱莉决定接受乳房切除术。这个决定当然是出自预防效果，同时也是由数据导致。任何质疑，都可能是人类的偏见，也就是所谓的感情。

在医学方面，数据可以作为二选一问题的决定性依据。我们的情感总是拒绝这种斩钉截铁的决定。但是，当铁一般的证据摆到眼前时，我们又会毫不犹豫加以相信。因此，我们曾对医生有多信任，就会对算法和数据多么依赖。我们的信念是如此坚定，以致历史学家尤瓦尔·哈拉雷觉得人类已经集体拜入了一门全新的宗教——数据主义。

“神权来自宗教传说，而人类的权威来自人类的意识形态信念。科技大亨和硅谷先知一旦创造出一种足以说服人心的新型传说，我们就会对算法和大数据产生绝对的信任感。”

“这门新的宗教就叫数据主义。极端点说，数据主义的忠实信徒可能会把整个宇宙看作数据流，生物体在他们眼里也不过就是生物化学组成的数据体。他们会觉得人类的终极目标就是创造一个数据挂帅的全息系统，而后再融入其中。我们如今已经成了这个系统的小小组成部分，而大部分人都对此茫然无知。”

数据，就是新的上帝。因为数据比我们更加了解自己。它完全不受人类偏见的制约。哈拉雷认为：“我们正处于两大科学潮流的交汇点。一方面，生物学家正在慢慢解开人体的各种秘密，特别是关于头脑和情感的各种秘密。同时，计算机科学家又给了我们前所未有的数据之力。两者结合一起，您就有了一套可以准确监察自身情感和思想的外部系统。”

大数据本来就比我们更加了解自己。而且，我们也在慢慢屈从于它的这种威力。事情一旦发展到那个份上，权威感——不仅仅是计算上的超人能力——将从人类转移到算法那边。曾经，天主教堂和克格勃才是洞悉人性的那些神祇。如今，新的神祇将诞生在五大科技巨头之中。

要把五大公司看作人类之敌，确实也有些怪异。这些企业难道真像奥威尔小说里那般邪恶不成？看看那些科技大亨吧，从谢尔盖·布林到蒂姆·库克和扎克伯格，他们似乎都不像大奸大恶之辈。他们穿着 Gap 牌的 T 恤衫、开着电动车（扎克伯格根本不开车，而是搭乘公共交通工具上班去），而且为了公益事业慷慨解囊。看上去，他们完全没有控制我们生活的方方面面并把人类变为半机器人的打算。

相反，科技大亨们频频表示：他们不但不想控制人类，反倒有意把人类从贫苦、财富不均、全球变暖和疾病当中解救出来。他们手中的能力和潜力，足以带来天翻地覆般的改变。想一想罗伯特·达尔吧，那个在华尔街推行证券化并间接导致了次贷危机和银行坍台的人。科技大亨的手中同样握着核按钮。他们将会如何使用这种神力？我们还得继续观望。

如果智能机器想要消灭我们，那可是轻而易举

2014 年 12 月，三位伦敦青年——德米斯·哈萨比斯（Demis Hassabis）、肖恩·莱葛（Shane Legg）和穆斯塔法·苏莱曼（Mustafa Suleyman）抵达洛杉矶，准备和谷歌公司的拉里·佩奇敲定一笔生意。三人创办的人工智能公司 DeepMind 位于伦敦东部，正是佩奇等人的收购目标。

和他们搭乘同一航班的人哪能想到：这几个坐在四十三排的人，即将签订一份人类历史上影响极为深远的协议。

创业三年以来，哈萨比斯等人一直在谷歌的关注之下。而且，当时全球所有的人工智能企业都把精力放在了人机交互，也就是机器和大脑的互动和结合之上。DeepMind 的关注焦点，却和它们全都不同。

哈萨比斯等人在意的事情更为基础。他们并不特意区分人工智能和人类自身的智能，而是专注于了解智能本身。在 DeepMind 看来，人类和机器都是智能驱动下的躯壳而已。而且，这种智能是完全可以被人所了解的。一旦智慧之谜得到破解，我们就有了万事万物的运行原理，从而有了统御世界的能力。

最终，三位年轻人和拉里·佩奇在位于加州芒廷维尤的谷歌中心握手成交。这个三岁大的公司，将会划掉谷歌方面 6.5 亿美元。这笔交易不但是谷歌历史上最为重要的一笔，而且对于人类，也许有着同等的意义。

谷歌已经是全球最受欢迎的搜索引擎，而且因此成为世界上最具威力的机器。将 DeepMind 收入囊中之后，它还将拥有智能的秘密。谷歌这台机器，将会由此如虎添翼。

谷歌有了智能，又将带来何种后果？也许，谷歌旗下的 DeepMind 将会打开一扇通往新世界的大门。由此，一个新物种，也就是 DeepMind 所称的认知机器组织，将会诞生于世。无论它能不能被认作一种生命，它都会拥有强大的认知能力。它，就是一个全新的物种。

2011 年，肖恩·莱葛曾经接受媒体采访。谈到这种新的物种以及人类的未来，他显得尤其乐观。不过他也认为，可能人类难逃灭绝的命运。

“我觉得人类终将灭绝，而科技可能将在其中扮演重要的角色。”莱葛表

示。那么，他觉得人类灭绝是否会带来痛苦呢？“如果您觉得痛苦就是‘恒久的痛苦’，那我可认为这种痛苦不大可能发生。超级智能机器一旦对人类生出杀意，干起活来应该相当有效率。我不觉得，人类会主动设计一种智能机器以放大自身的苦痛。”

如此看来，莱葛和谷歌达成的这桩生意，似乎拉响了预示着人类灭亡的汽笛。

埃隆·马斯克不是个容易被反乌托邦未来吓倒的人。可是，他却觉得谷歌的这宗交易“比原子弹还要危险”。史蒂芬·霍金也认为莱葛等人的作为会“导致人类的终结”。

可是，莱葛也不过是指出了一个事实：一旦智能得到破解而大脑被放入机器，我们人类又怎能凌驾于其他生命体——比如机器——之上呢？人类的末日，不是因此即将到来么？

如此一桩攸关人类命运的事务，大多数人类却是置若罔闻。史蒂芬·霍金认为，应该有一个独立委员会对 DeepMind 的研究进行监察，以便研究能给我们一个更有保障的未来，时至今日，委员会的事情却还是没有半点动静。

更让人震惊的在于：虽然 DeepMind 研究项目有着如此巨大的风险，研究却没有半点停步之意。潘多拉的魔盒一旦打开，谷歌或者 DeepMind 根本无力阻止。接下来发生任何事情，也将不在他们的控制范围之内。也许，他们根本无法见证将要发生的一切。

机器的语言，人类不懂

2016 年 9 月，谷歌大脑，也就是谷歌公司的人工智能研发部门（DeepMind 已经成为该部门的一部分），推出了他们的最新项目谷歌大脑机器翻译工程（GNMT）。

该翻译工程的研究成果，能让机器瞬间完成翻译过程。首先，我们需要输入翻译文本作为范例，让机器进行学习。而后再把一条又一条的外语例句输入进去作为范例。最终，机器将会从中推断出整个语言的逻辑体系。

如此的过程，反反复复持续了一个多月。这时，谷歌大脑的研究专家迈克·舒斯特尔(Mike Schuster)发现了一点不同寻常的事情:在没有翻译文本作为指导的前提下,机器已经开始了自动翻译。其中,好些日语到韩语、韩语到日语的翻译文段根本未曾提前输入机器。

而后,机器的举动更是让人震惊。它们开始自学其他语言,并着手进行文本互译。谷歌大脑的人工智能机器曾经学习过英葡互译和英西互译。随后,它直接开始了西葡双语之间的互译。这一点,让舒斯特尔万分震惊。“据我们所知,这还是机器第一次达成多语互译。”

接来下发生的事情,才真正惊掉了谷歌工作人员的下巴。机器不但很快掌握了翻译技巧,甚至发明了自己的语言。

“我们通过可视性翻译对结果进行了分析。由此得出结论:机器可以从涉及多种语言对比的多语模式中习得一种语言间表达。”舒斯特尔如是说。

所谓语言间表达,其实就是一种用于特殊交流用途的人工语言。那一次,谷歌的翻译机器正是通过语言间表达阐述了自己如何能够把未曾学习过的资料进行翻译的原因。

“通过对内部模式数据进行三维分析,我们可以发现,系统能在日语、韩语和英语及其他语言之间的所有可能配对之间选择正确的翻译词句。”研究小组在博客中表示。

因此,机器系统破解了句子中的句法特性,而不是仅仅对句与句的对应翻译进行比较和分析。那么,它们又是如何做到这一点的呢?对此,迄今为止没人知道。

系统发明了一种语言、一种唯有机器才可以解读的信息形式。我们人类完全没有破解这种语言的计算能力。这个事实,怎能不让人震惊万分?

“我们觉得,如此现象足以证明系统中语言间表达的存在。”研究小组表示。机器先是破解了人类语言的规则,而后在此基础之上创立了自己的语言。而且,它们的语言可以立即互通,而我们却完全无法理解。就这样,刚被驯化成为家犬的野狼,似乎又将恢复野狼的身份。

作为沃森的发明者,IBM 的戴夫·费鲁奇又是如何看待这种新的机器语言的呢?面对笔者的问题,弗鲁奇显得毫无兴趣。“这件事情是不是很可怕?弗鲁奇,你的看法又是怎样的呢?”“不过就是语言间的媒介而已。媒介,也就是解决问题的工具。”“但那可是一门全新的语言啊。”“没错,那是全新的语言。

但你要说机器从今往后就高人一等？还没到那个时候，还远没到那个时候呢！”

GNMT 的这个小故事，为我们所有人上了一课。我们自觉拥有把控全局的能力，其实我们根本做不到把控全局。人类开启了一段旅程，但是走到哪里却要由机器决定。

谷歌及其背后的阿法拜集团，也许可以放下那句不作恶的承诺了。当然，作恶的不是人类，而是机器。而且，机器不过是执行逻辑指令，又何从生出恶意呢？

交易

2016 年，DeepMind 重新出现在了伦敦。他们的背后，自然还活跃着谷歌的身影。这一次，DeepMind 要和皇家自由 NHS 托拉斯谈一笔生意。要知道，托拉斯不但管理着巴尼特、蔡司和皇家自由医院，还掌管着一百六十万病人的机密数据。

谈判达成之后，DeepMind 就可以接触到涉及数百万人身体健康的敏感数据，包括每个人参与的每次诊疗、每一次医疗事故和紧急情况，以及涉及病理学、放射学、艾滋病和堕胎等多方面的统计资料。

2017 年，手握资料的谷歌终于选择摊牌。它们推出了一个名为 Streams 的手机应用程式。用户的生命体征或者血液指标一旦出现危机，APP 就会做出反应。“要知道，一年之中死于急性肾损伤的人多达数万。”穆斯塔法·苏莱曼表示，“其实，大多数病人本不应该付出生命的代价。我们的产品可以为医生和护士提供警示特征，由此方便他们做出及时的专业反应。肾脏一旦脱水，他们可以立即向静脉里注入抗生素，从而避免病情发展到进入重症监护室的程度。”

如此看来，这款 APP 还真是可以造福人间。可是，如此功能只是小试牛刀而已。一开始，它将急性肾病作为主要的诊治目标，五年之内，涉及的业务范畴还将进一步得到扩充。那么，Streams 的前景到底是什么呢？相关答案正在 DeepMind 的声明当中。

苏莱曼觉得，自己的这款产品应当成为医院日常运行的必备工具。毕竟，它不但可以侦测血液中毒一类的急性病变，同时还可以和医生一起“共同管理患者疗程”。从此之后，科技将成为医院系统的核心。医生不再负责确诊病情，而会把相关职能交给算法。其中的关键数据，完全掌握在谷歌手中。

不少人都对这桩交易提出了批评。他们觉得其中的前景实在危险。剑桥大学的茱莉亚·鲍尔斯（Julia Powles）和哈尔·霍德森（Hal Hodson）怒斥这桩秘密交易“是个不可原谅的错误”，而DeepMind的相关声明也有“似是而非虚情假意”之嫌。

谷歌方面很快做出回击。科技杂志《电讯》（Wired）刊出专文大谈Streams带来的各种好处。文章指出，APP可以在每天为“每位护士节省两个小时的时间”。而后，苏莱曼再次代表公司发出声明：DeepMind将会推出一种比特币一般的追踪装置，由此通过区块链技术对患者数据进行保护。

公众和专业人士都是挑剔的，为了赢取他们的人心，谷歌方面正在努力。它向他们发出呼吁：请相信我们，这只是一次交易而已。

要知道，谷歌的这次计划涉及一百六十万名患者的切身利益（如果上升到全国范围，涉及的人数已经超过千万）。他们又能得到何种回报呢？首先，他们可以得到最新科技的及时诊治。同时，还有最为专业的团队进行陪护，而且享受最为完备的压力疏导过程。

科技，让公司可以在神不知鬼不觉之中接管整个卫生系统。可是，DeepMind方面却表示这并非一场零和博弈：作为患者，只会因此受益。有了DeepMind这个利器，谷歌方面可以抢在其他几大科技巨头前面介入国民保健计划。而后，他们还可以更好地开掘全球医药市场这个二十一世纪的金矿。

与此同时，世界卫生组织和遍布广大发展中国家的医疗非政治组织都和科技巨头勾连到了一起。可以说，它们才是新一代的白衣天使。

曾经的红十字会和“无国界医生”才是各大医疗危机中的主角。可是，随着英美两国卫生领域面临资金短缺，危机的领域正在逐步扩大。广大发展中国家的医疗体系一旦破产，由此而产生的巨大市场自然方便科技巨头前去占据。

统御众生

2002年的电影《少数派报告》改编自菲利普·迪克（Philip K. Dick）的

同名小说。汤姆·克鲁斯（Tom Cruise）饰演的警官在洛杉矶警局的防止犯罪部门工作。通过一种名为预防科技的知觉突变技术，警方可以随时监控人们的思想。一旦某人冒出犯罪的念头，警方就会驾着直升机出动并将其收押。对方来不及实施犯罪，就已经遭到了逮捕。相关的罪名，只是“有了犯罪的念头”而已。

其实，如此的想法已经成真了。Paypal 的创始人，同时也是特朗普总统的高参，彼得·蒂尔（Peter Thiel）的新项目帕兰提尔（Palantir）就是现实版的“少数派报告”。

帕兰提尔在数据方面的江湖地位，就和麦肯锡在咨询行业的地位差不多。它们特别强势，外界对它们却一无所知。公司甚至没有办公场所，而只在帕罗阿尔托有一家 SCIF。所谓 SCIF，就是科学区域信息工厂的简称。帕兰提尔方面表示，自家的建筑必须拥有“能够抵御一切可能入内窃取资料的企图的力量”。同时，公司的网络资料库也得与互联网进行彻底隔绝以防泄密。

帕兰提尔设置的防火墙包括先进的生物统计学科技，以及防止电波、手机信号和网络信号渗透的特制墙体。他们的数据库运用了区块链技术：一般的黑客技术根本无法攻破帕兰提尔的防范，必须同时突破数十个独立实体所分别拥有的密码，才有可能进入帕兰提尔的内网。可是，这些实体的身份都得到了区块链技术的保护。那么，帕兰提尔如此苦心孤诣，到底是要守护何种秘密呢？

2004 年，彼得·蒂尔和曾在 Paypal 任职的工程师内森·盖汀斯（Nathan Gettings）以及斯坦福大学的乔伊·隆斯达尔（Joe Lonsdale）、斯蒂芬·科恩（Stephen Cohen）和阿莱克斯·卡普（Alex Karp）一起创建了帕兰提尔。他们的业务同样关于大数据，目标却指向了一个他人不敢轻易踏足的领域。

2013 年，帕兰提尔的 CEO 卡普宣布：公司不会追求首次公开募股。毕竟，“我们这种公司一旦上市，可能很难继续开展业务”。

帕兰提尔可以追踪你的所有行动，并对你接下来的一举一动做出预测。公司拥有一支秘密技术团队。他们的客户包括中央情报局、联邦调查局、国土安全局、疾病预报和防治中心、海军陆战队、空军、特种部队司令部、西点军校和美国国税局。公司 50% 的业务都和政府机构有关。中央情报局的风险投资基金 In－Q－Tel 乃是帕兰提尔的第一批投资者。

帕兰提尔的追踪对象包括潜在的恐怖袭击嫌疑人，以及涉嫌企业犯罪的巨骗、儿童诱拐犯和所谓的颠覆分子。而且，它锁定嫌疑人的方式只有一个——预测。

有了帕兰提尔，海军陆战队可以把相关的 DNA 资料从远方的前线传回后方进行保存。同时，他们还可以把多年以来搜集到的相关指纹和 DNA 样本保存下来。所用的时间十分简短，几乎都在瞬间。

有了帕兰提尔，各地的警察部门可以及时收到嫌疑人的各种信息资料，而对方自然无法流窜躲避。帕兰提尔那强大的数据库，也赋予了它预测未来的能力。这个未来可能就在几秒之后，也可能要经历数年。

塞缪尔·雷丁（Samuel Reading）曾在美国海军陆战队服役，后来前往阿富汗 NEK 高级安保集团（也就是美军的安全事务外包商）任职。他表示："帕兰提尔提供了一切可能的侦查工具。有了它，所在区域的一切恶人都因此无所遁形。"

帕兰提尔和美国政府过从甚密，同时又拥有自己的一支部队。他们可以为对冲基金、银行、金融服务机构提供服务，以便在激烈的竞争当中压倒同行占到优势。

对于五角大楼而言，帕兰提尔不仅仅是一个监控全球的工具，也并非仅仅作为提高战争效率的数据武器。要知道，它还能为华尔街撑腰。帕兰提尔所扮演的角色，正好就如蒂尔等人所说的一般：它是一只巨大的电子眼，就和《魔戒》中巫师萨鲁曼的魔石一般神通广大。

现实版"少数派报告"

在芝加哥和洛杉矶，帕兰提尔公司正在大行其道。菲利普·迪克描绘的那种未来，似乎又离我们近了一步。影片中的那个社会，不就是奥威尔笔下那种施行思想警察管治的国度吗？由于预防犯罪制度的实施，犯罪率已经降到了零。只要头脑中闪过偷窃或者其他犯罪的念头，就会被强力部门羁押起来。

可是，汤姆·克鲁斯饰演的主人公并未有过任何恶念。他仅仅是对预防犯罪有些腹诽而已。上司发现他的不同意见之后，马上决定设下计策，把一宗谋杀案栽赃到他的头上。为了陷害克鲁斯，对方只需要修改一下相关的思想数据就行。最后，克鲁斯和反派上司进行了一番终极对决。对方表示：有时候为了社会的整体利益，不得不做出一些小小的错事作为牺牲。

《少数派报告》的故事发生在2054年，可是，真实版的“少数派报告”其实已经开始运行。洛杉矶警局已在利用帕兰提尔“预测”罪犯。个中手段，其实和《少数派报告》里相差不大。根据帕兰提尔公司的自述，他们和警局的合作可以“提高警务人员对于环境的自省能力并在第一时间做出反应”。

类似的军事侦察技术不仅仅在费卢杰那样的地方能够派上用场，到了洛杉矶郊区，它也能够帮忙预先锁定那些违规驾驶的人和轻罪罪犯。预先锁定所运用的技术，其实和美国军队应付伊拉克叛军和恐怖袭击事件所采用的种种算法并无二致。

如今，已经有人把美国比喻成了一方战场：交战双方之一乃是警察，与他们作对的则是一群黑人男子。谁能想到，警察用于对付罪犯的技术，确实发端于真正的战场之上呢？而且，随着帕兰提尔的预测技术在芝加哥和洛杉矶两地的投入使用，黑人男性犯罪嫌疑人遭遇枪杀的案例也在不断上升。那么，这种源自反游击战的预先警报技术，会不会直接带起了近四年来美国国内警察枪杀无辜黑人男性的风潮呢？

对此，自然有人会提出辩护：无须算法背书保证，许多警察自会根据对方的肤色和性别选择开枪射击。所谓的预警技术，不过是把美国的城市变成了战区。因为它的存在，人与人的戒心和怀疑也在不断走高。随着气氛的愈发紧张，警察的日子也愈是难熬。

作为数据经纪专家，约奥夫·帕克（Geoff Parker）对于如此情况也有着自己的看法：“先是算法导致了紧张氛围，而后才需要警察前去处理。”相关的紧张氛围，足以点燃整个火药桶。当地的警务环境也将因此大为恶化。

青年正义联盟是一家位于英格伍德的非政府机构。作为联盟的活动家和研究人员，安娜·穆尼斯（Ana Muniz）认为：“一旦社会内部的警察和军队变得愈发近似，相关的界限就会变得愈发模糊。要知道，军队的职责是抗击外敌、保卫领土，而那不是警察的责任。无论如何，警察都不该把本国居民看作敌人。”

2010年，洛杉矶警局和摩托罗拉公司达成协议：将对乔丹·道恩斯公共房屋工程进行密切的视频监视。2013年，警局又宣布将在圣费尔南多谷地的

CCTV 监控机中运用面部识别技术。根据媒体报道，警局还将提供一份犯罪嫌疑人的“热点名单”，以便更好地完成监视。

纽约城市大学的博士研究生惠特尼·里查兹·卡拉瑟斯（Whitney Richards -Calathes）的研究领域便是预测犯罪。对此，她也提出了自己的警告：“随着这些号称服务于公众利益的数据库得以完善，我们必须留心那些先入为主的偏见。要知道，八九岁的孩子也可能被列入数据库并被贴上帮派分子的标签。”

没错，数据这种新事物可能只会以新的方式加深我们旧有的偏见。一些批评家曾经指出：如果警察们都怀有这种预防犯罪的思维，那只要你被他们盯上，可能一点反驳的余地都不会有。

2013 年，TechCrunch 公司获得了一份泄密文件。文件当中，记载了帕兰提尔和纽约、芝加哥两地警局的合作信息。文件援引了洛杉矶警局彼得·杰克逊警官对帕兰提尔的赞美之词：“警探非常喜欢这种装备，它们让我们做到了以前完全无法想象的事情。”

帕兰提尔并不惹人注意。它和谷歌、脸书、亚马逊、微软和苹果公司一样拥有极大的权力，却又不像它们那样被人推上了风口浪尖。可以说，它就是科技公司中的特种部队。

打破垄断

五大公司（可能还要加上帕兰提尔）加在一起，形成了巨大的企业之力。它们仿佛一个凌驾于众生之上的超级阶层。可是，特朗普已经上台，英国也不再是欧盟的一部分。新的世界局势给六大公司带来了新的威胁：依靠煽动民意而获得权力的各国政府，大有把主权从跨国企业那里夺回来的意愿。

而且，公众对于几大公司的看法也有所转变，它们不再是金光闪闪、象征未来的技术新贵，而是已经统治世界二十多年的垄断集团。它们的存在不但大大削弱了政府的权威，甚至还对民主制度构成了威胁。

纵观几大技术公司的发展史，不就是一场变了味的美国梦吗？作为曾经的“异己势力”，亚马逊公司终于变成了中小企业的终结者。在中国政府的要求下，苹果公司将一些可能违反当地法律的 APP 撤下了 Apple Store。不过，面对美国政府追踪恐怖分子的要求，苹果方面却表示了拒绝。

各大公司之间也常常发生纠纷。优步的卡兰尼克就曾遭到蒂姆·库克的呵斥。此前，苹果方面主动卸载了优步软件，并且禁止对方利用苹果手机作为平台。可是，优步仍然在暗地里和苹果手机挂靠在了一起。如此行为，已经违反了苹果公司的隐私条例。

作为联邦通信委员会的前任主席，尤里乌斯·根纳霍夫斯基（Julius Genachowski）曾经指出："业界大佬都会对后来者横加打击。不过，在那个时候，美国社会在鼓励后来者方面做得相当不错。"他还表示，在奥巴马执政时期，五大科技巨头并不被视为威胁，而是美国未来的象征。无论是地方政府还是法律机构，都对他们百般支持。

在根纳霍夫斯基及其继任者汤姆·惠勒（Tom Wheeler）领导联邦通信委员会期间，委员会一直在推行有利于"机构中立"的各种政策。也就是说，任何公司都不能在网络业务上有所偏私。对此内容，各大巨头都是十分欢迎。

可是，昔日的后来者已经成为巨兽，政策自然也有所改变。根纳霍夫斯基表示："事情发展到下一个阶段，后来者已经变得太过成功，并最终变成了业界大佬。接下来，我们发现了两件事：业界大佬之间爆发了战争，下一代的后来者开始向业界大佬发起挑战。"

如今，我们就处于这样一个阶段。五大巨头已经成为业界的守成者，并已经获得了政府的相关待遇。要知道，政府一直处于中立地位。它一方面要感谢各大企业对于社会的种种贡献，另一方面又必须考虑垄断带来的危害。由此，政府应当在利弊之间找到平衡。

那么，最新一代的科技公司，比如优步、爱彼迎和色拉布，它们会是真正的威胁吗？要知道，真正的战争，仍然局限于五大巨头之间。他们正在为了人工智能、大数据和机器学习争来夺去，现实生活中的无人驾驶、医疗技术等也是他们的交战领地。

2015 年，卡兰尼克曾和蒂姆·库克在苹果总部展开正面交锋。毕竟，优步的 APP 瞒过了苹果工程师的眼线，成功地嵌入了苹果手机的系统之中。两人的冲突，自然代表了守成与新兴势力之间的争夺。而且，这场争夺只可能有一个胜利者——那就是苹果公司。

资本主义的历史，就是一部与垄断斗争的历史。1890 年，《谢尔曼反托拉斯法案》（*The Sherman Anti－Trust Act*）赋予了白宫一把“谢尔曼之锤”。任何企图制造垄断的公司，都会在锤下遭到拆解。

烟草、石油、钢铁和银行等行业都在《谢尔曼反托拉斯法案》的监控之下。法律对个中巨头严防死守，以免它们为了私利而伤害公益。《格拉斯-斯特加尔法案》（*The Glass-Steagall Banking Act*）存在的六十年内，政府一直在避免银行过分坐大，甚至不惜引发了一场金融危机。

一个世纪以来，“谢尔曼之锤”在法律界之间代代传递。如此严厉的反垄断态势，只有这样才能保持下去。打破垄断，才能捍卫民主。而且，这可不是巧舌如簧的政客为了赢得选举而对企业界展开的恶意攻击。有关部门一直在默默从事着反垄断的工作，完全是为了公众的利益。

托尔金的指环可以统御众生，科技公司的“环”也能达到同样的目的。如今，他们的“环”已经下载了大半。一旦各大科技公司完全掌握了这种武器，我们生活的奇点就会来临。

迄今为止，还没有人提出过针对五大巨头的反垄断提议。可是，他们已经对政府的权威构成了极大威胁。如今的政府，已经和二十世纪的政府大不一样。面对挑战，它们仿佛已经认输。五大巨头知道自己已经无法被驯服，它们将会改变人类的属性。甚至，它们可以决定人类的存亡。

14

全球化：
亚洲重写秩序

中国制造

有一天，笔者摸出自己的儿时玩具——一辆风火轮（Hot Wheels）牌的车模，并由此有了一个惊人的发现。笔者在二十世纪七十年代末到八十年代初期度过了自己的青少年时期。对笔者来说，风火轮本该是美国文化“酷”的象征。这辆车模，借鉴了艾维尔·尼维尔（Evel Knievel）当年的传奇车型，就连车身上的星条旗也是一模一样。道奇或者野马肌肉车上的地狱公爵火焰也得到了百分之百的还原。可是，一旦翻过车身，你却看不到来自美国的任何符号。原来，这样一个美国的象征竟然是属于“中国制造”。

好吧，中国是如何成为世界工厂的呢？

原因很简单，哈佛大学的经济学人约瑟夫·奈（Joseph Nye）表示：“看一看1800年的世界吧，当时地球半数以上的居民都住在亚洲，他们又生产了地球上一半的各类制品。随着时光来到1900年，亚洲仍然聚居了全球人口的一半，却生产了五分之一的产品。”

“那么，到底发生了什么事情呢？当然是工业革命。革命之后，欧美在一夕之间变成了世界的主宰和中心。可是，到了二十一世纪，我们又会见证亚洲恢复原位的过程。这个地区占据了全世界半数以上的人口，也产出了半数以上的产品。”

二十世纪七八十年代，邓小平做出的决策就和2016年美国大选之后发生的事情大致相似：他把中国从一潭死水变成了世界的工厂。由此，西方制造业的内核在中国得到了完美的复刻。

请注意，中国制造并不仅仅包括风火轮。大量的廉价消费品席卷西方各国，而它们无不带着“中国制造”，或者“韩国制造”“日本制造”或“新加坡制造”的标签。

而且，亚洲生产的物品不仅仅是玩具小车。在汽车制造方面，这个地区也是全球霸主。日本的技术创新导致了家电产品的大爆发。日本产品也从二十世纪七十年代的廉价收音机和电视，在十余年后升级为可信赖而又价格适宜的代名词。

通用汽车和克莱斯勒早就被丰田、日产和索尼所取代。亚洲正向西方发出挑战，制造业正是他们的旗帜。由此，西方世界曾经的奇迹——也就是工业革命——慢慢褪去光环而生出一层铁锈。

两个世纪之前，拿破仑曾经发出警告：“还是让中国沉睡下去好了。巨龙一旦苏醒，就会震惊整个世界。”其实，震惊世界的不仅仅是中国。整个亚洲都将让世界感到惊奇。

如今，中国的经济规模要比许多国家都大，而且每年还保持着较高的增长率。中国的中产阶级人口超过一亿。尽管急速的工业化也给这个国家带来了严重的污染，究其程度，可能和十九世纪的英格兰差不多，但当地的平均预期寿命仍有七十六岁，高于世界平均水平的同时也让其他发展中国家无法企及。

中国对世界经济有着巨大的影响。世界人口中，只有不到10%的人经历了完全的工业化。随着中国工业化的进一步发展，相关数据可能涨上足足三倍。亚洲、拉丁美洲和非洲将会因此进入工业化时代，就连西方国家也会因为中国的发展而再次踏入工业化进程。全球的工业化人口，极有可能超过20%。作为贸易保护主义的狂热支持者，保罗·纳瓦罗（Paul Navarro）一直觉得美国可能因为中国而死于非命（Death by China）。其实，实际情况可能正好相反。中国，倒可能就是美国的救命恩人（Rescue by China）。

中国的持续发展，还会掀起一股极为浩大的需求狂潮。他们渴求的东西包括原材料、能源、进口商品和资本。需求之下，大多数人都会因此振奋。中国的发展，并不需要其他国家付出什么代价。万一他们陷入困顿，倒是可能造成巨大的世界性危机。

对于七十多个国家和地区而言，中国都是最大的出口市场。而且，它还是一百二十多个国家和地区的最大贸易伙伴。这些国家和地区的人口，占到了全球的整整一半。

每一年，涌入中国的进口商品价值高达一万亿美元。未来五年之内，这个数字还将提升到八万亿美元。到了2020年，中国的进口总额将会超越整个欧盟。对此，高盛集团的主席吉姆·奥尼尔（Jim O'Neil）有一番简洁的评论："提到经济发展和消除贫困，中国就是历史上最好的典范。"

随着中国和整个亚洲再一次恢复历史上的强盛状态，西方世界却有掩耳盗铃的趋势。面对竞争，许多人都选择保护主义。殊不知，这样的办法就像核弹来临之时钻到桌子底下一般毫无意义。

当然，美国方面仍然握有一件唯一的武器：毕竟，美国欠了中国许多钱。如今的美国，就像曾经的高盛公司或者花旗银行。它的规模太大了，以至于无人能够承受它垮台的危险。

天文数字一般的债务，倒成了美国的一种新式权力。2016年，竞选总统的特朗普曾经表示："我们欠了他们许多钱……这对于我们来说是莫大的优势。"

两万个埃隆·马斯克

长城会（GWC）是一家中日合资科技公司。该公司雄心勃勃，一直以压过硅谷各大巨头为发展目标。长城会在北京、东京和加州芒廷维尤（也就是谷歌总部的所在地）都设有办公室。按照该公司的构想，科技企业家应该像工业制品一样批量生产。为此，他们已经定下了一个目标：先生产两万个埃隆·马斯克再说。

2013年，长城会在北京召开了一次展销会议。由此，参与全球移动互联网会议（GMIC）的各位专家、开发人员、投资者和企业家可以得到一次推广旗下产品的机会。两万个埃隆·马斯克就这样被凑足了。他们积极投入展销，热情地向世界推荐自己的创意。

所谓的G峰会其实就是一出全球性比赛。从中胜出的创新项目将会得到100万美元的资助。2016年的赢家分别来自班加罗尔、圣保罗和中国台北。他们所获得的奖励，能够帮助他们把自己的创新项目在全球各地施展开来，并有可能因此征服多个平台。

如此的声势，引发了硅谷方面的警惕。脸书的副总裁沃恩·史密斯（Vaughan Smith）表示："硅谷应该具备全球意识。GMIC 的重点虽在亚洲，但却是少数对美国以外科技创新关注有加的科技会议。"

2015 年，苹果 CEO 蒂姆·库克成为微博——也就是中国版的推特——的签约用户。他如此有心，显然不只是为了和熊猫拥抱合影。要知道，推特和脸书都没有进入中国市场，库克必须通过当地最大的社交媒体找到存在感。进行大 V 认证之后，数千万的中国用户终于可以通过官方账号和库克进行沟通。

苹果公司是少数几个在中国市场站稳脚跟的科技巨头。当然，这不代表中国不需要其他科技巨头进驻。中国的科技公司早已不再跟在硅谷身后亦步亦趋，相反，他们中的好些已经成长为市场的领先者。

中国市场也不用为谷歌、脸书、优步和亚马逊而打开。这些科技巨头可以提供的服务，中国公司也能提供。而且，他们的服务甚至还比行业内的始祖高出一筹。

我们可以把百度看作中国的谷歌。和谷歌一样，百度也在为用户提供多姿多彩的服务：从地图到云储存再到支付系统、食物派送、健康项目、无人驾驶和人工智能研究。至于阿里巴巴则是中国最大的在线支付平台。同时阿里巴巴也是全球最大的电子商务公司。

腾讯公司，也就是中国的脸书，推出了自己的即时聊天软件微信。微信成功结合了 WhatsApp、脸书、Apple Pay 和谷歌新闻的动能，如今已经拥有七亿用户。

京东公司和亚马逊十分相似。当然，按照科技创新网站 ZDnet 的专家杰森·西内尔（Jason）的看法，京东"在技术创新方面已经领先亚马逊一截。"为了平息中国消费者对于假货的忧虑，京东网站特意开设了"质量认证"。而且，公司的日到快递服务可以覆盖全国的六亿人口（次日到货服务则可覆盖全中国）。在边远地区，京东送货还用上无人机服务。

滴滴打车就是中国版的优步。苹果为他们提供了 10 亿美元的投资。不同于优步的一点在于，滴滴打车还推出了滴滴代驾服务，如果你某天饮酒过度，就可以通过此服务唤来一位司机为自己代行驾驶之职。中国的交通堵塞情况十分严重，污染也是叫人头疼。为了解决如上两个问题，滴滴求助于大数据和机器学习，并规劝各位车主不要在高峰期驾车出行。

如上的各大公司，就和硅谷中的五大巨头一样——业务多变、野心勃勃。此外，华为和小米在生产移动通信设施方面成绩斐然，已经威胁到了三星和苹果的江湖地位。谷歌安卓系统的经理雨果·巴拉（Hugo Barra）已经受雇于小米并要帮助公司实现那个梦想。他们的梦想不仅仅囊括亚洲，而是直指全球。

长城会有志于培养两万个埃隆·马斯克，而这些中国科技巨头也并非找寻某一种技术创新的点子。相反，它们想要的点子和主意起码应以万计。如此工业规模的企业家培训计划，其实和亚洲文化基因里关乎宏大思维的思想倾向脱不了关系。不过，亚洲人出此豪言并非是为了哗众取宠，而是有着更为深层次的哲学原因。

稻田和猎人

1999 年，加州大学伯克利分校的心理学家彭凯平（Kaiping Peng）和密西根大学的理查德·奈斯比特（Richard Nisbett）开展了一次有趣的心理测验，由此发现了东西方在同一问题上的不同视点。

一批来自中、美两国的大学生接受了两位专家的心理测试。测试内容关乎一系列人与人之间的冲突。彭凯平和奈斯比特想要知道，大学生们又会如何应付这些冲突？

结果，75% 的中国学生选择了较为妥协的处理方式。他们觉得：错误应该怪罪于争执双方。至于美国学生，则有 74% 的人表现出了明显的好恶取舍，而且，他们的好与恶又是各有不一、互不相同。

两位专家这出关于矛盾的实验，其实涉及了一个持续两千多年的哲学命题。西方哲学对于真理的认知基于所谓的排除中间状态的法则（拉丁语：principium tertii exclusi）。亚里士多德曾在《伦理学》中阐释过其中的含义："两种矛盾的概念之间不可能存在一种中间状态。对于某种话题，我们要么承认，要么拒绝。"

因此，面对两人辩论这类话题，西方式的答案总是有所取舍：两人中的一人必然正确，另一人必然错误。正确的那个"答案"占据绝对的优势。

这可不是中国人的思维方式。相反，他们更愿意相信平均值原则（中庸之道）。辩论双方一定都有道理，也一定都存在谬误之处。至于真理，应当就在两种认识之间的某个位置。

季君黎（音译）、阿尔伯特·李和郭铁元（音译）这三位儒学研究者都觉得，中国人的平均值原则是受孔子的影响。可以说，如此原则就是孔子学说的核心思想。

“中国人都被鼓励从两个对立的角度看待争论，并让争议双方付出同样的责任。这一点，与西方哲学对于中间状态的排斥大为不同。西方哲学习惯排除一切模糊性的概念，并一定要在冲突的思想当中找出唯一正确的那个选择。和寻求中庸的中国传统思想不同，西方哲学并不认同中间状态。”

当然，所谓中庸并非泛泛的一致同意。它是一系列知识的复杂总和，并带有一种为求公众利益最大化的预设立场。身为心理学家的奈斯比特认为：这样的思想倾向，和中国人生存的地理环境有着莫大关系。

“中国的生态环境主要以相对多产的平原、丘陵和可通行船舶的河流组成。这里适于农业生产，中央集权也较为容易。农业人口更需要合作与和谐相处。这一点，对于稻米生产尤其重要。稻米生产正是中国南方和日本的文化特征，它需要人与人精诚协作，对土地精耕细作。”

稻田不仅是个促进合作的场所，还是一种关于民族精神的隐喻：他们就像稻穗中的谷粒一般，既很重要却又不那么重要。一粒一粒的穗子加在一起才能获得丰收，这是它们如此重要的原因。单独的一粒穗子却是如此渺小，无足轻重。

相反，西方的个人主义思潮源自个人斗争。贫瘠狭窄的希腊岛屿上，个人的生存能力完全依赖于对猎物的捕捉技巧。早在耶稣诞生的两千年前，当地就是如此一番面貌。

按照希腊先哲柏拉图和亚里士多德的话语，捕捉和杀害猎物的诀窍，就和赢得一场争论的关键因素别无二致：辩论的技巧，才是取胜的要义。西方哲学，建立在崇尚个人的思潮的基础之上。由此，我们才会一步一步地在两千年的时光之内踏上启蒙运动、个人主义，生出私人财产观念和“民主意识”。其中自然有好，也有坏。

15

当下：一个新世界

卡姆登：地球末日、新纪开端

新泽西的卡姆登市是全美犯罪最为猖獗的地区。曾经繁荣的街道早已凋敝，房屋外墙上的“设有监视”官方字样在向附近的毒贩发出警告。花园当中，堆满了二十世纪的各样货品：冰箱、电视、缝纫机和轮胎。一台沙发甚至横在了大路中央，笔者不得不猛踩刹车才避了过去。道路两旁的别克和凯迪拉克，看来也曾是某些商界人士的座驾。可是，如今它们卸去轮胎瘫在那里，只能算作一堆废铁。不过，如果拆去玻璃换上帘子，倒还算是不错的临时栖身地。好多人正是这么做的，并由此找到了过夜的场所。

卡姆登有过繁荣的制造业。不过，纺织和货物工厂已经无人看管。走进车间，只能发现一地的针头和针管。街头角落，性工作者百无聊赖地等着生意。毒贩子则在黑灯瞎火的人行道上忙碌来去。有些人明显刚刚过完毒瘾。他们蹬着儿童自行车肆无忌惮地冲上街道，还发出了一阵嘶吼和嚎叫声。

这里，就像一处末世电影的外景地。可是，卡姆登也是笔者在美国游历过的城市中机会最多的地方之一。它不但以暴力犯罪闻名，还聚集了全美最为活跃、增长最快的创业公司。浑浑噩噩的外表之下，卡姆登似乎穷途末路。其实，这里有着无穷的生机。

保罗身材高大，来自得克萨斯州。他笑容灿烂，欢声嘹亮而富于感染力。他离家万里来到卡姆登定居，并不觉得这里是一个灾难之地。相反，他觉得卡姆登的机会很多。保罗一早就想开办一家手工印刷社，而卡姆登似乎是最佳的所在地。

就这样，保罗在卡姆登租下了一处废弃的修车车间，还雇用了三十多位当地人。按照他的计划，自己的公司将在两年之内积累大量工作。因此，保罗可能还得租下外面那个荒废久矣的庭院。

乔伊，就是保罗在当地雇请的员工之一。他身形肥胖，几乎是笔者的两倍。每天，乔伊都可以完成六七十件T恤衫的印刷工作。客户从当地的披萨店到大学，再到滑冰用品店和时装品牌。而且，世界各地都在不断发来订单。“大家都喜欢手工制作的东西。他们甚至愿意参观我们的制作过程。公司注意到了商机所在，并由此得以迅速发展。”

成长在二十世纪七八十年代的乔伊，见证了卡姆登曾经的辉煌。当时，许多人都愿意移居此地。“每到周日下午，大家都愿意到海边走一走。那个时候，我们这里可是人人向往的居住地。”乔伊说着说着，不禁大笑起来。

当时，卡姆登有着一家大型船厂和无数的车间工坊，而且还是坎贝尔汤料公司的总部驻地。这些企业提供的工作岗位都数以万计。可是，乔伊表示，两件事情的突然出现，夺走了卡姆登的好运。“这两件事情就是全球化和那座大桥。”没错，全球化的市场体制，让各大公司可以在南美和远东找到更为低廉的用工环境。不过，那并不算是什么太大的伤害。乔伊指出：真正给了卡姆登致命一击的是那座雄踞德拉维尔河上空并连通费城和新泽西的大桥。

大桥筑好后，卡姆登城中曾经喧嚣的咖啡店、餐馆和酒店一夜之间都没了人气。毕竟，费城的百货公司更大更宽敞。突然而至的公路桥，也让那边的工厂有了一条通往世界市场的的捷径。有了这道桥梁，费城这个大都市等于卡住了卡姆登的脖子，并将小城和世界交流的能力彻底剪去。

同样的故事，在二十一世纪的美国并不少见。一旦那些撑起地方经济的企业品牌横遭毁灭，当地经济就会陷入灭顶之灾。从卡姆登到波特兰再到新奥尔良，都是最好的例子。美国工厂不再生产任何制成品，就连厂里的铜线和钢索都被打包完毕，准备卖到海外换成钱财。原有的车间终将空空荡荡，只剩下一面孤寂的地板。

这些地方，就是特朗普的票仓。它变得愈来愈像某个已经消亡了的国家的那种模样。走在这样的美国大地之上，笔者的思绪不由得回到了过去。

那还是二十世纪八十年代，笔者第一次来到美国游历，也曾在同一时期去过东欧国家。那时的美国一片喜气：美好的未来愿景正在把整个国家拉出衰退的泥沼。

波兰和苏联却给人一种截然不同的观感。身处当地，笔者只感觉到末日将临。每到晚上，那里的路灯因为电力短缺也只能开到半亮。整座城市由此被罩进了一层昏黄病态的光。当地的人民情绪低落，就连警察也懒得检查外国游人的证件。

没错，如今的美国，就在变得和当年那些东欧国家差不多一个样：基础设施一样破烂陈旧，人民对于政治精英一样深感幻灭，街头一样都是无家可归者和神神道道的病人。他们的命运一样无人照管。特朗普口口声声，要让美国再度伟大起来。在卡姆登，正是普通人在辛苦努力，为了那个复兴的目标而勤勉地奋斗着。

这里是美国的犯罪之都，同时也在上演着人间的奇迹。上千名创业者涌入此地，凭借穷困带来的低廉用工价格而开始自己的创业之旅。保罗的手工印刷店所在的那条街上，还有一间技术创业公司、一家鞋店和两位二十三岁纽约年轻人经营的一个威士忌酿酒坊——他们的订单同样来自世界各地。卡姆登这个地方及其背后的种种故事，已经成了威士忌品牌的一大卖点。

2013 年，曾在华尔街担任金融分析师的派蒙·鲁哈尼法德（Paymon Rouhanifard）受命来到卡姆登。他要负责整顿小城的学校系统。2016 年，鲁哈尼法德等人的努力终于得到了回报。不过，他也表示：贫穷让自己的成就大打折扣。幸好学校系统已有好转的迹象。关键的一点在于：每天早上，孩子们终于愿意来上学了。

保罗的员工乔伊表示：如果不在印刷社工作，他百分之百会成为一个毒贩子。再过几年，横死街头就是他逃不过的命运。

"要知道，那些孩子到街头晃荡一天基本上可以赚到 100 美元。我在这里工作，最低工资大概是多少——50 美元还是 60 美元？如果合法的营生无法养家糊口，我们又能怎么办？那些卖毒品的孩子肯定是在拿命冒险。但是他们都很聪明。可卡因提纯之类的复杂工作，他们都特别精熟。可以说，那一刻他们完全有着化学家一般的风范。假如能把这种才智用在合法营生上，他们一定可以成为最好的街头商贩。毕竟，这些孩子都经过了生和死的考验。只是，他们需要正确地运用自己的那点能力。"

破落的城市外景之下，有着一个生机勃勃的社区。随着城市陷入萧条，这种生机曾经一度消散殆尽。还好，保罗这样的外来血液的注入，重新唤起了社区的生机。

同样的事情，还发生在布鲁克林、东柏林和东伦敦。艺术家和年轻创业者的涌入，为当地焕发了久违的活力。创业者来到这些地区，自然是为了寻求低廉的创业机会。一个个极度危险的地区，就这样变成了“危险的潮地”。个中的转变，就连身处其中的人也始料不及。如此的复兴，还发生了不止一次。

大量的热钱，都把这些区域当成了投资热点。投资人的座驾甚至还带着防弹玻璃和加固车门，毕竟这里犯罪高发，大家也不得不用上各种防身工具。这可不是偏见，而是实实在在关乎身家性命。卡姆登这个地方，无法容下那些故意找刺激的中产阶级。其实，卡姆登的社会系统并非完全崩溃，只是当地人还需要努力求得生存而已。

在这里，街头的每个人都会互相问候。新老街坊之间，都互相认识了十多年。相处期间，大家也在互相照应。他们如此协作，只是为了保护自己、家人和朋友躲开偷窃抢劫之类的犯罪活动。罪犯仍很猖獗，可生活还要继续。尽管大量热钱已经涌入，却没有杀死这里的生机。

新来的各位创业者，自然知道这个社区的底细。可是，他们也很为身处卡姆登而感到自豪。

保罗曾经表示：“我们这些创业者就好像是在拯救一个失落的帝国。我来到这里可以开展任何形式的业务。其实，我干什么并不重要，我们投资的这块区域才是重点所在。大家也会把这个地方以及它的活力和人民，看成自己的一部分并生出一种归属感。”

卡姆登的新住客们，让笔者想起了汤姆·彼得斯。二十世纪七十年代末期，他和他的同事用他心目中的“自我认同感”重新定义了“工作”。在波士顿，彼得斯曾经告诉笔者：“不管你是谁、你觉得自己的工作有多稳定、未来又会多么灿烂辉煌，都请收起自己的幻想。未来，将和你们想象的很不一样。”

各位读者，你可能会觉得卡姆登和自己的家乡很不相同——你如果这样想，还真有可能大错特错。这个小城确实缺乏趣味，只是美国下层社会的一个缩影而已。它还给我们每个人敲响了警钟，整个世界，都可能变成这个样子，而且速度将会相当之快。

走在卡姆登那破破烂烂的街道上，四周的街景似乎和伦敦一个同样名为卡姆登的街区别无二致。恍惚之中，笔者甚至觉得自己身处内罗毕。这里的样子，和那边的街头市场并没有区别。圣保罗或者波哥大的喧闹食肆，不也是这个模样么？实际上，这里可能是地球上的任何一个地点。像这样尘土喧天的街道、熙熙攘攘的小贩，地球上应该并不少见。每个行人，仿佛都透着一层希望和能量之光。

如此的感觉，笔者向汤姆·彼得斯做了转达。他立即给予了热情的回应：“没错！就是这样！太对了！”

笔者告诉彼得斯，对笔者来说，漫步世界上任何一个地方的任何街道都会留意类似的场景。笔者总能发现一些有意创业的人。他们的梦想可能冒失、愚蠢，可能是卖咖啡、卖家具、卖雨伞、卖心理疗法、卖胡萝卜或者干洗产品。他们努力奋斗，只为了把这一切变成现实。

一两年之后，也许过了五年之久，他们的生意可能越做越好，也有可能一路颓唐下去。他们可能会选择继续，也可能生出其他同样冒失、愚蠢的主意，同时也可能面临兴旺和失败的可能性。

在街头，我们可以发现最纯粹的人类行为，以及最为纯粹的资本主义。大街总是人类求存的一架传送带，每个人都怀着各自的愿景，操持着自己的生意。那些街头艺人就是这种精神的终极样本：他们抛开自尊，不遗余力地在展现自己的才能。

政府、企业和科技巨头都在努力控制人们的生活，想把我们过着的日子变成金钱。可是，总有那么一些事情超出了他们的管控：我们的大脑就是一台原始的引擎，总在不断产生创意和点子。我们人类总是无法克制这样的天性：我们总能发现机会，并且为之努力。

可回收火箭

2017 年 3 月 30 日，笔者来到旧金山，站在了彼得·蒂尔办公室的门前。当时，正是埃隆·马斯克推出登陆火星的 Space X 计划的时候。根据新闻报道，蒂尔和杰克·塞尔比都拿出了“大笔资金”以帮助马斯克圆梦。那一天，他的梦想似乎有了成真的趋势。

经过五年的反复测试，Space X 的猎鹰九号火箭刚刚从佛罗里达的卡纳维拉尔角发射升空。由此，一颗通信卫星成功进入轨道。火箭重返大气层后，最终会落到大西洋上的某处无人船艇旁边。

那是不平凡的一刻。笔者的眼前浮现了这些科技巨富的身影：他们看起来谦逊有礼，平常的衣装也只是 T 恤而已。可是，他们和那些浮夸、怪异、野心勃勃的前辈相比，比如飞艇大亨霍华德·休斯，还有在家中城堡里豢养狮子和长颈鹿的媒体大亨威廉·兰道夫·赫斯特，其实完全如出一辙。

没过多久，马斯克通过网络直播发表了感言：“火箭的发射和回收，说明我们的轨道发射器取得了成功。这也是获奖的最为昂贵的一部分。最终，今天的成就将会成为太空竞争当中的一场巨大革命。”

好消息传来，杰克·塞尔比不禁笑出了声。笔者想知道，到底有些什么事情如此有趣。“其实，火箭的重要性并非如此。当然，可回收火箭确实是个巨大的进步。太空殖民和拯救地球也很重要。”好吧，塞尔比觉得其中的重要性到底又在哪里呢？“在哪里？真正的重要性在于：太空可是很多重要事情的平台所在。”

什么重要事情啊？“想一想吧，你的手机为什么能够连上互联网？”听着听着，我不由得打开了自己的手机。“你的手机为什么有信号？”当然是通过卫星！不过，杰克到底又是什么意思呢？“没错。看一看你的手机信号到底有多快呢？”那不和我所在的地方有关吗？“那不就对咯？”

就这样，埃隆·马斯克这艘落在大西洋中间邮票大小地方的火箭或许将会改变整个世界。不过，最初得以改变的东西，往往也是最难发现的那一面。

拥有了外层空间，就相当于有了一个直通地球各地的互联网平台。由此，你可以逃离时区的桎梏。互联网接入与卫星有关，可是延迟性，也就是申请获取接入信号和获得反应的时间，却会延误许多事情。

要知道，各种各样的适时应用软件足以组成一片汪洋大海，其中有在线游戏，也有实时流媒体和在线电话会议（比如 Skype 和 Face Time）。要让它们同时申请接入信号，几乎是个不可能完成的任务。可是，唯有这些软件可以促成万物互联，也就是用互联网把我们所使用的所有工具连接在一起。

五年多来，马斯克一直在和 OneWeb 的创始人格雷格·怀尔（Greg Wyle）

展开激烈竞争。怀尔有着维珍航空老总理查德·布兰森（Richard Branson）的鼎力支持。不过，马斯克的背后也有另一个玩家谷歌在撑腰。

高速卫星互联网将会改变万事万物的面貌。由此，网络速度不能再用“G”的升级（从4G到5G再到6G）来衡量。而后，你接入网络的时间将会大大降低。也就是说，网络速度将会快如闪电，就像爆炸一般。迅速，而且稳定。

谷歌也曾是Space X的投资者。不过，他们并未参与马斯克对于网速的追求。马斯克本人，当然要完成他的夙愿。而他的朋友杰克·塞尔比也因此乐不可支。他们不会仅仅是下一个威瑞森或者康卡斯特。他们的网络连接会直通月球和火星。Space X的可回收火箭一旦能够将人类送到那些地方，马斯克关于太空殖民的幻想就等于迈开了步子。

在不远的将来，可回收火箭将会改变地球上人们的生活方式。原因十分简单：它们可以被用作低轨道卫星。这些卫星距离地球大约100英里（约161千米），其功能和现在的卫星差不多，但是不受时差的限制。2015年，《电子》杂志对低轨道卫星的互联网传输效率做了研究并得出结论：它们可以把时间差从五百毫秒降低到二十毫秒，几乎和家用网络光纤的传输速度完全平齐。考虑到其中的巨大商机，也难怪杰克·塞尔比会如此欢乐开怀。

跃进

网速提高的首要受益者并非华尔街，而是卡姆登那样的地方。网络信号如能从天而降，地面上基础设施的缺憾将会因此一扫而光：那些基础设施已经崩溃，甚至毫无基础设施的地区，无疑会因此大占便宜。

其实，科技巨头早已经再三警告：即将到来的科技革命面临的最大障碍，就是二十世纪留下的种种陈旧基础设施。他们甚至觉得，假使这些设施全部消失，我们就能迎来科技发展的真正拐点，由此拥抱万物互联的大发展时代。

没办法，我们还得忍受陈旧纷乱的交通网络、摇摇欲坠的大楼和破破烂烂的公用设施。眼看着互联网之前就已经盘根错节的法律，还在监管互联网时代的种种事情。互联网时代的雇佣情况、互联网本身的运行规律，还得听从于上一次工业革命时代的法条和规矩。

看一看当今世界即将面临的新鲜事物吧，从无人机运输到无人驾驶，从飞行汽车到全球温度校准工程，从太空移民到 3D 打印建筑，从人工雨云到足以拯救地球的太阳能卫星电路板。

回到地面之上，我们也可以见证新技术的发展。甚至，它们就藏身在大家的体内，医药科技、基因编辑、教育科技、人机互联、工作监视、健康监管科技、垂直农业、预防警务和罪前逮捕都可能是人类在未来遭遇的命运。而且，iPhone 的屏幕完全可以换成轻薄如纸的接触镜片。

别忘了埃隆·马斯克的另外一番宏图：超级管道，这是一种在金属管道中运行的类车，其时速达到了 800 英里（约 1287 千米），简直就是“协和式飞机、枪弹和空气曲棍球的结合体”。如果宏图能够成真，我们从伦敦到爱丁堡再到洛杉矶与旧金山，所需时间不过三十分钟而已。如上的各种领域，都还需要律师和法学界人士及早了解并制定相应的监管规矩。

有人觉得，正是某些人的既得利益，妨害了一场革命的发生。出于私利的考虑，他们才会死死维护那已经残破不堪的基础设施体系。要知道，政客、司法界和官僚的权力正在逐步流失。他们为了抓住最后一点权力，自然可能做出倒行逆施的事情。

可是，太空互联网一旦成真，所有这些法律和现实的障碍都将消失殆尽。也许，卡姆登一样的地方将会以最快的时间完成转型。

这就是二十一世纪的一场命运逆转。第一次工业革命期间，各大城市架设了完备的基础设施结构。待到二十世纪末期，大都市进一步攫取了更多的权力和资源，却让卡姆登一样的地方成了全球化的牺牲品。如今，它们终于等来了“报应”。

变革之前，各大城市，比如伦敦、巴黎、内罗毕、上海和纽约，都在疯狂吮吸腹地的资源和金钱。由此一来，它们为自己设下了一重诅咒：过于完备的基础设施根本无法撼动。大城市似乎永远都会占据最大的权势，并且不可取代。可是，二十一世纪的变革已经悄然来临。

科技革命和从太空而降的互联网，会为人类发展提供新的范式。对于那些基础设施已经破败甚至一片空白的地区（比如马拉维农村、威尔士的乡间、美国中西部的铁锈区、澳大利亚的内地）而言，出人意料的优势也将从天而降。科技的跳跃式发展，会让它们经历一次巨大的跃进。那些被二十世纪基础设施和二十世纪典型思维拖累的大城市，则将会被远远抛在它们的身后。

“适应度”这个简简单单的词，将会给一家公司、一个个体和一座城市莫大的启示，并帮助它们度过这场即将到来的变革。阻碍变革的东西并非只是肉眼可见。障碍，可能还在我们的头脑里。我们的敌人不是机器，也不是科技巨头，更非移民或者中国人。你可能觉得自己可以超然于变革之外，又或者因为对于变革一无所知而想避其锋芒。如此的自满和自卑情绪，才是你人生的最大劲敌。

如果你正怀有如此情绪，不妨好好看看卡姆登这个例子。它代表了未来，同时也给我们上了人生的一课。

人人都在街头卖艺

街角，夜幕降临，一个街头艺人开始了吉他表演。他手中的吉他伤痕累累，周身裹满了电工胶布。他一边弹奏，一边用一根棒棒糖敲打琴腔，就算是一种和弦。

街头艺人，这份工作曾经相当边缘。我们只会匆匆走过他们的身边。也许，头脑中会想到一些他们可能的遭遇。也许，他们是沉溺音乐、永不休息的音乐才子？或者身无长物，只有通过这种手段混口饭吃的失败者？也许，他们只是选择了一种生活方式：游离于社会规则之外，做自己喜欢做的事。

可是，社会在一夕之间突然没了规则。我们的工作不再长久，存款也是瞬间归零。一旦银行赌错了方向，整体经济就会因此倒闭。努力和勤奋，不再足以求存和谋生。如此的情形之下，那些街头卖艺者不再是边缘人，倒有了几分企业家的风范。

如今，我们每个人都将成为街头的卖艺人。我们要用自己的才智混一口饭吃。在卖艺人的眼中，这个世界并非仅仅充斥着后工业化时代的失望情绪。相反，它就像一片生生不息的大草原。每一天，他都可以来到这里，试一试自己的运气。

反正，卡姆登的那位卖艺人已经成了笔者的人生偶像。他身在美国犯罪活动最为猖獗的城市，顶着夜色站在街口、撩拨吉他准备开始一天的工作。

参考资料

01. 现金之死：凶手是谁？原因何在？

[1] UK Payment Methods 2016 report, Payments Council, 20 May 2016:

[2] "Brother, can you spare a contactless payment? Homeless go hi – tech", IBTimes, 1 March 2017.

[3] Bill Maurer, *How Would You Like to Pay? How Technology Is Changing the Future of Money*, Duke University Press, 2015.

[4] Ashlee Vance, *Elon Musk: Tesla, Space X and the Quest for a Fantastic Future*, Ecco, 2015.

[5] "Credit Card Debt: Average US Household Owes $16,000", *Time* magazine, 20 December 2016.

[6] For a full account of how debt window – dresses the figures on growth, see interview with Matt Whittaker, Resolution Foundation in my series *The Super – Rich and Us*, BBC, 2015.

[7] Interview with Benjamin Barber in *The Men Who Made Us Spend* (episode 3), BBC, 2014.

[8] "Customer Data: Designing for Transparency and Trust", *Harvard Business Review*, May 2015.

[9] "Banks Did It Apple's Way in Payments by Mobile", *New York Times*, 11 September 2014.

[10] ' Drug Money Saved Banks in Global Crisis, Claims UN Advisor", *Guardian*, 12 December 2009.

02. 冒险：华尔街沦陷

[1] Professor Jane Harrigan, *The Political Economy of Arab Food Sovereignty*, Palgrave Macmillan, 2014.

[2] "Not A Game: Speculation Versus Food Security", Oxfam report on financialised food markets, 3 October 2011.

[3] Professor Rami Zurayk: "Use Your Loaf: Why Food Prices Were Crucial in the Arab Spring", *Guardian*, 16 July 2011.

[4] Interview with Robert Dall in *The Super – Rich and Us*, BBC, 2015.

[5] Goldman Sachs for massaging Greece's accounts; and BBC News, 20 February 2012, with an ac-

count on the history.

[6] Michael Sandel, *What Money Can't Buy: The Moral Limits of Markets*, US Macmillan, 2012: For the context of viaticals and the ' deaths futures' market.

[7] "Physician pleads guilty in massive securities fraud", *Orlando Sentinel*, 28 December 2006.

[8] "The subprime mortgage is back. It's 2008 all over again": Tyler Durden article for Zerohedge. com, 15 June 2016.

[9] Chinese Shadow Banking, *Financial Times*, 29 April 2016.

[10] "Why Trading Water Futures Could Be in Our Future", CNBC, 2 July 2014.

[11] "California drought spurs protest over ' unconscionable' bottled water business", *Guardian*, 19 April 2015.

[12] "Forest Service: Expired Nestlé Water Permit a Priority", *Desert Sun*, 11 April 2015.

[13] "California water prices set to rise next year: Finch", Reuters, 18 August 2015.

CNBC, 2 July 2014.

[14] "The Anthropocene Epoch: scientists declare dawn of human – influenced age", *Guardian*, 29 August 2016.

03. 税款：开曼群岛为何成了各国的榜样？

[1] "Panama Papers: 11.5 million files from Panama – based law firm shed light on murky offshore money and transactions", CBC News, 4 April 2016.

[2] Jan Fichtner, *The Anatomy of the Cayman Islands Offshore Financial Center: Anglo – America, Japan, and the Role of Hedge Funds*, Amsterdam Institute for Social Science Research, University of Amsterdam, 2016.

[3] Jan Fichtner, *Anatomy of Offshore*, University of Amsterdam, 2016.

04. 财富：不均带来的商机

[1] Melanie Kramers, "Eight people own same wealth as half the world", Oxfam pre – Davos report, 16 January 2017.

[2] "Never Mind the Gap: Why We Shouldn't Worry About Inequality", Institute of Economic Affairs, 23 May 2016.

[3] Arnold Schwarzenegger, "I Don't Give a Damn" (about climate change deniers), Fortune. com, 8 December 2015.

[4] "Revisiting Plutonomy: The Rich Getting Richer", Citigroup Equity Strategy, 5 March 2006.

[5] Thomas Pikkety interviewed in *The Super – Rich and Us*, BBC, 2015.

[6] "Mothers campaign group to leave Newham flats", BBC News, 2 October 2014.

[7] Robin Wales of Newham Council subsequently apologised: "I apologise to the Focus E15 families but this is a London housing crisis", *Guardian*, 6 October 2014.

[8] Friedrich Engels, *The Condition of the Working Class in England*, published by Otto Wigand, 1845.

[9] ONS statistics quoted in *The Super – Rich and Us*, BBC, 2015.

[10] NASA's Goddard Space Center and the US National Science Foundation modelling inequality research project, March 2014.

[11] "Monitoring Poverty and Social Exclusion", Joseph Rowntree Foundation and New Policy Institute, 2015.

[12] Richard Baldwin, *The Great Convergence*, Harvard Press, November 2016.

[13] David Graeber interviewed in *The Super – Rich and Us*, BBC, 2015.

[14] "We should cash – bomb the people not banks", Simon Jenkins, *Guardian*, 26 November 2014.

[15] David Graeber, *Debt: The First* 5000 *Years*, Melville House Publishing, 2013.

[16] Thomas Pikkety in *The Super – Rich and Us*, BBC, 2015.

[17] "Housing: are we reaching a tipping point?" Zoe Williams, *Guardian*, 29 March 2015.

[18] Nick Hanuer interviewed in *The Super – Rich and Us*, BBC, 2015.

[19] For a full account of trickle – down and the Laffer Curve from a Keynesian perspective: Ha – Joon Chang, *Twenty – Three Things They Don't Tell You About Capitalism*, Penguin, 2010.

[20] Edmund Burke's letter to Charles Fox, 8 October 1777.

05. 食物：肥与瘦

[1] Jacques Peretti, "Fat profits: how the food industry cashed in on obesity", *Guardian*, 7 August 2013; Jacques Peretti, "Why our food is making us fat", *Guardian*, 11 June 2012.

[2] Greg Critser, *Fat Land: How Americans Became the Fattest People in the World*, Houghton Mifflin Harcourt, 2003.

[3] John Yudkin, *Pure, White and Deadly*, Viking, 1986.

06. 药物：现代生活的药方

[1] For a full account of Gadsen's interview and its ramifications: Ray Moynihan and Alan Cassels, *Selling Sickness: How the World's Biggest Pharmaceutical Companies Are Turning Us All into Patients*, Douglas & McIntyre, 2006.

[2] Philip K. Dick, *A Scanner Darkly*, Granada, 1978.

[3] John Abramson, *Overdosed America: The Broken Promise of American Medicine*, Harper Collins, 2004.

[4] Peter Rost, *The Whistle Blower: Confessions of A Healthcare Hitman*, Soft Skull Press, 2006.

[5] Vince Parry, "The Art of Branding a Condition", *Medical Marketing & Media*, Vol. 38, Issue 5, May 2003.

[6] "Facebook blocks Admiral from using profiles to price car insurance", *Daily Telegraph*, 2 November 2016.

[7] David Healy, *Let Them Eat Prozac: The Unhealthy Relationship Between the Pharmaceutical Industry and Depression*, NYU Press, 2006.

[8] David Rosenhan, On Being Sane in Insane Places', *Science*, 19 January 1973.

[9] Robert Spitzer obituary, *New York Times*, 26 December 2015.

[10] Allen Frances, *Saving Normal: An Insider's Revolt Against Out – of – Control Psychiatric Diagnosis, DSM 5, Big Pharma, and the Medicalization of Ordinary Life*, William Morrow, 2014.

[11] Erin White, "Behind the Boomer Coalition: A Heart Message from Pfizer", *Wall Street Journal*, 10 March 2004.

[12] Barbara Ehrenreich, *Smile or Die: How Positive Thinking Fooled America and the World*, Granta, 2010.

07. 工作：从饭碗到人性

[1] Dr Nerina Ramlakhan, "Tech – free bedroom for a peaceful sleep", Silentnight/Ofcom 2014, 5 March 2015.

[2] "Cellphones can damage romantic relationships, lead to depression", Baylor Study, 29 September 2015.

[3] Daniel Nelson, Ed., *A Mental Revolution: Scientific Management Since Taylor*, Ohio State University Press, 1992.

[4] Matthew Stewart, *The Management Myth: Why the Experts Keep Getting It Wrong*, W. W. Norton & Company, 2009.

[5] Joseph Raynus, *Improving Business Process Performance*, Auerbach Publications, 2011.

[6] John Hayes, *The Theory and Practice of Change Management*, Palgrave MacMillan, 2014.

[7] Tom Peters and Robert Waterman, *In Search of Excellence: Lessons from America's Best Run Companies*, Warner, 1984.

[8] "The Impact of EU Enlargement on Migration Flows", Home Office Online Report, 3 March 2003.

[9] Tom Peters, "Tom Peters's True Confessions", *Fast Company*, 30 November 2001.

[10] My interview with John Bennett in *Who's Spending Britain's Billions?*, BBC2, October 2016.

[11] Rachael Orr, "How to Close Great Britain's Great Divide: The Business of Tackling Inequality",

Oxfam, September 2016.

08. 升级：设计缺憾

[1] “Does the UK have a problem with old sofas?” BBC News, 11 December 2015.

[2] “Death of the Seven Year Itch: average relationship is now just 2 years 9 months”, *Daily Mail*, 4 February 2014.

[3] *The Men Who Made Us Spend*, Ep. 1, BBC2, September 2014.

[4] “Smart Africa: smartphones pave way for huge opportunities”, *Financial Times*, 26 January 2016.

[5] Glenn Adamson, *Industrial Strength Design: How Brook Stevens Shaped Your World*, MIT Press, 2003.

[6] “Bottled air started as a joke. Now China can’t get enough”, Mashable, 12 May 2016.

[7] “Body upgrades may be nearing reality, but only for the rich”, Ian Sample, *Guardian*, 5 September 2014.

09. 权势：知晓一切的机构

[1] James Ledbetter, *Unwarranted Influence: Dwight D. Eisenhower and the Military – Industrial Complex*, Yale University Press, 2011, explains Eisenhower’s speech in the context of an escalating Cold War.

[2] James Ledbetter, “What Ike Got Right”, *New York Times*, 13 December 2010.

[3] Ronald C. White, *American Ulysses*, Random House, 2016, is an exhaustive biography of the president including his early military career.

[4] Lee Drutman, *The Business of America is Lobbying: How Corporations Became Politicized and Politics Became More Corporate (Studies in Postwar American Political Development)*, OUP USA, 2015.

[5] Jane Mayer, *Dark Money: The Hidden History of the Billionaires Behind the Rise of the Radical Right*, Knopf Doubleday, 2016.

[6] Duff McDonald, *The Firm: The Story of McKinsey and its Secret Influence on American Business*, Simon & Schuster, 2014.

[7] “McKinsey’s close relationship with Enron raises question of consultancy’s liability”, *Wall Street Journal*, 17 January 2002.

[8] Ben Chu, “McKinsey: How does it always get away with it?”, *Independent*, 7 February 2014.

[9] George Monbiot, “The great free market experiment is more like a corporate welfare scheme”, *Guardian*, 4 September 2007.

[10] Allyson M. Pollock, *NHS plc: The Privatisation of Our Healthcare*, Verso, 2005.

[11] Harriet Agnew, Miles Johnson and Patrick Jenkins, "Inside McKinsey's private hedge fund", *Financial Times*, 6 June 2016.

[12] Walter Kiechel, *The Lords of Strategy: The Secret Intellectual History of the New Corporate World*, Harvard Business School Press, 2010.

10. 商战：企业并购之因

[1] For an excellent account of Abs and his early career: Harold James, *The Nazi Dictatorship and the Deutsche Bank*, Cambridge University Press, 2004.

[2] Claire Provost and Matt Kennard, "The obscure legal system that lets corporations sue countries", *Guardian*, 10 June 2015.

[3] "Investor – State Dispute Settlement: The Arbitration Game", *The Economist*, 11 October 2014.

[4] Kathleen Chaykowski, "Mark Zuckerberg's Manifesto is Facebook's State of the Union", Forbes, 16 February 2017.

[5] Tamasin Cave and Andy Rowell, "The truth about lobbying: ten ways big business controls government", *Guardian*, 12 March 2014.

[6] Business Insider report on Oxfam infographic, "These ten companies control everything you buy", 28 September 2016.

[7] Fred Siegel, *The Revolt Against the Masses: How Liberalism Has Undermined the Middle Class*, Encounter Books, 2014.

[8] "FBI breaks into San Bernardino gunman's iPhone without Apple's help, ending case", Fox News, 29 March 2016.

[9] "Tim Cook says Apple's refusal to unlock iPhone for FBI is a "Civil Liberties" Issue", *Guardian*, 22 February 2016.

[10] "Unilever boss Paul Polman slams capitalist obsession with profit", *Daily Telegraph*, 28 January 2015.

[11] Alex Berenson, *The Number: How the Drive for Quarterly Earnings Corrupted Wall Street and Corporate America*, Random House, 2004.

11. 新闻：真相因何湮灭?

[1] Dan M. Kahan, Ellen Peters, Erica Cantrell Dawson and Paul Slovic, "Motivated Numeracy and Enlightened Self – Government", Yale Law School, Cultural Cognition Project Working Paper No. 116, 8 September 2013.

[2] "The New World: Nothing but the Truth", BBC Radio Four, 2Jan 2017.

[3] "Smoke Gets in Your Eyes", written by Matthew Weiner, *Mad Men*, season 1, series 1, 2007.

[4] *Honest Man: The Life of R. Budd Dwyer*, directed by James Dirschberger, Eighty Four Films, 2010.

[5] "Time for science to be about truth rather than careers", Richard Smith, *BMJ*, 9 September 2013.

[6] "Beyond Distrust: How Americans View Their Government: 1958—2015", Pew Research Centre, 23 November 2015.

[7] James Curran and Jean Seaton, *Power Without Responsibility*, Routledge, 2003.

[8] "Rupert Murdoch is not the first press baron with a thirst for power", David McKie, *Guardian*, 14 July 2011.

[9] "Clash of the Press Titans", Peter Jackson and Tom de Castella, BBC News, 14 July 2011.

[10] *Outfoxed: Rupert Murdoch's War on Journalism*, directed by Robert Greenwald, MoveOn. org/Ryko Distribution, 2004.

12. 机器：人类的替代者

[1] "Eugene the Turing Test – beating 'human computer' in his own words", *Guardian*, 9June 2014.

[2] Stephen Baker, *Final Jeopardy: Man vs. Machine and the Quest to Know Everything*, Houghton Miffin, 2011.

[3] "Safe human robot interaction with industrial and service robots", Eurobotics Forum, 6 March 2012.

[4] Carl Benedikt Frey and Michael A. Osborne, "The future of employment: How susceptible are jobs to computerisation?", Oxford Martin School, University of Oxford, 17 September 2013.

[5] Martin Ford, *The Rise of The Robots: Technology and the Threat of Mass Unemployment*, Oneworld Publications, 2016.

[6] "Artificial Intelligence, Automation and the Economy", Executive Office of the President of the United States, Washington DC 20502, 20 December 2016.

[7] Daron Acemoglu and Pascual Restrepo, "The Race Between Machine and Man: Implications of Technology for Growth, Factor Shares and Employment", MIT, 2016.

[8] Sugata Mitra, "The Hole in the Wall Project and the Power of Self – Organized Learning" Edutopia, 3 February 2012.

[9] John Chubb and Terry Moe, *Liberating Learning: Technology, Politics and the Future of American Education*, Jossey – Bass, 2009.

[10] Tamasin Cave and Andy Rowell, *A Quiet Word: Lobbying, Crony Capitalism and Broken Politics in Britain*, Bodley Head, 2014.

[11] Paul Mason, "Our problem isn't robots, it's the low – wage car – wash economy", *Guardian*, 12

December 2016.

13. 技术：统御众生的五家公司

[1] Michael Lewis, *The Big Short: Inside The Doomsday Machine*, Penguin, 2011.
[2] David Graeber, *Debt: The First* 5000 *Years*, Melville House Publishing, 2013.
[3] Dominic Rushe and Sam Thielman, "Inside Alphabet: why Google rebranded itself and what happens next", *Guardian*, 11 August 2015.
[4] Sean Keeley and Sarah Anne Lloyd, "25 Facts About Bill Gates's Medina Mansion", Seattle. curbed. com, 16 February 2017.
[5] Farhad Manjoo, "Tech's frightful five will dominate digital life for foreseeable future", *New York Times*, 20 January 2016.
[6] Natt Garun, "Amazon just launched a cashier – free convenience store", The Verge, 5 December 2016.
[7] Yuval Noah Harare, *Homo Deus: A Brief History of Tomorrow*, Harvill Secker, 2016.
[8] Hal Hodson, "Revealed: Google AI has access to huge haul of NHS patient data", *New Scientist*, 29 April 2016.
[9] Julia Powles and Hal Hodson, "Google Deepmind and healthcare in an age of algorithms", *Health and Technology*, 16 March 2017.
[10] Matt Burgess, "Deepmind's Streams app is reportedly saving NHS nurses two hours a day", *Wired*, 27 Feb 2017.
[11] Alex Hern, "Google's Deepmind plans bitcoin – style health record tracking for hospitals", *Guardian*, 9 March 2017.
[12] Matt Burns, "Leaked Palantir doc reveals uses, specific functions and key clients", TechCrunch, 11 January 2015.
[13] Darwin Bond – Graham and Ali Winston, "Forget the NSA, the LAPD spies on millions of innocent folks", *LA Weekly*, 27 February 2014.
[14] Mike Isaac, "Uber's CEO plays with fire", *New York Times*, 23 April 2017.

14. 全球化：亚洲重写秩序

[1] Frank Dikotter, *The Cultural Revolution: A People's History:* 1962 – 76, Bloomsbury, 2016.
[2] Jim O'Neill, "The New World: Fixing Globalisation", BBC Radio 4, 6 January 2017.
[3] Peter Navarro, *Death by China: Confronting the Dragon – A Global Call to Action*, Pearson FT Press, 2011.

[4] "Goodyear Closure: Wolverhampton factory shuts gates for last time after 89 years", *Express & Star*, 20 December 2016.

[5] Paul Mason, *PostCapitalism: A Guide to our Future*, Allen Lane, 2015.

[6] Stephen Gandel, "The biggest American companies now owned by the Chinese", *Fortune*, 25 March 2016.

[7] Jason Hiner, "Chinese companies that will shape the future of the Tech industry: My week in Beijing", ZDnet. com, 22 May 2016.

[8] Kaiping Peng and Richard E. Nisbett, "Culture, dialectics and reasoning about contradiction", *American Psychologist*, September 1999.

[9] Drake Baer, "The fascinating cultural reasons why Westerners and East Asians have polar opposite understandings of truth", Business Insider, 21 May 2015.

[10] Michael Harris Bond (Ed.), *The Oxford Handbook of Chinese Psychology*, OUP, 2015.

[11] Richard E. Nisbett, *The Geography of Thought: How Asians and Westerners Think Differently and Why*, Free Press, 2004.